कहानी प्रेम की

कहानी प्रेम की

कामना सिंह

अनन्य प्रकाशन

प्रकाशक : **अनन्य प्रकाशन**
ई-17, पंचशील गार्डन, नवीन शाहदरा
दिल्ली-110032
फोन नं. 011-22825606, 22824606
E-mail : prakashananaya@gmail.com

प्रथम संस्करण : 2023

आईएसबीएन : 978-81-962312-0-0

मूल्य : ₹ 650

शब्द-संयोजन : कम्प्यूटेक सिस्टम, दिल्ली-110032

मुद्रक : हर्ष प्रिंटर्स, दिल्ली-110094

KAHANI PREM KI
by Kamna Singh

कहानी प्रेम की

'प्रेम कुछ माँगता नहीं, कहता नहीं, बस होता है।'—कहने वाली सारिका ढाई अक्षरों—प्रेम—की तलाश में है। किन्नर और स्त्री रूप के बीच उलझी सारिका के लिए अपना जीवन, अपना वजूद बचाना पहला लक्ष्य है। आकाश की लालसा नहीं उसे, धरती पर अपनी जगह चाहिए। किन्नर कहलाए या स्त्री, फर्क नहीं, पर हाथ में प्रिय का हाथ हो।

निम्न-मध्य वर्ग से जुड़ी सारिका के सपने बहुत ऊँचे नहीं, लेकिन मन का मारा जाना, इच्छाओं का गला घोंटा जाना उसे स्वीकार्य नहीं। जब घर और समाज मनुष्य के सामान्य क्रियाकलापों पर उँगली उठाएँ, मनुष्य के दिमाग पर बेड़ी डालें, साँस लेने पर सवाल करें, मन को दायरों में बाँधें, तो वे त्याज्य हैं, ऐसा उसका मानना है। एक सुलझा जीवन तो नदी के अनवरोधित प्रवाह सम होना चाहिए। धारा मंद-मंथर या लोल लहरियाँ क्रीड़ारत, जब तक नदी सहज-स्वाभाविक रूप से बहे, उस पर बंधन लगाना उचित नहीं। बँधने से नदी का स्वाभाविक उल्लास थम जाता है। गर बाँध टूट जाए तो आगे का परिणाम कौन जानता है!

बच्चा सिर्फ बच्चा होता है। लड़का-लड़की-किन्नर का विभेद बचपन को दायरों में बाँध देना है, मनुष्य के वजूद पर सवाल उठाना है। कोई भी स्वाभिमानी मनुष्य अपने अस्तित्व को प्रश्न चिह्न के रूप में क्यों स्वीकारे? उचित रास्ता यही है कि यदि मनुज को मनुज नहीं समझा जा रहा तो उसे नया समाज चुनने का पूरा हक है। किन्नर स्त्री बन जाए या स्त्री किन्नर बने, फ़र्क क्या?

समाज में तृतीयलिंगी के अस्तित्व पर आज भी जन्म लेते ही प्रश्नचिह्न लग जाता है। एक लड़ाई चलती है समाज और ट्रांसजेंडर्स के बीच। कठिन लड़ाई।

वजूद को बनाए रखने की लड़ाई। दोहरी लड़ाई। एक ओर अपने वजूद को स्वयं पहचानना, दूसरी ओर समाज की दृष्टि में अपनी महत्ता सिद्ध करना। पर ऐसा क्यों? सब कुछ आसान क्यों नहीं? और तो और, लड़कियों का एक बड़ा वर्ग भी इस तरह का भेदभाव पल-पल देखता और झेलता है। क्यों ऐसी परिस्थिति से लड़कों को सामना नहीं करना पड़ता?

'कहानी प्रेम की' में स्त्री-विमर्श और किन्नर-विमर्श एक-दूसरे में रिले-मिले हैं। पुरुषवादी सोच न स्त्री को उसका पूरा आकाश देती है, न किन्नर को उसकी जमीन। जिस समाज को अपने सिवा कुछ दिखता है न सूझता, वह किसी का दर्द कहाँ समझेगा? समाज तो हरपल कुछ चौखटों में दूसरों को फ़िट करने का प्रयास करता रहता है। सवाल यह है कि दूसरे चाहे जो करें, किंतु अपने को अपनी निगाह में कहाँ तक गिराएँगे पीड़ित? संघर्ष स्वाभाविक है, जरूरी भी। बार-बार प्रयास करते रहने से सफलता अवश्य हाथ आएगी, यही सोच इंसान को आगे बढ़ाती है और संघर्ष का माद्दा देती है।

कुल मिलाकर स्त्री-विमर्श और किन्नर-विमर्श की एक कहानी—'कहानी प्रेम की'।

—कामना सिंह

नई दिल्ली
जनवरी, 2023

देह धरे को दंड है

गगन की ऊँचाई के सपने तुम्हारे
जमीं की नमी मुझे पल-पल सुहाई
खाली हाथ मेरे, झोली भी खाली
आस की डोरी ने हिम्मत बँधाई।
नसीब देखो
बैरी विधना ने लिखा जो
तुम गीत गाते उड़े गगन में
मेरे हिस्से जमीं भी न आई।

आज अकेली रहना चाहती है सारिका। एकदम अकेली। काश कोई ऐसी जगह मिल जाए, जहाँ वह छिप सके। जहाँ न कोई कुछ पूछने वाला हो, न कहने वाला। न सवाल-जवाब, न आरोप-प्रत्यारोप।

पर छिपेगी कैसे? कनक उसे तलाश चुकी है। उसका फ़ोन आया है, 'मैं कल सुबह आ रही हूँ। सारिका, तू सामान तैयार रखना, तुझे मेरे साथ लौटना है। समझ गई न?'

'नहीं मम्मी, अभी नहीं।' उसने विरोध किया।

'तेरी समस्या क्या है? मैं आ रही हूँ। कल सुबह।' कह कनक ने फ़ोन काट दिया।

माँ आ रही है यानी...

यानी एक बार फिर बहस! फिर आक्षेप! फिर अपनी कमियों का एहसास! फिर अपनी गलतियों का लेखा-जोखा।

उसकी गलतियाँ! कौन सी?

क्या कोई और कभी गलती नहीं करता?

सारिका की आँखों से नींद हवा हो गई। एकटक देखती रही, सामने की खाली दीवार को। दीवार पर लिखी एक अनकही दास्तान।

थरथरा उठी वह।

जीवन के तेईस वसन्त पूरे हुए। इन तेईस वर्षों में 'तू और तेरी कमियाँ' इस धारावाहिक की न जाने कितनी कड़ियाँ देख चुकी है। छोटा-सा जीवन बस आक्षेपों से भरा हुआ है। विडम्बना यह कि वह किसी अन्य को उसकी कमियों का बहीखाता थमाने की हिम्मत नहीं जुटा पाई।

देखा जाए, तो उसे किसी की कमियाँ नजर आती भी नहीं।

'तेरी समस्या क्या है?'' प्रश्न बार-बार सुनती है, पर उसके पास उत्तर नहीं है।

समझ नहीं पाती कि उसकी समस्या क्या है। क्यों सीधी-सादी बात उसे उलझी-सी दिखती है? क्यों उलझी हुई डोर वह सुलझा नहीं पाती?

न सुलझा पाती है, न तोड़ पाती है। जब कुछ नहीं कर पाती, तो अपनी बड़ी-बड़ी आँखें पूछने वाले के चेहरे पर टिका देती है। प्रश्नों में उलझी ढूँढ़ने लगती है उत्तर। ऐसे में उसकी आँखों में सिर्फ कौतूहल होता है, 'क्या तुम्हारे पास है मेरी समस्या का समाधान?'

सारिका की आँखों की खूबी है कि उनसे कौतूहल झरता है।

वह नहीं जानती कि क्यों होती हैं ऐसी आँखें, जिनमें सपने नहीं होते, एहसास नहीं होते, प्यास नहीं होती, तृप्ति नहीं होती। होता है सिर्फ कौतूहल।

सारिका!

सफेद गोरा रंग, काले लंबे घने बाल, मध्यम कद।

आँखों का रंग हरापन लिए गहरा भूरा, आकार बादाम-सा।

कनक और मंगल की दूसरी संतान—सारिका।

दिल्ली की प्रेम गली की एक आम लड़की। सुंदरता थोड़ी ज्यादा, तो अनुपात

में गरीबी भी ज्यादा। अपनी सुंदरता पर गुमान करने की गुंजाइश नहीं पाई।

मंगल, सारिका का पिता, हर समय नशे में डूबा रहने वाला। संतान पाने की खुशी में उसमें दो बोतल शराब ज्यादा पी ली। इसके बाद संतान के प्रति कोई फर्ज है, शायद उसने कभी नहीं सोचा। वह संतान पाकर खुश भी हुआ था या नहीं, कौन कह सकता है?

कनक, सारिका की माँ, आम माँ से अलग, ज्यादा समझदार, ज्यादा सतर्क। उसे पता था कि बेटी को कैसे पालना है। लेकिन मजबूरियाँ उसे बेटी से दूर करती रहीं। बेटी के बचपन, मासूमियत, मोहकता को महसूस करने का समय ही कहाँ रहा माँ के पास?

यह प्रेम गली की फितरत है कि बाहर से आई स्त्रियाँ अपने पति से लातें-घूँसे खाकर बच्चे पैदा करती, तिल-तिल मरती रहती हैं। कुछ दिनों बाद या अपने मायके लौट जाती हैं या पास की कॉलोनी में बर्तन-सफाई का काम करने लगती हैं।

कनक भी अपवाद न रही। मायके से दो रोटी का सहारा नहीं, पति को कमाने का शौक नहीं, स्वयं कहीं सिर झुकाने को राजी नहीं, कहीं दो बोल सुनने को तैयार नहीं। नतीजा, अपने पैरों के नीचे आधार तलाशती कनक और अपने वजूद के प्रति शंकालु सारिका। दोनों के बीच सेतु नहीं बन सका।

ऐसे हालतों में अपनी जीवन-धारा को सारिका किस ओर ले जाती? नशेड़ी बाप। अति व्यस्त माँ। बेहद लापरवाह दादी। कौन देखता-समझता उसके मन को, उसके जीवन को?

और उसके जीवन की अहमियत?

सारिका का जीवन क्या था? अस्पष्ट योनि के साथ जन्म लेना।

माँ ने उसे जन्म दिया। उसे अपने पैरों पर खड़ा होने लायक बनाया। माँ की महानता स्वयंसिद्ध! इस महान कार्य का उद्घोष बेटी ने होश सँभालते ही सुन लिया, 'सारिका, तू किन्नर थी। मैंने लड़की बनवा दिया, नहीं तो किन्नर ले जाते।'

बेटी समझ गई कि माँ ने उसके ऊपर बहुत बड़ा उपकार किया है। माँ की महानता से अभिभूत बेटी ने मन ही मन माँ की ताकत को सराहा। पर किन्नर ले जाते तो क्या होता, नहीं समझ सकी।

"मम्मी, किन्नर कौन होते हैं?" उत्सुकता से भरकर एक बार माँ से पूछा।

"बताऊँ अभी।" कनक ने हाथ घुमाकर झापड़ दिखाया।

तब सारिका मुश्किल से तीन वर्ष की थी। पर वह डाँट उसके मनस् पर शाश्वत हो गई। समझ गई कि 'किन्नर' शब्द में कुछ ऐसा है, जो सबके सामने बोला-पूछा नहीं जा सकता।

समय बीतता रहा। और किन्नर शब्द सारिका के लिए रहस्य ही बना रहा।

एक बार हिम्मत करके दादी से पूछा, "दादी, किन्नर कौन होते हैं?" तब वह लगभग पाँच वर्ष की थी।

"एल्लो!" दादी हँस दी, "मैं क्या बताऊँ, अपनी माँ से पूछ।"

माँ से पूछने की हिम्मत नहीं थी, परंतु मन में कौतूहल उमड़-घुमड़ रहा था। मन का कौतूहल आँखों तक पहुँच रहा था।

उसका चेहरा देख दादी खिल्ली उड़ाते हुए बोली, "छोरी, तू जनम के समय किन्नर थी। अपनी माँ की वजह से आज तू लड़की बनी घूम रही है।"

"मैं किन्नर नहीं थी। भाई होगा किन्नर।" सारिका ने खिसियाकर विरोध किया।

''अरी जा। शुभम लड़का है। हमारा कुल चलाने वाला। किन्नर तो बस तू ही है।''

''दादी, तुम झूठी हो।''

"मुझे झूठ बोलने की क्या पड़ी?" दादी ने बड़प्पन दिखाया, "जो सच है, वही बता रही हूँ।"

''क्या सच है?''

''सच यही है कि जन्म के समय तेरे यह नहीं थी।'' कहते साथ दादी ने पाँच वर्षीया पोती की चड्ढी नीचे खींच दी।

''दादी!'' सारिका ने दोनों हाथों से कपड़े सँभाले। कनक ने उसे समझा रखा था कि किसी के सामने बिना कपड़ों के नहीं रहना है।

अचानक कुछ आहट हुई। जीने से कनक ऊपर आ चुकी थी। उसे असमय घर आया देख दादी-पोती घबरा गए।

कनक हिमशीतल दृष्टि से दोनों को घूरती रही। वह कुछ देख नहीं पाई, किंतु इतना समझ गई कि दाल में कुछ काला है। पर क्या? कौन बताता उसे?

किसे अपनी शामत बुलानी थी?

रामकली सिटपिटाकर बोली, ''मैंने कुछ नहीं किया। तेरी छोरी मेरा भेजा खाए जाती है।''

''जानती हूँ। आज इसका नाम स्कूल में लिखा रही हूँ। जल्द ही पढ़ने जाएगी।'' कहती हुई कनक अपने बक्से से जरूरी कागज निकाल तुरंत लौट गई।

गतांक से आगे दादी-पोती किन्नर-प्रकरण शुरू हुआ।

''मुझसे कुछ मत कहियो। मैंने कुछ न किया।'' दादी सार्थक मुस्काई।

पोती ने अपनी झेंप छिपाते हुए पूछा, "दादी, मेरी माँ मुझे लड़की न बनवाती तो?"

"तो तुझे किन्नर पकड़ ले जाते।" रामकली इत्मीनान से बोली।

"फिर?" भय व्याप गया बच्ची की आवाज में।

"फिर क्या? फिर ताली पीटती, गाना-बजाना करती गली-गली डोलती। देखती नहीं, गली में रोज ही ताली बजाते हिजड़े आते हैं। उनके पास घर-परिवार नहीं होता। ताली पीटकर गाना गाते हैं, तब दो वक्त की रोटी कमा पाते हैं।"

''हिजड़े...?''

''हिजड़े यानी किन्नर। जो न आदमी होते हैं, न औरत होते हैं। बस होते हैं, तो होते हैं।''

बच्ची दादी का मुँह देखती रही। दिमाग पर जोर दिया तो गली में गाने वाले का एक चित्र सामने आया। मुँह से निकला, "पागल बाबा? क्या पागल बाबा किन्नर है दादी?"

रामकली ठहाका मारकर हँसने लगी, "अरे लड़की, पागल बाबा तो बावरा है। घर-परिवार वाला है। पीला वाला दो मंजिला मकान उसी का है। बेटा-बहू घर के अंदर नहीं आने देते, इसीलिए भीख माँगता है। गली में बैठा गाना गाता रहता है। बेटा-बहू भी क्या करें? अपना परिवार भी है। इस पागल ने न जाने कब से काम-धंधा छोड़ दिया है। कोई बैठे को कब तक खिलाएगा?"

''बावरा? क्या बावरा भैया किन्नर है? वह गाना भी गाता है!'' बावरा शब्द सुनते ही सारिका को सामने वाले कमरे में रहने वाले बावरा के विषय में जानने की उत्सुकता हुई।

''चल पगली। वह तो लड़का है।''

"वह भी नहीं!" सारिका मायूस हो गई। अचानक उसके दिमाग की बत्ती

जली और उसने दादी की तरफ उत्सुकता से देखा, "अरे दादी, तुमने यह तो बताया ही नहीं कि मैं किन्नर से लड़की कैसे बनी?"

दादी 'फिक्क' से हँस दी। बोली, "मुझे नहीं पता लौंडिया, अपनी माँ से पूछना। उसी ने तुझे किन्नर से लड़की बनवाया था। वह अच्छी तरह जानती है कि कैसे बनते हैं। वह नहीं चाहती थी कि किन्नर तुझे ले जाएँ।"

''किन्नर कहाँ ले जाते हैं?''

''बताऊँ अभी। ठहर!'' दादी झुँझला गयी, ''कनक, अपनी लड़की सँभाल। बहुत सिर खाती है।''

कनक घर पर नहीं थी। पर उसका नाम ही काफी था।

सारिका सहम गई। वहाँ से हटकर छज्जे वाले कमरे की खिड़की से नीचे झाँकने लगी।

प्रेम गली में हमेशा जैसी रौनक थी। सब्जी, चाट-पकौड़ी, मूँगफली के ठेले आते-जाते दिख रहे थे। कुत्ते, सूअर, गाय आदि भी थे। हमेशा की तरह पागल बाबा भी एक घर के चबूतरे पर बैठा खँजरी बजाता 'घर न द्वार, पूरी नगरी अपनी, अलख निरंजन' गाने में लगा था।

गीत के बोल सारिका को समझ नहीं आए। पर उसके लय-ताल उसे अच्छे लगे। इसके बावजूद उसके मन में भय था, 'क्या पागल बाबा किन्नर है? क्या वह मुझे पकड़ लेगा? कहाँ ले जाएगा?'

गीत के स्वर तेज होते लगे। मानो कमरे तक आकर सारिका को छूना चाहते हों!

मन में डर बढ़ता चला गया। खिड़की बंद कर ली।

'जन्म के समय मेरे यह नहीं थी! इसका मतलब? चड्डी के अंदर कुछ नहीं होने से क्या फर्क पड़ता है?' उलझन ही उलझन। गली में ताली बजाता कौन निकलता है, कौन किन्नर है, हिजड़ा क्या होता है, वह समझ नहीं पा रही थी।

यह प्रसंग एक वर्जित विषय है, समझ गई वह। एक ऐसा सच जुड़ा है इसमें, जिसे हर कोई जानता है, पर बताता नहीं।

क्या है वह सच?

प्रश्न ही प्रश्न चारों ओर। उत्तर एक नहीं।

जो हो, जितनी बार किन्नर से लड़की बनाए जाने की बात कानों में पड़ती, उतनी बार सारिका के मन में अपनी माँ के प्रति श्रद्धा-भाव बढ़ता जाता।

'मेरी माँ कितनी अच्छी है, उसने मुझे किन्नर होने से बचा लिया। मुझे लड़की बना दिया।' मन में बार-बार आता।

किन्नरों के प्रति उसके मन में संशय-भाव बढ़ता रहा। बिना यह समझे कि किन्नर क्या होते हैं, वह इतना समझने लगी कि लड़की होना किन्नर होने से बेहतर है। किन्नर से लड़की बनवाकर माँ ने उसके ऊपर एहसान किया है। अब इस एहसान का बदला कैसे उतारे?

सीधा सा उत्तर था—माँ की सेवा करके।

माँ की सुख-सुविधा के लिए सारिका घर के कामों में रुचिपूर्वक हाथ बँटाने लगी। जरूरत न होने पर भी घर की झाड़-पोंछ करती रहती। धीरे-धीरे उसको घर सजाने-सँवारने का शौक हो गया।

इधर कनक ने घर की तरफ ध्यान देना बंद कर दिया। बेटी के हाथों घर सौंप वह निश्चिंत हो गई।

इसके बाद भी माँ नहीं जान सकी कि बेटी के मन में क्या है। बेटी कभी कोई शरारत करती, तो माँ के मुँह से निकलता, "मैंने गलती की। किन्नर को लड़की बनाकर मैंने बहुत बड़ी गलती की। अच्छा होता, तुझे किन्नर ले जाते, मेरा पीछा छूटता।"

सारिका नहीं समझ पाती कि माँ यह बात गुस्से में कह रही है। उसके बालमन में संशय आ जाता, 'क्या उसे लड़की बनवाकर माँ सच में पछता रही है!'

कहीं दोबारा किन्नर...

अपनी तरफ से माँ को खुश करने की और ज्यादा कोशिश करती।

यदि माँ खुश रहेगी, तो उसकी जिंदगी सुरक्षित रहेगी, सुखी रहेगी—बेटी यह मानने लगी।

उन्हीं दिनों एक शाम गली में ढोलक की थाप पर गीत गूँज उठे।

कनक काम पर गई थी। सारिका ने ढोलक सुनी, तो घर की सीढ़ियाँ उतर

आवाज की दिशा में बढ़ चली।

ऋषि दादा जी के घर तो पूरा मजमा ही लगा हुआ था।

सजी-धजी कुछ औरतें, लंबी कद-काठी, चमकीले कपड़े।

सारिका ने इससे पहले उन्हें नहीं देखा था।

उन औरतों में से एक गा रही थी, एक ढोलक बजा रही थी। कुछ अपने हाथ से अपनी साड़ी के घेर को पकड़ घूम-घूमकर नाच रही थीं। मुँह में पान ठूँसे हुए एक आदमी ने गले में रस्सी से बँधा एक बाजा लटका रखा था।

"उस्ताद जी, हरमुनिया जरा रंग में..." ऋषि दादा जी कहते और रुपये हवा में उड़ाते।

बाजेवाला झूम-झूमकर सिर हिलाता हुआ दोनों हाथों से बाजा बजाता जा रहा था।

सारिका थम गई।

समा सा बँधा हुआ था–

'हमरे राजा की ऊँची अटरिया, चढ़ने में डर लागे।

हो रामा, छोटा सा जिया काँपे,

हो रामा, पायलिया शोर मचाए।'

रुपये, रुपये और रुपये। रुपयों की बरसात हो रही थी। ऋषि दादाजी और सरोज दादी नोटों की गड्डी पर गड्डी खोलते जा रहे थे।

'बलमजी, नैनवा न मारो चोट लग जइहैं,

जिया जो तरसे तो दवा को करइहैं।'

लटके-झटके, चमक-दमक।

सारिका मंत्रमुग्ध सी देखती रही। गली के ठेलुहे वहाँ जमा होकर आनंद उठा रहे थे। रुपये लूटने वालों में होड़ लगी थी।

ऋषि दादा जी के घर पोते का जन्म हुआ था।

नाच-गाकर आशीर्वाद दे वे सुंदरियाँ चली गईं।

"तू यहाँ खड़ी है? उधर तेरी माँ तुझे ढूँढ़ रही है।" कांता मौसी बोली, तो सारिका चौंक गई। बहुत रात घिर आई थी। तय था कि कनक काम से लौट आई होगी।

कांता ने उसका हाथ थाम लिया और घर की ओर चल दी। घर पहुँच तीसरी मंजिल तक चढ़कर कांता ने कनक को सारिका का हाथ थमाते हुए कहा,

"ले सँभाल अपनी छोरी। किन्नर का नाच देख रही थी, वहाँ से पकड़कर लाई हूँ।"

किन्नर!

सारिका को धक्का लगा। वे सुंदर लड़कियाँ किन्नर थीं?

किन्नर ऐसे होते हैं? हँसने-खिलखिलाने वाले। ताली बजाने वाले। नाचने-गाने वाले। बात-बात पर दूसरे को बाँहों में भर लेने वाले।

वे किन्नर थे?

सारिका सन्न!

कनक हड़बड़ा गई। बेटी की पीठ पर जोर से धौल मारी। मारती चली गई, "क्यों गई थी उधर? किससे पूछकर गई थी?" रामकली से बोली, "माँ, तुम इस छोरी का ध्यान क्यों नहीं रखतीं? मारी-मारी घूमती है, कभी किन्नर ले गए तो..."

कांता और रामकली हँस पड़े। कांता बोली, "बस कर कनक, लड़की को बिना बात मार रही है। रोटी दे इसे, भूख लगी होगी बेचारी को। बेबात पीट दिया।"

कनक और सारिका की आँखें आपस में मिलीं। दोनों की आँखों में अजब सा भाव था।

सारिका चुपचाप अंदर कमरे की तरफ बढ़ गई।

"चल सारिका, रोटी खा।" कनक ने बुलाया, तो उसने रोटी खा ली।

उस रात पहली बार बेटी को अपनी माँ की क्षमताओं पर संदेह हुआ।

माँ ने मुझे किन्नर होने से बचा लिया। इसका क्या मतलब?

किन्नर तो सुंदर थीं। कितनी ज्यादा सुंदर। और कितनी खुश। नाच रही थीं, गा रही थीं। सबसे बड़ी बात, वे भी तो लड़कियाँ ही थीं।

समय बीतता रहा। अब किन्नरों को पहचान लेना आसान था। रीति-रिवाज, वार-त्योहार के बहाने किन्नर प्रेम गली में आते रहते थे।

किन्नरों को लेकर समाज में बहुत तरह की बातें फैली हुई हैं, यह बात सारिका बिना किसी के समझाए समझ चुकी थी।

उस घटना के कुछ ही दिन बाद फिर उसी तरह की सजी-धजी महिलाएँ दिखीं।

"देख किन्नर," गली की एक लड़की मालती फुसफुसाई, "सारिका, इनसे दूर रहना। माँ कहती है कि बच्चों को किन्नरों से दूर रहना चाहिए। पकड़ लेते हैं और उसके बाद बच्चों को भी किन्नर बना देते हैं।"

"अरे! अच्छा!" सारिका के स्वर में दुविधा थी, "पर ये कितनी सुंदर हैं।"

मालती सुन नहीं सकी। सारिका भी अपने ध्यान में डूबी रही। उसे किन्नरों के पास जाने की जरूरत नहीं थी। पर वह मालती के विचारों से भी सहमत नहीं थी।

यदि किन्नर बच्चों को पकड़कर किन्नर बना देते हैं, तो उसकी माँ ने भी तो किन्नर को लड़की बना दिया है। उलट-पुलट करना सभी जानते हैं। मालती यह बात थोड़े ही समझती है। पर सारिका समझती है। इसलिए गंभीरता से खड़ी रही। उसे किन्नरों से डर नहीं लग रहा था।

किन्नरों के बारे में और अधिक जानने की इच्छा बनी रही। भारी गले के सुर, जोर की ताली, ढोलक की आवाज सुनते साथ सारिका के कान खड़े हो जाते।

कुछ दिनों बाद गली की टीना के घर भाई का जन्म हुआ।

फिर वही गहमागहमी, किन्नरों का आगमन। उन्हें देखते ही सारिका एक बार फिर सजग हो गयी। कनक और रामकली काम पर गए थे। सारिका को टीना के घर जाने पर रोक नहीं थी।

पर इस बार मामला कुछ उल्टा था। टीना के माता-पिता गरीब थे। किन्नरों को उनका मनचाहा पैसा न दे सके।

"हम तेरा लड़का ले जायेंगे।" एक किन्नर चीखी।

दूसरी ताली बजा-बजाकर कुछ-कुछ अटपटा बोलने लगी, जो सारिका के सिर के ऊपर से निकल रहा था।

सारिका के पास खड़ी टीना काँपने लगी, "भैया चला जाएगा क्या?"

टीना की माँ गिड़गिड़ा कर बोली, "मेरे पास रोटी के पैसे नहीं है। तुम बधाई माँग रही हो।"

"रोटी के पैसे नहीं हैं? हमें तो तुम बहुत मोटी नजर आ रही हो। सेठानी, जल्दी टेंट ढीली करो। नहीं तो हम धोती उतारें...

''धोती उतारने से भी नहीं पाओगी। मेरे पास फूटी कौड़ी तक नहीं है।''

''फूटी कौड़ी किसे चाहिए? तुम्हारा लल्ला ले जाएँगे।" एक किन्नर ने ताना कसा।

टीना की माँ ने रसोई से लाकर खाली डिब्बे पटक दिए।

"देख लो, एक समय का अनाज तक बाकी नहीं है। इस पर भी न मानो, तो ले जाओ बच्चा। कम से कम भूखा तो नहीं मरेगा।" कहकर वह धाड़ मारकर जमीन पर लोट गई।

किन्नर अपना स्वाँग भूल गए। बुरा-सा मुँह बनाकर वहाँ से चल दिए।

आस-पास खड़े तमाशबीन मोहल्ले वाले व्यंग्य से मुस्कराए। किसी ने कहा, "बच्चा पैदा करना आसान है भाई, पालना मुश्किल।"

"किन्नर बिना आशीष दिए गए हैं। देखना यह बच्चा बचेगा नहीं।" दूसरा बोला।

इस बार टीना के साथ-साथ सारिका भी काँप उठी। बचेगा नहीं! मतलब यह मर जाएगा? मतलब?

पर टीना का भाई बच गया। टीना के मामा आए, अपनी बहन और दोनों बच्चों को लिवा ले गए।

कुछ दिनों बाद लोग टीना की बात भी भूल गए।

किंतु सारिका कई दिनों तक इसी घटना को सोचती रही।

जब बात मन से किसी तरह बाहर नहीं हुई, तो एक दिन वह रामकली के पास पहुँच गई, "दादी, किन्नर झगड़ते क्यों हैं?"

"अपनी बात मनवाने के लिए। यदि झगड़ेंगे नहीं, तो कोई उनकी बात नहीं मानेगा।"

"अरे!" सारिका के चेहरे पर मायूसी छा गई। अपनी बात मनवाने के लिए झगड़ा करना अच्छी बात नहीं है, उसके दिल में उठा। कोई भी बात प्रेम-प्यार से तय की जा सकती है, लड़ाई-झगड़े की क्या जरूरत? खैर, इतना सब सोचने के बावजूद कहने की जरूरत नहीं थी। जो शब्द पहले से दिमाग में घूम रहे थे, वे बाहर आ गए, "दादी, किन्नर का आशीष क्या होता है?"

"सब झूठ है, दिखावा।" रामकली फनफनाकर बोली, "कहते हैं कि किन्नर का आशीष मिल जाए तो जीवन में सारे सुख आ जाते हैं। मुझे तो कितनी ही बार किन्नरों से आशीष मिला। पर क्या हासिल हुआ? तेरे दादा खत्म हो गए। तेरा चाचा चला गया। कुछ नहीं रखा इन बातों में।"

सारिका का असमंजस बढ़ गया।

कौतूहल चरम पर और समाधान का कोई जरिया नहीं।

फिर जीवन के नाट्य मंच पर सक्रिय हुई तारा बुआ।

तारा बुआ, सामने वाले कमरे में रहने वाली शख्सियत।

सारिका को तारा हमेशा एक पहेली लगी। पल में तोला, पल में माशा। कभी खुश हो तो गोद में बिठाकर कलाकंद खिला दे। कभी नाराज हो तो गालियों से घर हिला दे।

कनक ने शुरू से ही कह दिया था, 'सारिका, तुझे पढ़ने में मन लगाना है। इधर-उधर ताका-झाँकी मत करना।'

माँ के रोकने के बाद यह सारिका का फर्ज था कि वह ताका-झाँकी करे। तारा की बेटी प्रिया उससे दो साल छोटी थी। प्रिया की वजह से भी सारिका का मन तारा के कमरे में ही लगा रहता था।

"कपड़े मँगाए हैं जैपुर से," एक शाम तारा ने कनक को बताया, "तू लेगी? देख ले, साड़ियाँ हैं, सूट हैं।"

"न बहन, मेरे पास तो पैसे नहीं।" कनक ने साफ मना कर दिया।

"मैं कल सुबह बड़ा बाजार की किन्नर बस्ती जाऊँगी। वहीं बेच आऊँगी। सारे माल का पैसा एक बार में मिल जाएगा।"

"सही कहती है, यही करना अच्छा रहेगा।" कनक ने बात खत्म की।

बड़े बाजार के पास किन्नर बस्ती! सारिका की हैरत का ठिकाना न रहा।

अगली सुबह उसे न तो स्कूल जाना था, न ही वह गई।

"मम्मी, आज छुट्टी है। टीचर ने कहा है, दो दिन बाद खुलेगा।" बहुत आराम से झूठ बोला। तनिक न डरी।

"ठीक है, घर पर पढ़ती रह।" कहती हुई कनक काम पर चली गई। उसने यह भी न सोचा कि आसपास के सभी बच्चे स्कूल जा रहे हैं, सिर्फ सारिका की छुट्टी कैसे है। सोचने का माद्दा ही नहीं था कनक के पास। काम को देर हो रही थी।

सारिका का ध्यान तारा की ओर था।

नौ बजे तारा तैयार हुई। नयी साड़ी पहन ढेर सारा पाउडर और गहरा काजल लगाया। गहरी लाल लिपस्टिक भी लगाई। पूरे बनाव-सिंगार के बाद कपड़ों की एक बड़ी सी गठरी सिर पर लादकर चल दी। साड़ी का घूँघट माथे से नीचे तक

ले लिया था।

यदि घर से ही सारिका ने उसकी नारंगी साड़ी न देखी होती, तो वह बाजार में कतई पहचान नहीं सकती थी कि यह घूँघट वाली औरत तारा बुआ है।

तारा कमर लचकाती आगे बढ़ती रही।

मन ही मन भयभीत सारिका उसका पीछा करती रही।

प्रेम गली। मुख्य सड़क। चौराहा। दूसरी मुख्य सड़क। फिर पतली सड़क। फिर दूसरी पतली सड़क से होती हुई तारा बड़ा बाजार में पहुँच गई।

कुछ दूरी बनाए सारिका लगातार उसके पीछे थी।

बड़ा बाजार सामानों से भरा था। तरह-तरह के चमत्कृत करने वाले सामान। सारिका इससे पहले भी इस बाजार में आ चुकी थी। दो-एक बार कनक को अपने लिए चुन्नी लेनी थी, तो वह सारिका को साथ लाई थी। वे लोग दुपट्टे की दुकान से ही लौट गए थे।

और आज तारा आगे बढ़ती चली गई।

सारिका एक निगाह तारा पर दूसरी निगाह दुकानों पर टिकाए लगातार पीछा करती रही। रंग-बिरंगी चादरें, पोशाकें, मूर्तियाँ, तस्वीरें, खाने-पीने के सामान, और भी न जाने क्या-क्या सजा हुआ था बड़े बाजार की दुकानों में।

बाजार पार कर तारा एक गली में घुसी।

सारिका मुहाने पर खड़ी देखती रही। गली लोगों से भरी थी।

न जाने कितने सारे किन्नर। उनकी अलग छवि को अब सारिका पहचान चुकी थी।

तारा को देखते ही कई किन्नर उससे लिपट गईं। एक ने उसके सिर से गठरी उतारकर नीचे रख दी। पहले की पहचान होगी, तभी वे तारा को देख खुशी से खिली जा रही थीं।

“आओ दीदी, बड़े दिनों में आईं।” एक किन्नर ने कहा।

“आदमी नहीं आने देता। आदमी नहीं, राक्षस है।” कहकर तारा हँसने लगी, “बहुत समझो, आज आ गई। बड़ी बहन ने जैपुर से ये साड़ियाँ मँगवाई थीं, तो मैं तुम लोगों के लिए ले आई।”

“अच्छा किया दीदी। हमें तुम्हारी याद आ रही थी। इसी बहाने मिलना हो गया।” एक अन्य किन्नर बोली।

“याद आ रही थी, तो घर क्यों न चली आईं?” तारा ने उलाहना दिया।

"बिना कारण हमें कौन आने देता है? यों तुम्हारी गली में तो आना-जाना होता ही रहता है। फिर किसी दिन आ जाएँगे।"

सारिका काँप उठी। उनके घर किन्नर! यदि किसी किन्नर ने उसे यहाँ खड़ा देख लिया और पकड़ लिया तो? यदि तारा की निगाह पड़ गई तो? उसने घर पर माँ से शिकायत लगा दी तो?

जानती थी वहाँ खड़ा रहना खतरनाक है।

उसका कौतूहल स्थिर था। न बढ़ा था, न शांत हुआ था। वह धीरे से पीछे लौट ली।

कौतूहल वहीं का वहीं।

वक्त बीतता रहा। सारिका का सौंदर्य-बोध बढ़ता रहा।

'मेरी बेटी बहुत सुंदर है।' माँ ने जाने-अनजाने कई बार यह वाक्य कहा होगा, 'नगीना है नगीना।'

सारिका इस बात का सिर्फ इतना ही अर्थ निकाल पाई कि वह सुंदर है। इस सुंदरता का क्या करना है, वह नहीं जानती थी। बच्ची थी, जिज्ञासु बच्ची। जिज्ञासा सृष्टि के प्रति, समाज के प्रति, जीवन के प्रति, सौंदर्य के प्रति।

रंग दूधिया सफेद। पर फिर भी पाउडर लगाने लगी वह। शौक जो ठहरा।

बाल लंबे घने काले, फिर भी उन्हें रँगने का शौक पाल लिया। कभी गोल्डन, कभी नीले, कभी बरगंडी। बहुत अच्छा लगता था लंबे, घने काले बाल तरह-तरह से रँगकर, खोलकर इधर-उधर घूमना।

हील पहनने का शौक भी रखने लगी वह। अपने कद से हमेशा से शिकायत थी उसे। काश! वह थोड़ी और लंबी होती।

और काजल में तो उसके प्राण बसते थे। अच्छा लगता था बड़ी-बड़ी आँखों को और भी बड़ा दिखाना।

बड़ा भाई पढ़ाई छोड़कर काम पर जाने लगा। माँ बेटे की प्रगति से प्रसन्न नहीं थी। तो भी उसने समझौता कर लिया कि शुभम बिना पढ़े भी अपना पेट भरने लायक कमा लेगा। शुभम ने नशा करना शुरू कर दिया है, यह बात न सारिका जानती थी, न कनक।

कनक ने सारिका को बार-बार समझाया, "देख, तेरे भाई ने पढ़ाई छोड़

दी है। अब तुझे और ज्यादा मेहनत से पढ़ना पड़ेगा। जब दुनिया देखेगी कि कनक की बेटी ने उसके बेटे से ज्यादा नाम कमाया, तो कितना अच्छा लगेगा। तू जी लगाकर पढ़।"

"हाँ मम्मी।" सारिका हामी भर देती। पर वह कभी न बताती कि किताब के हर्फ़ उसको काली चीटियों की पाँत से लगते हैं। किताबों के पन्ने उसे ऐसी रद्दी के समान लगते हैं, जिससे सामान लाने की पुड़िया बनाई जा सकती है, चूल्हा जलाया जा सकता है। इसके अतिरिक्त उसको पढ़ने-लिखने के सामान का कोई और उपयोग समझ नहीं आता था।

लेकिन सारिका क्या सोच रही है, इस बात को कनक ने कभी पूछा ही नहीं।

आठवीं तक पढ़ी सारिका ने स्कूल में क्या सीखा, यह मुख्य नहीं। मुख्य यह है कि जीवन की पाठशाला में क्या-क्या पढ़ा।

छोटे-छोटे अनुभव तो वह पल-पल बटोरती रही और उसे सीख देने वालों की भी कमी नहीं थी।

अति व्यस्त माँ की बेटी कुछ रामभरोसे, कुछ पड़ोसियों के भरोसे, कुछ परिवारीजनों के भरोसे बड़ी होती चली गई। चूल्हा-चौका करना उसने कब सीखा, उसे खुद नहीं याद। पिता को रोटी सेंककर दे देती और भाई के लिए चाय बना देती।

दादी रामकली चावल या खिचड़ी पसंद करती थी। एक पतीली में चावल उबालती, तो दादी-पोती मिल-बाँटकर खा लेते। पेट भर जाता। चूल्हे के पास बैठ एक-एक रोटी उतारने से भी बच जाते।

कनक को दादी-पोती के इस प्रेम व्यापार का पता नहीं चला। वैसे दादी प्यार करती थी या अपनी गरज से लड़की को फुसलाती थी, कौन जाने?

कनक नहीं जान सकी कि जिस पोती के जन्म पर रामकली ने अस्पताल का मुँह नहीं देखा था, उसी पोती के हाथों अपना उल्लू सीधा करती है।

'सारिका मेरे बालों में तेल डाल दे।' 'सारिका मेरे पैरों में तेल लगा दे।' 'लड़कियों को घर के काम आने चाहिए, तेरी माँ जैसी लड़कियाँ अच्छी नहीं होतीं।' रामकली के रोज के वाक्य थे।

माँ तो यह भी नहीं जानती थी कि उसकी ननद उससे नफ़रत करती है, पर उसकी बेटी से दूध-पानी का नाता रखती है। सारिका को कनक के खिलाफ़ दुनिया भर की नसीहत दे चुकी थी रानो।

दादी-बुआ की सीख पूरी भी नहीं होती कि फुफेरी बहन चंचल की पाठशाला चालू हो जाती। चंचल उससे तीन साल बड़ी जरूर थी, पर सारिका को उसके संग बड़ा आनंद आता।

सामान्य ज्ञान में सारिका से कई गुना ज्यादा होशियार चंचल ने अपने घर की छत पर बैठ सारिका को स्त्री-धर्म की शिक्षा दी।

"सारिका, तुझे पता है शादी के बाद क्या होता है?"

"नहीं पता।" सारिका मुस्करा दी। उसकी लजीली मुस्कान कह रही थी कि प्रसंग उसकी पसंद का है।

चंचल ने एक बार सुनाना शुरू किया, तो फिर रुकी नहीं। शादी के बाद का प्रसंग रोज का राग हो गया। दुनिया-जहान की रसभरी बातें। दिल में हलचल करती, दिमाग को सहलाती मनमोहक बातें।

सारिका उन बातों को रोज सुनना चाहने लगी। उसका मन नहीं भरता था। उसने यह कभी नहीं सोचा कि चंचल शादीशुदा नहीं है, फिर उसने ये बातें कहाँ से जान लीं। जाहिर था कि चंचल ने वे बातें लोक-जीवन से ही सीखी थीं।

बुआ हमेशा की ढुलुर-मुलुर। अपनी गृहस्थी को ही नहीं चला पा रही थी। कहाँ और कैसे समझ पाती कि चंचल किस राह पर जा रही है। पढ़ाई-लिखाई चंचल ने न जाने कब की छोड़ दी थी। बस दिन-रात घूमना-फिरना, आवारागर्दी करना। वही आवारागर्दी जो प्रेम गली के वाशिन्दों का सामान्य व्यवहार था। और वही आवारागर्दी चंचल सारिका की रगों में उतारती रही।

चंचल ने सारिका को और भी कई बातें सिखाईं। बॉयफ्रेंड, गर्लफ्रेंड, दोस्ती-प्यार, लवमैरिज, सुहागरात, हनीमून आदि रसीले विषय पर फुसफुसाकर बात करना रोज का नियम बन गया।

"शादी में मजा है, पर अपने मन का साथी चुनना चाहिए। देखा नहीं, मेरी मम्मी कैसी परेशान रहती है। मेरे पापा उनके मन के नहीं हैं न।" एक दिन चंचल ने बताया।

"हूँ।" सारिका अनमनी हो उठी।

"तेरे पापा भी तो पीते हैं।" चंचल बोली।

"तो?" सारिका की त्योरी चढ़ गई। अच्छी तरह जानती थी कि मंगल और कनक का रिश्ता बहुत सफल नहीं है।

"तो कुछ नहीं। पीने से क्या फर्क पड़ता है? पैसा होना चाहिए। पति के पैसे से सब कुछ खरीदा जा सकता है। पहले पैसे वाले से शादी कर लो। उसके बाद दुनिया के मजे लो।" चंचल का निष्कर्ष!

सारिका की सोच ने एक दिशा ले ली।

"खट-खट कर शरीर गलाना ठीक नहीं। किसी पैसे वाले के संग शादी हो जाए, तो वारे-न्यारे हैं।" चंचल सपनों में डूबी हुई बोली।

सारिका को बेचैनी होने लगी। मैं किसी पैसे वाले से शादी कैसे कर पाऊँगी? अभी तो माँ उसकी शादी के मूड में ही नहीं दिखती। दिन-रात एक ही बात कहती है, 'सारिका, तू जी लगाकर पढ़। तुझे अफसर बनना है। दुनिया में अपना नाम रोशन करना है।'

चंचल ने सारिका की मुलाकात कुणाल से कराई। पैसे वाला, आकर्षक नवयुवक, जैसा फिल्मों में दिखाते हैं, लगभग वैसा ही।

किंतु सारिका प्रभावित नहीं हुई। उसके सामने तो इस तरह के कई लोग थे। ऋषि दादाजी पैसे वाले, आकाश चाचा सिद्धांतों वाले, फुफेरा भाई अंकित कुछ-कुछ बिगड़ा, पर रुआब में अव्वल। सगा भाई शुभम किसी से कम है क्या? गलियों में मारा-मारा घूमने पर भी दिमाग राजकुमार वाला।

कुणाल में ऐसा क्या खास, जो सारिका उससे प्रभावित होती?

चंचल ने मुलाकात कराई तो सारिका ने हँसकर बात कर ली।

"सारिका, तुझे कुणाल कैसा लगा?" बाद में चंचल ने पूछा।।

सारिका ने चंचल की बात का कोई उत्तर न दिया। चंचल ने दोबारा पूछा, "बता भी, कैसा लगा?"

"कैसा क्या, ठीक है।"

"सिर्फ ठीक? मुझे तो बहुत अच्छा लगता है। जिसका हाथ थामेगा, वह बहुत भाग्यशाली होगी।" मछुआरे ने जाल फेंका।

"होगी!" मछली बचकर पानी में चली गई।

"वह तू भी हो सकती है।" बहेलिये ने लासा डाला।

"तू क्यों नहीं बन जाती, वह भाग्यशाली इंसान?" पंछी उड़कर दूर खड़ा हो गया।

"मेरी मम्मी ने मेरा ब्याह इससे भी अच्छी जगह तय किया है। मैं अपने मँगेतर से खुश हूँ।" चंचल तिलमिला उठी। "कुणाल मेरा दोस्त है। मैंने इससे ज्यादा उसके विषय में कुछ नहीं सोचा।"

"मैं सोच लूँगी, ऐसा कैसे सोच लिया तूने? मेरी मम्मी मेरा ब्याह नहीं कराएगी क्या?"

"तेरी मम्मी की बात वही जाने। मैंने तेरा भला सोचकर तुझे कुणाल के साथ जोड़ना चाहा। पैसे वाला है, जिंदगी भर सुख से रखेगा। पर खैर, तुझे क्या ज़रूरत? तू तो किन्नर है।" अपने मन का गुबार निकाल चंचल ने सार्थक मुस्कान बिखेर दी। अपनी चेली की तर्क-शक्ति से वह मन ही मन हैरान थी।

"क्या मतलब?" दुःखती रग के साथ छेड़खानी सारिका को पसंद न आई।

"तेरी मम्मी ने तुझे किन्नर से लड़की बनवाया, यह सबके सामने है। पर अंदर से तू अभी भी किन्नर है, इतना मैं समझ सकती हूँ। लड़कों को देखकर तेरा मन नहीं चलता। पर इसमें तेरा कोई दोष नहीं।"

सारिका निःशब्द देखती रही।

"सारिका, तू जानती है न, किन्नरों को आदमी या औरत की जरूरत नहीं। उन्हें जोड़ा बनाने की भी जरूरत नहीं। उनको तो बस...क्या बताऊँ..."

"बता दे। मन में क्या रखना?"

"देख, ऐसे समझ, मामी ने तेरा ऑपरेशन जरूर कराया, पर वह ऊपर की बात है। अंदर से तू अभी भी किन्नर है। अगर तू सचमुच लड़की बन गई होती और तुझे आदमी की जरूरत लगती, तो मेरी बात का मतलब तू खुद समझ जाती। चल छोड़। सच कह, कुणाल को देख तेरे मन में कुछ नहीं होता?" चंचल गंभीर हो गई।

''न! कुछ नहीं होता।''

"तभी तो मैं कहूँ...तू मेरी छोटी बहन है। मुझे तेरी चिंता है। इसीलिए मैंने सोचा... मामी तो तेरी सुध लेगी नहीं। वह अच्छी तरह जानती है कि तू किन्नर है, इसीलिए तुझसे पढ़-लिखकर अपने पैरों पर खड़ा होने की बात कहती है। शुभम ने पढ़ाई छोड़ी, तो किसी ने कुछ नहीं कहा। मैंने पढ़ाई छोड़ दी, तो मेरी मम्मी ने मुझे नहीं डाँटा। पर तेरे साथ ऐसा नहीं है। तेरी मम्मी अच्छी तरह

जानती है कि किसी के साथ तेरा गठजोड़ हो गया, तो जिंदगी भर के लिए झमेला हो जाएगा।"

"तू बकवास कर रही है। ऐसा कुछ भी नहीं है। मुझे कुणाल पसंद नहीं है, तो मैं जबर्दस्ती उसके साथ दोस्ती कैसे कर लूँ?" सारिका झल्लाई।

"मैं नहीं मान सकती कि कोई लड़की ऐसी भी होगी जिसे कुणाल पसंद न आए। उसके पीछे मरनेवालियों की कमी नहीं है। हाँ, तेरी बात अलग है। तू तो किन्नर है। पर मैं यह बात किसी को नहीं कहूँगी। सुन, सुन," अचानक चंचल उत्तेजित स्वर में बोली, ''किन्नर जिनके सिर पर हाथ रख दें, उनके भाग खुल जाते हैं। जरा, मेरे सिर पर हाथ तो रख।''

''जीजी, तू पागल हुई है क्या? मैं किन्नर-विन्नर नहीं।'' सारिका बुरी तरह खीझ गई।

"बहना, कुणाल मेरा क्या लगता है? तू मेरी बहन है। तू घर जा। मैं सच में किसी से कुछ नहीं कहूँगी। अब मैं समझ चुकी हूँ कि तू किन्नर भी नहीं रही, लड़की भी नहीं रही। अब तेरा क्या होगा? तेरा घर कैसे बसेगा? तुझे किन्नर भी नहीं ले जाएँगे और तू माँ भी नहीं बन पाएगी। जानती है न, किन्नर कभी माँ नहीं बनते।"

दुनिया भर की परेशानी चंचल के माथे विराज रही थी।

सारिका अपने घर लौट आई।

उसे चंचल के ऊपर गुस्सा आ रहा था। अपने ऊपर भी। चंचल बकवास क्यों करती है, वह नहीं समझ पा रही थी। और वह चंचल की बात का उचित उत्तर क्यों नहीं दे पाती, यह भी उसकी समझ से परे था। वह एक बार में सबका मुँह बंद करना चाहती थी।

किन्नर! किन्नर! किन्नर!

वह इस शब्द को सुनते-सुनते पागल हो चुकी थी।

अर्थ क्या है इस शब्द का? सच्चा अर्थ जानना चाहती थी वह।

उसका वजूद क्या है? वह लड़की है कि किन्नर है, कैसे पता कर पाएगी? कुणाल को देख उसके मन में कुछ नहीं होता। तो? इसका क्या मतलब?

वैसे मन में क्या होना चाहिए?

गहरे संकट में पड़ चुकी थी। किससे पूछे, कैसे पता करे कि वह क्या है। उसका कौतूहल भी इस समय दम तोड़ रहा था।

एक बार भी यह नहीं सोचा कि जब कनक ने कहा है कि पढ़ने में मन लगा, तो चंचल के पास जाने की, व्यर्थ की बातें करने की जरूरत ही क्या है?

चंचल ने कुणाल को कब उसका नंबर दिया, सारिका नहीं जान पाई। हाँ, गाहे-बगाहे कुणाल की कॉल आने लगी, तो उसको बुरा नहीं लगा।

यह मोबाइल कनक ने पिछले महीने ही दिलाया था। कितनी जिद की थी, उसके बाद पा सकी थी।

एक दिन बाद कनक के काम पर जाने के बाद सारिका के मोबाइल पर कुणाल का नंबर चमका।

"हाँ कहो?" फ़ोन उठाकर पूछा।

"सिनेमा देखने चलेगी, नया वाला। दो टिकट मिल गई हैं।" कुणाल को पता था कि वह थिएटर में पिक्चर देखने की दीवानी है।

"नहीं, आज मुझे कुछ काम है, आज नहीं।"

"क्या काम है? मुझे बता। हो सकता है, मैं ही करवा दूँ।" कुणाल ने आश्वासन देते हुए कहा।

"ठीक है, तुम गली के बाहर मिलो। मुझे मुरली पार्क चलना है।" दिमाग में कुछ तय कर चुकी थी सारिका।

सबकी नजर बचा जीने से उतरी।

चुन्नी मुँह पर लपेट गली से बाहर आई।

पहली बार दोनों तरफ पैर लटका कुणाल की बाइक पर बैठी।

मुख्य सड़क। चौराहा। दूसरी मुख्य सड़क। फिर पतली सड़क। इसके बाद कुणाल की बाइक दाहिनी तरफ मुड़ गई। थोड़ा आगे चलकर बाएँ मुड़ना था और फिर बहुत बड़ा सार्वजनिक उद्यान था। पार्क के सामने बाइक खड़ी कर कुणाल अंदर की ओर बढ़ा।

सारिका उसके पीछे थी।

कुणाल उसका हाथ पकड़ने को आतुर था। सारिका नासमझ नहीं थी। वह भी निष्कर्ष पर पहुँचना चाहती थी।

एक बेंच पर बैठ गई। पार्क के बीच में बनी छोटी-सी झील में छोटी-छोटी नौकाएँ चल रही थीं। ज्यादातर घूमने वाले उसी झील के इर्द-गिर्द जमा थे। इस

तरफ भीड़ नहीं थी।

कुणाल ने फिर उसका हाथ पकड़ना चाहा।

"तुम सपनों पर विश्वास करते हो?" सारिका ने पूछा।

"हाँ करता हूँ। मैं रोज सपना देखता हूँ कि तेरा-मेरा ब्याह हो चुका है और हम प्यार से गृहस्थी चला रहे हैं।" कुणाल आतुरता से बोला।

"सच्ची? तू सच में यही सपना देखता है?" सारिका ने कजरारी आँखों को बड़ा करते हुए पूछा।

"एकदम सच। तेरे-मेरे ब्याह का सपना।" वह सारिका से लिपटने लगा।

सारिका मुस्करा दी। मोहक मुस्कान, सौंदर्य को सौ गुना करती हुई। रिझाती हुई बोली, "कुणाल, किन्नर कौन होते हैं?"

"क्या?" मानो घड़ों पानी पड़ गया हो। खुमार उतरने लगा, "क्या पूछ रही है? क्या मतलब है तेरा?"

"मैंने पूछा, किन्नर कौन होते हैं?"

"पागल है क्या?" वह खिसिया गया।

"नहीं, पागल नहीं हूँ।" पहले से सोचा-समझा वाक्य कहना शुरू किया, "मुझे रात एक सपना आया है। सपने में देखा कि कोई अनजानी ताकत कह रही है कि किसी किन्नर को साक्षात् देखने के बाद ही जीवन में कोई नया काम करना। यदि ऐसा नहीं करेगी, तो उस काम में सफलता नहीं मिलेगी। कुणाल, मुझे किसी किन्नर से मुलाकात करनी है।"

"अच्छा," कुणाल हकलाने लगा, "सपने का क्या है? वे तो झूठे होते हैं।"

"तो तू भी तेरे और मेरे ब्याह के सपने को भूल जा। झूठे सपनों पर गृहस्थी नहीं बनाई जाती।" सारिका झट बोली।

"चुप रह। मुझे सोचने दे। अगर हम दोनों के सपने सच हैं, तो शायद यही ठीक रहेगा कि मैं तुझे किसी किन्नर से मिलवा दूँ। मैंने भी सुना है कि इन लोगों में बहुत ताकत होती है। भगवान का आशीर्वाद होता है इनके साथ। जिसके सिर पर सच्चे मन से हाथ रख दें, उसकी दुनिया बदल जाती है।"

सारिका मंत्रमुग्ध-सी बोली, "सच कह रहा है? तू मिलवा पाएगा? डरेगा तो नहीं।"

"सोचने दे।"

"एक बात और है। मुझे किन्नर से मिलना नहीं है, मुझे किन्नर को देखना

है। उसका असली रूप। तू कैसे दिखा पाएगा किन्नर।"

"तूने बात पलटी! अभी तो कह रही थी कि मुलाकात करनी है।"

"मुलाकात करवाने के लिए तू ही बचा है? चौराहे पर चली जाऊँ, तो खुद ही किसी से हाथ मिला आऊँ। मुझे बात-मुलाकात नहीं करनी। पहले ही कह चुकी हूँ कि मुझे किन्नर देखना है। असल वाला।"

''देखना का क्या मतलब?'' कुणाल की आवाज़ गंभीर हो गई।

''ऐसा क्या अंतर है, जो उन्हें अलग माना जाता है। न आदमी, न औरत! क्यों? दिखा सकता है?''

''क्या जरूरत? सड़क खड़े को जरा हड़का दे, खुद ही दिखा देगा। इसमें छिपा क्या है?''

''रहन दे। तुझसे हो लिया! यों सड़क-सड़क तलाशूँ, यही काम रह गया है? मेरी माँ जान गई तो जान ले लेगी मेरी।''

''पर देखना क्यों?''

''कहा न, सपना आया है कि नये काम की शुरूआत से पहले देखना जरूरी है। दिखा सकता है तो ठीक, नहीं दिखा सकता तो मैं चली।''

"दिखा सकता हूँ। जरा चुप रह।" कुणाल सोच में डूब गया।

सारिका का मन बल्लियों उछलने लगा। दादी, माँ, चंचल सभी को धता बताकर आज वह अपने कौतूहल को शांत करेगी। जन्म से ही सुनती आ रही है कि वह किन्नर थी। अब पता चलेगा कि किन्नर क्या होता है। कुणाल सौदेबाजी में चतुर है। पर जरूरी थोड़े ही है कि अपनी बात पूरी हो जाने के बाद वह कुणाल की बात माने। पहले पता तो हो कि सारिका के वजूद का रहस्य क्या है।

कनक की बेटी! सौंदर्य में माँ से कई कदम आगे! गोरा रंग, गहरे काले कमर से नीचे लहराते बाल, सुतवाँ नाक-नक्श! काजल की रेख कानों तक खिंची! वैसे जरूरत कहाँ थी काजल की? गहरी भूरी-हरी आँखें ही कानों को छूना चाहती थीं।

वह पलकें झपकाती कुणाल को देखती रही।

"सुन, मैं तेरी इच्छा पूरी करवा दूँगा। तू दो-तीन दिन रुक। मैं हिसाब बनाकर बताऊँगा।" उसकी बेतुकी माँग से कुणाल का फितूर थोड़ा उतरा, लेकिन खत्म नहीं हुआ।

सारिका का उत्साह भी कम पड़ा, पर उसने उम्मीद नहीं छोड़ी। हामी में सिर हिलाकर उठ खड़ी हुई।

दोनों वापस लौट आए।

कुणाल नशे का सामान बेचता है, सारिका कहाँ जानती थी।

किन्नर नशे की सामग्री खरीदते हैं, यह भी कहाँ पता था।

कनक ने बेटी को मोबाइल यह कहकर दिलाया था कि वक्त जरूरत पर फ़ोन कर लिया करना।

पर बेटी की जरूरतें बदल रही हैं, यह बात कनक कहाँ जानती थी?

उसका नाम स्कूल से कट गया है, यह बात तो बेटी ने भी भुला दी थी।

अगली सुबह कनक और रामकली काम पर निकल गईं। शुभम दोस्तों के साथ कहीं चला गया। मंगल अपने नशे के जुगाड़ में मजदूरी पर निकल गया।

सारिका का मोबाइल बजा। दूसरी ओर चंचल थी। पूछ रही थी, "सारिका, मुझे मैचिंग ब्लाउज़ लेने हैं। तू ग्यारह बजे आ जाएगी?"

"हाँ।" सारिका ने हामी भरी।

ग्यारह बजे चंचल के साथ जाने को वह पूरी तरह से तैयार थी। काजल की रेख हमेशा की तरह कानों तक खिंची हुई थी।

लेकिन चंचल के ब्लाउज़ खरीदवाने नहीं जा सकी।

एक बार फिर मोबाइल बजा। इस बार कुणाल था, "सारिका तेरा काम हो जाएगा। तुरंत आ जा।"

"मेरा काम?" वह चौंकी, "मेरा कौन सा काम?"

"वही किन्नर वाला। जल्दी आ जा।" कुणाल बोला।

उसका कलेजा उछलकर हलक में आ गया, "कहाँ?"

"बड़े चौराहे पर मिलूँगा।"

"ठीक है, आती हूँ।"

"सुन..." कुणाल कुछ कहना चाह रहा था, "तू मेरे साथ शादी करेगी न?"

"आती हूँ।"

प्रेम गली पारकर बड़े चौराहे तक पहुँच बाइक पर बैठ गई।

कुणाल लंबी-चौड़ी सड़कों से होता हुआ एक पतली गली में घुसा। यह

गली सुनसान थी। बाइक एक घर के सामने रुकी।

पूरा इलाका सारिका के लिए नया था।

"हम कहाँ हैं?" उसने चिंतित होते हुए पूछा, "मुझे हर हालत में दोपहर को घर लौटना है। मम्मी काम से वापस आ जाएगी।"

"थोड़ी देर के लिए मम्मी को भूल जा। ऐसी चीज़ दिखाऊँगा जो तूने जिंदगी में न देखी होगी।" कुणाल ने कोई नशा किया था। उसके पास से गंध आ रही थी।

"कुणाल तूने शराब पी है?" सारिका ने सहमकर पूछा।

"नहीं यार, कुछ खास करने के लिए खास हिम्मत जुटानी थी। बस तू चुप रह। तू भी क्या याद करेगी।" कुणाल नशे के साथ-साथ किसी और सुरूर में भी था। प्रेयसी की पहली माँग को पूरा करवाने की खुशी।

गली में छोटी-छोटी कोठरियाँ बनी थी। एक का ताला खोल वह अंदर घुसा। लगभग खाली कोठरी। एक कोने में तख्त पड़ा हुआ था। एक तरफ की दीवार पर पर्दा। पर्दा हटाया तो पीछे एक आदमकद अलमारी थी।

"इस पर्दे के पीछे खड़ी हो जा। देख यहाँ छेद है।" कुणाल ने पर्दे में बना एक छेद दिखाया। "इस छेद से तुझे कमरे की सारी घटना दिखती रहेगी। तू अपनी बात याद रखना।"

सारिका ने सिर हिलाया। वह समझ नहीं पा रही थी कि क्या होने जा रहा है, किंतु जानना चाहती थी कि क्या होगा। और इसको जानने के लिए उसे सामना करना ही था। सच का सामना!

उसे डर नहीं लग रहा था। बस एक कौतूहल उसको संचालित कर रहा था।

दरवाजे पर खट-खट हुई।

"जल्दी, जल्दी।" कुणाल ने उसे पर्दे के पीछे जाने को कहा।

वह घुस गई। साँस तेज चलने लगी। लगने लगा दिल उछलकर बाहर आ जाएगा। छिपकर कुछ करने की उसकी आदत नहीं थी। सब कुछ डंके की चोट पर करना चाहती थी। किंतु आज कुछ गोपन खुलने वाला था, जिसके लिए उसे छिपना ही था।

पर्दे पर बने छोटे-से छेद से कमरे का नज़ारा स्पष्ट दिख रहा था। आने

वाला इंसान पुरुष था। कमीज-पैंट पहने। पर चेहरे की बनावट, बालों का विन्यास और बोलने का तरीका आन-मान किन्नर जैसा।

कुणाल आगंतुक के साथ वार्तालाप करने लगा।

"बीस हजार का माल दे दो।" आगंतुक बोला।

कुणाल ने अपने बैग में कुछ तलाशा और एक छोटी-सी पुड़िया निकाली। साथ ही बोला, "दिनेश भाई, क्या कुछ ज्यादा रकम लाए हो? एक बढ़िया चीज़ तुम्हारे वास्ते बचाकर रखी है।"

"बढ़िया चीज़?" आगंतुक भूखी आवाज में बोला, "क्या है, बताओ?"

"मैं बता नहीं सकता। अगली बार तुम ही बताना कि चीज़ कैसी थी। पर इसके लिए कम से कम तीस हजार अभी चाहिए।"

"शाम तक हो जाएगा।" आगंतुक आकुल होकर बोला, "बस एक बार दोबारा आना पड़ेगा तुम्हें।"

"नहीं भाई, शाम तक नहीं। इस बार बड़ी मुश्किल से आया हूँ। एक ही दिन में बार-बार नहीं। नयी चीज़ आई है। रुक नहीं रही है। अभी हिसाब नहीं बनता तो पंद्रह दिन बाद देखना। और भी ग्राहक है इसके। उन्होंने इस्तेमाल करके देखा है। एक खुराक में जन्नत जाने का सुख कौन छोड़ना चाहेगा?" कुणाल पेशेवर दुकानदार की तरह बातें कर रहा था।

"ऐसा क्या है?" दिनेश की आँखों में जन्नत की लालसा उभर आई। भूख और लोभ एक साथ हिलोरें मारने लगे।

सारिका की साँसें सामान्य होने लगीं। प्रेम गली के न जाने कितने लड़कों को इसी तरह नशे के लिए लपलपाते देखा है। और दूर क्यों जाए, मंगल भी एक बोतल के लिए कनक के पैर छूने लगता है।

इस दिनेश में ऐसा क्या खास था? वह गौर से देखने लगी।

"दिनेश भाई, लो बीस हजार में अपना माल थामो। नये माल को अगली बार देखना।" कुणाल ने कहा।

"ए, मुझे अभी चाहिए। उधार दे दे। क्यों डरता है? हम यारों के यार हैं। अब तक कभी तेरा पैसा मारा है?" दिनेश बोला।

"नहीं भाई, कभी नहीं मारा। बैठो।" कुणाल ने उस आगंतुक को तख्त पर बैठने का इशारा किया और अपने बटुए में सामान तलाशने लगा। "भाई, तुम्हारे लिए तो जान भी हाजिर है। तुम्हारे जितना सच्चा ग्राहक दूसरा नहीं देखा।"

दिनेश तख्त पर बैठ गया। आश्वस्ति भरी प्रसन्नता थी उसके चेहरे पर।

कुणाल अपने सामान में जन्नतवाली पुड़िया तलाशने में लगा था। साथ-साथ कहता जा रहा था, "यारी तो करते हो, पर अपने यारों से भेद भी खूब रखते हो। मैंने तो आज तक न जाना कि किन्नर कैसे होते हैं?"

"ये लो," दिनेश ने ताली पीटी, "हम कितनी बार तो मिल चुके हैं। तुम कहते हो देखा ही नहीं।"

"हाँ भाई, सच मैंने आज तक नहीं जाना कि तुम कैसे हो।"

किन्नर नशे में भी चौकन्ना हो गया, "हमें जानना क्या होता है? हम लोग तो यों ही सड़क पर मारे-मारे घूमते रहते हैं। यह कहो, तुम कैसे हो। तुम नहीं बताओगे?"

"मेरी छोड़ो। तुम मेरी इच्छा पूरी करो और अपनी यारी के नाम पर पचास हजार का माल आज मैं बीस हजार में दे रहा हूँ।" कहते हुए कुणाल ने हाथ की दूसरी पुड़िया दिनेश की कमीज़ की जेब में डाल दी। "तुम मुझे एक बार दिखाओ कि तुममें और हममें अंतर कहाँ है। मुझे तो लगता है, सारे इंसान एक ही होते हैं।"

"लो देख लो, यारी में दुराव कैसा?" कहते हुए दिनेश ने खड़े होकर अपनी पैंट और जाँघिया नीचे सरका दिए।

सारिका की साँसें बेहद तेज हो चुकी थीं। दिल शायद सीना फाड़कर बाहर आ रहा था। उसे होश न था।

दिनेश पचास हजार का माल बीस हजार में लेकर चला गया। बाकी का तीस हजार कुणाल ने सारिका से वसूला। दिनेश के जाते ही कमरे की कुंडी अंदर से लगा ली और सारिका के पास आया।

वह अर्धबेहोशी की हालत में थी।

"क्या हुआ? तुझे यही तो देखना था। देख लिया हिजड़ा? चल अब अपनी शादी की शुरूआत करते है।"

"नहीं, नहीं, मैं नहीं।" वह मना करना चाहती थी। पर मना नहीं कर पा रही थी। सृष्टि का गोपन जानना चाह रही थी। छिपे हुए सत्य का निरावृत रूप देखना चाह रही थी।

उसने प्रेम गली की नालियों पर जगह-जगह बैठे बच्चे देखे थे। सार्वजनिक शौचालय में भी बच्चे बाहर नालियों पर ही बैठा दिए जाते थे। पर कभी ध्यान ही नहीं गया। वे अनुभव तो इस तरह के थे मानो नित्य का खाँसना-छींकना। किस-किसकी तरफ ध्यान दिया जाए?

कुणाल ने अपने कपड़े हटाए, तो वह उसे रोक न सकी। यदि किन्नर वैसा था, तो पुरुष कैसा है, यही सवाल शायद उसके मन में उठ रहा था।

निर्वस्त्र कुणाल को देख वह एक बार फिर धक्क थी। एकदम चुप।

उसे चुप देख कुणाल का पौरुष ज्यादा उछाह मारने लगा। उसने सारिका के साथ मनमानी शुरू की।

सारिका ने रोका नहीं।

कुणाल ने उसे वह सत्य दिखाया था, जिसे वह होश को सँभालने के साथ ही जानना चाह रही थी। दिनेश को देखकर समझ गई थी कि वह कैसी होती, यदि कनक ने उसे लड़की न बनवाया होता। वह स्वयं भी कुणाल का एहसान उतारना चाह रही थी।

सोलह वर्ष की उम्र में उसे कुणाल का साथ अच्छा लग रहा था। बेहद अच्छा। यह इस बात का भरोसा था कि वह लड़की थी। चंचल की बात भी झूठ सिद्ध हो रही थी कि तुझे आदमी पसंद नहीं आएगा, क्योंकि तू औरत नहीं है, तू तो किन्नर है।

वही एक बात घूम-घूमकर उसके सामने आ रही थी।

"आदमी-औरत शादी करते हैं। किन्नरों की शादी नहीं होती।" कुणाल बोला।

"वे करते नहीं हैं। करना चाहें, तो उनकी भी हो जाए।" सारिका ने कुणाल का विरोध किया।

"तो तू कर लेना किन्नर से।" कुणाल नशे में बुदबुदाया, "तुझे पता चल जाएगा कि उसमें और मुझ में अंतर कहाँ है। पर पहले मेरा कर्जा उतार।

''कैसा कर्जा?''

''तू कब से मेरे मन पर चढ़ी है। चंचल बीच में घुसी हुई थी। तुझसे बात नहीं कराती थी।''

''हूँ!''

''जानती है सारिका, चंचल ने मुझे क्यों छोड़ा है। क्योंकि उसका होने वाला

पति बहुत अमीर है। अब देखना शादी करके मैं तुझे एक घर दिलाऊँगा। रानी बनाकर रखूँगा।''

''सच?''

''तू चंचल को बताना कि अमीरी क्या होती है। मैं तुझे इतना प्यार करूँगा, जितना किसी ने न किया होगा। तुझे देखने के बाद मैंने दुनिया की किसी भी लड़की को देखना बंद कर दिया। मेरे लिए बस तू और तेरे लिए बस मैं!"

"हूँ।" सारिका विमुग्ध थी।

कुछ दिन सपनों में बीते। कुणाल की बाइक पर घूमना-फिरना, चाट-पकौड़ी खाना, सिनेमा जाना।

बिल्कुल उसी तरह का जीवन, जैसा फिल्मों में लड़कियाँ जीती हैं। रोने वाली फिल्मों में नहीं, खुशी वाली फिल्मों में।

सारिका जींस-टॉप पहनकर चुन्नी से मुँह ढक लेती।

जींस-टॉप के लिए कनक से झूठ बोलना पड़ा था, ''मम्मी, स्कूल में पी. टी. के लिए मुझे पैंट-कमीज की जरूरत है।''

कनक ने किसी घर से उधार पर पैसे लेकर सारिका को थमा दिए। सारिका ने चंचल के साथ जाकर बढ़िया कपड़े खरीद लिये।

वह किन्नर नहीं है, स्त्री है, यह बात वह जान चुकी थी। और इसी जानकारी के नशे में उसे कुछ दिन कुणाल के साथ जोड़े रखा। किंतु बहुत जल्द ही इसका नतीजा सामने आ गया।

कनक ने ही खोज निकाला, "सारिका, तुझे महीना कब से नहीं हुआ?"

'इंसान को अपनी मर्यादा सँभालनी होती है, नहीं तो भुगतना पड़ता है'—यह बात सारिका को समझ में आ गई।

भुगता, बहुत कुछ भुगता। गर्भपात! बंधन! ननिहाल में रहने की सजा! रिश्तेदारों की कानाफूसी! रिश्तेदारों की डाँट-डपट! सभी कुछ झेला।

सबसे बड़ा धक्का पार्क में कुणाल को दूसरी लड़की के साथ बतियाते देखकर लगा। पूजा नाम की लड़की कुणाल से कह रही थी कि वह उसके बच्चे की माँ बनने वाली है।

सारिका समझ गई कि कुणाल ने जैसा प्यार उससे किया, वैसा तो वह

न जाने कितनी लड़कियों से कर चुका है।

वह यह नहीं जानती थी कि पार्क में उस शाम आकाश चाचा ने पूजा को सिखा-पढ़ाकर भेजा था। कुणाल को सारिका के मन से निकालने की चाल थी यह। खैर, यह बात तो वह आज भी नहीं समझी है।

बहरहाल, उस शाम कुणाल उसके मन से उतर गया।

नहीं उतरा तो बदला लेने का भाव।

'उसने मुझे धोखा दिया है!' बस यही शब्द उसके साथ रहे।

कनक ने ब्यूटीशियन का काम सीखने भेज दिया। सारिका ने मन लगाकर सीखा। एक बार फिर जीवन से जुड़ गई।

मन में तय कर लिया कि ब्यूटीशियन का काम पूरा होते ही प्राइवेट पढ़ाई शुरू कर देगी। अपनी जिंदगी को अपनी तरह से जिएगी। किसी भी दबाव या किसी और की इच्छा के आधार पर नहीं।

पर कभी-कभी अपनी एक गलती का फल न जाने कितनी बार, न जाने कितनी तरह से भोगना पड़ता है। पार्लर में काम करती सोनी ने एक दिन बताया, "कुणाल तुझसे मिलना चाहता है।"

"मुझे नहीं मिलना।" सारिका ने दो टूक मना कर दिया।

"बात कर ले। हो सकता है कुछ गलतफहमी हो। साफ हो जाए तो अच्छा है। वह तेरे बिना बहुत परेशान है।"

"तुझे कितने पैसे दिए उसने?" सारिका ने सवाल किया, "और घर कहाँ दिलाएगा तुझे?"

"मैं क्या बिचौलिया हूँ, जो पैसे लूँगी। वह गली में मिला। तुझसे मुलाकात के लिए रो रहा था। मैंने तेरे पास बात पहुँचा दी।" सोनी तिलमिलाकर बोली।

"अच्छा।" सारिका ने अपने को काबू करते हुए शांत स्वर में कहा, "फिर? क्या चाहती है बता।"

"वह कल भी पार्लर के बाहर था। तूने नहीं देखा होगा। उसने तुझे देख लिया था। तू अपने आकाश चाचा के साथ चली गई थी। पर वह बहुत देर वहीं खड़ा रहा। उससे मिल ले एक बार।"

"अच्छा!" बदले का नाग सिर उठाने लगा। मन में आवाज उठी, 'कुणाल ने मुझे धोखा दिया। उसे एक बार दिखा दूँगी कि मैं क्या हूँ।'

आने वाले दिन का पूरा प्रोग्राम पहले से तय था। उस दिन पार्लर में उसे

अपना मेकअप कर पूर्ण श्रृंगार के साथ पार्लर की मालिक-दीदी का आशीर्वाद लेना था।

सोनी की तरफ बिना देखे ही बोली, "उससे कहना, कल आए। पार्लर के बाद उससे मिलूँगी।"

मिलने का कोई इरादा नहीं था। पूर्ण सिंगार के साथ अपना रूप दिखाना ही एकमात्र मकसद था। जिस रूप को कुणाल ने धोखा दिया, वही रूप उसे जीवन भर याद रहे, ऐसी भावना सारिका के मन में थी।

पर यह इच्छा पूरी न हो सकी। जब उसने दुल्हन का श्रृंगार किया, तो कनक पार्लर पर हाज़िर थी।

"मम्मी, तुम यहाँ!" एक पल को सारिका चौंकी। फिर अपने मन की बात कह दी, "मम्मी, मैं ऐसे ही घर जाना चाहती हूँ इसी लाल लहँगा-चुनरी में।"

"नहीं।" कनक ने मना कर दिया, "कपड़े बदल कर चल। ऐसे गली में नहीं जाते।"

"मम्मी!"

"नहीं। मैंने कहा न!"

वह शाम पार्लर के काम की आखिरी शाम बन गई। कनक को सतर्क देख कुणाल कहीं कोने में छिप गया। सारिका ने कुणाल की झलक भी न पाई। और उसके बाद उसे पार्लर जाने का मौका नहीं मिला। कनक उसे जयपुर छोड़ आई।

जयपुर में उसे छोड़ वापस लौटते समय कनक ने एक बार फिर सुनाया, "मैंने तुझे किन्नर से लड़की बनवा दिया।"

"न बनवातीं।" सारिका झुँझला उठी। एक एहसान कर दिया था कनक ने, जिसे सारिका जीते जी उतार नहीं सकती थी।

"क्यों न बनवाती लड़की?" कनक ने अपनी रौ में कहा, "कोई खराबी थोड़े ही थी तेरे शरीर में। बस पेशाब का रास्ता थोड़ा बंद-सा था। बड़ी डॉक्टरनी ने मुआयना करके तुरंत कह दिया था कि एक ऑपरेशन से यह रास्ता ठीक हो जाएगा। तू किन्नर नहीं थी।"

'नहीं थी तो रोज-रोज कहती क्यों हो मम्मी?' सारिका ने मन ही मन सोचा। 'तुम नहीं जानतीं कि मेरे इस हश्र के पीछे तुम्हारी यही बात है।'

❍

पिया ऊँची रे अटरिया तोरी

गगन क्या छुऊँगी
पंख नहीं बचे
जमीन पर चलूँ कैसे
पैरों में ताले पड़े।
बाँधा जिन वचनों से तुमने
उनकी कोई काट है क्या
तुमसे अलग चलूँ दो पग
ऐसी कोई बाट है क्या?
नयी राहें खोजना चाहूँ
मैं तो दिन और रात
पर अपनी इच्छा जताऊँ
ऐसी मेरी कहाँ औकात?

सारिका किन्नर नहीं थी। वह लड़की थी। उस योनि का जीव, जिस पर पैदा होने के साथ औरत की मुहर लग जाती है। जिस उम्र पर शिशु स्त्री-पुरुष का फर्क नहीं समझते, उस उम्र पर औरत की मर्यादा पकड़ा दी जाती है।

औरत, जिसके पास सुरक्षा नहीं।
औरत, जिसके पास सुविधा नहीं।
औरत, जिसके पास घर भी नहीं।
औरत, जो हर उम्र में पुरुष पर निर्भर है।

क्या करेगी औरत?

क्या जीवन भर पुरुष की चाकरी करेगी?

या ताउम्र मारी-मारी घूमेगी?

पर कैसे? मारे-मारे तो किन्नर घूमते हैं और सारिका किन्नर नहीं है, औरत है। उसे तो मारे-मारे घूमने का भी अधिकार नहीं।

पर सारिका किन्नर क्यों नहीं है? किन्नर ही बनी रहती तो ज्यादा अच्छा नहीं होता क्या?

क्या चाहिए किन्नर को? धरती पर छोटी सी जगह, सुरक्षित और आरामदेह। थोड़ा-सा प्यार, थोड़ा-सा सम्मान भरा व्यवहार।

और सारिका भी तो इससे अधिक कुछ नहीं चाहती। पर वह किन्नर नहीं है।

क्यों नहीं है वह किन्नर? क्या हर्ज है किन्नर होने में? कोई कारण बताए या फिर वह स्वयं खोज लेगी।

सारिका ने हमेशा सोचा, अगर वह किन्नर होती, तो भी तो जीती न! मरती तो नहीं न!

यों भी बार-बार सुनने से 'किन्नर' शब्द उसे बेहद परिचित लगने लगा। अपने वजूद से जुड़ा सा।

किन्नर! एक शब्द! एक खूबसूरत शब्द।

अनजान व्यक्ति पहली बार सुने, तो शब्द की झन्कार से बँध जाए।

किन्नर! कुछ-कुछ कंगन ध्वनि करता-सा।

किन्नर! वन में हिरण की तरह कुलाँचे भरता-सा।

किन्नर! हिमाच्छादित चोटियों पर सूरज की किरणों की तरह बिछलता-सा।

किन्नर! बर्फानी नदी में घुल-मिलकर पत्थर तक से मेल-मुलाकात करता, अपनी रौ में मैदानों तक बहता चला जाता एक शब्द।

हाँ, जी सकती थी सारिका, अगर वह किन्नर होती।

सड़कों पर ताली बजाती। घरों में बधाई गाती। दुकानों पर नेग वसूलती। और रात को अकेले अपने खालीपन को बाँहों में समेट सो जाती।

खालीपन! बेशक खालीपन, पर वह किसी को धोखा नहीं देती। दिल की

गहराई में बसे प्यार की बूँद-बूँद तक निसार कर देती दूसरों पर। किसी को धोखा नहीं देती।

पुरुषवादी मानसिकता के लोग समाज की बागडोर अपने हाथ में इसलिए रखते हैं, ताकि वक्त जरूरत पर अपने हिसाब से समाज को चला सकें। साम, दाम, दंड, भेद आखिर हैं किसलिए? जरूरत के समय इस्तेमाल करने के लिए ही तो ना।

पर वह किन्नर नहीं है। इसलिए उसे हर रात अपने पछतावे की गोद में सोना पड़ता है। पछतावा उसके तन-मन को चाहे जैसे तोड़े-मरोड़े, बर्दाश्त करेगी वह, क्योंकि वह स्त्री है।

सारिका किन्नर नहीं है, लड़की है। समाज के उस वर्ग की लड़की, जिसमें लड़की का जन्म पाप समझा जाता है। लड़की को पालना सजा समझा जाता है। लड़की के हाथ पीले हो जाने के बाद माता-पिता गंगा नहाते हैं।

जो लड़की वक्त रहते इस सच्चाई को समझ ले, उसका जीना आसान हो जाता है। जो लड़की इस सच्चाई से आँखें बंद करे, उसे सच से बचने का खामियाजा भुगतना पड़ता है।

सच से बच पाना मुश्किल है। सच पीछा नहीं करता, वह तो आगे चलता है।

जितने कदम पीछे रखोगे, सच सामने रहेगा।

और जितना आगे बढ़ोगे, सच तब भी सामने ही रहेगा।

आँखें बंद, सच सामने। आँखें खुली, सच सामने।

कब तक बचोगे? सामना करना पड़ेगा न?

सारिका ने भी सच से समझौता कर लिया। कनक के जीवन की खुशियाँ बेटी के हाथ पीले होने में है, तो माँ को खुशी देने में क्या बुराई है? माँ की खुशी में ही तो सारिका की खुशी है।

मोहित के साथ शादी एक ऐसा ही सच था, जिसका सामना सारिका ने सामने से किया, उत्साह से किया।

साँवले-सलोने मोहित को पहली बार देखा, तो रीझ उठी।

वह भी उसे देखकर मगन हो गया।

सारिका को देखने मोहित अपने पिताजी और मामा के साथ उसकी ननिहाल में आया था।

आसपास सारिका के मामी-मामा, मम्मी सभी लोग खड़े थे।

सारिका ने एक-दो बार ही नजरें उठाई होंगी।

वह लगातार उसका चेहरा देखता रहा, मानो उसके चेहरे में डूब गया हो।

सारिका के होंठो के कोर खिल उठे।

उसी दिन शादी तय हो गई। तीन महीनों के भीतर फेरे भी पड़ गए। ननिहाल से ही विदा हुई वह।

विदाई पर बहुत रोई।

क्यों रोई, खुद भी नहीं जानती। सभी समझे कि लड़की मायका छूटने से दुःखी है। सच भी था। वह इसी कारण दुःखी थी।

विदाई के समय शब्द कानों में पड़े, 'जल्दी विदा करो, डिग्गी तक जाना है। शाम हो जाएगी।'

कलेजे में हूक उठी, 'डिग्गी! दिल्ली नहीं?'

माँ के मायका-मोह ने सारिका को कभी दिल्ली, तो कभी जयपुर रहने के लिए मजबूर किया। विदाई के समय समझ नहीं पा रही थी कि वह दिल्ली से ज्यादा जुड़ी है या जयपुर से। पिछले एक साल से जयपुर में ही थी। दिल्ली नहीं गई थी।

और अब डिग्गी पहुँचने के बाद दिल्ली से और भी दूर हो जाएगी, यही सोच बार-बार आँखें भर आतीं।

जयपुर से डिग्गी तक बस से जाना था। बराती ठेठ गाँव के। उनकी बातें सारिका के पल्ले नहीं पड़ीं। तीन लोगों की सीट पर एक ओर मोहित बैठा था। दूसरी ओर ननद बैठी थी। ननद औंघने लगी। मोहित भी चुप था। सारिका की हिचकियाँ जल्द ही रुक गईं।

ज्यादा देर सोग मनाना उसके स्वभाव में नहीं। बस के जयपुर से बाहर निकलते ही उसका ध्यान रास्ते की ओर हो गया।

कहीं मिट्टी के टीलों के ऊपर बबूल-कीकर के झाड़, कहीं दूर तक फैले उजाड़ से पहाड़। बस कभी छोटे गाँव से होकर गुजरती, तो कभी बड़े शहर से। कहीं ऊँची पहाड़ी पर बना किला नजर आता, तो कहीं रास्ते में ऐसे द्वार दिखते मानो किसी किले में प्रवेश करने जा रहे हैं। एकदम पतली धाराओं जैसी नदियाँ

भी रास्ते में पड़ीं। छोटे-बड़े मंदिर रास्ते भर नजर आते रहे।

कई घंटों के सफ़र के बाद बस एक कस्बे में रुकी। दो-चार बाराती वहीं उतर गए।

बस फिर चल दी। कस्बा पार करने पर सड़क के किनारे पक्के मकानों की पाँत शुरू हो गई। एक घर के सामने बस रुक गई।

सामने दिख रहे मकानों के अहाते की दीवार गोबर के उपलों से अलंकृत थी। थोड़ा गीला गोबर भी वहीं पास में पड़ा था।

उपलों वाले अहाते से जुड़ा एक पक्का मकान बिजली की झालरों से सजा था। उसी की तरफ अँगुली उठा मोहित ने इशारा किया, "वह लाल वाला घर अपना है—लाल कोठी।"

सारिका की आँखें मोहित के चेहरे पर टिक गईं। उन आँखों में एक नया कौतूहल था, अपना?

अपना माने?

संसार में अपना क्या है? यह प्रश्न नहीं, जीवन-दर्शन है।

'संसार ही असार है।' कुछ इस सच से रू-बरू जल्दी हो जाते हैं, कुछ देर से होते हैं। और कुछ तो इस प्रश्न के फेर में ही नहीं पड़ते। पूरा संसार उनका होता है और वे पूरे संसार के बन जाते हैं। यह भी तो दर्शन का ही एक रूप हुआ न।

लाल कोठी!

हाँ, उस छोटे-से दो मंजिले मकान का नाम लाल कोठी था।

"यह इलाका सुगना बस्ती कहलाता है। बहुत शुभ माना जाता है। पहले इस इलाके में सिर्फ हमारा पक्का मकान था। आसपास कच्चे झोंपड़ों के सिवा कुछ नहीं था। उसी समय से हमारे घर को 'लाल कोठी' के नाम से जाना जाता हैं।" मोहित ने बताया, "अच्छा लगता है, जब सबसे अलग अपनी पहचान रहती है। हम इसीलिए अपने घर को हमेशा लाल रंग में रँगवाते हैं।"

"अरे! हमारी प्रेम गली में हमारा घर 'सूर्य-निवास' के नाम से जाना जाता है।" सारिका ने उत्साह से कहना शुरू किया। कहते-कहते उसका कंठ स्वर धीमा पड़ता चला गया।

"प्रेम गली! कहाँ? दिल्ली में? जयपुर में?" मोहित ने उत्सुकता से पूछा।

सारिका का स्वर थम गया। कुछ भी बताने से कनक की सख्त मनाही

जो थी, 'ज्यादा किस्से-कहानी मत सुनाना।'

कनक ने विदाई से पहले कम से कम दस बार सिखाया था, 'बात में बात निकलती है। तू चुप रहने की आदत डाल ले। कोई अच्छे कर्मों के साथ तो जा नहीं रही है, जो कहानी सुनाती फिरे। चुप रहने का सहूर सीख और अपने घर में रम जा।'

अपना घर!

'लाल कोठी' सारिका का अपना घर ही तो थी।

बहुत चाव से उसने लाल कोठी में अपना नया जीवन शुरू किया। बहुत जल्द रम भी गई। हर जगह संतुलन बैठाने की आदत थी। शुरू से ही पराये हाथों में पली थी। पक्की बन गई थी।

जिंदगी सच-झूठ, दाँव-पेंच से मिलकर बनी है, इतनी-सी बात कनक ने अच्छी तरह समझा दी थी।

'मोहित गाँव का लड़का है, इसके साथ ज्यादा तेज मत बनियो।' कनक ने समझाया था, 'तुझे घर-परिवार और सुरक्षा मिल रही है। कोई पुरानी बात तेरी ससुराल नहीं पहुँचनी चाहिए। पुराना सब भुलाकर नया जीवन शुरू कर। पुरानी बातों का ईश्वर के सिवा कोई गवाह नहीं। जमुना जी के पानी में बह गयी सारी बात। खुले मन से अपनी गृहस्थी में रम जा। इससे अच्छा परिवार तुझे कहीं नहीं मिलेगा।'

एक तरह से कनक की बात सच भी निकली।

मोहित प्यार करने वाला पति था। थोड़ा सा रौब देना उसके स्वभाव में था। पर सारिका इसकी आदी थी। उसे किसी के शान मारने से कोई दिक्कत नहीं थी।

शादी में पैसा नहीं मिला, मोहित को इसका अफसोस है, यह सारिका समझ गई। पर वह कुछ नहीं कर सकती थी। कनक के पास पैसा था ही कहाँ?

दहेज न मिलने की कसक को मोहित ने दूसरी तरह से दूर किया।

सारिका के सामान की एक-एक चीज़ को हाथ लगाकर देखा। हर वस्तु का उपयोग पूछा।

"ये कॉस्मेटिक्स आपके मतलब के नहीं हैं।" सारिका ने सरलता से कहा।

"मुझे पता तो होना चाहिए कि तू क्या इस्तेमाल करती है। तेरा रंग इतना गोरा कैसे है और तेरी खाल इतनी चिकनी क्यों है?" मोहित हँसा।

"आप जानकर क्या करोगे? लड़के तो ऐसे ही अच्छे लगते हैं।" वह भी हँसी।

"ठीक है। ये सामान मेरी दीदी को दे दे।" मोहित ने अपने मन की बात कह दी, "जीजाजी अक्सर दीदी को उनके साँवले रंग का ताना देते हैं। पाउडर लगाएगी, तो अच्छी ही नजर आएगी।"

सारिका अचकचा गई। 'क्या अजमेर में कॉस्मेटिक्स नहीं मिलते?' प्रश्न बार-बार होंठो तक आकर रुक गया।

उसने अपना सामान मोहित के सामने पड़ा रहने दिया। 'जो इच्छा हो निकाल लीजिए।'' यह कहकर अपने बाल बनाने लगी।

''तूने कल पीली साड़ी पहनी थी, दीदी को दे देना। तेरे ऊपर नहीं फबती। यों भी तो हमें दीदी को शादी की भेंट देनी है। अब कुछ अच्छा जेवर-कपड़ा तो तेरे घर से आया नहीं, इसी तरह काम चलाना होगा।'' मोहित बोला।

सारिका ने सिर हिला दिया।

पर बात जेवर-कपड़ों तक ही सीमित नहीं रही। मोहित को बाइक का शौक है, यह बात वह नहीं जानती थी। किंतु बार-बार मलाल व्यक्त कर मोहित ने यह बात जतला दी।

"एक बाइक होती, तो मैं अपनी फ़ैक्ट्री तक आराम से जा सकता था। रोज बस पकड़कर जाने में बहुत तकलीफ होती है।"

"सच कहते हैं। यहाँ तो बस की सुविधा भी अच्छी नहीं है। हमारी दिल्ली में तो..."

"क्या?"

"कुछ नहीं...।"

"तू अपनी मम्मी से थोड़ा पैसा उधार माँग ले। हम बाद में लौटा देंगे।"

"लौटाने की बात नहीं।"

"फिर?"

"मम्मी पर होता, तो दे न देती।" सारिका ने मोहित के हाथ पर हाथ रखकर कहा।

"रहन दे।" मोहित ने उसका हाथ झटक दिया, "अब मैं यहीं से कर्जा

करके बाइक खरीद लूँगा। सोचा था शादी में मिलेगी, इसलिए टालता जा रहा था। पता होता, तो पहले ही खरीद लेता।" इतना कह दनदनाकर वहाँ से चला गया।

"तू ठीक से साड़ी बाँधना नहीं जानती है।" बाइक वाली बात के अगले दिन मोहित ने ताना कसा, "पल्ला कैसे लेती है? जब पहनना नहीं जानती, तो दीदी को दे क्यों नहीं देती। तेरे लिए माँ सूती धोतियाँ खरीद देगी।"

पहले-पहल तो वह समझ ही नहीं पाई कि मोहित मजाक कर रहा है या गंभीर है। ब्यूटी पार्लर में सब उसकी बाँधी साड़ी का लोहा मानते थे। जितने दिन पार्लर में काम किया, उतने दिन आस-पड़ोस की लड़कियों ने अपनी शादी में उसे ही बुलाना पसंद किया।

चंचल उसकी साड़ी बाँधने की कला पर फिदा थी, 'सारिका मुझे भी पल्ला लेना सिखा दे। तू जिस स्टाइल से पल्ला लेती है, उससे लगता है कि फिल्मों में काम करने जा रही है।'

और मोहित क्या कह गया, वह समझ ही नहीं पाई। जितनी देर में वह समझ पाती कि यह सच है या मजाक, तब तक मोहित हाथ झुलाता हुआ कमरे से बाहर चला गया।

जल्द ही ननद ने मोहित के विचार को उसके पास पहुँचाया, "भाभी, तुम सीधा पल्ला लिया करो। यहाँ गाँव-देहात में यह फिल्मों वाली स्टाइल नहीं चलेगी। बहुओं को बहुओं की तरह ही रहना चाहिए।"

"ठीक कहती हो दीदी।" उसने सिर हिला दिया।

आसान था सीधा पल्ला लेना। बिना किसी के सिखाए उसने सीधा पल्ला लेना शुरू कर दिया। आगे से पीछे तक शरीर ठीक से ढक जाता था।

चिकनी, फिसलने वाली पॉलिस्टर की साड़ियाँ हटा उसने कुछ सूती धोतियाँ निकाल लीं। सूती धोतियों में ही सीधा पल्ला लेकर काम करना संभव था।

ननद ने उसकी अटैची से क्या-क्या निकाला, उसने जानना नहीं चाहा। यों भी कौन सा खजाना लाई थी मायके से?

पर मन में कुछ पंक्तियाँ ध्वनित होती रहतीं, 'बाबा मारवाड़ में ब्याह दई रे। ऊँचो पहनो घाघरो मैं लाजन मर गई रे।'

ऊँचा घाघरा? यानी स्कर्ट।

'क्या तू कभी लॉन्ग-स्कर्ट पहनकर डिग्गी की गलियों में घूम पाएगी?' मन ने प्रश्न किया।

स्कर्ट-टॉप पहनकर घूमने की बात छोड़ ही दी जाए। ससुराल में और बड़े कर्तव्य थे, जिन्हें सारिका सच्चे दिल से पूरा करना चाहती थी।

उम्र दराज सास-ससुर को सेवा की जरूरत थी।

ससुर जीवनप्रसाद। किसी समय खेती-बाड़ी कर कुछ पैसा कमाया होगा। उसी से एक छोटा-सा घर खड़ा कर लिया, जिसे 'लाल कोठी' नाम मिल गया। अब सारे काम-काज छोड़ ससुर जी घर में ही रहते थे। उनका व्यवहार सारिका के पिता मंगल से बहुत अलग था। उन्हें सिगरेट-शराब की लत नहीं थी। सारिका के मन में उनके प्रति इज्जत की भावना थी।

सास रणदेवी। कुछ कनक की तरह, कुछ दादी रामकली की तरह। सारिका ने पहले-पहल मन में कोई धारणा नहीं बनाई। बस इतना समझ में आया कि मोहित की माँ है, तो उसके लिए पूज्य हैं।

रणदेवी सारिका की शक्ल देख रीझ उठी। "मेरी बहू देखने में ही सुंदर नहीं है, यह पढ़ी-लिखी भी है।" यह बात हर आने-जाने वाले के सामने दोहराती रही।

ससुराल में जो थोड़ा-बहुत कठोर व्यवहार करने वाला इंसान था, वह थी ननद मोनिका, मोहित की बड़ी बहन। उसकी शादी हो चुकी थी। ससुराल अजमेर के पास थी। उसे अपने घर अजमेर लौटना तो था, किंतु सारिका को रीति-रिवाज सिखाने के लिए वह कुछ दिन वहीं डिग्गी में रुक गई।

देखा जाए तो मोनिका ने एक हफ्ते के अंदर ही सारिका को एक-एक सच्चाई से रू-बरू करा दिया। उसे क्या जिम्मेदारियाँ उठानी हैं, क्या फर्ज निभाने हैं, अच्छी तरह सिखा दिया।

सारिका समझदार थी। उसने झाडू-पोंछा करना, बर्तन-कपड़े धोना, खाना बनाना आदि काम स्वयं सँभाल लिये।

उसका रिश्ता जिन शर्तों पर हुआ था, उन्हें भी पूरा करने लगी।

ससुरालवालों की शर्त थी पढ़ी-लिखी पुत्रवधू! सास-ससुर के दवाओं के पर्चे पढ़ने में सारिका की पढ़ाई काम आने लगी। घड़ी देखकर, नाम पढ़कर दवा देना उसकी दैनिक चर्या में आ गया।

सास के पाँव दबाना, बालों में तेल डालना, ससुर के पान के लिए सुपारी कतरना, उनका धोती-कुर्ता प्रेस करना आदि काम उसके शौक बन गए।

शौक कैसे बने, इसकी दोषी सारिका की आँखें कही जाएँगी।

सास तेल की कटोरी ले कर चली। सारिका ने आँख भर देख लिया।

"आ बींदड़ी, आ जा। जरा मेरे बालों में तेल तो डाल।" सास ने उसे अपने पास बुलाया। और फिर यह सारिका का रोजाना का काम हो गया।

एक दिन सास ने अपने हाथों से अपनी पैरों को दबाया।

सारिका ने चौंककर देखा।

"भाभी देख क्या रही हो, माँ थकी हैं!" ननद ने टोका।

इशारा समझते ही सारिका ने सास के पाँव पकड़ लिये।

मोहित दस हजार मासिक वेतन पर पास वाले कस्बे में नौकरी करता था। सुबह साढ़े आठ बजे काम पर निकल जाता। वहाँ दिन भर खड़ा रह ट्रकों से सामान उतरवाता, नया सामान ट्रकों में भरवाता। शाम को जितनी देर अतिरिक्त काम करता, ओवर टाइम का पैसा मिल जाता।

कड़ी धूप में खड़े रहकर काम करना सच में दुरूह था। पर उसे इसकी आदत थी। किंतु जब शाम को घर लौटता, उस समय तक उसका तेल-पानी निकल चुका होता था। आकर बिस्तर पर पड़ जाता। सारिका को उसकी भी मिजाजपुर्सी करनी पड़ती।

''हमारी बहू बहुत सुघढ़ है।'' सास के मुँह से निकलने वाला यह वाक्य सारिका के लिए जीने का मंत्र बन गया। वह खुश थी। जीवन में पहली बार अपने को एक जगह पर पा रही थी। एक घर की धुरी। एक परिवार की जरूरत।

उसकी नजर में अपना घर एक ऐसा ठिकाना था, जिसे इच्छानुसार आरामदेह घरौंदे का रूप दिया जाए, सजाया-सँवारा जाए और जिसमें रहते हुए पल-पल प्रफुल्लित हुआ जाए।

वह जानती थी ऐसा घरौंदा बनाना।

कुछ रंग-बिरंगी चादरें, मेजपोश, कुशन कवर, लिहाफ लेकर नये सिरे से घर को सजा दिया। इधर का सामान उधर और उधर का सामान इधर करना काफी था। आसान था पर्दे उतारना, धोना, लटकाना। एक डिब्बे में बंद पड़े मिट्टी,

चीनी-मिट्टी के छोटे-छोटे खिलौने निकालकर शोकेस में सजा दिए।

घर में छोटा-सा ट्रांजिस्टर, एक छोटा-सा टीवी। जब चाहो, गाना सुनने लगो, जब चाहो, टीवी चलाकर सिनेमा देख लो। घर में ही सारी सुविधाएँ मौजूद। अब अपना घर था, तो यह सब करना शौक में ही तो आएगा!

पर जल्द ही उसने समझ लिया कि उसे इसकी मोहलत नहीं है?

टीवी पुराने जमाने का, टूटा-फूटा सा, सेकंड हैंड था। और वह 'महान अवतार' बैठक वाले कमरे में रखा था। उसके इस्तेमाल का अधिकार सिर्फ सास-ससुर को था। लोकल चैनल के सारे स्थानीय कार्यक्रम देखते वे कभी थकते नहीं थे।

और ट्रांजिस्टर में बैटरी डालने के नाम से सास को साँप सूँघ गया। 'किसी दिन डलवा दूँगी।' रोज यही बहाना बनाने लगी।

"देखूँ, कौन सी बैटरी पड़ती है इसमें!" एक दिन सारिका ने ट्रांजिस्टर उठाकर देखना शुरू किया, "न हो तो पास के बाजार से जाकर मैं ही ले आऊँगी।"

"अरी बहू इसे रख दे, जब बैटरी मँगाऊँगी, तब चलाना।" सारिका के हाथ में ट्रांजिस्टर देखते ही सास ने आदेश दिया।

"माँ, नये-नये गाने आते हैं। चालू हो जाएगा, तो हम लोग सुना करेंगे।" सारिका बोली।

"बैटरी बहुत जल्दी खर्च हो जाती है। इसे ऐसा ही रहने दे।" सास ने बेजारी से कहा और बहू को कर्तव्यों की ओर खींचा, "तू काम में ध्यान लगा। अगर घर गंदा रहे, तो पिताजी नाराज होते हैं।"

"दिल्ली में मैं मोबाइल पर गाना सुनते हुए घर के सारे काम फटाफट निपटा देती थी।" सारिका ने उत्साहित होकर बताया, "यहाँ भी गाना सुनूँ, तो काम जल्दी हो जाएँगे।"

"कहाँ गया तेरा मोबाइल?" सास ने प्रश्न किया।

"मोबाइल! मम्मी..." सारिका को साँप सूँघ गया।

शादी के पहले कनक से बहुत विनती करने पर एक स्मार्ट फ़ोन मिला था। गाने सुनने, नाच देखने, फ़ोटो खींचने, वीडियो बनाने का जरिया।

कुणाल कांड के बाद जिस तरह से उसके हाथ से छीनकर कनक ने मोबाइल जमीन पर फेंका था, उसे याद कर वह सिहर उठी। मोबाइल टुकड़े-टुकड़े होकर जमीन पर बिखर गया था। थोड़ी ही देर बाद कनक ने सारे टुकड़े कूड़े के साथ

बटोरकर बाहर गली में फेंक दिए थे।

उस समय सारिका भरी हुई आँखों से मोबाइल का हश्र देखती रही थी। उसे लग रहा था कि मानो वह भी टुकड़े-टुकड़े होकर बिखरती जा रही है।

और जब एक बार फिर जिंदगी से जुड़कर जीना चाहा, तो गाना सुनने की मनाही हो गई।

"कहाँ गया तेरा मोबाइल?" सास ने फिर पूछा।

''टूट गया।'' संक्षिप्त उत्तर दिया।

"हमारे घर में बहुओं का गाना सुनना पसंद नहीं किया जाता।" रणदेवी ने पूरे प्रकरण का पटाक्षेप करते हुए कहा।

रसोई में तो सारिका को सुबह से शाम तक लगना ही था।

शुरू-शुरू में अपने घरेलू व्यंजनों से अघाए परिवार को उसके हाथ के अजीबोगरीब व्यंजन बहुत पसंद आए।

पर फिर वही आँखों की खता!

गाँव का माहौल। घर में पैसों की तंगी। चूल्हे पर रोटी बनाई जाती थी। सारा दिन चूल्हा जलाना कष्टप्रद था। सूखी-गीली जैसी-तैसी लकड़ियाँ जलतीं, धुआँ करतीं, तो आँखें पनिया जातीं, लाल हो जातीं। पर सारिका कुछ नहीं कह पाती।

फिर शिकायत भी किस बात की? उस इलाके में तो सभी घरों का यही हाल था। वही मिट्टी के चूल्हे पर लकड़ियाँ जलाकर खाना बनाना। हाथ भर का घूँघट मारे रसोई में घुसे रहना।

फर्क इतना था कि उस इलाके की लड़कियाँ उस माहौल में रमना जानती थीं और सारिका दिल्ली के संस्कारों से मुक्त नहीं हो पाई। बार-बार मन में आता, 'क्या मैं दिल्ली में ज्यादा अच्छी नहीं थी? पढ़ाई-लिखाई करके एक नौकरी कर लेती। अपना कमा खाती। भला यहाँ तक आने की जरूरत ही क्या थी?'

पर यह बात मन की मन में ही रही। कनक ने उसकी शादी के बाद मानो नाता ही खत्म कर लिया था। कभी-कभार फ़ोन पर बात हो जाती, तो सारिका को यही कहना पड़ता, "मम्मी, यहाँ सब ठीक है।"

फ़ोन वार्ता के दौरान सास पास में खड़ी निगरानी करती थी।

सच कहा जाए तो सारिका को अपनी जिंदगी से कोई शिकायत न थी। धान को पीछे फेंक कर अपनी शिकायतों के रास्ते बंद कर आई थी।

एक-दो बार मोहित अपने काम से जयपुर गया, तो उसे साथ ले गया। ननिहाल में सूखी रोटी तक को न पूछा गया। कनक तो सामने खड़ी नहीं थी, जो दिखावे की खातिर कर्जे के रुपयों से भरे हुए झोले का मुँह खोल देती। यहाँ तो मामाओं का राज था, जिन्हें सारिका को देख जलन खाए जा रही थी।

"हमारी बेटियाँ इतनी सुख में नहीं, जितना सुख तू पा रही है।" मामी तो मामी, मामा तक ने कसक भरे स्वर में कहा।

सुख?

सुख की परिभाषा क्या है?

और स्थायित्व? यह प्रश्न भी तो जुड़ा है सुख के साथ।

सुख भी कभी स्थाई हुआ है?

सच यही है कि धूप-छाँव की तरह ही होते हैं जीवन के खेल। विधना के खिलवाड़।

सारी कोशिशें अच्छे के लिए की जाती हैं। सारे रास्ते उचित ही चुने जाते हैं। इसके बाद भी यदि कुछ गलत हो जाए, तो दोष किसे दिया जाए?

सारिका को समझ नहीं आया कि समस्या कहाँ है।

प्यार बेरुखी में बदलने लगा और वह असहाय सी देखती रही।

शादी के कुछ दिन बाद ही जो टोका-टाकी शुरू हुई, बढ़ती चली गई।

वह रच-रच कर खाना बनाती। वही खाना, जो शुरू में परिवारीजनों को उँगलियाँ चाटने को मजबूर कर देता था, वक्त बीतने के साथ सभी के मन से उतरने लगा।

"तू क्या खाना बनाती है, मुझे तो समझ नहीं आता।" सबसे पहले मोहित ने कहा, "जब मोनिका दीदी आएँ, तो तू उनसे राजस्थानी व्यंजन बनाना सीख। हमारे घर में उन्हीं को पसंद किया जाता है।"

"बनाती तो हूँ। कल कढ़ी राजस्थानी विधि से बनाई थी।" सारिका ने कहा तो मोहित ठहाका मारकर हँस दिया, "कल वाली कढ़ी राजस्थानी थी? तू एक बार दिल्ली की कढ़ी मुझे खिला दे। मैं भी तो देखूँ दिल्ली की कढ़ी का स्वाद।"

सारिका झेंपकर चुप हो गई।

सच्चाई यही थी कि वह सामान्य राजस्थानी खाना बनाना भी नहीं जानती थी। व्यंजनों में पारंगत होना तो बहुत दूर की बात थी। कनक के राज में उसने रोटी को नमक-मिर्च से भी खाया था। धीरे-धीरे घर में पैसा आया, तो दाल और सब्जी का हिसाब बनना शुरू हुआ था। खाने के नाम चोंचले किए जाते हैं, सारिका नहीं जानती थी।

जो सीखा था, वह यही था कि जब मन करे, तो बाजार से जाकर चटपटा खाना खा लिया जाए। जरा से शौक के लिए गृहिणी हर समय रसोई-चूल्हे में होम-स्वाहा हो, यह बात सारिका को बचपन से ही खराब लगती थी।

उसे इसी बात का संतोष था कि वह जो भी खाना बनाती है, उससे सबका पेट भर जाता है। अपनी तरफ से वह भोजन की पौष्टिकता का भी ध्यान रखती। पर दो इंसानों के दिमाग एक से नहीं होते। किसी को जिस कार्य में पूर्णता का बोध होता है, दूसरे के लिए वह कार्य त्रुटियों का भंडार हो जाता है।

"तू अपनी माँ से फ्रिज का पैसा माँग। गरम पानी पीते-पीते मैं ऊब चुका हूँ। तेरी माँ ने तो हमें कुछ दिया ही नहीं। मैंने कर्ज़ा लेकर सेकेंडहैंड बाइक खरीदी। अब कम से कम फ्रिज..." मोहित ने डिमांड रखी।

"अच्छा।" सारिका ने मायूसी से उत्तर दिया। कनक कहाँ से पैसा भेजेगी, यह प्रश्न सामने था।

मोहित ने कनक को फ़ोन लगाकर मोबाइल सारिका को थमाया और आँखों से इशारा किया, 'पैसा माँग।'

"मम्मी, हमें फ्रिज खरीदना है। क्या तू थोड़ा सहारा लगाएगी?" सारिका ने पूछा।

"सारिका, यहाँ की हालत तुझसे छुपी नहीं है। किस तरह मैंने बेटी परायी की है, मैं ही जानती हूँ। तू फ़ालतू का शौक रहने दे। इन्हीं शौकों के चलते तो तू आज यह दिन देख रही है।" बेटी के दूर हो जाने का माँ को भी अफसोस था। उसने हड़बड़ी में आकर बेटी को दिल्ली से कोसों दूर क्यों ब्याहा, अपनी इस खिसियाहट को किस पर उतारती? बेटी से ज्यादा सुपात्र और कौन था?

"क्या बोली मम्मी?" फ़ोन बंद होते ही मोहित ने सवाल किया।

"उनके पास पैसा नहीं है।" सारिका ने सही बात कह दी।

रोज-रोज पिटना तकलीफ़देह था। और कारण भी कितने बचकाने!

सोफ़ा कोने में क्यों खिसका दिया?

मेज बीच में क्यों रख दी?

रोटी में घी ज्यादा क्यों है?

दाल में घी कम क्यों है?

आलू के टुकड़े छोटे क्यों काटे?

प्याज बारीक क्यों नहीं काटे?

बात-बात पर मोहित थप्पड़ जमा देता।

वह समझ नहीं पा रही थी कि पेट भर पौष्टिक खाना खाने के बाद भी लोग खाने में कमियाँ कैसे निकाल सकते हैं। मोहित रोज झगड़ा करके नहीं अघा रहा था, किंतु वह ऊबने लगी थी।

इन बातों को मायके पहुँचाना चाहती थी। पर जब भी कनक का फ़ोन आता, मोहित सिर पर खड़ा रहता।

इसके बावजूद बहुत जल्द मौका मिल गया।

एक दिन भाई शुभम और दादी अचानक डिग्गी आ पहुँचे।

सारिका ने मन ही मन दादी के संग दिल्ली लौट जाने का निर्णय लिया। पर किस आधार पर लौटती? दादी उसकी ससुराल देख भौचक्की थी।

"तेरी माँ ने तेरा बेड़ा पार लगा दिया।" दादी लटपटे स्वर में बोली। "ऐसा सुख बहुत नसीब से मिलता है।"

मोहित पास खड़ा था। सुनते साथ कहने लगा, "दादी जी, हमें अपनी सेवा का मौका दीजिए। अब यहाँ महीना भर रुकिए।"

"नहीं, हमें जल्दी लौटना है।" शुभम एकदम मुकर गया, "हम आज ही लौट जाएँगे।"

"दो-तीन दिन तो रुकोगे न? डिग्गी के बड़े मंदिर में दर्शन करने चलना। पूर्णमासी का मेला देख लेना।" मोहित ने कहा।

"नहीं, पापा बीमार रहते हैं। मम्मी अकेली पड़ जाती हैं। मुझे उनके पास लौटना है।" शुभम ने अपनी बात दोहराई।

सारिका मूक दर्शक बनी सारा वार्तालाप सुनती रही। 'वह भी साथ चलेगी,' दादी से यह बात कहने के मौके की तलाश में थी।

रणदेवी के इशारे पर मोहित कमरे के अंदर गया और एक बड़े-से बैग के साथ लौटा। खूबसूरत साड़ी दादी के हाथ थमा दी। शुभम को कपड़े देते हुए बोला, "ये तुम्हारे लिए, मम्मी-पापा के लिए।"

"नहीं जीजाजी।" शुभम् अस्फुट शब्दों में बुदबुदाया।

''धर ले छोरा, मना नहीं करते।'' रणदेवी बोली।

"तुम्हारे लिए सूट है। सिलवा लेना। जब हम दिल्ली आएँगे, तब पहनना। सब मिलकर दिल्ली घूमेंगे।" मोहित ने शुभम से लड़ियाते हुए कहा।

सारिका ने होंठ भींच लिए। दिल भर आया था। कितना अच्छा है उसका पति! मायके में उसकी जो इज्जत बढ़ेगी, सोचकर ही वह गद्गद हो उठी।

दादी से पति की शिकायत क्या कहती, वह मोहित से माफी माँगना चाह रही थी। कहना चाहती थी, 'अब मैं आप लोगों के मन के खिलाफ कुछ नहीं करूँगी। जो गलती करूँ, उसे समझा दीजिए। बस नाराज मत हुआ करिए।'

माफ़ी माँगने का खेल हुआ ही नहीं। शुभम और दादी के विदा होते ही रणदेवी अपने पुराने चोले में आ गई। "तेरी माँ कैसी है? बेटी के घर जीमने के लिए सास को भेज दिया। हम तो सोचते थे कि तुम लोग संस्कारों का पालन करते होओगे। यहाँ तो उलटी गंगा बह रही है।"

"छोड़ो माँ, नसीब में लिखा है, वही पाएगा इंसान। निपती है मेरी ससुराल, कितनी बार याद करूँ? कोई दादी अपनी पोती की ससुराल का पानी भी पिएगी, मैं सोच भी नहीं सकता था।" मोहित ने बात खत्म की। वह लड़ने के मूड में नहीं था, पर मन में रखने को भी तैयार नहीं था। सुबह से शुभम और दादी के संग घूम रहा था। थक गया था। बिस्तर पर लेटते साथ सो गया।

सारिका भी घर के काम खत्मकर चुपचाप लेट गई। पति-पत्नी की आपस में कोई बात नहीं हुई।

वह पूछना चाह रही थी कि क्या कपड़ों से भरा थैला किसी को दान देने के लिए पहले से तैयार किया था!

कोई भी लड़की चुप रहती है, तो उसके बहुत से कारण होते हैं। सही या गलत, सबल या निर्बल। पर कारण होते हैं।

सारिका का मोहित के परिवार के बर्ताव को लेकर चुप रहने का सबसे

बड़ा कारण यही रहा कि वह किसी भी पल भूल नहीं सकी कि किन मुश्किलों से जूझकर कनक उसे इस जगह पहुँचा पाई है। यदि वह छोटी-मोटी समस्याओं से घबराकर दिल्ली लौट गई तो क्या होगा?

वह अपने को ससुराल के हिसाब से ढालने का प्रयास करती रही। परंतु हर बार कहीं न कहीं कमी छूट जाती और घर में कलह की शुरूआत हो जाती।

लगने लगा मानो सभी लोग बदल-से गए हों!

लड़ने में, ताने कसने में सबसे आगे थे ससुर जी। पुरुष होकर भी महिलाओं की बातों में दखलअंदाजी करते और अपनी राय पेश करते। यदि सारिका जरा भी विरोध करती, तो मोहित को सारिका की पिटाई करने के लिए उकसाते।

"हम तो पढ़ी-लिखी लड़की का धोखा खा गए। तू आठवाँ पास है, सबने यही कहा था। पर तू कुछ नहीं जानती। पढ़े-लिखे लोगों के सामने दो अक्षर अंग्रेजी बोल पाएगी? अपनी भाषा भी तो ठीक से बोल नहीं पाती, अंग्रेजी क्या बोलेगी? राजस्थानी समझती नहीं है, तुझे कौन पढ़ा-लिखा कहेगा?" रणदेवी ने नया मुद्दा उठाया।

'क्या अंग्रेजी बोलना ही पढ़ी-लिखी होने की निशानी है?' मन में मायूसी भर गई। कितनी तो कोशिश की थी मम्मी ने उसे अंग्रेजी पढ़ाने की। कितने बड़े स्कूल में डाला था। पर यही अंग्रेजी तो उस समय भी उसकी दुःखती रग बन गई थी। जिस तरह से स्कूल से नाम कटा था, वह बात भी सारिका कहाँ भूली थी?

उसे अपनी गलती बहुत पहले ही समझ आ गई थी। पर वह वक्त के हाथों खिलौना बनी रही।

अनपढ़ कनक ने उसे पढ़ाने की कोशिश की थी। पर उसने स्वयं अपना भविष्य बिगाड़ा था। यह बात अलग है कि वह पढ़ाई से जान-बूझकर दूर नहीं हुई थी, पढ़ाई से दूर रहना तो प्रेम गली की फ़ितरत थी।

लड़कियाँ घर से झुंड बनाकर स्कूल के लिए निकलतीं।

धीरे-धीरे झुंड छोटे होते जाते।

कुछ लड़कियाँ पास के पार्क में खिसक लेतीं। वहाँ बैठकर पिछले दिन देखे हुए टीवी सीरियल पर चर्चा-परिचर्चा करतीं।

कुछ घर से आधा किलोमीटर दूर माता मंदिर पर चली जातीं। दर्शन को आने वाली अमीर महिलाएँ इन कन्याओं के हाथों में सेब, केला, अनार, मौसमी

आदि फल-मिठाई रख देतीं। मान से दी हुई भेंट को स्वीकारना अच्छा लगता। यही एक जगह थी, जहाँ अपने लड़की होने पर गर्व महसूस होता था। वरना...

जो और भी तेज लड़कियाँ थीं, वे आसपास रहने वाले अपने रिश्तेदारों के घर भाग जाती थीं। दोपहर तक वहीं रहतीं, खाती-पीतीं, मस्ती करतीं।

बर्तन-सफाई, दो वक्त की रोटी के जुगाड़ में व्यस्त माँ को फुर्सत नहीं थी कि स्कूल में जाकर पता करे, बेटी वहाँ पहुँची या नहीं।

रिश्तेदारी निभाने वाली लड़कियों में सारिका भी थी। कनक के काम पर चले जाने के बाद कभी दादी के साथ, तो कभी अकेले ही बुआ के घर की राह लेती।

'क्या आज भी प्रेम गली वैसी ही होगी या प्रेम गली की लड़कियों में थोड़ी जागरूकता आई होगी।' सारिका ठंडी साँस लेते हुए सोचती, 'कभी न कभी तो लड़कियों को अपने भविष्य के प्रति सावधान होना ही होगा।'

जागरूकता!

पढ़ाई-लिखाई!

शब्द सुनने में अच्छे हैं।

सारिका पढ़ी-लिखी होती तो क्या रणदेवी उससे रसोई न करवाती? तयशुदा बात है कि जरूर करवाती। पढ़ाई क्या किसी का पेट भर सकती है? किताबें क्या खाई जा सकती हैं? खाई तो रोटी जाती है। और वह बनानी ही पड़ेगी।

ससुराल में काम करने वालों का टोटा। सभी तो इंतजार कर रहे थे कि पढ़ी-लिखी बहू आए और रोटी पकाये।

पढ़ी-लिखी बहू!

पढ़ी-लिखी रोटी!

शायद पढ़ाई रोटी में ज्यादा स्वाद भर देती है।

इसके बावजूद पैसे की भूख बनी रहती है।

सारिका ने पैसे बनाने का रास्ता निकालना चाहा। हाथ में ब्यूटीशियन का हुनर और दिमाग में घर की चाहरदीवारी से बाहर निकलने की चाहत मिलकर एक हो रहे थे।

"माँ, मैं काम पर जाया करूँ?" उसने रणदेवी से पूछा।

"क्यों, तेरा पेट नहीं भरता?" रणदेवी ने व्यंग्य से पूछा।

"भरता है माँ, मैं तो यों ही पूछ रही थी।"

"तेरी माँ काम पर जाकर क्या कमाती है? खाक। धोखेबाज कहीं की। लड़की को एक फ्रिज तक ना दे सकी। हम रिश्ता जोड़कर पछताये।" सास ने दिल खोल दिया।

दर्द से भरा दिल, धोखा खाकर टूटा दिल। ऐसे-ऐसे दर्द जो कभी दूर नहीं होने थे। स्वर्ण में विशेष तौर से चपत लगी थी। सारा मिलावटी सोना। वह भी तयशुदा तादात से कम।

सास का दर्द देख सारिका का मन कसैला हो गया।

उसे पता था कि उसकी शादी के समय कनक दिल्ली से काफी पैसा लाई थी। बहानों ही बहानों से सारा पैसा मामाओं ने लूट-खसोट लिया था।

रणदेवी सच में तरस का पात्र थी।

एक बेटा जनकर पैसा कमाने के जो सपने देखे थे, दिल्ली की पढ़ी-लिखी लड़की लाने से वे सभी धूल-धूसरित हो गए। और पढ़ी-लिखी लड़की भी पढ़ी-लिखी ना निकली तो क्या किया जाए?

अब बेचारी रणदेवी ने दिल्ली की लड़की से घर के सारे काम कराकर अपना गुस्सा कम करना चाहा, तो क्या गलत था?

पर सारिका भी लाचार थी। उसकी सोच किसी और की सोच में ढलने को तैयार नहीं थी। उसकी दृष्टि में काम कराना गलत नहीं था, गलत था बाँधना। रोक लगाना।

गाँव के बाहर मेला लगा।

आस-पास के घरों की बहू-बेटियों समूह बनाकर सारिका को बुलाने आईं, ''भाभी, हमारे साथ चलो। ऐसा रंग तुमने कभी देखा न होगा। पहले हम लोग मेला घूमेंगे, झूला झूलेंगे। फिर बगीचे में जाकर नाच-गाना करेंगे। वहीं खाना खाएँगे। चलो, मजा आ जाएगा।"

''मेला?''

''आज पूर्णमासी है न! गाँव के बाहर बहुत बड़ा मेला लगता है।''

“तुम लोग मेले में पहुँचो। मैं इसे अपने साथ लाती हूँ।” रणदेवी ने उन चहकती लड़कियों से कहा।

“जल्दी ले आना चाची, बाद में हम किधर से किधर निकल जाएँगी, फिर तुम हमें कैसे ढूँढ़ पाओगी?” कहती हुई लड़कियाँ मेले की ओर चल दीं।

कहीं दूर ढोलक की थाप, बीन और बाँसुरी के स्वर हवा में तिरते से लग रहे थे।

सारिका का मन उड़ने लगा।

‘मेला! एक बार पहुँच भर जाऊँ, फिर उसी भीड़ में खो जाऊँगी। कोई मुझे ढूँढ़ नहीं पाएगा।’ उसके होंठ मुस्कराहट को सँभाल नहीं पा रहे थे।

“अरे मर गई! मेरी रीढ़!” अचानक रणदेवी जमीन पर बैठ बिलबिलाने लगी।

सारिका घबरा गई। सास को बड़ी मुश्किल से बिस्तर पर पहुँचा पाई।

“बहू, गरम पानी की थैली बना। नमक की पोटली गर्म कर दे। मैं दर्द से मर रही हूँ।”

“लाती हूँ माँ।” सास की हालत देख सारिका घबरा गई। पानी, नमक गर्म करने रसोई में गई, तो बैठक में रखे लैंडलाइन फ़ोन पर निगाह गई। चूँकि ससुर घर से बाहर थे, तो उसने उस फ़ोन से मोहित का नंबर मिला दिया।

संयोग की बात, मोहित ने फ़ोन उठा भी लिया।

वह बोली, “जल्दी आओ जी, माँ बीमार हैं। पिताजी अभी बाहर से नहीं लौटे हैं।”

श्रवण कुमार काम पर छुट्टी ले भागा चला आया।

बेटे को दिन में सामने खड़ा देख रणदेवी हैरत में पड़ गई, “तू असमय कैसे?”

“सारिका बोली कि तू बीमार है। मैं छुट्टी लेकर आया।” बेटा हड़बड़ाते हुए कहने लगा।

“बीमार पड़ें मेरे दुश्मन। अरी रंडी की औलाद, जरा देर अपने बल पर घर नहीं सँभाल पाई। खसम को बुला लिया।” सास बौखला गई। छुट्टी लेकर आने से एक दिन की पगार कटेगी, इतना स्पष्ट था।

सारिका की आँखों में आँसू छलक उठे, “माँ, मैं समझी कि आप...”

“तू समझी कि मैं मरने वाली हूँ। अभी इतनी जल्दी नहीं। अभी तो मुझे

मोहित की दूसरी शादी देखनी है। तुझे पता है इसके हाथ की लकीरों में दो शादियाँ हैं। तू मरेगी, तो मैं दूसरी बहू लाऊँगी।"

मोहित झल्ला उठा। वहाँ काम का इतना फैला पड़ा था, यहाँ जनानियों के प्रपंच देखने के लिए भागा चला आया, अपनी मूर्खता पर कोफ्त हुई। एक बार पूछा तो होता कि तकलीफ क्या है, बस बीवी के एक फ़ोन पर ही माँ की चिंता से घबरा गया।

अब माँ को क्या कहता?

सामने वाली दीवार के सहारे मोटा सा बेंत रखा दिख रहा था। उसे उठाकर सारिका की ओर बढ़ा, "किसने कहा था फ़ोन करने के लिए? बुद्धि नहीं है कि पीठ के दर्द में आयोडेक्स लगाई जाती है, मूव लगाई जाती है, फ़ोन नहीं लगाया जाता। मैं जिम्मेदारी का काम कर रहा था। गट्टे का साग नहीं बना रहा था, जो फ़ोन करके बुला लिया।"

पीठ पर मोटी लकड़ी की मार पड़ी, तो सारिका एक पल को भौचक्की रह गई। पहले ही अपराधबोध से ग्रस्त थी, लकड़ी पड़ते ही उसे रोना ज्यादा आसान लगा। धाड़ मारकर रो पड़ी।

कहने लगी, "मुझे क्या पता कि माँ कितनी बीमार हैं। एकदम जमीन पर लोटने लगीं, तो मैं डर गई। मैं क्या, आप देखते तो आप भी डर जाते।"

उसकी चीख-पुकार से मोहित के हाथ रुके।

सारिका ने भी अपने को सँभाला और चुप हो गई।

रणदेवी सुकून की साँस लेती बिस्तर पर आराम से लेटी रही।

मेले में बजने वाले गानों के बोल हवा के साथ वातावरण में घुल रहे थे, 'छोरा घूँघरा जड़ा दे म्हारी पायल में, नाचन दे मन्ने नाचन दे।'

हर बात में आपत्ति, हर कदम पर मार-पीट।

मोहित बुरी तरह चिड़चिड़ा बन गया।

सारिका परेशान थी। कनक ने पूरी तरह नाता खत्म कर रखा था। सारिका के पास संपर्क जोड़ने का कोई साधन नहीं था।

मोहित अपना मोबाइल हमेशा अपने साथ रखता था। जरूरत पड़ने पर कनक से बात करवाता था।

एक फ़ोन घर में लगा जरूर था, जिस पर सिर्फ लोकल कॉल की जा सकती थीं, बाहर की कॉल नहीं। वैसे भी बिल न भरने की वजह से वह बार-बार 'आउट ऑफ आर्डर' का मैसेज देता रहता था।

कनक महीने में दो बार फ़ोन करती, तो अपनी समस्याएँ गिना देती, 'मैं कमरा ले रही हूँ।' 'मेरे पास पैसे नहीं हैं।' 'पापा की तबीयत ठीक नहीं है।' 'शुभम बहुत परेशान करता है।' 'दादी झगड़ा करती है।' 'बुआ अपने घर में खुश नहीं है।' आदि-आदि।

एक बार फ़ोन पर कनक पूछने लगी, "सारिका, दामाद जी जिस जगह काम करते हैं, क्या वहाँ से थोड़ा कर्जा मिल सकता है? बड़ा वाला कमरा खरीदने के लिए मैंने काफी इंतजाम कर लिया है। बस थोड़े से रुपयों की अटक हो रही है।"

"थोड़े से रुपये! कितने?" सारिका ने पूछा।

"यही कोई दो-ढाई लाख।" कनक ने कहा।

सारिका अचकचा उठी। मोहित कनक की जरूरत के लिए पैसे उधार लेगा, यह बात वह सोच भी नहीं सकती थी। मोहित से पूछने की तो हिम्मत ही नहीं थी। बिना पूछे ही मना कर दिया, "नहीं मम्मी, हमारे अपने ही बहुत खर्चे हैं। तुम अपना इंतजाम खुद कर लो।"

कनक ने झट फ़ोन काट दिया।

सारिका को बुरा लगा। पर वह क्या कर सकती थी?

वह तो पार्लर का काम करके पैसा कमाने को तैयार थी, पर कोई उसे वह भी तो नहीं करने दे रहा था।

पूरे दिन गृहस्थी के चकल्लस में फँसी रहती थी। ऊपर से घर में बढ़ते झगड़े! किससे कहे, क्या कहे? समझ नहीं पा रही थी।

उसे यह भी पता था कि दो-ढाई लाख की बात सुनते ही सास ताना देगी, 'जितना पैसा बेटी की शादी में न खर्चा तेरी माँ ने, उतने का मकान खरीदने चल दी!'

शरीर में परिवर्तन महसूस हुआ तो सारिका सहम उठी। इसका मतलब कि...!

अंदर ही अंदर उसे बुरा लगा। एक बार कनक ने गर्भपात करवाया था।

उस बात को भले ही जमुना में बहा दिया था, लेकिन मन के किसी कोने में आज भी साकार थी वह घटना। दोबारा माँ बनने का एहसास उसी पल को याद दिलाने लगा। वह इस बच्चे से भी छुटकारा पाना चाहती थी।

पर कैसे और क्यों, वह स्वयं समझ नहीं पा रही थी। कनक की कोई खबर नहीं थी। उससे मुलाकात कैसे हो और अपनी समस्या कैसे बताई जाए, सारिका यह भी नहीं सोच पा रही थी।

इन्हीं उलझनों में महीने निकलते चले गए। फिर ननद कुछ दिनों को मायके आई। सबसे पहले उसी ने बात को पकड़ा, "भाभी, खुशखबरी है न?"

सारिका बिना कोई उत्तर दिए बड़ी-बड़ी आँखों से उसकी ओर देखती रही।

"अरे, इसमें छिपाने की क्या बात है? कितने महीने हुए? डॉक्टर के पास नहीं गईं? जरूरी सुइयाँ लगनी होती हैं। आज चलना।" ननद ने हौसला बढ़ाया, "अच्छा है, बच्चा आ जाएगा, तो तुम्हारा मन लगने लगेगा। इधर-उधर भटकना बंद कर दोगी।"

''मैं भटकती हूँ?'' सारिका चौंक गई, ''कहाँ दीदी? मैं तो घर में ही रहती हूँ।''

''घर में तो रहती हो, पर शहर की लड़की हो। तुम्हारा मन तो शहर की तरफ भागता है। दो-तीन बाल-बच्चे हो जाएँ, फिर तुम यहीं की हो जाओगी।''

सारिका उसकी ओर चुपचाप देखती रही। वह कहाँ की है और कहाँ की होना चाहती है, इस बात का निर्णय हमेशा दूसरे लोग क्यों करते हैं?

उसकी चुप्पी का ननद पर कोई असर नहीं हुआ। वह अपने माता-पिता को खबर देने चल दी।

पूरे घर में खुशी की लहर दौड़ गई। सास तो न जाने कब से इस खबर का इंतजार कर रही थी।

खबर सुनकर भी मोहित के व्यवहार में ज्यादा अंतर नहीं आया। सिवा इसके कि वह मारते वक्त यह देखकर हाथ चलाता कि कहीं पेट पर चोट न पहुँचे। सारिका के मुँह पर पड़ने वाले चाँटों की संख्या ज्यादा होने लगी। गाल हर समय लाल लकीरों से भरे रहते।

एक दिन बाहर से एक लड़की आई तो पूछ बैठी, "भाभी, तुम्हारे गालों पर निशान कैसे?"

बस उसके बाद सास ने बाहर वालों के संग उसका मिलना-जुलना बंद

करा दिया। यहाँ तक कि कनक का फ़ोन आता, तो भी कह देती कि सारिका बाथरूम में है।

एक दिन मोहित अपना मोबाइल बिस्तर पर रख किसी काम से घर के बाहर चला गया। मोबाइल बजा। सारिका ने उठा लिया। दूसरी तरफ कनक ही थी।

"क्यों री, बहुत बिजी रहती है! अब माँ से बात करने का समय नहीं है तेरे पास?" कनक ने ताना कसा।

''मम्मी!...'' कहते-कहते सारिका सिसक उठी।

''क्या है सारिका, कोई तकलीफ है?'' कनक हड़बड़ा गई, ''मैं आऊँ क्या?

''नहीं।'' उसने सप्रयास कहा। सामने मोहित नजर आ रहा था। लाल-लाल आँखों से घूरते हुए उसके हाथ से मोबाइल छुड़ा लिया और कनक से बात करने लगा।

कनक ने उससे भी वही सवाल किया, ''कई-कई दिन फ़ोन क्यों नहीं उठाते हो?''

''मम्मी जी, यहाँ काम बहुत हैं। सारिका माँ बनने वाली है, इसलिए हर समय बिस्तर पर सोती रहती है। बात कैसे कराऊँ?''

"अच्छा, तुम्हारे घर खुशखबरी है?" कनक चौंक उठी, ''लाओ, मेरी बात कराओ। मैं सारिका को समझा दूँ।''

उसके हाथ में फ़ोन पकड़ाकर मोहित पास में खड़ा रहा।

कनक बोली, ''बेटी, ऐसे समय में ज्यादा सोया मत कर। घर के काम-काज में मन लगा। चलती-फिरती रहेगी, तो डिलीवरी ठीक से होगी।''

''जी मम्मी।'' कहकर सारिका ने मोहित को फ़ोन थमा दिया और वहाँ से चल दी।

'बेटा हुआ है।' शब्द कानों में पड़े, तो दर्द में भी आश्वस्ति की साँस ली।

एक गहरी सुकून भरी साँस।

सारे दर्द दूर करने वाली साँस।

नौ महीने से जिस भार को मन में रखे थी, वह अंततः दूर हो ही गया था।

बेटा! कुलदीपक! वंश का चिराग!

या सिर्फ एक आश्वस्ति?

क्या बेटी होती, तो वह इतना आश्वस्त होती? या कहीं तीसरा... किन्नर...

पता नहीं, तब क्या होता!

सारिका ने आँखें बंद कर लीं। उसके शरीर के साथ डॉक्टर क्या कर रही हैं, नर्स क्या कर रही हैं, देखना-सोचना नहीं चाहा। बस, 'बेटा हुआ है' को मन में साध वह तंद्रा में डूब गई।

एक झटके से तंद्रा टूटी। कोई कह रहा था, "हाथ में खराबी है।"

'किसके?' उसकी बंद आँखें खुल गईं, 'क्या मेरे बच्चे के हाथ में?'

नहीं, किसी और बच्चे की बात चल रही थी। उसका बेटा तो नहला-धुलाकर उसके पास लिटा दिया गया था।

मोहित पास में खड़ा था।

"मम्मी को खबर की?" सारिका ने पूछा।

"कर दी तेरी मम्मी को, नानी को, सबको खबर कर दी।" उमगते कंठ से सास ने जवाब दिया।

'मम्मी, जल्दी आओ, आकर अपना दोहता देखो।' सारिका ने मन-ही-मन कनक को पुकारा।

कनक आई।

कुछेक घंटे रुकी।

सारिका अस्पताल से घर आ चुकी थी। बच्चा पंद्रह दिन का हो चुका था।

"सारिका, मैं रुकना चाहती हूँ, पर रुक नहीं सकती। तू जानती है, वहाँ सारा काम बिगड़ जाता है। पुराने काम छूट जाएँ, तो नये मुश्किल से मिलते हैं।"

'रुकोगी नहीं मम्मी?' सारिका ने मन ही मन पूछा।

पर मुँह खोलने की इच्छा नहीं हुई। वह बहुत देर से सास की आँखों में नाराजगी पढ़ रही थी।

रणदेवी ने कनक के आने से पहले ही न जाने कितनी बार प्रश्न किया

था, "कितनी देर रुकेगी तेरी मम्मी? उसका खाना-पीना कहाँ होगा? तेरी मम्मी छूचक की बात जानती तो है? तेरी मम्मी को पता है न कि जितना शादी में दिया है, उतना ही एक बार फिर देना है?"

उस समय भी सारिका ने मौन साध लिया था।

बहुत समझो कि कनक ने जयपुर से डिग्गी के लिए एक जीप-गाड़ी की थी। उसी में नानी, मामा, ममेरी बहन और कनक चारों आए थे। साथ में सामान भी काफी लाए थे—कपड़े-लत्ते, पीतल के भारी बर्तन और पाँच हजार रुपये।

रणदेवी के सुकून के लिए इतना ही काफी था।

"खाना? चाय-पानी?" सास ने औपचारिकतावश पूछा।

"नहीं बाईसा, हम केवल छूचक देने आए हैं। बैठने के लिए फिर कभी आएँगे। खाना रास्ते में खा लिया था। चाय हम पीते नहीं हैं। हाँ, अगली बार आराम से रुकेंगे।" मामा ने कहा।

सास-ससुर ने सिर हिला दिया।

सारिका को मन-ही-मन हँसी आई।

रणदेवी को एक कप चाय बनाने में भी मरण आता है। मामा के मना कर देने से वह उस चाय बनाने से भी बच गई। बस कनक का लाया सामान बटोरा और अंदर चली गई।

"आइए, आपको बड़े मंदिर का ध्वज दिखाएँ। हमारे आँगन से नजर आता है।" ससुर ने मामा को आमंत्रित किया। मामा खुशी-खुशी उनके साथ बाहर निकल गए। नानी और ममेरी बहन भी उनके पीछे चल दीं।

अब कमरे में कनक और सारिका ही बाकी बचे।

"तू राजी-खुशी है?" कनक ने उसका हाथ अपने हाथ में लेकर पूछा।

"हाँ मम्मी।" सारिका ने उत्तर दिया। राजी-खुशी ही तो थी। पुत्र ने आकर उसकी जिंदगी में खुशियाँ भर दी थीं। सास का पारा हर समय चढ़ा रहता है, यह बताने की जरूरत नहीं थी। यह तो पुरानी बात थी।

"तेरे जन्म के साथ ही मेरे मन पर एक डर हावी हो गया था कि तेरी आगे की जिंदगी कैसी होगी! न जाने कितने डर! तू शादी करके सुखी हो सकेगी या नहीं! तेरा आदमी तेरे संग राजी रहेगा या नहीं! तेरे आल-औलाद पैदा हो पाएगी या नहीं! औलाद भी पैदा हुई, तो वह ठीक पैदा होगी या किन्नर, यह भी पता नहीं था। सारिका, मैंने कितना दुःख झेला है, मैं ही जानती हूँ। तेरा

घर बसा देख मुझे बहुत संतोष हो रहा है।" भावों में डूबी कनक कहती चली गई।

"हाँ मम्मी।" सारिका ने यंत्रवत उत्तर दिया। माँ की बात सुन उसके मन में कोई भाव नहीं आया। कोई प्यार नहीं, कोई लगाव नहीं।

कनक ने उसे दो हजार का नोट देते हुए कहा, "इससे अपनी जरूरत का सामान खरीद लेना। यों भूखी-प्यासी बिस्तर पर न पड़ी रहा करना।"

"मम्मी, मुझे अपने साथ ले चलो न। मैं दिल्ली चलना चाहती हूँ।" सारिका बुदबुदाई।

दो हजार का नोट देखते ही उसे लगा शायद माँ इतनी हैसियत रखती है कि उसे सँभाल सके! मन में एक आस जगी कि मायके में कुछ दिन सुकून से रहने को मिलेगा। बच्चे के जन्म के बाद सास ने दो घूँट पानी के लिए भी तरसा दिया है। मायके पहुँचेगी, तो कम से कम पेट भरकर खा-पी सकेगी।

"अभी दिल्ली नहीं।" कनक ने दो टूक मना किया, "दामाद जी के साथ आना। अभी तेरा बेटा छोटा है, वहाँ इसकी देख-रेख कौन करेगा? झंझट हो जाएगा। मैं छोटे बच्चे को सँभालने की हालत में नहीं हूँ। तेरे पापा और भाई को सँभालना ही क्या कम है?"

"सही कहती हो।" सारिका ने सिर हिला दिया।

दो हजार रुपये सारिका को खल रहे थे। रुपये पाने की खुशी नहीं थी मन में, बल्कि मन में आया, 'मैं इन रुपयों को खर्चने कहाँ जाऊँगी? क्या मुझे घर के बाहर चबूतरे के नीचे पैर रखने की भी इजाजत है? क्या मुझे बाजार-हाट-दुकान का अता-पता है? जिस अस्पताल में डिलीवरी हुई, मैं तो उसका रास्ता भी नहीं जानती। मोहित के साथ दो-तीन बार ही तो गई थी। जब सास जानेगी कि तुम मुझे छुपाकर पैसे दे गई हो, तो मेरी जान ही ले लेगी।'

पर कनक से कुछ न कह सकी।

बेटी की कुशलता का समाचार ले मायके वाले लौट गए।

फैसला!

कितनी बार कितने ही तो फैसले कर चुकी है वह। कोई सही, कोई गलत और नतीजा कुछ भी नहीं। सब कुछ बेमानी।

बस कभी-कभी अकस्मात् कुछ ऐसा कर गयी, जिसे याद कर आज भी होंठो पर मुस्कराहट रहती है।

और वह घटना तो आँखों में बसी है।

गुड्डू का जन्म हुए मुश्किल से सोलह दिन हुए थे।

कनक एक दिन पहले ही छूचक देकर गई थी।

सारिका रसोई का काम खत्मकर सोच में डूबी अपने कमरे में लेटी थी। गुड्डू के जन्म के बाद वह ऊपर वाले कमरे में नहीं गई थी। सीढ़ी चढ़ने में परेशानी होती थी, इसलिए नीचे एक कमरे में उसका बिस्तर लगा दिया गया था।

आँगन से आती तेज आवाजों से ध्यान बँटा तो चौंककर उठ बैठी।

आँगन में कोई कह रहा था, "ऐ, नेग पूरा दो।"

गहरी मोटी आवाज ने अपने मालिक के अस्तित्व को एक ही पल में जता दिया।

किन्नर! सारिका हड़बड़ाती हुई खिड़की की ओर बढ़ी।

दरवाजा उड़का था। खिड़की की झिरी से झाँका।

आँगन में घमासान मचा हुआ था।

सास के दिए रुपये किन्नरों की नजरों में कम थे। झगड़ा लगातार बढ़ता जा रहा था।

"पोता पाकर भी टेंट नहीं खोल रही है माता। तुझे और क्या चाहिए था?" तीखे स्वर में एक किन्नर ने पूछा।

दूसरी ने जोर से ताली बजाई और रणदेवी को धमकाते हुए कहा, "तेरे पोते को उठाकर ले जाएँगे।"

"पोते को ही क्यों, बहू को भी साथ ले जाओ।" रणदेवी ढीठता से बोली।

"छोड़ूँगी नहीं। बिंदिया नाम है मेरा। नेग पूरा लेकर जाऊँगी। कहाँ है तेरी बहू? उसी से बात करती हूँ।"

"हाँ, हाँ, उसी से बात करो। बहू की माँ ने हमें दो पैसा नहीं दिया। हम तो बेटे की शादी करके कंगाल हो गए। चढ़ावा अलग दिया, खिला अलग रहे हैं। तुम्हें जो वसूलना है, उसी से वसूल लो।" रणदेवी ने अपनी जान छुड़ाई और हाथ से सारिका के कमरे की ओर इशारा कर दिया।

सारिका खिड़की से हट गयी।

एक झटके से दरवाजा खोल दनदनाती हुई बिंदिया उसके कमरे घुसी। शिकायत करनी शुरू की, "ए बीबी, देख लो अपनी सास को...पोता पाकर भी..."

सारिका ने बंद मुट्ठी आगे बढ़ा दी तो बिंदिया का हाथ भी आगे बढ़ गया। कनक का दिया दो हजार का नोट उसकी मुट्ठी से निकल किन्नर की हथेली में जा चुका था।

बिना कुछ कहे सारिका बिंदिया की आँखों में देखती रही, एकटक।

सारिका की आँखों में न जाने क्या था। बिंदिया की नजरें नरम होती चली गईं। गुस्सा काफूर हो चुका था। पैसे मुट्ठी में पकड़ लिए थे, अतः लौटा नहीं सकती थी। रणदेवी अंदर कमरे में आई तो बिंदिया उससे बोली, "चावल लाओ, माँजी।"

सारिका ने राहत की साँस ली।

गुड्डू को आशीष मिले। न जाने कितने आशीष। किन्नर घंटों नाचे।

बिंदिया समूह की सरगना थी। उसके और सारिका के बीच रुपयों और भावनाओं का जो आदान-प्रदान हुआ, उसे कोई न समझ सका। सारिका भी नहीं। बिंदिया भी नहीं। बस बिंदिया का जी कर रहा था कि वह जमकर नाचे और उसने नाचा भी।

रणदेवी के आँगन में इतनी तेज़ ढोलक बजी कि आस-पड़ोस के लोग बिना बुलाए आ गए और गुड्डू की न्योछावर उतार बिंदिया को पैसे देते रहे। बिंदिया ने खुद भी बार-बार गुड्डू की न्योछावर उतारी।

सबसे बड़ी बात यह थी कि सारिका के मन में एक अजीब सा संतोष था। 'किन्नर का आशीष' पा चुका है उसका बेटा। आँखों में बार-बार बचपन की घटना घूम रही थी। टीना के नवजात भाई की शक्ल में गुड्डू की शक्ल एक हो रही थी।

संतोष इस बात का भी था कि जो रुपये उसे खल रहे थे, उनका सदुपयोग हो गया।

बार-बार एक बात मन में आई, 'लोग इन लोगों को बुरा क्यों कहते हैं? कितने सीधे और सरल होते हैं किन्नर! मुझे तो आज तक कोई भी खराब किन्नर नजर नहीं आया। इनके अंदर स्नेह का एक झरना होता है, जो अनवरत बहता रहता है।

'मैं किन्नर नहीं हूँ तो क्या किन्नरों के प्रति लगाव नहीं रख सकती?

'लगाव? वैसा वाला नहीं, जिस लगाव में अपना सर्वस्व दे देते हैं।

'पर कुछ-कुछ सर्वस्व दे देने वाला ही। कितने सरल मन के होते हैं ये लोग।'

तेरा मेरा मनवा कैसे एक होई

जमीन से नहीं
आसमान से नहीं,
माँ से नहीं,
पिता से नहीं
मालिक से नहीं
कुदरत से नहीं,
मेरी लड़ाई, बस
अपने-आप से है।

सारिका के जीवन का हर मसला कौतूहल से जुड़ा है, चाहे अच्छा हो चाहे बुरा।

और अजीब बात यह है कि वह आज तक किसी कौतूहल का सही निदान नहीं पा सकी है। हर समाधान फिर से एक नये कौतूहल को जन्म दे देता है। चल देती है फिर से कौतूहल सुलझाने।

कौतूहल सुलझाने से जिंदगी के प्रश्न हल होते हैं क्या?

जिंदगी के प्रश्नों को हल करने के लिए कुछ और भी चाहिए।

क्या?

वह नहीं जानती।

गुड्डू के जन्म के बाद उसकी नींद कम हो गयी। थकान बनी रहती, पर नींद नहीं आती।

घर का काम करने और बच्चा सँभालने में ही सारा समय बीत जाता। अपनी पहचान गुमी सी महसूस होने लगी थी।

वह स्वयं विश्वास नहीं कर पा रही थी कि वह कभी दिल्ली की गलियों में मारी-मारी घूमती थी, बाजार से चाट खाकर घर में जमीन पर सो जाती थी। नीचे गली में कोई भी आता-जाता रहे, चाहे तारा का बेटा बावरा घर में ही गीत गाता रहे, उसकी नींद नहीं टूटती थी।

अब नींद गई तो गई कहाँ?

रात को जब सब सो जाते, तो उसके मन के अंदर नयी दुनिया जग जाती।

अपनी बचपन की गली—प्रेम गली में घूमती हुई वह न जाने कितना आगे तक पहुँच जाती। यदि कुणाल के साथ उसकी शादी हुई होती? वह सोचना नहीं चाहती थी, पर सोचती चली जाती थी।

क्या होता अगर कुणाल शादी के बाद भी दूसरी लड़कियों से नाता रखता? वह उसे रोक नहीं सकती थी। क्या वह बर्दाश्त कर पाती?

खैर है, मोहित इस तरह का नहीं है। अपने काम-काज में पूरी तरह से लिप्त माँ-पिता का आज्ञाकारी। एक अच्छा पिता। पत्नी पर जब-तब हाथ उठाकर अधिकार-लिप्सा का शमन करने वाला पति।

पुत्र प्रसव करने के बाद भी सारिका का पिटना बंद न हुआ। 'तू है ही ऐसी। दो झापड़ खाने के बाद तेरा दिमाग सही काम करता है। काम में ठीक से मन लगाती है।' सास और पति का कहना था।

'क्या मैं सिर्फ काम के लिए लाई गई हूँ? क्या हैसियत है मेरी, यहाँ ससुराल में?' रात भर स्वयं से सवाल करती, उत्तर नहीं पाती, जागती रह जाती।

पर यह सारा चिंतन रात में ही क्यों सिर उठाता?

ज्यों-ज्यों रात गहराती, मन में घूमने लगती पुरानी बातें। चंचल, कुणाल, बिंदेश्वर, तारा, प्रिया। इस समय कौन क्या कर रहा होगा, इसी गणित में पड़ी सारिका सोई-अधसोई बनी रहती।

मोहित को काम से लौटने में देर होने लगी थी। रात ग्यारह-बारह बज जाता। यदि उसे तुरंत गर्म खाना न मिले, तो वह गुस्से से भर उठता।

एक ओर अनिद्रा की समस्या, दूसरी ओर यदि झपकी आए, तो भी पिटाई

के डर से सारिका को जबरन जागना पड़ता।

एक रात मोहित के इंतजार में उनींदी-सी जग रही थी। अचानक ढोलक की थाप के साथ ऊँचे स्वर का गाना सुन सचेत हुई।

मन झूम उठा।

बच्चे की तरफ देखा। वह नींद में डूबा हुआ था। नीचे के कमरे की आहटें बंद थीं। मतलब सास टीवी बंद कर चुकी थी।

अर्थात् कहीं बाहर से गाने की आवाज आ रही थी।

उसने खिड़की का पर्दा हटाकर झाँकने की कोशिश की। दूर अँधेरे से उठती स्वरलहरियाँ कभी धीमी, कभी तेज, पर उमंग से भरी। घुँघरू की झंकार एकलय थी गान में।

कौन नाच-गा रहा है, उत्सुकता बढ़ती गई, साथ ही मन में खुशी भी। कोई तो है दुनिया में, जो उस खिड़की से बाहर है।

मन खिड़की से बाहर निकल हवा के साथ उड़ने लगा, झूमने लगा, लहराने लगा।

दोनों बाँहें फैलाकर नाचता चला गया मन।

न जाने कितनी देर में वह स्वरों में डूबी रही।

अजब जादू था। आकाश में चमकता चाँद, ढोलक की थाप, घुँघरू की आवाज।

इन सभी के साथ लहराता-नाचता-झूमता उसका मन।

पीठ पर धौल पड़ी, तो सम्मोहन टूट गया।

सास ने बाल खींचते हुए खिड़की से हटाया, “कुलच्छिनी, अपनी जात मत दिखा।”

“माँ, मैं तो बस...।”

“चुप!” मोहित ने मुँह पर झापड़ मारा, “एक घंटे से दरवाजे पर खड़ा हूँ। खटखटाता जा रहा हूँ। सुनाई नहीं दे रहा तुझे? माँ-पिताजी जग गए और तू खिड़की पर मस्ता रही है स्याणी।”

“मैं...!” सारिका कहते-कहते रुक गई। क्या कहती? कुछ कहने को नहीं था उसके पास। चुपचाप सिर पर पल्ला कर नीचे चल दी। मोहित का खाना गरम करना था।

गुस्से से भरे मोहित ने खिड़की के कपाट बंद कर दिए।

खिड़की बंद हो जाने के बाद भी गीत के बोल कानों में आ रहे थे। लग रहा था कि अब गीत में दर्द घुलने लगा है।

दर्द से गीत का सौंदर्य और ज्यादा बढ़ गया था।

वह पिटकर दुःखी नहीं थी। उसे उत्सुकता थी कि कौन गा रहा है!

पाँच पेट खाने वाले, मोहित अकेला कमाने वाला। आधुनिक उपकरणों के नाम पर घर में एक टूटा-फूटा सा टीवी मात्र था। फ्रिज नहीं, वॉशिंग मशीन नहीं।

गर्मियों में गर्म पानी पीकर काम करना भारी पड़ता। कमरे का पंखा भी ठीक से काम नहीं करता था। घर का एकमात्र कूलर नीचे बैठक को तृप्त करता था।

सारिका पोंछा लगाते हुए पसीना-पसीना हो जाती। एक दिन उसके मुँह से निकल गया, ''मैं काम पर जाऊँ?''

''क्या कहा?'' मोहित चौंका।

''मैं कोई काम शुरू करूँ? आपको सहारा हो जाएगा। हम लोग अपने घर में एसी लगवा लेंगे।''

मोहित ने उसकी जमकर पिटाई की।

"ओ नखराली, एसी लगवाएगी? तेरे मायके में था एसी? बड़ा शौक आ रहा है। मैं तुझे दिलवा नहीं रहा, इसीलिए कमाने जाएगी? भूखी मर रही है तो एसी की हवा खाकर जी जाएगी?"

"माफ करो जी।" वह बिलबिला उठी, "मैंने तो आपकी मदद के लिए कहा था। मुझे एसी नहीं चाहिए।"

बच्चे को गोद में उठाए सास कमरे के दरवाजे पर आकर खड़ी हो गई। उत्सुकता से पूछने लगी, "क्या हुआ?"

"कुछ नहीं। सब तेरी गलती है माँ। एक ढंग की बिंदणी नहीं खोज सकी मेरे लिए।" मोहित ने अपने हाथ को रोका।

''मैं तो कह रही थी सतीश जी के बेटी से शादी कर ले। तुझे ही तो पसंद नहीं आई थी वह।'' रणदेवी ने भी तपाक से जवाब दिया।

"ठीक है, मेरा ही कसूर, मेरे सिर डाकिनी।'' इतना कह मोहित दनदनाता हुआ घर से बाहर निकल गया।

सारिका चुपचाप रसोई में जा बर्तन माँजने लगी। गर्मी यहाँ भी उतनी ही थी। लेकिन एसी का नशा उतर चुका था।

सभ्यता का विकास ही सारे झगड़ों की जड़ क्यों है?

लाल कोठी में देसी कमोड वाला शौचालय!

प्रेम गली में हमेशा सार्वजनिक शौचालय में गई थी।

जयपुर में नानी के घर के पीछे वाले आँगन में शौचालय बना था। कोई भी जाए, किसी को पता नहीं चलता था।

सारिका के लिए पहले-पहल घर के अंदर शौच जाना बड़ा अजीब सा अनुभव था। जब-तब आँगन में ससुर टहलते रहते, उनके सामने निवृत्त होने के लिए जाना अशोभनीय लगता। फिर आदत बना ली कम पानी पीने की।

सुबह सास-ससुर के उठने से पहले ही निपटकर आ जाती। दोपहर के समय सन्नाटा खिंचता, तो वह चुपचाप जाती। रात को सास-ससुर टीवी में मग्न हो जाते, तब बहुत निश्चिंत होकर जाती।

सास को अपने शौचालय पर बहुत गुमान था। कई बार कहानी सुनाई, ''पहले यह नहीं था तो हमें बाहर जाना पड़ता था। हमारे गाँव की लेडीस ने आंदोलन किया। मंत्री जी ने सबके घरों में बनवाए। हमने भी उसी स्कीम में पाया है।''

एक सफाई कर्मचारी रूपा घर का कूड़ा लेने और शौचालय को साफ करने आती थी।

एक दिन सास सारिका से बोली, ''बहू, सुबह नहाने से पहले शौचालय को सर्फ़ से साफ कर दिया कर।...''

सारिका ने प्रश्नसूचक नेत्रों से देखा, तो सास आगे बोली, ''...रूपा को काम पर आने से मना कर दिया है। पगार बढ़ाने को कह रही थी। अभी एक साल पहले ही तो पच्चीस रुपये बढ़ाए थे। अब फिर बढ़ाने को कहने लगी, तो मैंने उसे हटा दिया। अरे, हमारे भी खर्चे हैं। सब बाँटते रहेंगे तो खाएँगे क्या?''

''जी।''

"तेरे आने से हमारे खर्चे बहुत बढ़ गए हैं। ऊपर से छोटे बच्चे का खर्चा। यदि इस तरह से जगह-जगह दो सौ, तीन सौ फेंकते रहेंगे, तो बचत क्या होगी?"

रणदेवी ने समझाया, "तू घर में खाली बैठी रहती है। सफाई कर देगी, तो दो सौ रुपये ही बचेंगे।"

"ठीक है माँ, मैं साफ कर दिया करूँगी।" सारिका ने सिर हिला दिया। मन ही मन स्वीकारा कि जब वह शौचालय का इस्तेमाल करती है, तो साफ करना भी उसकी जिम्मेदारी है। पर साथ ही मन में बात उठी कि क्या इन लोगों के पास इतना भी पैसा नहीं है कि सफाई वाले को पच्चीस रुपये बढ़ाकर दे सकें। दिल्ली में पच्चीस-पचास रुपये तो वह झूला झूलने, आइसक्रीम खाने में ही खर्च कर देती थी, सोचती तक नहीं थी।

झूला झूलना!

कब से झूले पर नहीं बैठी? कब से तो दिल्ली भी नहीं गई है। और मम्मी ने तो न जाने कब से दिल्ली बुलाया ही नहीं। मन में मलाल आ गया।

आइसक्रीम! कैसा स्वाद होता है आइसक्रीम का?

फ़ोन की घंटी से ध्यान टूटा।

मोबाइल मेज पर रख मोहित नहाने के लिए गया था।

सारिका ने नंबर देखा। कनक का था।

''हाँ मम्मी।'' ललककर पूछा।

''सारिका, अपने पापा के अंतिम दर्शन करना चाहती है, तो आ जा।'' कनक कह रही थी।

मंगल के अंतिम दर्शन के लिए कनक ने बुलाया था। सारिका को विश्वास नहीं था कि सास उसे जाने देगी।

पर रणदेवी मोहित के कान में कुछ फुसफुसाई, जिसे सारिका ने बखूबी सुन लिया। आखिर उसे सुनाने के लिए ही तो कहा गया था, ''जा बेटा, जाकर देख तेरी सास रुपये-पैसे का क्या हिसाब करती है। सुना है बहुत बड़ा घर है वहाँ। देख, तुझे क्या मिल रहा है। हफ्ता-दस दिन घूमकर आ जा।''

माँ का इशारा पाते ही मोहित ने छुट्टी ले ली। जिस तरह सामान रखा और जाने की तैयारी की, लग नहीं रहा था कि किसी मरणासन्न व्यक्ति के अंतिम दर्शन को जा रहा है। साफ दिखने लगा कि दामाद पहली बार ससुराल जा रहा है।

सारिका को उसकी तैयारियों से कुछ लेना-देना नहीं था। वह तो पल-पल मना रही थी कि किसी तरह घर की देहरी से बाहर हो, किसी तरह दिल्ली जाने वाली बस पर सवार हो। मानो जेल से छूटने की घड़ियाँ गिन रहा हो कैदी!

बस पर भी सवार हुए और दिल्ली की दिशा में बस बढ़ भी गई।

वह रात के अँधेरे में आँखें फाड़-फाड़कर रास्ता देखती रही। कुछ समझ नहीं पाई, लेकिन मन ही मन अनुभव किया कि अपने ठिकाने की ओर जा रही है। पिता की चिंता मन में थी, 'क्या पता तबीयत कैसी हो! कहीं...न...सब ठीक होगा।'

थकी थी, तो हिचकोलों से आँख लग गई। वही आँखें, जो घर के बिस्तर पर पूरी रात नींद को तरसती थीं, बस की खड़-खड़ में लोरी का आनंद पाने लगीं।

सवेरे पौ फटने पर आँख खुली, तो सब कुछ बदला-सा था। ऊँची-ऊँची इमारतों वाली चौड़ी सड़क देखते ही उसकी चेहरे पर मुस्कान आ गई। गुड़गाँव पार हो रहा था। बस धौलाकुआँ पहुँचने वाली थी।

दिल्ली की झलक पाते ही उसका मन लहलहा उठा। अगर मोहित यही कोई काम शुरू कर ले तो वह अपनी पढ़ाई चालू कर लेगी। गुड्डू भी आसानी से पलता रहेगा क्योंकि थोड़ी मदद मम्मी कर देगी। फिर वह कोई अच्छी नौकरी ढूँढ़ सकती है।

सपने। सपने। और सपने। न जाने कितने सपने उसकी आँखों में झलक उठे।

मोहित की ओर देखा।

वह पहली बार दिल्ली आया था। दिल्ली की भव्यता से हतप्रभ था। ऐसी जगह की उसने अपने ख्वाब में भी कल्पना नहीं की थी। सुबह-सुबह कई स्कूल बस, वैन, कार आदि दिखाई दे रहे थे।

हरियाली से भरी चौड़ी सड़कें।

अपनी धुन में मगन इधर से उधर आते-जाते लोग।

पुरुष शानदार सूट या खूबसूरत जींस-टी शर्ट पहने।

स्त्रियाँ महँगे सलवार-सूट या जींस-टॉप में।

स्कूटर, बाइक, कार चलाती लड़कियाँ।

सभी आत्मविश्वास से भरे। उनकी ओर देखने में मोहित को भय लग रहा था।

यहाँ रहती थी उसकी पत्नी? और ऐसी जगह रहने वाली को उसने अपने घर की दासी बना लिया। वह अपने और अपनी माँ के कौशल पर गर्व से भर गया। भला यहाँ की लड़की किसी के घर-गाँव जा सिर पर पल्लू रख रसोई करेगी? लेकिन सारिका तो पिछले डेढ़ साल से उसके घर की गुलामी करती जा रही है। पर कुछ न कुछ कमाल तो उन लोगों का भी है, जिन्होंने यहाँ की लड़की को अपने काबू में कर लिया।

वह इतना समझ गया कि दिल्ली की दुनिया का लासा कम नहीं है। यदि यहीं ठिकाना बना ले, तो भी बुरा नहीं। चकाचौंध ऐसी, जो जी को लुभाए और घर में बैठो, तो सुकून आ जाए।

मोहित दिल्ली में बसने को ललचा उठा।

उसने सारिका की तरफ देखा। वह उसी की आँखों में देख रही थी। आँखों ही आँखों में दोनों मुस्करा उठे। दोनों के मन दूध-पानी से मिल गए।

प्रेम गली!

लंबी-सँकरी गली, न जाने कहाँ तक फैली हुई।

प्रेम गली से लगभग तीन साल बाद सामना।

संयोग की बात थी कि जब सारिका अपने पति और बच्चे के साथ गली में दाखिल हुई, तब न तो कोई शराबी गालियाँ दे रहा था, न ही दो या चार औरतें आपस में लड़ रही थीं। नशा करते या पत्ते खेलते लड़के भी नजर नहीं आ रहे थे। सुबह की उजास से भरी साफ-सुथरी शांत गली।

ऑटो रुका, तो सारिका उतरी। गोद में गुड्डू को थामे सम्मोहित-सी एक मकान की सीढ़ियाँ चढ़ती चली गई। ऑटो वाले को सौ का नोट दे अटैची थामे मोहित भी सारिका के पीछे-पीछे चढ़ता रहा।

पहली मंजिल, फिर दूसरी मंजिल, फिर तीसरी मंजिल।

फिर बड़ा सा दालान नज़र आया।

दालान में एक तख्त पर कुछ गद्दे-बिस्तर पड़े थे। एक कोने में चूल्हा, जिस पर भगोना चढ़ा दिख रहा था।

सारिका बच्चा थामे एक पल सोच में पड़ी। फिर सामने के बड़े से कमरे में घुसती चली गई।

अंदर बिस्तर पर मंगल लेटा हुआ था। बेटी को तुरत पहचान गया। आँखों से आँसुओं की धारा बहने लगी।

बच्चे को नीचे बिछी दरी पर लिटा सारिका कनक से लिपट गई। माँ-बेटी रो रही थीं या हँस रही थीं, पता नहीं। गुड्डू चीख मारकर रोने लगा, उसकी ओर भी सारिका का ध्यान नहीं गया।

मोहित को उन पलों में भूल ही गई थी वह।

बहुत देर बाद बच्चे के रोने की आवाज से सारिका को सुध आई। बेटे को गोद में लेकर उसकी पीठ थपकने लगी। पिता के माथे पर हाथ फिराया और मोहित की तलाश में इधर-उधर देखा।

मोहित कमरे की देहरी पर खड़ा था। उसकी आँखें सुनहरी छत पर अटकी हुई थीं। छत ही नहीं, दीवार भी तो अलग सी थी। मानो मोतियों के फूलों से जड़ी। मोतियों की वह बेल छत से उतर, दीवार से होती हुई जमीन तक पहुँच रही थी।

दिल्ली में जयपुर कहाँ से आ गया? दीवार पर कढ़ाई है या किसी ने रेशमी कपड़ा चिपका दिया है? वह एकटक देखता रहा। कमरे के अंदर मानो कोई खूबसूरत सी दुनिया उसे बुला रही हो। एकटक देखता रहा।

"कुँवर सा! अच्छे तो हैं?" कनक ने पूछा।

मोहित का ध्यान टूटा।

"कहाँ खो गए?" एक आवाज आई।

उसने आवाज की दिशा में देखा।

"आओ, पापा से मिल लो।" कमरे के बीच खड़ी मूर्ति ने कहा।

सिर से पल्ला हटाए तनकर खड़ी सारिका को पहचानने में कुछ पल लगे।

सारिका कितनी बदली-सी लग रही थी।

प्रेम गली!

ना जाने कितने लोगों का ठिकाना।

सुबह की अलसाई गली शाम होते-होते जिंदगी के रंगों से रँग जाती।

सारिका एक बार फिर प्रेम गली से बँधने लगी। वह महसूस करने लगी कि मोहित भी दिल्ली आकर बदल गया है।

छोटे कमरे में किराएदार निरुपमा अपनी दो बच्चियों के साथ रहती थी, तो मोहित और ज्यादा सलीकेदार दिखने की कोशिश करने लगा।

सारिका समझ गई कि सभी की नजरों में अच्छा बनने के लिए मोहित शालीन होने का पूरा प्रयास कर रहा है।

डिग्गी का बात-बात पर नाराज होने वाला मोहित अब बहुत शांत रहता। मानो उसे सारिका की जरूरत महसूस हो रही हो, मानो उसने सारिका की अहमियत को समझा हो। समाज से दूसरी तरह से जुड़ना शुरू किया मोहित ने।

मंगल के खाने-पीने से लेकर दवा-दारू तक की जिम्मेदारी उसने अपने ऊपर ले ली। यह अलग बात रही कि मंगल से उसे कोई लगाव नहीं था, इसलिए उसकी बीमारी से उसे दुःख भी नहीं था।

एक कौतुक था सब कुछ उसके लिए।

मोहित का कनक की एक आवाज पर छोटे-छोटे सामान को लेने नीचे भाग-भागकर जाना, अगल-बगल के बाजारों तक टहलना, चाट-पकौड़े की ठेलों को घूरना, दस-बीस रुपये का सामान फटाफट उदरस्थ कर लेना सारिका से छिपा नहीं रहा।

"बाहर भागते रहते हो, कहीं खो मत जाना।" एक दिन सारिका ने मजाक किया।

"नहीं री, खोऊँगा क्यों? ये सड़कें मुझे बहुत पहचानी लगने लगी हैं।"

"यही माया है यहाँ की। यहाँ की गलियाँ अनजान को अपना बना लेती हैं।" सारिका ने गहरी साँस लेते हुए कहा, "सोचकर देखो, जिसका मन यहाँ रमता हो, उसे यहाँ से दूर जाना पड़े, तो वह कैसा महसूस करेगा?"

"तू यहाँ रहती थी?" मोहित के मुँह से निकला।

"यहीं जीती थी और जी भरकर जीती थी। प्रेम गली हर तरफ से किसी न किसी चकाचौंध वाली जगह तक पहुँच जाती है। और कहीं न जाओ, तो घर से निकलकर बाहर गली में टहलना भी मुझे बहुत अच्छा लगता है।"

"फिर जयपुर...?"

"वहाँ तो कभी-कभार मिलने-घूमने के लिए चले जाते थे। पर जिंदगी तो यहीं जी है मैंने। एक नशा है प्रेम गली...जिसके मुँह स्वाद लग गया, वह यहीं का हो गया? दिल्ली जैसी कोई जगह नहीं!..."

सारिका किसी नशे में थी।

"...हम सहेलियाँ झुंड बनाकर फिरते थे। इन मायाजाल वाली सड़कों पर किसी भी दिशा में चलते रहते। पैरों को कोई तकलीफ नहीं, वे तो चलने के आदी थे। यहाँ हर सड़क किसी न किसी जादू की नगरी में जाकर खुलती है।"

"तुम लोग कहाँ जाते थे?"

"चाहे नयी दिल्ली रेलवे स्टेशन पर पहुँच जाएँ या कनॉट प्लेस या किसी बड़े मंदिर या चाँदनी चौक या सदर बाजार। ज्यादातर तो हमारी सवारी शीला टॉकीज़ पर जाकर रुकती थी।" सारिका की आँखें किसी स्वप्नलोक में पहुँच गईं।

मोहित उसे एकटक देखता रहा। सारिका की बात का सच तो वह पहले ही महसूस कर चुका था। कुछ ही दिनों के अंदर न जाने कितने दोस्त बना लिए उसने।

उसकी उम्र के लड़के शादी-ब्याह की जिम्मेदारी में बँधे बिना इधर से उधर मटरगश्ती करते घूमते। दिन में कहीं दो-चार घंटे को काम पर चले जाते, तो हाथ में कुछ पैसा आते ही दारू की बोतल खोल लेते।

नुक्कड़वाली दुकान से चिकेन बनवाकर खाना तो यहाँ के लड़कों का रोज का काम था। न बीवी-बच्चों की जिम्मेदारी, न माँ-बाप की डाँट का कोई असर।

"मोहित भाई, आप यहाँ कोई काम तलाश लो।" लगभग हर लड़के ने यही सिखाया, "गाँव लौटकर क्या करोगे? यहाँ एक महीने में जितना कमाओगे, वहाँ साल भर में भी ना बना पाओगे। आप जैसे मेहनती लोगों की दिल्ली में बड़ी कद्र है। हम तो ठेलुहे हैं, तो भी दिन भर में अपना जेबखर्च निकाल लेते हैं। आप मेहनत से काम करोगे, तो पैसों की कोई कमी नहीं रहेगी।"

मोहित की जुबान लपलपा उठी।

दिल्ली में बसना! क्या ऐसा संभव है?

कहाँ ठिकाना मिलेगा?

कम से कम एक कमरे का घर तो होना चाहिए और एक लगी-बँधी नौकरी।

बीवी भी खुश रहेगी। बच्चा भी अच्छे स्कूल में पढ़ेगा। गाँव में माँ-पिताजी अपना काम चला ही लेते हैं। और फिर दीदी तो हैं ही उनकी देखभाल के लिए। जब-तब आती रहती हैं।

यदि दिल्ली में रहने का जुगाड़ बन जाए, तो क्या ही अच्छा हो।

मन ही तो है। बहकने लगा।

सारिका ने हर बार उसकी बात का समर्थन किया। हर बार यही कहा, ''आप मेहनत से काम करते हो, यहाँ बहुत ऊँचाइयों तक पहुँचोगे।''

रणदेवी और जीवनप्रसाद के साये से निकल मोहित एकाएक बड़ा होने लगा।

इधर हालात मोहित को परिपक्व इंसान बनाना चाहते थे, उधर रणदेवी को अपने लाल की याद आने लगी।

फ़ोन पर फ़ोन आने शुरू हुए, ''मोहित, वापस कब लौटेगा? काम का हर्जा कर रहा है। पगार कट जाएगी।''

''लौटता हूँ, बस लौटता हूँ। यहाँ सब खत्म ही समझो। मिट्टी पार लगा कर आता हूँ।'' उसने माँ को समझाया।

अजीब बात थी। वह ससुर का प्राणांत देखना चाहता और ससुर थे कि प्राण छोड़ ही नहीं रहे थे।

एक ओर दिल्ली में बसने का लासा, दूसरी ओर माँ का बार-बार बुढ़ापे की दुहाई देना। ऊपर से साथ लाई जमा-पूँजी चुकने लगी थी। और सास ऐसी, जो कभी भी घरजँवाई बनने का न्योता नहीं देती!

मोहित मन ही मन डाँवाडोल रहने लगा था। माँ से झिड़की पाते ही सारिका को अकेले में डाँटा, ''जिंदगी भर यहीं पड़ी रहेगी क्या? वहाँ मेरे काम का हर्जा हो रहा है।''

''आप लौट जाओ।'' सारिका ने कहा।

''और तू? तू नहीं चलेगी? यहाँ मस्ती करने के लिए रुकेगी? चल वापस चल।'' मोहित भन्ना उठा, ''मैं चला जाऊँगा, तो लिवाने नहीं आऊँगा।''

सारिका ने माँ के सामने बहाना बनाया, ''मम्मी, हमें गुड्डू का मुंडन कराना है। यहाँ से चले जाना ही ठीक होगा।''

''कुछ दिन और ठहर जाती।'' कनक ने कहा। इस वाक्य में कोई मनुहार नहीं थी। बस उलझन-सी थी। फिर बात स्पष्ट की, ''आने-जाने में समय बर्बाद होगा सारिका। तेरे पिताजी के शरीर में कुछ नहीं बचा है।''

''जानती हूँ मम्मी।'' बेटी ने हामी भरी।

''सब कह रहे हैं कि बेटे की शादी देखने के लिए बेवड़े के प्राण अटके हैं, तो यही सही। सारिका, अपने भाई की शादी की पूरी जिम्मेदारी तुझे ही उठानी

है।'' अनमने स्वर में बोली कनक।

शुभम की शादी!

मरणासन्न मंगल के घर से निकल पाँच-सात लोगों की बारात पास की गली में पहुँच गई।

शादी की कोई खुशी महसूस नहीं हो रही थी। सिर्फ यही सोच सबके साथ थी कि मंगल के प्राणांत के लिए शुभम की शादी जरूरी है।

और सारिका क्या सोच रही थी, वह स्वयं नहीं जानती। दिल्ली में वह बचपन से रही। दिल्ली अपने मन से नहीं छोड़ी। जिन गलियों में उसके प्राण बसते थे, उन गलियों में वह मेहमान की तरह आई। और गलियाँ उसका स्वागत नहीं कर रहीं, बल्कि उसे बता रहीं कि सारिका तुमने क्या गँवा दिया।

प्रेम गली की हवा तक में एक अजब-सी लहर थी, 'वक्त बदल गया सारिका, हम भी बदल गए। कितना आगे बढ़ गए। लेकिन यह क्या, तुम तो बहुत दूर चली गईं?'

अपने साये से भी कतरा रही थी वह। और न जाने कितने साये उसे चारों ओर से घेर रहे थे।

मन ही मन चाहा होगा, पर सोचा नहीं था...

शुभम की शादी में चंचल से भेंट!

चंचल, सारिका की गुरु!

चंचल की आँखें चमक उठीं। सामने होते फेरों की तरफ उसका ध्यान नहीं था। सारिका के साथ कानाफूसी करना अच्छा लगा, ''मुझे पता तो कई दिन पहले चल गया था कि तू आई हुई है। पर मैं अपनी ननद के जापे में गाज़ियाबाद गई हुई थी, इसलिए मिलने नहीं आ सकी। शुभम की शादी की बात सुनते ही ननद के घर से सीधे यहाँ आ रही हूँ। तू कैसी है सारिका?"

"अच्छी हूँ।" सारिका बुदबुदाई। वह मन ही मन शर्म से भरी हुई थी। दिल्ली तो पिता के अस्वस्थ होने का समाचार पाकर आई थी। शादी में अचानक ही आना पड़ा। कपड़े कितने खराब लग रहे हैं उसके, इसी ओर उसका ध्यान था।

चंचल शादी के बाद वहीं प्रेम गली में बस गई थी। वह अति का सज-धजकर

अपने दो बच्चे लेकर आई थी। अपने पति के गुणगान करने लगी, “हमारे ये तो पाँच हजार रुपये एक बार की शॉपिंग के लिए दे देते हैं। अब चाहे चाँदनी चौक में चाट खाओ, चाहे साड़ी खरीदो, पूछते तक नहीं कि पैसे का क्या किया।”

सारिका के मुँह में पानी भर आया।

चाँदनी चौक! चाट! साड़ी! खरीदारी! घूमना-फिरना!

अपने गुनाहों पर शर्मसार हुई वह। न गलती करती, न यहाँ से दूर होने की सजा मिलती।

‘‘चलेगी शीला टॉकीज? नयी पिक्चर लगी है।’’ चंचल फुसफुसाई।।

‘पिक्चर? क्या होती है पिक्चर?’ सारिका सोच में डूब गई। ‘कब से नहीं गई सिनेमा देखने?’

मोहित परले सिरे का चिड़चिड़ा। एक-एक पैसे को दाँत से पकड़ने वाला। घूमने-फिरने को, मन-बहलाव को विलासिता समझने वाला। हँसने-बोलने को छिछोरापन समझने वाला।

पर वह मोहित के संग क्यों जोड़ी गई? दिल्ली में भी तो बस सकती थी। क्या उसने जरूरत से ज्यादा सिनेमा देखकर अपनी जिंदगी बर्बाद नहीं की?

उन दिनों क्यों लगता था कि फिल्मी नायिका की तरह अपनी जिंदगी खुद बना सकती है। नहीं बना पाई न! अंत में माँ के कहे पर ही चलना पड़ा न!

‘‘कुछ तो बोल सारिका, चुप क्यों है? क्या हो गया है तुझे? मामी तो कहती है कि तेरी शादी जमींदार घराने में की है। तू तो एकदम बदल गई है।’’ चंचल ने कोंचा।

‘‘जीजी, मेरे पापा बीमार हैं।...जानती है न?’’

चंचल शांत हो गई।

दोनों की नजरें सामने होती रस्मों पर टिक गईं।

वर-वधु फेरे ले चुके थे। अब शुभम अपनी पत्नी की माँग भर रहा था।

‘‘सारिका, कुणाल से मिलेगी?” चंचल ने फुसफुसाकर पूछा।

‘कुणाल?’ सारिका के होंठ हिलकर रह गए।

“तुझे बहुत चाहता है। तेरी शादी के बाद उसने लुगाईबाजी छोड़ दी। बहुत पछताता है। शादी तक नहीं की। कहता है—‘चंचल, मैं सारिका भूल नहीं सकता’।”

वह भावहीन आँखों से चंचल का चेहरा देखती रही।

‘कुणाल? कौन है कुणाल? नाम कुछ परिचित तो है।’ बस इसके आगे

और कुछ याद नहीं आया।

'क्या हो गया है मुझे? सब कुछ अनपहचाना क्यों लग रहा है? क्या यह सदमे का चरम है? क्या जिंदगी की एक बड़ी हार का नतीजा है? जबरन छुड़वाया गया प्यार क्या इंसान को इसी तरह तोड़ देता है?' मन में आया।

'क्या कुणाल को एक मौका नहीं देना चाहिए था? कम से कम पूछती तो कि वह उस शाम पूजा के साथ पार्क में क्या कर रहा था!' सोच के भँवर में गोल-गोल चक्कर खाने लगी।

रामकली का फ़ोन बजने लगा। कोई बुरी खबर थी।

रामकली वहीं पछाड़ खाकर गिर पड़ी।

प्राण दुनिया नहीं छोड़ना चाहते, पर छोड़नी पड़ती है।

मंगल गुजर गया। सारिका बहुत रोई। मंगल की कोई अच्छी याद नहीं बाकी थी। समझ रही थी कि अब इन गलियों में आना और कम हो जाएगा।

रिश्तेदारी के कुछ लोग मंगल के लिए नये कपड़े ले आए। कनक बेसुध थी, फिर भी उसने पैसे निकालकर दिए। किंतु जब देह ले जाई गई, तो मंगल के तन पर कफ़न के सिवा एक चिंदी कपड़ा न था।

''शरीर ऐसे ही जलाया जाएगा कनक, तू अपने पैसे क्यों बर्बाद करती है?'' कहते हुए कुछ बड़े रिश्तेदारों ने कनक को हाथ से दूर धकेल दिया और अपनी तरह से तैयार करने के बाद मंगल की देह को लेकर चले गए।

सारिका पत्थर की मूर्ति सब कुछ देखते रही। सारे चाव-चोंचले, रास-रंग स्वस्थ शरीर के साथ ही हैं, दिख रहा था। पिता न जाने कब से बीमारी झेल रहे थे। उनका शरीर तो लकड़ी का टुकड़ा मात्र था। कोई कुछ नहीं बचा था उसमें। लेकिन जब तक जिंदा रहे, बोतल के गुलाम बन कर रहे।

'कोई गुलाम क्यों बन जाता है? क्या मेरे पिता एक अच्छी, स्वस्थ, निश्चिंत जिंदगी नहीं जी सकते थे?' सोच बहुत गहराई में जा रही थी।

सिर झटककर सारे विचारों को दूर किया।

पर भटकन कहाँ जाती?

सोच फिर भटकने लगी। 'क्या कुणाल कहीं आस-पास होगा? भीड़ के बीच छिपा, मुझे देखता हुआ।'

'पर क्यों? पर कैसे?'

शुभम की शादी में चंचल से हुई मुलाकात ने मानो सोते हुए मन को जगा दिया। अब हर पल कुणाल का चेहरा आँखों में घूमता रहता। क्या वह कभी मिल पाएगी कुणाल से? क्या अब उसे पहचान पाएगी?

मन इस फिराक में रहने लगा कि सबकी नज़र बचा एक बार कुणाल से मिलने जाए। कुछ भी नहीं, बस मिलकर लौट आएगी।

शिकायत करने की इच्छा जग गई, 'कुणाल, तुमने दिनेश को धोखा देकर अपना काम बनाना चाहा था न! देखो, हम दोनों ही अधूरे रह गए।'

न जाने क्या कर दिया था चंचल ने, सारिका का मन भटका-सा हो गया।

एक दोलायमान मन! हाँ भी और नहीं भी!

'क्या मैं उसे आज भी चाहती हूँ? पर क्यों? मैं तो उससे नफ़रत करती हूँ। मेरी मूर्खता और उसके लोभ ने हम दोनों को ही बरबाद कर दिया।'

सामने न होते हुए भी कुणाल उसके मन पर हावी होता चला गया। वह उससे बचना चाहती थी। वह वापस लौटना चाहती थी।

कुणाल को याद कर तड़पने या नफ़रत में जलने से बेहतर कि डिग्गी लौट जाए!

मोहित उसके मन से उतर रहा था। उसका आचरण सारिका को तनिक भी पसंद नहीं आ रहा था।

पर मोहित इन सब बातों को नहीं समझता था। वह और ज्यादा तन्मयता से कनक की सेवा में लग गया। उसे तीसरी मंजिल पर बना सुनहरी छत वाला कमरा, दालान, छज्जे का कमरा, ऊपर की छत दिख रही थी।

सारिका को उसका लोभ खलने लगा। अपने मायके की हालत बखूबी समझती थी। अच्छी तरह जानती थी कि उसका पिता ठन-ठन गोपाल था और माँ कर्ज से दबी है। माँ किसी और को पैसा क्या देगी, मोहित के सामने ही हाथ न फैला दे तो काफी है।

वैसे आवश्यक रस्मों के खत्म होने तक तो रुकना ही था।

तेहरवीं वाले दिन बिन बुलाए ही अंकित आ गया।

उसकी शक्ल देख कनक फनफना उठी।

"तू यहाँ क्या करने आया है? अब तो मिट्टी भी उठ गई। दावत खाने आया है क्या?"

"अभी लौट जाऊँगा मामी। जरा अपने बहनोई से बात कर लूँ।" अंकित ने मोहित की ओर साभिप्राय देखते हुए कहा।

"यहाँ तेरा कोई बहनोई नहीं है। यहाँ मत ठहर।" कनक आपे से बाहर हो गई।

"मम्मी जी शांत।" मोहित ने बीच बचाव किया, "भाई, आप कौन हो? जब मम्मी मना कर रही है, तो क्यों जिद कर रहे हो?"

"ठीक है, जाता हूँ।" अंकित पुनः मुस्कराया, "मामी, अब तो घर का ठीक से बँटवारा कर दो। अब न तो बड़े मामा रहे, न छोटे मामा। कितने दिन तक लटकाए रहोगी हमें?"

"बँटवारा? कैसा बँटवारा?"

"मेरे नाना प्रभुदयाल के वारिसों में केवल मेरी माँ बची है। और उसकी जायदाद पर नाग बनकर फण फैलाए तुम बैठी हो। मेरा हिस्सा कहाँ है? सब अकेले ही खाने-पचाने का इरादा है?"

"तेरे नाना की जायदाद? यहाँ तेरे नाना की जायदाद दिख रही है? चल भाग यहाँ से!"

"मामी, पहले जायदाद का हिसाब।"

कनक और ज्यादा लाल-पीली हो उठी, "अपना खून जलाकर तिनका-तिनका जोड़ा है मैंने। तेरे नाना ने तो दीवार-जमीन क्या, यहाँ की हवा भी बेच दी थी। जो दिख रहा है, वह मैंने बनाया है। इसमें तेरा हिस्सा कहाँ? रही बात तेरी माँ की, शायद तू भूल रहा है, तेरे नाना ने तेरी माँ की ब्याह में एक पूरी मंजिल बेच दी थी। तो वह तेरी माँ का हिस्सा हो गया। भागता है यहाँ से, या उठाऊँ डंडा?"

अंकित की मुस्कान और प्रगाढ़ हुई। "नाराज क्यों होती हो मामी। मैं मजाक कर रहा था। आप रहो, मैं रहूँ, एक ही बात है। मैं बहनोई जी से मिलना चाहता था, सो चला आया। ओ बहनोई जी, समय मिले, तो आप हमारे घर की तरफ आना। आपका बुलावा है। आप हमारे भी मेहमान हो।" इतना कह मोहित की तरफ आँख मारते हुए अंकित जीने से नीचे उतर गया।

"यह बहुत ढीठ है जमाई जी। इससे हमारा कोई नाता नहीं। इसके साथ

बात करने की जरूरत नहीं।'' कनक बोली। वह अपने गुस्से को अभी भी रोक नहीं पा रही थी।

''मम्मी जी, मैं क्यों बात करूँगा उससे?'' मोहित ने कंधे उचका दिए।

घर का माहौल भारी-सा लगने लगा।

कनक ही बोली, ''सारिका, तुझे कल लौटना है। अभी जमाई जी के साथ जा और माता मंदिर में माथा नवा आ। गुड्डू को भी लेती जा। बच्चे ने एक बार भी माता रानी के दर्शन नहीं किए हैं।''

सारिका उठ खड़ी हुई। मोहित ने भी सिर हिलाकर सहमति जताई।

गुड्डू को साथ ले दोनों नीचे उतरे। थोड़ी दूर पहुँचे। अचानक बिजली के एक खंबे के पीछे छिपा अंकित बाहर निकल आया। मोहित के हाथों को अपने हाथों में थाम भावविह्वल कंठ से बोला, ''बड़ी इच्छा थी सारिका के दूल्हे से मिलने की। मामी तो मुझे बुलाती ही नहीं। पसंद नहीं करती हैं।''

''ऐसी बात नहीं है। मम्मी दुःख में हैं। अतः उनकी बात का बुरा मत मानिए। वैसे मैं आपको पहचान नहीं पाया।'' थोड़ी देर पहले देखे नशेड़ी साले को सामने पा मोहित की बाँछें खिल गईं। न जाने क्या-क्या जानने को मिलेगा?

''अंकित भाई हैं, बुआजी के सबसे बड़े बेटे! हमारी शादी में नहीं आए थे। शुभम की शादी के समय भी दिल्ली में नहीं थे।'' सारिका ने मोहित को बताया। फिर अंकित से बोली, ''भाई, हमें जाने दो।''

''चली जाना बहना। बात तो कर लूँ। हम पहली बार मिले हैं। मैं सोचता भी था, कौन होगा जो सारिका को सँभाल पाएगा। भला उन दिनों सारिका को देखकर कोई सोच सकता था कि इतनी सुधर जाएगी।''

''सारिका बिगड़ी थी?'' मोहित ने हैरत से पूछा।

''चलिए यहाँ से।'' सारिका गिड़गिड़ाई।

''बिगड़ी की पूछते हो बहनोई! यह बताओ कि तुमने इसे काबू कैसे किया? भला इतनी तेज लड़की किसी घर में निभने लायक थी? वैसे अब बदली-सी दिख रही है। आज इसे देखकर कोई सोच नहीं सकता कि यह गली-मोहल्ले के सारे लड़कों के साथ सिनेमा-थिएटर देखती घूमती होगी। तुम इसे सिनेमा दिखाते हो या नहीं?''

''अंकित भाई, आप हमें परेशान मत करो।'' सारिका बुदबुदाई।

''यह लड़कों के साथ घूमती-फिरती थी?'' मोहित ने खिसियाकर पूछा।

"लड़कों नहीं, लड़कियों कह रहे हैं अंकित भाई। मैंने आपको बताया तो था। चलिए भी।" सारिका मोहित के सामने गिड़गिड़ा उठी।

मोहित ने उसकी ओर देखा तक नहीं। एकटक अंकित को देखता रहा।

अंकित पैशाची हँसी हँसा, "ठहर बहना, हमें बात करने दे। बहनोई, यह पूछो कि घर में कब रहती थी। सुबह स्कूल के बहाने, दोपहर मंदिर के बहाने और शाम रिश्तेदारी के बहाने कहीं से कहीं चली गई। छिछोरी थी, तभी तो स्कूल से नाम कट गया। पढ़ाई कहाँ पूरी कर पाई? इसके सामने ही कह रहा हूँ। गलत हो, तो जो सजा काले चोर की, वह मेरी। बोल सारिका, तेरा मन कभी पढ़ाई में लगा?"

"अंकित भाई, मैं मम्मी को बताने जा रही हूँ कि आप मुझे तंग कर रहे हैं।" वह रुआँसी होकर बोली।

"बहनोई, मेरा यकीन न हो तो गली के किसी भी लड़के से पूछ लो। न जाने कितने चाहने वाले थे इसके। इसकी शादी के बाद कितनों ने तो न जाने कितने दिन सोग मनाया था। कितने तो आज भी इसके लिए राजी हैं। इसीलिए तो घर के अंदर घुसी रहती है कि कहीं पोल न खुल जाए। बाहर निकलने से डरती है। बताओ तो, तुमने इसे काबू कैसे किया?"

"सुनिए जी, आप मंदिर चलिए। यहाँ खड़े रहने से कोई फायदा नहीं। अंकित भाई नशे में हैं। कुछ का कुछ बोल रहे हैं।" सारिका की आँखें छलछला उठीं।

"अरी ओ बहना, सच कहना, तू अपने यार के साथ शादी नहीं करना चाहती थी? क्या इसीलिए मामी ने तुझे जयपुर नहीं भेज दिया था कि तू घर से भागने को तैयार बैठी थी। इतनी सी बात तो खानदान का बच्चा-बच्चा जानता है। भला बहनोई जी से छिपाकर मुझे क्या मिलेगा? उनके जीवन की सच्चाई है, उन्हें पता होनी चाहिए कि तू किसी और के साथ फेरे लेना चाहती थी। गर मामी तेज न पड़ती...।"

"ऐसा कुछ नहीं है। मैं घर जा रही हूँ।" इतना कह वह गुड्डू को गोदी उठाए पलटी और 'सूर्य-निवास' के जीने चढ़ने लगी।

मोहित चुप। सन्न। मन पर हावी गुमान, उसने दिल्ली की उड़ती परी को काबू कर लिया, चूर-चूर हो रहा था। सारिका ने उसे धोखा दिया, यही बात सामने थी। वह समझता था कि पत्नी उसके रौब से काबू में आई है। पर यहाँ तो कोई

पोल थी, जिसे छुपाने के लिए वह दिल्ली से दूर डिग्गी में बस गई थी।

क्या पोल होगी, किससे पता करे? अंकित नशे में धुत्त है। क्या पता, कितना सच कह रहा है, कितना झूठ? ऐसे नशेड़ी से पूछने से फायदा भी नहीं है। कल को उसके नाम पर ही कहानी बनाना शुरू कर देगा!

''भाई, आप कहाँ थे इतने दिन?'' मोहित ने प्रश्न किया।

''झूठ नहीं बोलूँगा, मुझे बार-बार जबरदस्ती नशा मुक्ति केन्द्र में भर्ती करा देते हैं साले—मेरी माँ, मेरी बहन, मेरा जीजा। समझते हैं सुधर जाऊँगा। सारिका का भाई शुभम सुधरा ना, उसी तरह। पर शुभम की बात अलग है, मेरी अलग।''

मोहित चुप रहा।

''पीते हो? चलो सड़क तक। एक-एक पेग हो जाए।'' अंकित ने पूछा।

मोहित के मन में न जाने क्या आया कि वह अंकित के साथ गली से बाहर निकला और सड़क पर चल दिया।

सड़क पर आवाजाही काफी थी।

शराब की दुकान खुल चुकी थी। दोनों ने थोड़ी-थोड़ी शराब पी।

''वह देखो, लाल कमीज वाला। वह कुणाल है, सारिका का यार।'' अचानक अंकित ने सड़क पर जाते एक लड़के की ओर इशारा किया।

अच्छी कद-काठी के गोरे-खूबसूरत लड़के को देख मोहित की बोलती बंद हो गई।

''कुणाल, इधर आ।'' अंकित ने पुकारा।

लाल कमीज वाला लड़का पास आकर खड़ा हो गया।

'आजा हमारा साथ दे।'' अंकित बोला।

''अंकित भाई, आप जानते हो कि मैंने पीना छोड़ दिया है।'' लाल कमीज वाले ने कहा।

''चल मत पी, पर मुलाकात कर ले। यह सारिका के पति हैं, मोहित जी। मेरे बहनोई लगते हैं, सो खातिरदारी के लिए लाया हूँ।'' अंकित बोला तो कुणाल का चेहरा सफेद पड़ गया।

''चलता हूँ।'' कहकर वह अपने रास्ते चला गया।

मोहित भी सन्न था। क्या सच है, क्या झूठ—कौन बताएगा।

"तुम्हें कितना दहेज मिला है?" अंकित ने अचानक विषय बदला, ''यह तो हम सभी जानते हैं कि सारिका के लिए लड़का खरीदा गया है। ऐसी बाजारू

लड़की के लिए भले घर का लड़का तो पैसों में ही खरीदा जा सकता था। बताओ, कितना दहेज पाया?''

''नहीं, दहेज नहीं।'' मोहित का स्वर बहुत धीमा था, मानो अपनी गलती पर पछता रहा हो, मानो दहेज लेना चाहता हो और पा नहीं सका हो। ''हमने दहेज नहीं लिया। शादी अपनी इच्छा से हुई है।''

अंकित ठहाका मारकर हँस पड़ा। ''अपनी इच्छा से? सही कहते हो भाई। आज भी गली के आधे कुँवारे इसे अपने घर रखने को तैयार हो जाएँगे। मेरी तो बहन है, कहते जुबान गल जाती है, पर सच कहता हूँ, चीज़ बहुत चालू है। और लड़के ही क्या, इसके साथ तो किन्नर भी रहना चाहेंगे। जानते हो न, पहले यह किन्नर थी।''

मोहित के सामने दुनिया घूमने लगी। उसे कुछ भी सुनाई देना बंद हो गया।

''खैर, अच्छा किया जो तुमने सारिका को सँभाल लिया। यह काम पुण्य में आएगा। चलता हूँ बहनोई, कभी यों ही सड़क पर मिलो, तो दुआ-सलाम कर लिया करो। तुम्हारे लिए मेरे मन में बड़ा प्यार है।'' कहता हुआ अंकित वहाँ से चल दिया।

कुछ पल सन्न खड़ा रहा मोहित। फिर भारी कदमों से 'सूर्य-निवास' लौट आया।

कनक नहाने के लिए गुसलखाने में थी।

सारिका बड़े कमरे में बैठी थी। मोहित वहीं पहुँचा।

सारिका की आँखें आँसुओं से भरी थीं।

''आप मम्मी से पूछ लो कि सच्चाई क्या है। अंकित भाई तो कुछ का कुछ कहते रहते हैं। नशा मुक्ति केंद्र में भर्ती थे, इसीलिए इतने दिनों से सामने नहीं पड़े। सुनते हैं, इलाज अधूरा छोड़कर कल ही वहाँ से आए हैं।'' अपने आँसुओं को पोंछते हुए बोली।

''चुप रह।'' मोहित ने दाँत पीसते हुए दबे कंठ से कहा।

किराएदार निरुपमा और उसकी दोनों बच्चियाँ आँगन में दिख रही थीं। निरुपमा अपने कमरे के दरवाजे पर ताला लगा रही थी।

''आप एक बार मेरी मम्मी से बात तो कर लो।''

''सही कहती है। मुझे तुझसे कोई शिकायत नहीं। सारी शिकायत तेरी माँ

से है। तुझे पता है न, खोटा सामान निकालने के लिए ज्यादा पैसा लगाना होता है। क्या तेरी माँ मेरा नुकसान भरेगी? यदि वह भरने को तैयार है, तो मैं बात करने को तैयार हूँ।'' मन की बात जुबान पर आ गई। निरुपमा जीने उतरकर घर से बाहर जा चुकी थी। अब मोहित को किसी का लिहाज नहीं था।

''मैं खोटी नहीं हूँ। अंकित भाई बकवास कर रहे थे। वह हमेशा के ऐसे हैं।'' सारिका ने दृढ़ कंठ से कहा। घर खाली देख उसके अंदर हिम्मत आ गई।

कमरे में पड़े तख़्त पर मोहित बैठ गया। दारू का तेज भभका चारों ओर व्याप्त था।

कनक नहाकर आई, तो एक पल को तो समझ नहीं पाई कि इस गंध का मूल कहाँ है।

"मोहित, तूने दारू पी है?" वह चौंकी, ''तुम लोग तो मंदिर गए थे!''

"पी!" मोहित जोर से हँसा, "मैंने दारू नहीं पी। मैंने सिर्फ चखकर देखी है। कभी-कभी चख लेता हूँ। आज तक नहीं समझ पाया कि इसमें ऐसा क्या है, जिससे आदमी इसका दीवाना बना रहता है।"

"तुझे जरूरत क्या थी दारू पीने की?"

"मम्मी जी, अंकित भैया ने पिलाई है। अंकित भैया बहुत समझदार हैं। उन्होंने मुझे सारिका के दोस्त से भी मिलवाया। क्या लड़का है! जँचता है मम्मी जी। हम तो उसके सामने गाँव-देहात के ढोर नजर आते हैं। मुझे अभी तक यह समझ नहीं आया कि सारिका उसे छोड़ मेरे साथ चल क्यों दी?"

सारिका अपनी जगह खड़ी-खड़ी थरथरा उठी।

"क्या बकवास कर रहा है पागल?" कनक चिल्लाई।

"मैंने इसका कुणाल देख लिया।..." मोहित मुस्कराया। "...जँचता है, हीरो है। सच्ची मम्मी जी, वह इसी लायक है कि दोस्ती की जाए। सच्चा इतना है कि मैंने शराब पी ली, पर उसने एक बूँद तक नहीं चखी। कहने लगा, छोड़ दी, तो छोड़ दी। अब नहीं पीता हूँ। कसम से मम्मी जी, जो मैं लड़की होता, तो उसके साथ फेरे ले लेता। तूने फेरे क्यों नहीं लिये, सारिका?"

छाती के बीचोंबीच घूँसा सा पड़ा हो। सारिका की नजरें कनक की ओर घूम गईं। उसकी आँखों में प्रश्न था, 'बताओ मम्मी, मैंने कुणाल के साथ फेरे क्यों नहीं लिये?'

"ए, ये सारे ड्रामे अपनी महतारी को दिखाना। यहाँ यह तमाशा नहीं।"

कनक ने मोहित की तरफ देखते हुए कहा, "लड़की बालपन में जिस-जिससे बात करे, क्या उस-उसके साथ फेरे ले ले? मैं पहले ही परेशान हूँ, मुझे और परेशान मत कर। जिस-तिस के झूठ पर कान के कच्चे आदमी ही भरोसा करते हैं। मुझे यकीन है कि तू किसी के झूठ पर अपना घर बरबाद नहीं करेगा।"

''सारिका, सामान तैयार कर। हम आज रात ही लौट रहे हैं।'' मोहित ने एक वाक्य कह कर सारे वार्तालाप पर विराम लगा दिया।

रास्ते भर मोहित का मिजाज उखड़ा ही रहा। मानो दिल्ली जाने का सारा उत्साह दिल्ली में ससुर की लाश के साथ ही फूँककर आ गया हो। उसके मन में क्या चल रहा है, सारिका अच्छी तरह समझ गई। पर वह कोई भी बात करने को तैयार नहीं था।

रणदेवी ने बहुत उत्सुकता के साथ बेटे-बहू का स्वागत किया। ''क्या रहा?'' बेटे की तरफ सार्थक दृष्टि से देखते हुए पूछा।

''हम गमी में गए थे, घूमने नहीं। कोई खत्म होने वाला था। वह खत्म हुआ। उसकी अंतिम-क्रिया करके आ गए।'' मोहित गंभीरता से बोला।

''मेरे भाई की शादी हो गई है, माँ। जल्दी में करनी पड़ी, तो आपको बुला भी नहीं सके।'' सारिका बोली।

''भाई की शादी? फिर तो तेरा घर भर गया होगा?'' रणदेवी लपलपा उठी।

''नहीं, हमारे घर में कोई दहेज नहीं लेता। सालों पहले यह परंपरा मेरी मम्मी ने खत्म कर दी।'' मोहित की ओर देखते हुए सारिका ने कहा।

वह गंभीर रहा। इस गंभीरता का एक लाभ हुआ कि रणदेवी की ज्यादा बोलने की हिम्मत नहीं पड़ी। ''चलो सामान रखो।'' कहती हुई वहाँ से हट गई।

सारिका मन मसोसकर अपने बैग के साथ ऊपर के कमरे में चल दी। उसका मन कर रहा था कि किसी तरह वापस दिल्ली पहुँचने को मिल जाए। पर मोहित के बिना। वह मोहित से बचना चाहती थी।

सोचा हुआ सभी कुछ संभव होता है क्या?

हाँ, कभी-कभी। जैसी संभावना थी, रात को वैसा ही हुआ।

दिन तो किसी तरह बीत गया। रात को मोहित अलग ही रूप में था। बेहद आक्रामक, बेहद हिंस्र।

"कितनों के साथ सोई है बता?" बच्चे को नीचे वाले कमरे में अपनी माँ के पास छोड़कर आया था।

"कहा न, अंकित भाई हम लोगों से जलते हैं। आप मेरा यकीन क्यों नहीं करते?" वह अपनी बात पर अड़ी रही।

"तू कुणाल के साथ घूमती-फिरती नहीं थी?"

"मैं किसी कुणाल को नहीं जानती। मैंने आपको यह बात पहले ही बता दी थी कि हमारी गली की सारी लड़कियाँ घूमती-फिरती हैं। वहाँ रोक नहीं है। रोक अपने मन की होती है। बाहर घूमने के बावजूद हमारे गली की लड़कियाँ बहुत अच्छी हैं। इतनी नाराजंगी थी, तो दिल्ली में ही ठीक से पड़ताल करके मुझे यहाँ लाते। यहाँ आकर झगड़ा करने से क्या फायदा? अंकित भाई के सिवा कोई भी मेरे और मेरी माँ के विषय में गलत बात कह जाए, तो नाम बदल देना।"

"यही गलती हुई। पूछताछ करनी चाहिए थी।"

सारिका पूरी दृढ़ता से बोली, "मैंने आज तक आपको कभी शिकायत का मौका दिया? यदि मैं किसी और के संग रहना चाहती, तो मुझे कौन रोक सकता था? मैंने पूरी इच्छा से आपके साथ फेरे लिए हैं। मैं आपके मन से उतर रही हूँ, तो साथ क्यों ले आए? वहीं छोड़ आते।"

"तुझे मार डालने के लिए साथ लाया। भला कोई और मर्द यह अधिकार रखता है कि तुझे खत्म करे? यह अधिकार मुझे सात फेरों ने दिया है। तूने मुझे धोखा दिया, अब मैं तुझे ठीक करूँगा।" मोहित ने उसकी गर्दन को दोनों हाथों से दबाया।

सारिका की साँस रुकने लगी। एक पल को आँखों के सामने अँधेरा छा गया। लगा, सब कुछ खत्म! गले से आवाज तक न निकली।

पैशाची हँसी हँसते हुए मोहित ने हाथ हटा लिए। "मान गए, तू है बड़ी खूबसूरत। मरते हुए भी जँच रही थी। पर मारूँगा क्यों? तू तो मेरी है, मेरे साथ है। मरें वे साले, जो तेरे लिए तरस रहे हैं।"

सारिका बड़ी मुश्किल से कह पाई, "यह कैसा मजाक था? मेरी साँस रुक गयी थी। आप अंकित भाई को कहे में आकर पाप क्यों कर रहे हैं?"

"ठीक है, पुण्य कर लूँगा। एक सती का साथ मुझे पवित्र बनाएगा।" इतना कह उन्मादी मोहित ने उसे बाँहों में भर लिया।

"परे हटिए।"

"मैं हटूँ, तो यार के पास जाएगी? ठहर, ठीक करता हूँ।" उसकी साड़ी खींचकर उसे बिस्तर पर पटक दिया।

मोहित का पागलपन चरम पर था। सारिका सिसकती रही और वह अपना सारा गुस्सा निकालता रहा।

"बता, यह शरीर तेरे यार का है? ये टाँगें तेरे यार की हैं? क्या-क्या है तेरे यार का? मुझे जूठन खिलाएगी? मुझे जूठन को जूठन की तरह ही खाना आता है। थू-थू! साली, कुतिया। किस-किसने साझा किया इस थाली में।...तू कितनी सुंदर है। जभी तो मैं पागल बन गया। साली, इस चिकणी खाल के लोभ में बरबाद हो गया मैं..." लातें-घूँसे-थप्पड़ और...बेइंतेहा प्यार।

क्या वह प्रेम था?

न, प्रेम जैसा तो नहीं था। पर मोहित कह यही रहा था, "सारिका, मैं तुझे बहुत प्यार करता हूँ। बता, तू मुझे कितना प्यार करती है? साली, रंडी, कितनों के साथ सोई है?"

बर्बरता की चरम सीमा थी। वह सिसकती रही और झेलती रही।

दिल्ली से वापस आते समय लौटने से हिचकिचाई थी, तो कनक ने उसे समझाया था, 'आदमी गुस्सा भी करे, तो बर्दाश्त कर लेना। तुझे घर में रोटी दे रहा है। बाहर वालों के सामने बेइज्जत तो नहीं हो रही। सारिका, मुझे तो मेरे आदमी ने घर पर भी बेइज्जत करा और बाहर की दुनिया में भी बेइज्जत होने के लिए छोड़ दिया। गरीब औरत की इज्जत सबके लिए खिलवाड़ होती है। चाहे खेलो, चाहे सरेबाजार नीलाम करो। खैर कर, तेरा आदमी बहुत अच्छा है। उसे सँभाल कर रखना।'

संबंध सँभालने का जिम्मा औरत का ही क्यों होता है?

और जिस जगह मन में चोर हो, उस जगह यह जिम्मेदारी और ज्यादा क्यों हो जाती है?

सुबह, दोपहर, साँझ रसोई में। रात ताने, ताने और ताने। जिन बातों का कोई अर्थ नहीं, उन बातों पर भी बहस।

पर सारिका को एक उम्मीद थी कि सब ठीक हो जाएगा।

और रास्ता भी क्या था?

किंतु परिस्थितियाँ ठीक होने के बजाय बिगड़ती चली गईं। बच निकलने की सारी राहें बंद। एकदम बंद।

रणदेवी, मोहित और जीवनप्रसाद की दुनिया सिमटकर शायद प्रेम गली के तीसरी मंजिल वाले घर में पहुँच चुकी थी। उस घर में क्या हो रहा होगा, इस बात को लेकर तीनों बेचैन बने रहते।

अपने दुर्भाग्य पर माथा पीटने के बाद तीनों एकमत थे कि सारिका को लगातार प्रताड़ित किया जाए ताकि वह या तो अपनी माँ से दहेज की आपूर्ति कराए या फिर दुःख से स्वयं ही मर जाए।

प्रताड़न के विविध तरीके।

सारिका के ऊपर जब-तब हाथ उठाना मोहित की दैनिक-चर्या का अंग हो गया। बिना बात गुस्सा होता और उसके बाद आसपास का कोई भी सामान उठाकर पत्नी की मरम्मत करने लगता।

वह विरोध करती तो और ज्यादा पिटती। चुप रहने पर पिटाई-सत्र जल्दी खत्म हो जाता। सास-ससुर उसकी पिटाई देख ऐसा आचरण करते मानो उन्हें कुछ दिखाई ही नहीं दे रहा। यह अलग बात थी कि छोटे-मोटे घूँसे-थप्पड़ खाकर सारिका का कुछ नहीं बिगड़ता। वह चुपचाप अपने काम में लगी रहती।

सास का मुँह उसके खिलाफ लगातार चलता रहता। इतना ज्यादा ताने देती कि सारिका ने सुनना ही बंद कर दिया।

पर उसके मन को चोट पहुँचाने के और भी तरीके थे ससुरालियों के पास।

मंगल के गुजरने के दो महीने बाद जयपुर में नानी के घर रिश्ते की सभी बहनें एक साथ एकत्र हुईं। मामाओं की बेटियाँ, मौसियों की बेटियाँ। सभी ने फ़ोन करके सारिका को बुलाया। यह प्रस्ताव भी दिया कि मामा का बेटा आकर लिवा ले जाएगा। दो दिन बाद वही वापस छोड़ जाएगा।

प्रोग्राम बहुत मोहक था। सारिका जाने को आतुर थी। पर मोहित भेजने को राजी न हुआ।

''जाने दीजिए न,ऽ सारिका ने मनुहार करते हुए कहा, ''दो दिन की तो बात है।''

''रोज-रोज मायके नहीं जाते।'' मोहित गंभीरता से बोला, ''अभी तेरे पापा के कारज में हम दिल्ली रह कर आए हैं। यहाँ माँ को दिक्कत होगी। तू साफ मना कर दे।''

सारिका ने बहनों को मना कर दिया, "मैं नहीं आना चाहती। बार-बार जगह बदलने से, पानी बदलने से गुड्डू की तबीयत बिगड़ जाती है।"

"जैसा तेरा मन।" मामा की बेटी रेवती से कहे बिना रहा न गया, "हमारे ये तो खुद ही छोड़ गए। पाँच हजार दिए हैं खरीदारी के लिए। सोचा था मिलकर घूमेंगे। चोखी धानी जाएँगे, आमेर का किला घूमेंगे, खाएँगे-पिएँगे, मौज करेंगे। पर तू अपने बच्चे में ही लगी रहना चाहती है, तो तेरी मर्जी। ऐ सारिका, तू बच्चे के पीछे बावरी हो गई।"

"घर में बड़े लोग भी तो हैं। उनको देखना है।" सारिका खिसियाकर बोली।

"अब समझ में आई, अपनी सास की सेवा करना चाहती है। वाह री बहू!" रेवती ने फिर हँसी उड़ाई।

"जैसा तू समझ।" सारिका ने हार मानते हुए कहा, "मैं नहीं आ सकती। मान ले, यह घर मुझे नहीं छोड़ता।"

"ठीक है।" रेवती ने बात खत्म की और फोन रख दिया।

घर नहीं छोड़ रहा हो, ऐसा नहीं था। रोक तो रणदेवी की तरफ से थी। रणदेवी इतनी बूढ़ी नहीं हुई थी कि सारिका उसके मुँह में कौर डाले। और सारिका भी इतनी खत्म नहीं हुई थी कि रोके जाने को तटस्थ होकर स्वीकार ले।

वह मन ही मन घुटती हुई चुपचाप काम में लगी रहती। और काम निपटाने के बाद अपने कमरे में पड़ जाती।

मोहित हमेशा से उजड्ड। उसे अंतर पता ही नहीं चला।

वह बुझती चली जा रही है, सारिका ही कब समझी थी।

उसका वजन बढ़ने लगा। पेट निकल आया। जो लावण्य शादी के समय चेहरे पर था, वह कहीं गायब हो गया। एक उदासी और प्रौढ़ता व्याप्त हो गई, तन-मन पर। मोहित की पल-पल की दुत्कार उसे अंदर तक खत्म करने लगी।

यों भी तो जिंदगी में कुछ रस नहीं दिख रहा था। कहीं आना-जाना नहीं। घूमना-फिरना नहीं। किसी के साथ उठना-बैठना नहीं। बस सारा दिन घर-परिवार-बच्चा, सास-ससुर, पति की सेवा और उसके बाद थुक्का-फजीहत।

पति के प्यार भरे जुमले, "अपने को शीशे में देख। भैंस लग रही है। तुझसे तो सड़क की कूकरी बेहतर! कितना खाती है तू? मुँह पर कपड़ा बाँध।"

"खाती नहीं हूँ, फिर भी वजन बढ़ रहा है, तो मैं क्या करूँ?" जब पानी सिर से ऊपर चला जाता तो वह सफाई में कहती।

इस बात के उत्तर में मोहित का हर बार एक ही वाक्य था, "कुछ मत कर। दिल्ली चल। यह शक्ल-सूरत अपनी माँ को दिखा। वही बताएगी कि क्या करना है।"

ससुराल से जबरन मायके पहुँचाया जाना मानो किसी बिके हुए सामान पर त्रुटिपूर्ण होने की मुहर, मानो त्रुटिपूर्ण सामान का दुकान पर वापस आना!

सारिका दिल्ली जाने को तैयार नहीं थी।

''बहू, अपनी माँ से कुछ पैसा माँग ले।'' एक दिन रणदेवी ने राह दिखाई, ''देख, मोहित नौकरी करके खट रहा है। घर का खर्चा ठीक से नहीं चलता। तनाव की वजह से लड़के का स्वभाव बिगड़ रहा है। मोटरसाइकिल खरीदने के लिए कर्जा लिया था, वह भी नहीं उतार पाया।''

''माँ, जो कमी पड़ रही है, उसके लिए मैं अपना काम शुरू कर दूँगी। मम्मी से नहीं माँगूँगी।'' सारिका गंभीरता से बोली।

''तू काम करेगी, क्या काम? घर का काम कौन सँभालेगा?''

''मैं पार्लर का काम जानती हूँ। घर में खोल लूँगी। साथ ही घर का काम भी देख लूँगी। गुड्डू के पापा परेशान होते हैं, तो मुझे भी दुःख होता है। माँ, मुझे थोड़ा समय दो। मैं घर और बाहर दोनों सँभाल सकती हूँ।''

''ठीक है, देखते हैं तेरी काबिलियत।'' रणदेवी ने हामी भरी।

''एक बार दिल्ली के सदर बाजार से थोड़े कॉस्मेटिक्स लाने होंगे। थोक के दाम लगते हैं, सामान सस्ता मिलता है। उसके बाद यहीं घर में पार्लर शुरू हो जाएगा।'' सारिका बोली।

''क्या मतलब?''

''माँ, कोई आइब्रो बनवाने आएगा तो धागे, पाउडर-क्रीम की जरूरत पड़ेगी। फ़ेशियल करवाने आएगा तो क्रीम, भाप देने की मशीन, साफ-सुथरे तौलिये-गाउन चाहिए। मैनीक्योर-पैडीक्योर का सामान। क्रीम भी हाथ-पैरों के लिए अलग-अलग होती है। कोई लड़की दुल्हन के मेकअप के लिए आएगी तो दुल्हन के सिंगार का पूरा सामान चाहिए। एक फ्रिज की जरूरत होगी, जिसमें बर्फ और कुछ जरूरी सामान रखा जा सके। पार्लर की कुर्सी-मेज, बड़ा शीशा!''

''ऐ लो! ये तो पूरा बजट हो गया। कोई आएगा कि नहीं आएगा, इसका

ठिकाना नहीं है। तू पैसा फेंकने के बहाने ढूँढ़ने लगी।''

''पर पैसा लगाने के बाद पैसा घर भी तो आएगा।''

''और जो कोई तेरे से फ़ेशियल करवाने ना आया तो? तूने किसी की भौंहे बिगाड़ दीं तो? नौसिखिया से कौन काम कराएगा? जो लागत लगी, वह भी ना निकली तो? सुनकर ही मेरा दिल बैठ गया।''

''कोई नहीं आया तो कोई बात नहीं माँ। हम लोग अपने ऊपर इस्तेमाल कर लेंगे।'' सारिका लड़ियाई, ''आप भी मेकअप से निखर जाएँगी।''

''ना जी, मुझे नहीं चंदण लगाणौ। कह कि अपने लिए खरीदारी करने दिल्ली के सदर बाजार जाना चाहती है। पैसा तेरी महतारी देगी? पूरे पार्लर की सेटिंग में लाख से कम नहीं लगेगा। घर में नहीं दाने, अम्मा चली भुनाने।'' रणदेवी ने मुँह बिचकाया, ''ना, यह सब अपने यहाँ नहीं चलेगा। कोई और काम तलाश, जिसमें पैसा न लगाना पड़े और पैसा घर आने लगे।''

''उसका भी रास्ता है। कुछ दिन आस-पड़ोस के किसी पार्लर के साथ जुड़कर काम करूँगी। माँ, मेरे हाथ में सफाई है। जो एक बार मुझसे आईब्रो बनवा ले, दोबारा मुझसे ही बनवाना चाहेगा। जब लोग धीरे-धीरे मेरे हाथ के आदी हो जाएँगे, तब हम अपने घर में पार्लर खोल सकते हैं।''

''यह ठीक है। मोहित से बात कर। यदि वह तुझे बाहर जाने दे तो मुझे कोई आपत्ति नहीं। पैसा घर आए, किसे बुरा लगेगा? तेरी परख भी हो जाएगी। आज तक तो अपनी अम्मा की किसी बात पर खरी उतरी नहीं, इस आखिरी चीज़ को भी आजमा लेते हैं।'' रणदेवी तैयार थी।

पर मोहित...

शायद कनक ग्रह मिलवाना भूल गई थी।

और मोहित-सारिका के ग्रह काफ़ी अलग थे।

''साली, हमारे खानदान की नाक कटाएगी। इस इलाके में जितने पार्लर हैं, सभी में हमारे अड़ोसी-पड़ोसी, रिश्तेदार, जानकार जाते हैं। तू किसमें खड़ी होगी, और किसके हाथ-पैरों की मालिश करेगी? सब कहेंगे, लाल कोठी की बहू डिग्गी भर की नाउनिया बन गई। मेरे दोस्तों की बीवियाँ कुर्सी पर बैठें और तू उनके हाथ-पैर दबाए और वे तेरे हाथों में रुपया रखें! छी-छी, बस एक यही धंधा

रह गया है?'' सारिका घर से बाहर काम पर जाने के लिए तत्पर है, यह जानते ही मोहित ने रौद्रावतार धारण कर लिया।

''काम कोई भी छोटा-बड़ा नहीं होता। कुछ दिनों की ही तो बात है। जैसे ही हाथ साफ होता दिखेगा, अपना पार्लर खोल लूँगी। वैसे भी पूरे डिग्गी में मुझे जानने वाले कितने लोग होंगे? हमारा घर कस्बे से बाहर है। किसी को कैसे पता चलेगा कि मैं लालकोठी की बहू हूँ? मुँह पर कपड़ा करके काम पर जाऊँगी, लेडीज़ पार्लर में काम करूँगी और मुँह को ढके ही वापस लौट आऊँगी।''' अपनी बात कहने की हिम्मत की सारिका ने।

''तेरा मतलब है कि हम यहाँ एक कोने में पड़े हुए हैं? हमें जानने वाला कोई नहीं? इतना गया-बीता समझा है क्या? आ, तेरा इलाज करूँ।''

इलाज यानी अच्छी तरह मरम्मत! वही मरम्मत, जो इंसान को सुधार दे। पर सारिका के लिए पिटाई...

पिटाई और उत्सुकता!

सारिका के जीवन में पिटाई और उत्सुकता का चोली-दामन का साथ है।

यह उसकी बचपन की आदत थी कि जब कोई उसे किसी काम से रोकता, तो वह वही काम करती। निषिद्ध काम करने पर पिटाई तय थी। पिटाई होने से उसकी जिद और अधिक बढ़ जाती। जिद बढ़ने पर उस काम को फिर करती। और एक बार फिर उसकी पिटाई तय थी।

'टीवी मत देखा कर।' कनक का कहना था।

और इसी वजह से सारिका हर समय टीवी से चिपकी रहती। वक्त के साथ सिनेमा हॉल जाना भी सीख गई।

'बुआ के घर मत जाना।' कनक उसे सिखाती।

सारिका उसी पल मन में तय कर लेती कि वह बुआ के घर जरूर जाएगी।

'चंचल के साथ बातें मत किया कर।' कनक के इसी आदेश ने तो सारिका को चंचल के साथ जोड़ा था।

कोई बात अकरणीय है, तो क्यों है? मना करने वाले को कारण बताना जरूरी है। कारण पता चलना चाहिए, नहीं तो वह स्वयं ही कारण खोज लेगी, ऐसा सारिका का मानना है।

'लड़कियों को छिछोरा नहीं होना चाहिए।' ऐसा कनक का कहना था।

छिछोरपन क्या है? खुले स्वभाव की लड़कियों के साथ यह विशेषण कैसे जुड़ जाता है, कौन बताए सारिका को?

वह यदि अपने को कछुए की तरह खोल में नहीं समेटेगी, तो छिछोरी कहाएगी, कौन समझाए उसे?

आँख, नाक, कान, त्वक्, जिह्वा को संवेदनरहित बनाना संत का ही नहीं, स्त्री का धर्म भी है, यह बात वह आज तक ना समझी तो वही तो दोषी हुई।

डिग्गी में उनका घर शहर के कोने में है, इतना कहने मात्र से पिटाई हुई। पर सच यही था कि घर कस्बे के बाहर था और वहाँ आस-पास अजीबोगरीब माहौल था।

लाल कोठी के पास आधी रात को नाच-गाना कहाँ होता है, यह जानने की इच्छा उत्सुकता मात्र थी।

मोहित ने खिड़की पर खड़े होने से रोक लगाई। सारिका ने खिड़की खोलकर हवा में तिरता गाना बार-बार सुना।

मोहित से रहा नहीं गया, तो पूछा, "तू सच में किन्नर थी? क्या अंकित का कहना सच है? तेरी माँ ने तुझे किन्नरों से छिपाकर रखा था?"

"ऐं!" वह भौचक्की रह गयी, "यह कैसी बात?"

"तू नाच-गाने का शौक रखती है न! बस पूछा।"

वह पति का चेहरा एकटक देखती रही।

'साँस लेने की पड़ताल कब करोगे? किन्नर साँस भी लेते हैं।' कहना चाहती थी, नहीं कह पाई। दो दिन पहले हुई पार्लर की बात वाली पिटाई ज़ेहन में ही नहीं, तन पर भी ताजा थी।

पीट-पीटकर पशु सुधारे जाते हैं, अपने अनुकूल बनाए जाते हैं, सारिका यह भी जानती थी।

पशु!

सारिका पशु नहीं थी, पर हर बार की पिटाई ज़ेहन में जगह बनाती जा रही थी।

❍

हंसा करो पुरातन बात

अपने कुछ सपने
तुमने मुझे थमाए,
तुम्हारे सपनों की खातिर
मैंने अपने सपने जलाए।
उन सपनों की राख लिए
पल-पल सुलगी-दहकी,
पर तुम्हारे कहे बनी रही
मैं बहकी की बहकी।
जब खुली आँखें मेरी
देखा हो गई कितनी देरी
रोऊँ-कलपूँ आँसू बहाऊँ
अपने सपने कहाँ से पाऊँ?

कुछ पल अपने बनाए एकांतिक वृत्त में रहना अच्छा लगता है। सबसे अलहदा दुनिया, जो सिर्फ अपनी है। अकेलेपन के इस दायरे में मनुष्य स्वयं को जीता है। उसे किसी और की जरूरत नहीं रहती। वह समाज के संग चलता चला जाता है, बिना किसी समस्या, बिना किसी बाधा के।

किंतु उस अकेले से दायरे को भी कोई बेधना चाहे, तो क्या कहा जाए। मानो कोई हवा के स्पर्श से बचना चाहे और हवा बार-बार छूने को आतुर हो!

"तेरी समस्या क्या है? इतना चुप क्यों रहती है?" मोहित अक्सर पूछता।

सारिका चौंक जाती। उसके पास इन प्रश्नों का उत्तर नहीं था। मन ही मन कहती, 'बोलती तो हूँ।' पर इन शब्दों को भी मुँह से बाहर नहीं आने देती। उसे जरूरत ही नहीं लगती कि मुँह से कुछ कहे।

कुछ भी कहने का अर्थ था पिटना। मोहित का हाथ एक बार खुला तो किसी भी रोक से परे हो गया। गाहे-बगाहे उठता ही रहता। अपने अंदर का आक्रोश वह सारिका के ऊपर निकालता, कभी पीटकर, कभी गाली देकर।

हर बात पर पिटना।

गलत बात पर पिटना, सही बात पर पिटना।

अनावश्यक पिटने से बेहतर कि उत्तर न दिया जाए। यों भी लगातार पिटते-पिटते उसके मन में डर बस गया।

और थोपे हुए डर का क्या? डर जो कभी कनक के मन में बसा था, वही उसने सारिका के मन पर थोप दिया—यदि सारिका ससुराल से बनाकर नहीं चली तो उसकी जिंदगी बर्बाद हो जाएगी।

मन पर भय आसन जमा ले, तो कोई कैसे बच सकता है उससे?

डर के साये आगे चलेंगे, डर के साये पीछा करेंगे, तो कैसे जी सकेगा इंसान ...नहीं किन्नर।...नहीं सारिका।

हाँ, डर के व्यूह में कैसे जी पाएगी वह? पैरों तले जमीन नहीं, सिर पर छत नहीं। मजबूर है वह। मजबूर शय डर के सायों के बीच अपने रास्ते कैसे तलाश करेगी?

बचने की कोशिश एक कामयाब कोशिश तो जरूरी है। पर कैसे?

मंगल को गुजरे छह माह हो गए। मोहित का एक बार का उखड़ा मिजाज ठीक नहीं हो पाया। उसका पैसों की तंगी का रोना लगातार चलता रहा। सारिका ने ध्यान देना बंद कर दिया। जब तक पेट भर रोटी मिल रही हो, तब तक उसे कोई परेशानी न थी।

पर बिना बुलाए मेहमान की तरह आने वाली परेशानी के विषय में क्या कहा जा सकता है?

उस खास दिन भी कुछ ऐसा ही हुआ।

सुबह के काम खत्म कर वह अपने छत वाले कमरे में चली आई। गुड्डू

को नहला-धुलाकर, खिला-पिलाकर सुला दिया। उम्मीद थी कि अब वह भी कुछ देर आराम कर पाएगी।

"अरी ओ, रंडी की औलाद!" आँगन से आवाज आई।

सारिका समझ गई कि यह पुकार उसी के लिए है। मन ने नकारा, 'मत जा। तेरा नाम सारिका है, रंडी की औलाद नहीं।'

"सुनती नहीं? वहीं आऊँ क्या? जल्दी आ, तेरे लिए खुशखबरी है। तेरे मायके की खबर है।"

'खुशखबरी! क्या मम्मी इधर आ रही है या भाभी के कुछ होने को है?' सारिका चौंक गयी, 'इतना चिल्लाने की क्या बात हो सकती है?'

धीरे से अपनी जगह से उठी। मरे कदमों से सीढ़ियाँ उतरने लगी। रणदेवी की आवाज से लग रहा था कि उसे रणचंडी बनते देर नहीं लगेगी।

रणदेवी मेहमानखाने से पुकार रही थी। सारिका वहीं पहुँची।

वहाँ घर के लोगों के साथ एक मेहमान भी था। सारिका एक नजर में पहचान गई। सुधीर मामा—बड़ी मामी के चचेरे भाई।

वह अच्छी तरह जानती थी कि सुधीर पास ही रहते हैं। पहले मोहित के लिए उन्होंने अपनी बेटी का रिश्ता पहुँचाया था। मोहित ने उनकी बेटी का रिश्ता नकारते हुए कह दिया कि उसे पढ़ी-लिखी पत्नी चाहिए। तब सारिका की बात आगे की गई। और उन दोनों की शादी हो गयी। उस दिन से सुधीर की कोई खबर न मिली।

आज इतने दिनों बाद उन्हें देख वह सहम गयी। नमस्ते करके खड़ी हो गई।

सुधीर जी ने गंभीरता से सिर हिलाया।

"बधाई हो!" सास के कंठ की उत्तेजना चरम पर पहुँच गई, "बधाई हो, नया बाप मुबारक हो!"

सारिका ने प्रश्नसूचक नेत्रों से देखा। सुधीर गंभीर रहे।

"तेरी माँ ने तेरे चाचा का चूड़ा पहन लिया।" सास के शब्द कानों में उतरे।

सारिका के मन के होंठ हिले, 'आकाश चाचा!' उसे आश्चर्य नहीं हुआ। निर्विकार देखती रही। आँखों में कोई भाव नहीं। मम्मी ने क्या किया, वह नहीं जानती। पर वह हमेशा से जानती थी कि ऐसा ही कुछ होगा।

यदि अब हुआ है, तो काफ़ी देर से हुआ है। इसे तो बहुत पहले हो जाना

चाहिए था। आकाश चाचा और माँ अलग दिखते थे, पर थे नहीं।

मम्मी सोचती, चाचा कहते। चाचा कहते, मम्मी करती। मानो कोई सूत्र था दोनों के बीच।

आपस में ज्यादा नहीं मिलते थे। पर जब मिलते, दो शरीर, एक प्राण की तरह।

मम्मी न जाने किन आँखों से चाचा को देखती। चाचा न जाने कैसे, आँखों ही आँखों से सुन लेते।

और सारिका इस सबकी गवाह बन जाती। अनिच्छुक गवाह! जबरदस्ती वाला गवाह!

मम्मी और चाचा दोनों एक तरह से सोचते और सारिका को राह दिखाने लगते।

और आज दोनों एक हो गए। अब जाकर, इतनी देर बाद!

"सुनती नहीं, तेरी माँ तेरे चाचा के बैठ गई।" रणदेवी ने रहस्योद्घाटन किया।

सारिका चुप रही।

"तेरी दादी हमारे घर भी लड्डू भिजवाएगी न?" रणदेवी की कुढ़न चरम पर पहुँच गई।

"अभी शादी नहीं की है।" सुधीर बुदबुदाए।

"हाँ, वही तो कह रही हूँ, केवल बैठ गई है। हमें तो उसके लच्छनों से ही समझ जाना था कि वह औरत रंडी है। सुधीर जी, हम आपकी बहन के कहे में मारे गए।"

"दरअसल कनक बाई जी आकाश जी के साथ हरिद्वार गई हैं। अभी वहाँ से लौटकर घर नहीं आई हैं। कहीं और निकल गई हैं।" सुधीर ने हिचकिचाकर कहा।

"अरे वाह रे! नया खसम इधर-उधर घुमा भी रहा है। हमने तो आज तक घर की देहरी भी न लाँघी।" रणदेवी की जलन और नफ़रत एक ही वाक्य में प्रकट हो गई।

"सुधीर मामा जी को समझने में कोई गलती हुई होगी।" सारिका बुदबुदाई।

"जुबान चलाती है रंडी की औलाद!" सास ने उसकी पीठ पर धौल जड़ी, "वही समय ठीक था जब औरतें डंडों से दबाकर रखी जाती थीं। अब तो कलजुग आ गया है। न अपनी उम्र देखी, न आसपास का माहौल। न छोटे का लिहाज,

न बड़े की शरम। बस मन ने जोर मारा, तो मेहंदी रचा ली। क्यों री, कितने महीने हुए तेरे बाप को गुजरे?"

"छह।" सारिका बुदबुदाई।

"राम भजो। अपने को काबू नहीं कर पाई। कैसी औरत है? यहाँ न आने पाए! उसका साया न पड़ने पाए हमारे घर पर! अब माँ ऐसी है, तो बेटी कैसी होगी?" एक साथ न जाने कितना कुछ कहती चली गई रणदेवी।

सुधीर ने समर्थन में सिर हिलाया।

"जा, सुधीर जी के लिए चाय बना ला। कुछ मीठा भी तैयार कर, खुशखबरी है।" रणदेवी ने कहा।

आँखों में ही अपने आँसू पीती सारिका रसोई में चली गई।

रसोई कैसे निपटाई, उसकी आत्मा ही जानती थी। मन कनक से बात करने को हो रहा था, पर कोई चारा न था। रसोई में काम लगातार चलता रहा। बीच में गुड्डू रोया, तो रणदेवी जाकर उठा लाई।

आज सास की उत्तेजना काबू में नहीं थी। मोहित को फ़ोन करके बुला लिया।

उसके आने के बाद भी सुधीर काफी देर बैठे रहे। रणदेवी ने शाम को रोटी खिलाकर ही विदा किया।

"जरा अपनी माँ के हाल-चाल तो ले।" आखिरकार रणदेवी ने आदेश दिया और मोहित के मोबाइल की तरफ इशारा किया।

सारिका ने मोबाइल उठाकर कनक का नंबर मिलाया। पर नंबर नहीं लग पाया। स्विच ऑफ़ आ रहा था।

शुभम को फ़ोन लगाया।

शुभम का उत्तर आधा-अधूरा था। "बहन, माँ अभी हरिद्वार से वापस नहीं लौटी है। वापस आएगी, तब बात कर लेना।"

"हरिद्वार क्यों गई?" सारिका ने काँपते हुए कंठ से पूछा।

"अस्थियाँ सिरानी थीं न।" शुभम ने संक्षिप्त उत्तर दिया।

''किसकी अस्थियाँ?''

"पापा की। घर पर रखी थीं। मम्मी का संकल्प था, जब तक ऋषि मामा का ठेका चालू रहेगा, तब तक अस्थियाँ यहीं रहेंगी। अब ठेका टूट गया तो हरिद्वार जाना ही था। जल्द ही लौटेगी। अभी रख।"

"मम्मी का फ़ोन नहीं मिल रहा।" सारिका सिसक उठी, "मुझे उनसे बात करनी थी।"

"मैंने भी आकाश चाचा के फ़ोन पर बात की है। तुझे जरूरी बात करनी हो तो उनका नंबर देता हूँ। उसी पर मम्मी से बात कर लेना।" शुभम थोड़ा सदय हुआ।

मम्मी आकाश चाचा के साथ! यानी सुधीर का कहना सच है। सारिका को एक धक्का-सा लगा। ''रहन दे।'' कहकर उसने फ़ोन काट दिया।

रणदेवी सामने खड़ी उत्सुकता से देख रही थी। "क्या रहा?" तुरंत पूछा।

"पता नहीं। मम्मी घर पर नहीं है।" सारिका ने किसी तरह उत्तर दिया और हताश सी अलग हट गई। रसोई में बर्तन माँजने थे।

हाथ चलते रहे, दिमाग भी। बचपन की एक-एक घटना आँखों में साकार होती रही।

आकाश चाचा ने शादी नहीं की।

आकाश चाचा जीवन भर मम्मी के लिए खड़े रहे। दिन, दोपहर, शाम, रात—किसी भी समय मम्मी के काम को 'न' नहीं थी।

मम्मी उन्हें 'आकाश' कहकर बुलातीं और वह मम्मी को 'कनक' कहते। मम्मी ने उन्हें कभी 'देवर' नहीं पुकारा, न ही उन्होंने मम्मी को 'भाभी' कहा। देवर-भाभी का रिश्ता था ही कहाँ?

वे तो दोस्त थे। पक्के वाले दोस्त। ऐसे दोस्त, जो कभी एक-दूसरे को धोखा नहीं देते। ऐसे दोस्त, जो जमाने की ठोकरों से भी बिछड़ते नहीं। यार की खातिर तूफानों के सामने सीना तान खड़े हो जाते हैं। तूफान उन्हें छलनी कर दे, पर उनके यार का बाल भी बाँका न हो।

आकाश चाचा चाचा कहाँ थे, वह तो कुछ और थे। मम्मी के चेहरे को देखते नहीं, पीते थे।

सारिका उन नजरों को पहचानती थी।

क्या उसने कभी वैसी नज़रें कहीं और देखीं?

किसी की निगाहों में अपने लिए वैसा जादू महसूस किया?

कुणाल की? मोहित की?

शायद हाँ!

शायद नहीं!

आकाश चाचा की नजरें मम्मी को किसी और तरह से देखा करती थीं। मोहित, कुणाल किसी की भी दृष्टि में वह भाव कभी नहीं दिखा।

रसोईघर की घुटन बर्दाश्त नहीं हो रही थी। किसी तरह काम खत्मकर अपने कमरे में चली आई।

नीचे वाले हिस्से में मंत्रणा उसी तरह चलती रही।

सारिका अपने कमरे की खिड़की के पास खड़ी रही। बाहर से हमेशा की तरह गीत-संगीत के स्वर आ रहे थे। गीत की विरहिणी नायिका प्रियतम की याद में जल रही है। बालम उसे छोड़कर चले गए हैं। इंतजार, इंतजार और इंतजार। अनवरत इंतजार हाथ में थमा है।

'कुरजाँ ऐ म्हारा भँवर मिलाय दे ऐ, संदेशो म्हारे पिया ने पुगा दयो ऐ।'

विरह में पल भी युग सा लगता है। नायिका अकेली है। बुला रही थी प्रियतम को, पति को। कुरजा पक्षी संदेसा ले जाएगा! सुनने वालों के कलेजे में भी हूक उठ रही है। पर प्रेमी को खबर तक नहीं। दूर है न।

कितनी दूर?

एक मंजिल नीचे, इसी घर में। माँ के पाँव चाँपता, मंत्रणा में व्यस्त।

एक मजबूत छाती पर सिर रखने की लालसा सिर उठाने लगी। दो बाँहें समेट लें उसे, नायिका चाहने लगी।

कैसे पाए नायिका अपना प्रियतम। जमाने भर से बचकर प्रियतम के आगोश में कैसे जाए? जरूरत है एक सबल सहारे की। कोई कहे, 'डर मत, अभी मैं तेरे साथ हूँ।'

सिमट जाएगी प्रियतम की बाँहों में। छिप जाएगी सबकी नजरों से। बूँद-बूँद-बूँद करके प्रियतम उसका दुःख खींच लेगा।

पर ऐसा प्रियतम है कहाँ?

पर भला क्यों छिपना चाहती है सबसे?

अपने आँसू छिपाने के लिए। उसके प्रियतम ने भी उसे ठेस पहुँचाई है। बिना मुँह छिपाए, कैसे आँसू बहाए नायिका? कोई देख लेगा। क्या सोचेगा? यही कि सारिका दुःखी है, कनक के कारण।

'न! मैं दुःखी नहीं।' सारिका ने अपने आँसू पोंछे और सिर दायें-बायें हिलाया,

'मैं खुश हूँ मम्मी के लिए। जो हुआ, वह जरूरी था। न होता तो मैं दुःखी होती। मैं बहुत खुश हूँ मम्मी के लिए। जैसे उनके दिन फिरे, वैसे सबके फिरें। हर औरत को अपना प्यार मिल जाए।'

सारिका का प्यार?

मोहित?

कुणाल?

संगीत की धुन, ढोलक की थाप कानों में तेज हो उठी और यादें धीमी हो गईं।

संगीत मन को शांत करने लगा। रोने की इच्छा स्वरलहरियों के साथ शून्य में विलीन होती जा रही थी। सारिका को अच्छा लगने लगा। आँखें बंद कर उस गीत के संग धीमे-धीमे झूमने लगी।

नायिका अकेली है, अधूरी है। अपने प्यार की तलाश है। कब मिलेगा प्यार, जो उसे पूरा बनाएगा?

पर जब तक पूरी नहीं, जरूरी नहीं कि वह अधूरी हो। अपने साथ खड़ी है वह, स्वयं को सँभालती, अपना सहारा बनती। विरह का आस्वादन करती।

विरह का रस!

विरह का रंग!

कैसा होता है विरह में डूबना?

विरह में डूबना मानो अपने को पाना। अपने में ही पूरा हो जाना। आप्तकाम। साधना का उन्नत रूप।

"किसे तलाश रही है? कौन खड़ा है वहाँ?" मोहित की आवाज से ध्यान टूटा। वह कमरे में आ चुका था। उसे जलती आँखों से देख रहा था।

सारिका एक पल चौंकी। फिर होश आया। "यह गाना कहाँ से आता है जी?" शांत स्वर में पूछा।

मोहित ने उसका चेहरा घूरकर देखा। विषयांतरण उसे पसंद न आया। कनक की शादी पर ही टिका था उसका दिमाग।

सारिका के चेहरे पर कोई भाव न था। वह निर्विकार थी। पुनः पूछा, "कहो न, यह गाना कौन गा रहा है? कितने दिनों से सुनती आ रही हूँ। आज तक

जानने की कोशिश नहीं की कि कौन है, जो रात को गाता है।"

"पास में बंजारों की बस्ती है। वे लोग समय काटने के लिए गाते-बजाते हैं।" मोहित ने अपने क्रोध को काबू करते हुए कहा।

उत्तर सारिका के लिए अप्रत्याशित था। "क्या? बंजारे। यहाँ? जगह-जगह घूमने वाले! ओह!...रात को खुले आकाश के नीचे आग के चारों ओर जीवन का नाच..."

"क्या बक रही है? हम लोगों का मकान पहले से है। बंजारे बाद में आकर बसे।" मोहित अपना गुस्सा भूल चुका था। उसने सफाई दी, "वे समूह में हैं। बहुत सारे हैं। हम उनका कुछ नहीं बिगाड़ सकते हैं। सरकार उनके साथ है।"

"पर हमें बिगाड़ना क्या है और क्यों है? कोई कहीं रह रहा है, तो उससे हमको क्या दिक्कत?" सारिका के प्रश्न पर मोहित का मुँह फक्क पड़ गया। वह कहती चली गयी, "हम लोग क्यों दूसरे की जिंदगी में दखलंदाजी करते हैं? हर मनुष्य अपने फैसलों के लिए स्वतंत्र है, चाहे बंजारे हों, चाहे...मेरी माँ।"

"बकवास बंद कर। पिटना चाहती है? तू कब सुधरेगी?" मोहित तमतमा उठा, ''साली नौटंकी, अपनी आँखें देख। काजल आँजकर किसे रिझाती है? कितने खसम चाहिए?''

"पिटना नहीं चाहती। पर आप पीटेंगे, तो हमेशा हाज़िर हूँ। पर आज यह पिटाई क्यों? बंजारों की बस्ती हमारे घर के पास है, क्या इसलिए मेरी पिटाई होगी? या मेरी माँ मेरे चाचा के साथ मेरे पिता की अस्थियाँ सिराने चली गई, इसलिए पिटूँगी? या मेरी आँखें कजरारी हैं, इसलिए आप नाराज़ हैं। आगे भी अगर कारण बताकर मारें, तो बेहतर होगा। सुधरने के लिए मैं आप से पिटने को हमेशा तैयार हूँ।"

"साली रंडी, आज तेरा दिमाग चल गया है। तेरी हिम्मत बहुत बढ़ी दिख रही है। तेरी माँ ने बढ़ाई है। उसे भी देख लूँगा। पहले तुझसे निपट लूँ।" मुँह से थूक के फिचकुर निकालता मोहित सारिका को धुनकता चला गया।

सारिका ने मुँह से शब्द तक न निकाला। मोहित की चिंघाड़ आकाश छूने लगी।

शोर सुनकर गुड्डू जग गया। उसके रोने की आवाज इतनी तेज थी कि रणदेवी नीचे से दौड़ी चली आई। मजबूरन बीच-बचाव करना पड़ा, "मत मार इसे, बच्चा डर रहा है। इस रंडी की माँ को बुलाऊँगी। वहीं हिसाब करेगी।"

मोहित ने 'पच्च' से जमीन पर थूका और कमरे से बाहर चला गया।

रणदेवी ने बच्चे को गोद में उठाया और जीने से नीचे उतर गई।

चोटिल सारिका जमीन पर बैठी रही। उसका ध्यान अपनी चोटों में नहीं था। चोट का कारण तलाश रही थी। कुणाल याद आया, मानो सामने खड़ा हो।

मन ही मन हाथ में जूती ले कुणाल के सिर पर मारती चली गई। गर कुणाल ने उसके साथ अति न की होती, तो उसकी जिंदगी कुछ और होती।

न पति, न प्रेमी, कोई न हो साथ, तो भी एक जिंदगी जी भरकर जीना चाहती थी वह।

खुली खिड़की से हवा के साथ गीत की लय अंदर आती रही। मधुर स्वर मन को छूते रहे। वह तन्मयता से गीत के बोल पकड़ती रही।

कनक आई। आना चाहती थी या नहीं, सारिका नहीं जानती। पर रणदेवी ने रामकली को फ़ोन करके नमक-मिर्च लगाकर कहानी सुनाई। बार-बार कहा, ''सारिका घर को बर्बाद कर रही है, इसकी माँ को भेजो।''

एक पंचायत फिर से जुड़ी रणदेवी के आँगन में।

कनक ने ही शुरूआत की, ''क्यों जँवाई जी, गुस्सा क्यों चढ़ा रहता है? ऐसी लड़की दी है कि हाथ लगाए मैली हो। तुम उसे पीट-पीटकर नीली करे हुए हो।'' सारिका के माथे पर पड़ी नील की तरफ इशारा भी किया।

''मैंने कुछ नहीं किया। यह जीने से गिर गई थी।'' मोहित बोला।

''जीने से गिरने की चोट नहीं है। हाथ भी नील से भरे हुए हैं।'' सारिका के हाथ की तरफ इशारा करते हुए कनक ने रणदेवी से कहा, ''समधन, तुम बड़ी हो, बीच-बचाव क्यों नहीं करतीं?''

''जिद-बहस करेगी, तो गुस्सा तो आएगा। लड़का है, गर्म खून है। हाथ उठ जाता है। तुम अपनी बेटी को समझाओ कि जुबान न चलाया करे।'' रणदेवी ने स्वीकार लिया कि सारिका के ऊपर मोहित ने हाथ उठाया है।

''बेटी को समझाऊँगी, अच्छी तरह समझाऊँगी। तुम खातिर जमा रखो। पर मेरी बात का जवाब दो। इस तरह तो ढोर-ढंगर को भी नहीं मारते हैं, जैसा मेरी बेटी को मारा गया है। गाय-बछड़े पर हाथ उठाया जाए, तो अगल-बगल

के लोग रोकने चले आते हैं। तुम इसी घर में रहते हुए इसकी पिटाई न रोक सकीं?...''

रणदेवी चुप।

''...बहू है तुम्हारी, कोई दुश्मन नहीं है। तुम भी एक लड़की की माँ हो। तुम्हारी बेटी अपनी ससुराल में इस तरह पिटे तो?'' कनक का स्वर कसैला होता चला गया।

''मेरी बेटी ऐसी नहीं है। वह बहुत कायदे से रहती है। उसे सिर झुकाकर दूसरों की बात सुनना आता है। मेरी बेटी जब हमारे घर में थी, तो भी उसने नजरें उठाकर किसी की तरफ नहीं देखा। मेरी बेटी दिल्लीवालियों की तरह नहीं, जो जींस पहनकर इधर-उधर घूमती फिरे। दस-बीस यार पाले।''

''जींस पहनकर कौन घूमता है?'' कनक की आँखें फैल गईं, ''तुमने कैसे सोच लिया कि सारिका जींस पहनकर घूमती होगी।''

''अब कहीं से तो सुना ही होगा। हमारा बेटा दिल्ली हो आया है। पास-पड़ोस वालों ने कुछ तो तुम्हारी बेटी के विषय में बताया होगा। इतना अच्छा नहीं सुना कि पचाया जा सके।''

''जँवाई जी, तुमको पहले भी समझाया था, फिर कह रही हूँ, सच्चे इंसान को कही-सुनी बातों में नहीं आना चाहिए। कच्ची उम्र में लड़कियाँ इधर-उधर घूम-फिर लेती हैं। थोड़ा समझदार होते ही अपनी गृहस्थी में रम जाती हैं। यह नाराज होने वाली बात नहीं।'' कनक ने थोड़ा नम्र होते हुए कहा।

''मम्मी जी, मैं नाराज नहीं होता। पर दिल्ली में अंकित भाई का यही कहना था कि सारिका बहुत तेज है। हमने भी यही जाना कि इसका मन घर में कम, बाहर ज्यादा रमता है। जब देखो तब, घूमने-फिरने की बातें करती रहती है। जब देखो तब, खिड़की पर बैठी गाना सुनती है। आप ही बताओ, भले ही घरों की लड़कियों का यही तरीका होता है क्या?''

''लो! भला यह भी कोई बात हुई? कमउम्र बच्चा घूमना चाहे तो क्या हर्ज? इसे घुमाना तुम्हारा फर्ज है। रही बात गाना सुनने की! तो राजे-रजवाड़े भी गाना सुनने का शौक रखते हैं। खिड़की पर बैठकर गाना सुनना गुनाह तो नहीं हुआ। कानों से गाना सुनने में कौन सी तेजी है? यहाँ गाँव में कौन से थिएटर दिखा देते हो उसे? और तुम ही कौन सा दूध के धुले हो? हमारे सुनने में आया है कि तुम सट्टा खेलते हो।'' कनक चिड़चिड़ा उठी।

"पैसा पूरा नहीं पड़ेगा, तो इधर-उधर से खींचने की कोशिश तो करूँगा न। मैंने सट्टा अपने पैसों से खेला है। किसी से पैसे माँगने नहीं गया।" मोहित ने कंधे उचकाए।

"पर उसका असर तो मेरी बेटी के घर पर पड़ता है।" कनक के पास लड़ने का पूरा सामान था। वह दिल्ली से ही झगड़ा करने का पूरा मन बना कर आई थी, "यह मत समझना कि बिना बाप की लड़की है। मैं काफी हूँ दोनों रिश्ते निभाने के लिए।"

रणदेवी को शब्द मिल गए, "यों तो सगी, तुमने इसके लिए एक बाप भी कमा लिया। भई, बुरा मत मानना।"

"मन में रखने से तो कह देना अच्छा।" कनक निर्विकार भाव से बोली, "हमारे यहाँ बाप कमाने का धंधा नहीं होता। एक बाप था, जो गुजर गया। अब जब तक मैं हूँ, तब तक माँ और बाप दोनों का फर्ज निभा लूँगी। मुझे किसी नाचने-गाने वाले की बेटी मत समझ लेना कि इसके लिए बाप तलाशती फिर रही हूँ।"

रणदेवी मुस्कराई, "हमने जो सुना, सो बता दिया।"

"और सुन लो आगे, आकाश सारिका का चाचा है। उसने इन बच्चों की देख-रेख में मेरी मदद की है क्योंकि इसके पिता ने शुरू से ही अपने बच्चों की कोई जिम्मेदारी नहीं उठाई। मैंने कसम ली थी कि मंगल को बर्बाद करने वालों को सुधारने के बाद ही उसके फूल सिराऊँगी। ऋषि का ठेका तोड़ दिया मैंने। ईंट से ईंट बजा दी उसकी। उसके बाद ही हरिद्वार में गंगा नहाने गई। मंगल की अस्थियों को ठिकाने पहुँचाया।...' कनक साँस लेने को ठिठकी।

रणदेवी मुँह बाए देख रही थी।

''अब हरिद्वार से लौटने के बाद मैंने और आकाश ने मिलकर लाचार औरतों-बच्चों के लिए सहायता केंद्र खोला है। हम मिलकर गली की, समाज की लाचार औरतों के कल्याण के लिए काम करते हैं। और हाँ, आकाश भी यहाँ मिलने आना चाहता था। पर आ नहीं सका। नये खुले केंद्र पर एक जिम्मेदार आदमी का रुकना जरूरी है। उसने यह सामान आप लोगों के लिए भिजवाया है।" साथ लाई अटैची को कनक ने रणदेवी के सामने खोल दिया।

अटैची के अंदर चमकीली साड़ियों से लेकर कमीज-पैंट के नये-नकोर कपड़े भरे थे।

रणदेवी की आँखें चमक उठीं।

"हमारे लिए?" साड़ियों पर हाथ फिराते हुए मुस्कराई, "कुछ भी कहो, एक बात माननी होगी। दिल्ली की चीज़ों की बात ही अलग है। चाहे कपड़ा हो, चाहे इंसान।"

"एक बात और जान लो, चाहे कपड़ा हो चाहे रिश्ता, सँभालकर रखना होता है। यदि कद्र नहीं की, तो फटते देर नहीं लगती।" कनक सर्द आवाज में बोली।

"ठीक कहती हो बहन।" रणदेवी अभिभूत थी।

"सारिका, तू भी मेरी एक बात सुन। जैसी ससुराल तुझे मिली है, वैसी जल्दी-जल्दी किसी को नहीं मिलती। इस ससुराल की कीमत समझ।" कनक ने तराजू के दूसरे पलड़े पर भी एक वजन रखा।

रणदेवी खुशी से फूल गई। तुरंत मोहित से बोली, ''जा पास की दुकान से जलेबी लेकर आ। सगी भी जाने, डिग्गी की जलेबी का स्वाद।''

''नहीं जी, मुझे जल्दी लौटना है।'' कनक कतरा गयी।

''ठीक है, चाय तो पीकर जाओ।'' कहती हुई रणदेवी चाय बनाने चली गई।

कनक ने पूछा, ''तू इतनी मोटी कैसे हो गयी सारिका?''

"हर समय खाती रहती है। इसका मुँह कभी रुकता नहीं। तभी इतनी फैल गयी है। आपने कहा था कि यह पढ़ी-लिखी है। पर आचरण से तो नहीं लगता। मुँह खोलती है या तीर चलाती है?" मोहित ने ताना कसा।

''सारिका, जुबान पर लगाम रख। खाने की दृष्टि से भी, बोलने की दृष्टि से भी। तुझे अच्छी तरह समझा दिया है कि अच्छी लड़कियों का धर्म क्या होता है। अपने पति की खुशी में खुश रहना सीख। तीखा मत बोल और तुरंत वजन घटा।''

सारिका चुप रही।

गुड्डू के माथे पर हाथ फिराकर कनक मुस्कराई, ''यह तो एकदम अपने पिता पर गया है। जँवाई जी, सारिका की पढ़ाई-लिखाई की बात हमने कभी नहीं छुपाई। आठवाँ पढ़ी है। किताब खोलने का मौका दोगे, तो पढ़कर दिखा देगी। आगे कहोगे, तो और पढ़ लेगी।"

"तो अपने पास रखकर पढ़ा दीजिए न। मैं भी वहीं आ जाता हूँ। कोई

काम कर लूँगा।"

"मैं इसे अपने पास नहीं रख सकती। हमारा काम दूर-दूर तक फैल रहा है। हमारे पास अब अपने घर के लिए भी समय नहीं रहता है। हम जरूरतमंद लोगों की मदद में लगे रहते हैं।"

"सबसे बड़े जरूरतमंद हम लोग हैं। मम्मी जी, कभी हमारी भी सोचो।" मोहित ने दयनीय स्वर में कहा, "आपका बड़ा कमरा हमें मिल जाता, तो ठीक रहता। किराये की आप चिंता न करें। मैं किराया भर दूँगा।"

"ईश्वर की दया से मैंने किराये की चिंता करनी बंद कर दी है। सारिका के पापा के गुजर जाने के बाद सरकारी पैसा मिला था, उससे काफी कर्जा चुका दिया है। जो लड़की हमारे कमरे में किराये पर रहती थी, उसे भी हटा दिया है।''

''हाँ, वही कमरा हमें चाहिए।'' मोहित ललचा उठा।

''शायद हम अपने उस कमरे में भी सेंटर का काम शुरू कर देंगे। इसलिए तुम लोगों का वहाँ बसना संभव नहीं है। बेहतर होगा, तुम डिग्गी में ही कोई रोजगार शुरू करो। मुझे तो शुभम को उसके पाँवों पर खड़ा करने के लिए भी मेहनत करनी है।"

"यानी आप हमारी मदद नहीं करेंगी?" मोहित ने स्पष्ट पूछा।

''थोड़े-बहुत रुपये-पैसों की चिंता मत करना। बाकी अपनी गृहस्थी तो तुम्हें खुद ही जोड़नी पड़ेगी। मन में संतोष रखना सीखो।''

मोहित ने बुरा-सा मुँह बनाया और अटैची लेकर दूसरे कमरे में चल दिया।

बैठक में सारिका और कनक रह गए।

''मम्मी, मुझे वापस ले चल। मुझे यहाँ नहीं रहना। मैं दिल्ली में काम तलाश लूँगी। तेरे ऊपर बोझ नहीं बनूँगी।'' कमरा खाली पाते ही सारिका गिड़गिड़ाई। ''बारहवीं तक पढ़ाई कर लूँ, तो कहीं ठीक-ठाक नौकरी पा सकती हूँ।"

"नौकरी को इतना आसान मत समझ। बड़े-बड़े बी.ए., एम.ए. बिना रोजगार टहल रहे हैं।''

''पर दुनिया किसी आस पर पढ़ाई करती है। एक कोशिश मैं भी कर लूँ!''

''तू अपने पति के साथ मिलकर कोई काम-धंधा शुरू कर। तुझे ब्यूटी पार्लर का काम सिखाया है।''

"मम्मी," सारिका की आँखें चमक उठीं, "मैं दिल्ली में छोटे वाले कमरे में पार्लर खोल लूँ? तुम्हें बिल्कुल दिक्कत नहीं होगी। गली-मोहल्ले की लड़कियाँ आती रहेंगी। मतलब भर का पैसा निकाल लिया करूँगी। बस, एक बार कुछ सामान खरीदवा देना। मैं गुड्डू के साथ वहीं रहना चाहती हूँ।"

"वहीं बसाने के लिए डिग्गी में तेरी शादी की थी क्या?"

"मम्मी!" सारिका का स्वर क्षीण हो गया। कुछ कहना चाहकर भी नहीं कह पा रही थी।

"कह।"

"मम्मी, मैं जिंदगी भर मोहित के हाथों पिटती रहूँ, यह मुझे मंजूर नहीं। मैं उससे अलग होना चाहती हूँ। तलाक लेना चाहती हूँ।" आखिरकार बात मुँह से निकल गई।

"पागल हुई है क्या? आज कहा सो कहा, आज के बाद मत कहना। झेलना सीख। अलग होगी तो जिंदगी भर यही करती रह जाएगी। यों भी, फूलमाला से औरत की पूजा करने वाला भरतार कहीं नहीं मिलेगा। जो मिला, तेरा नसीब!"

"पर दिन-रात पिटना!"

"तो डंडे के जोर पर सुधार अपने मरद को। वह मारे, उससे पहले उसके हाथ तोड़ दे।"

"मम्मी, मुझे अपने साथ ले चलो।"

कनक कड़े स्वर में बोली, "कैसी बात करती है? शादीशुदा लड़की को ऐसे वापस ले जाते हैं? आस-पड़ोस वाले क्या कहेंगे। जँवाई के साथ आना, जितना दिल चाहे, रुकना।..."

सारिका चुप।

"यों बार-बार दिल्ली आने की बातें मत किया कर। तुझे पता है मुझे ये बातें अच्छी नहीं लगतीं। यहाँ निभाने की कोशिश कर। मान कर चल, दिल्ली में तेरा कोई नहीं। बिन महतारी-बाप की होती तो कहाँ जाती? जब देखो तब, दिल्ली-दिल्ली..."

सारिका चुप।

"क्या मान रही है कि मैं भूल जाऊँगी कि वहाँ वह रँडवा कुणाल घूम रहा है। मैं नहीं भूली हूँ। सब समझती हूँ।...खबरदार, जो अब तेरी शिकायत सुनाई दी!"

कनक अपने हिसाब से झगड़ा सुलझाकर दिल्ली लौट गई, किंतु सब कुछ उसके सोचे से नहीं हुआ।

न तो आकाश और कनक को लेकर बिरादरी में उठने वाली बातें बंद हुईं, न सारिका का पिटना कम हुआ और न सुधीर का रणदेवी के इर्द-गिर्द चक्कर लगाना बंद हुआ।

रणदेवी के पास सुधीर की बेटी की फ़ोटो कब और कैसे पहुँची, सारिका नहीं जान सकी। हाँ, रणदेवी उस फ़ोटो को जब-तब निहारती ठंडी साँसें भरती रहती है, यह बात उसकी आँखों से छिपी न रही।

वह घर में सभी के मन से उतर चुकी है, यह बात समझने के बावजूद सारिका नासमझ बनी रही। और चारा भी क्या था?

यों एक चारा था, पर वह उसके हाथ नहीं था।

"तेरी मम्मी दिल्ली में एक कमरा तेरे नाम नहीं करेगी? एक तुझे दे दे, तो हम लोग वहीं बस जाएँगे। यह इलाका बहुत पिछड़ा है। दिल्ली में रहेंगे, तो काम-काज की सुविधा हो जाएगी। किसी अच्छी कंपनी में लग जाऊँगा। पूरी मेहनत से काम करूँगा। तुझे रानी बनाकर रखूँगा। तू अपनी मम्मी से बड़ा वाला कमरा हमारे लिए माँग ले।" मोहित का प्रस्ताव आकर्षक था, साथ ही असंभव भी।

सारिका चुप रही। जानती थी कि कनक ने सुनहरी छत वाला कमरा अपने बल पर खरीदा है। कमरे का कर्जा उतारने में बेटी ने किया ही क्या है, जो कमरे के लिए मुँह उठाकर खड़ी हो जाए। वैसे भी, यदि माँ को देना होता, तो खुद ही दे चुकी होती। जब माँ उसे पूछ नहीं रही, तो वह मुँह खोलकर कैसे माँग ले?

''हम किसी से कमरा क्यों माँगें?'' किसी तरह मुँह से निकला।

"तेरी माँ जितना झूठ हमारी शादी से पहले बोली है, कमरा मिलने से वह बराबर हो जाएगा। तू किसी काम की नहीं। झूठ बोलकर शादी कर दी। कहती थी कि लड़की पढ़ी-लिखी है। तेरे लिए तो उल्टी और सीधी किताब एक समान है।"

"तुम्हें पढ़ी-लिखी बीवी का क्या करना था? सारा दिन अपने महतारी-बाप

की सेवा ही तो करानी थी। बीवी पढ़ी-लिखी हो या अनपढ़, क्या अंतर?"

"बहुत जुबान चलाती है।" पीठ पर एक धौल पड़ी।

उसको फर्क नहीं पड़ा। वह कनक से कमरा माँगने को तैयार नहीं थी। और मोहित कमरा भूलने को तैयार न था।

नतीजा, बात-बात पर सारिका की पिटाई।

उसने कनक की भूरी-हरी आँखें विरासत में पाई थीं। यों बिना काजल लगाए भी आँखों की सुंदरता में कोई कमी नहीं। पर सिर्फ काजल का ही तो शौक था उसे। पर काजल खत्म होने लगा तो आँखों में लगाना बंद कर दिया। बेटे के डिठौने के लिए बचाना था।

फिर एक शाम मोहित ऑफ़िस से लौटा, तो उसका मिजाज बुरी तरह बिगड़ा था। दनदनाता हुआ सारिका के पास आया और बोला, ''कैसा तीखा मेकअप करती है तू? काजल थोड़ा कम लगाया कर। बिल्ली की-सी आँखें लगने लगती हैं।''

''क्या मतलब?''

''तू रोज सामने पड़ती है। रोज मेरे काम बिगड़ते हैं। आज भी ड्यूटी पर गड़बड़ हुई। यह सब तेरी आँखों का नसूड़ापन है।'' कहकर मोहित ने क्रूरता से उसके बाल खींचे।

''क्या करते हैं? मेरा कसूर क्या है?'' वह अचकचा गई।

''तेरी आँखें ही तेरा कसूर हैं। छिनालपन की, मेरा मतलब, तेरी माँ की छब है इनमें। कम से कम कालिख तो न मिलाया कर उसमें।'' इतना कह मोहित व्यंग्य से हँसा और वहाँ से चल दिया।

सारिका पत्थर बनी खड़ी रही। काजल! क्या आज उसने काजल लगाया था, याद करने की कोशिश की।

बंजारों की बस्ती में आज फिर महफ़िल जुड़ी थी शायद। गीत हवा में तैर रहा था, 'केसरिया बालम आओ जी, पधारो म्हारे देस।'

पत्नी श्रृंगार कर रही है। उसका प्रियतम उससे दूर है। उसे पलक-पाँवड़े बिछाए बुला रही है।

विरहिणी तक प्रियतम के लिए सजती है। और सारिका का प्रियतम तो साथ है। फिर वह काजल क्यों न लगाए? गोरे मुख पर काजल की रेख सोलह सिंगार की कमी पूर देती है।

पर मोहित को सिंगार पसंद ही नहीं। शुरू में जिस रूप पर फिदा था, अब वही रूप नौटंकी वालों का रूप लगने लगा है।

और आज तो उसकी आँखें बिन काजल थीं। फिर भी पिटाई!

क्यों? क्या सारिका का होना ही गुनाह है?

'रंडी की बेटी' की जगह सारिका का नाम 'रंडी' हो गया।

रणदेवी का दुःख सच्चा था, ''नसीब खराब न होते, तो यह पतुरिया हमारे घर क्यों आती? देखो, खा-खाकर कैसी फैल रही है!''

सारिका ने सब कुछ अनसुना करने का नियम बना लिया। वह सिर झुकाए नज़रअंदाज़ कर देती। वह जितना झुकी, परिवार उतना ही दबंग होता चला गया। यहाँ तक कि बच्चा भी उससे दूर कर लिया गया। कनक से फ़ोन पर एक-दो बार फिर दिल्ली आने की बात कही, पर कनक ने तुरंत निभाने का मंत्र पढ़ा।

अंत में सारिका समझ गई कि अपने जीने के रास्ते उसे स्वयं बनाने हैं। उसने अपना वजन कम करने का प्रयास शुरू किया। शरीर एक बार फिर उसके हाथ आ गया। पतली सी कमर उसको ही लुभाने लगी।

पर मोहित न रीझा।

ससुरालीजनों की माँग लगातार बढ़ती रही और उनको कुछ भी उपलब्ध कराने की सारिका की इच्छा लगातार घटती रही। अब कनक के सामने हाथ फैलाने का जी नहीं बचा था। कुणाल के प्रति नफ़रत सैकड़ों गुना बढ़ गई, अपने प्रति पछतावा। मन हमेशा कहता, 'यदि मैंने कुणाल वाली गलती नहीं की होती, तो शायद आज जिंदगी कुछ और होती।'

यों जिंदगी बार-बार कुछ और होती रहती है।

अचानक रणदेवी बीमार पड़ी। तेज बुखार, उल्टी-दस्त। दिखने लगा कि बहाना नहीं है, वास्तविक तकलीफ है।

जीवनप्रसाद को भी चक्कर आने की बीमारी शुरू हो गई। किसी समय सिर में चोट लगी थी, जो जब-तब दुःखने लगती।

पुराना सब कुछ भुलाकर सारिका घर के अंदर ही चकरघिन्नी बन गई।

एक पल रसोई में, अगले पल बच्चे के साथ। एक पल सास की सेवा, अगले पल ससुर की तीमारदारी।

रणदेवी को दवाइयों से एलर्जी थी। वह अपना बुखार देसी तरीके से उतरवाना चाहती थी। हर समय सारिका को पुकारती, ''सारिका, मेरे माथे पर पट्टी रख दे।''

सारिका घंटों पट्टी रखती।

जीवनप्रसाद को दवाइयों की बोतलें बहुत प्रिय थीं। तरह-तरह की बोतलें अपने सिरहाने सजा लीं।

किस समय कौन सी दवा देनी है, यह जिम्मेदारी बहू पर आ गई। वह घड़ी देख-देखकर ससुर को दवाई देती।

दोनों बुजुर्ग थोड़ा स्वस्थ हुए, तो सारिका ने चैन की साँस ली। पर दोनों को अभी भी एक परिचारक की चौबीसों घंटे जरूरत थी।

सारिका उनकी सेवा क्या करती, उसे स्वयं ही बुखार आ गया। बुखार में कुछ गलत खा लिया, तो पेट भी खराब हो गया। लगातार उल्टी-दस्त की वजह से बिस्तर से उठने तक की दम नहीं रही।

घर की दुर्दशा शुरू हुई। मोहित ने कर्जा लेकर माँ-पिता की दवा-दारू कराई थी। मोटा कर्जा सिर पर था, तो उसकी चिड़चिड़ाहट का ओर-छोर नहीं था।

ऊपर के कमरे में बीमार सारिका कई बार तो एक घूँट पानी के लिए भी तरस जाती। न तो कोई खाने-पीने को पूछता, न ही उसके बच्चे को उसके पास लाया जाता। भूले-भटके कभी मोहित उस कमरे में आ जाता, तो वह शिकायत करती, ''आप एक-दो दिन छुट्टी लेकर मेरे संग क्यों नहीं रहते?''

''छुट्टी की गुंजाइश नहीं है। तू जल्दी ठीक हो जा। माँ हर समय गुड्डू को सँभालती है, मुझे अच्छा नहीं लगता। माँ ज्यादा मेहनत करेंगी, तो दोबारा बीमार हो जाएँगी।''

''मैं जानकर तो बिस्तर से नहीं लगी न।''

''जानता हूँ, जानता हूँ।'' मोहित ने स्वीकारा।

उसका बिस्तर नीचे बैठक के पास वाले कमरे में ही डलवा दिया गया।

"तू यहाँ रह, जीना चढ़ना-उतरना बंद कर। तभी तेरा बुखार ठीक होगा। तू कुछ दिन और आराम कर। तेरा खाना-पीना यही पहुँचता रहेगा। कमरे से बाहर भी मत आया कर। हवा लग जाएगी। जितना ज्यादा आराम करेगी, उतनी

जल्दी स्वस्थ होगी।'' मोहित ने समझाते हुए कहा।

सारिका सहमत हो गई।

सुधीर ने घर में बीमारी की खबर सुनी, तो देखने चला आया। साथ में अपनी बेटी रजनी को भी ले आया।

रजनी की शक्ल-सूरत सारिका को फूटी आँखों नहीं सुहाई। उसको मन ही मन हँसी आई। 'इसका रिश्ता मोहित के लिए आया था। क्या गलत किया मोहित ने, जो मेरे साथ शादी की?'

पर बहुत जल्दी उसकी हँसी कुढ़न में बदल गई।

सुधीर रणदेवी से कह रहा था, "आपको सेवा-टहल की जरूरत है। रजनी यहीं रुक जाएगी। आप ठीक हो जाएँ, तो इसे वापस ले जाऊँगा।''

''सुधीर जी, बेटी को यहाँ छोड़ते आपको दिक्कत नहीं होगी?'' रणदेवी ने गद्‌गद कंठ से पूछा।

''बहन जी, रजनी आपके काम आए, हम लोगों का सौभाग्य है।'' इतना कह सुधीर वापस लौट गया।

रजनी सिर पर पल्ला ले जूठे बर्तन उठा रसोईघर की ओर चल दी।

मोहित काम से वापस आया, तो रजनी चाय-नाश्ता लेकर पहुँच गई। सिर पर पल्लू जो एक बार रखा, वह सिर से हटा ही नहीं।

यह सब देख सारिका मन ही मन तिलमिला गई। मोहित उसके पास आया तो फुसफुसाकर लड़ने लगी, ''यह यहाँ क्या कर रही है? इसे इसके घर भेजिए।''

''हमारे घर में तीन-तीन बीमार हैं। कोई तीमारदार होना चाहिए। गुड्डू को भी चौबीस घंटे देखना जरूरी है। मैं काम से छुट्टी नहीं ले सकता। बुरी हालत है, नौकरी छूट जाएगी।''

''नौकरी छोड़ने की कौन कहता है? आप अपनी बहन को बुला लीजिए। पर बाहर की लड़की को तो वापस भेजिए।''

''सारिका, ऐसा नहीं हो सकता। दीदी नहीं आ सकती, तभी रजनी को रोका है। तू बेकार की चिंता मत कर। रजनी माँ-पिताजी की सेवा करेगी, लौट जाएगी। वह बाहर की लड़की नहीं है। पहले भी आ चुकी है, माँ के संग रह चुकी है। माँ की रिश्तेदारी की लड़की है, दीदी की सहेली है। बाहर की कहाँ

से हो गई?''

''रुकेगी कहाँ? किस कमरे में?''

''कहीं भी रह लेगी। गाँव की लड़की है, रसोई में पड़ी रहेगी। पहले दीदी की शादी में आई थी। तब इसकी चारपाई रसोई में ही लगती है। तुझे क्यों चिंता हो रही है? बहुत बड़ा घर है हमारा। चाहे जितने लोग रहें, कोई दिक्कत नहीं।''

बिस्तर पर लेटी सारिका की आँखें डबडबाने लगीं।

मोहित उसके आँसुओं से पसीजा, ''सुन सारिका, रजनी को माँ ने अपनी सेवा में खड़ा किया है, मैंने नहीं। मैंने तुझसे पहले भी कई बार कहा है कि हम दिल्ली में रह लेते हैं। यहाँ माँ और तेरे झगड़े के बीच में मैं पिसने लगा हूँ। किसे गलत कहूँ? जब माँ की सुनता हूँ, तो लगता है, वही सही है। अब तू कह रही है, तो तेरी बात भी सही लग रही है। तू ठीक हो जा। हम यहाँ से चले चलेंगे। तब तक तुझे माँ की इच्छा को बर्दाश्त करना ही होगा। जल्द से जल्द अपनी मम्मी से दिल्ली में कमरा माँग ले। या फिर कहीं से पैसा जुगाड़। हम यहाँ नहीं रहेंगे।''

कनक कमरा नहीं देगी, सारिका तरह जानती थी। और पैसा? कहाँ से जुगाड़ ले पैसा?

पैसा ही संबंध बनाता और बिगड़ता है क्या? वह ऐसा नहीं मानती। संबंध-रिश्ते-नाते मन के हैं। यदि मन में प्यार हो, तो पराये भी अपने हो जाते हैं। मन में प्यार नहीं, तो अपनों से भी मन खट्टा हो जाता है।

उसकी ओर से मोहित का मन खट्टा होने लगा है, वह समझती थी। पर अभी कुछ बाकी था। प्यार या आँखों की शर्म या इंसानियत।

मोहित ने उसके माथे पर हाथ फिराया तो वह सिसक पड़ी, ''यह सब ठीक नहीं है जी।''

''चल, अपन दिल्ली चलें! मैं यहाँ देहात में हाड़-तोड़ मेहनत कर महीने भर के सिर्फ दस हजार पाने से थक चुका हूँ। अपनी मम्मी को फ़ोन कर, मैं वहाँ एक कमरा किराए पर लेकर रहूँगा।''

'दिल्ली कनक ने खरीद रखी है, वह उसे पाँव न धरने देगी,' सारिका जानती थी। फिर भी मोहित का मन रखने के लिए एक फ़ोन किया, ''मम्मी, हम वहाँ आकर रहेंगे, एक कमरा लेकर।''

''सारिका, बख्श मुझे। मैं कन्यादान कर चुकी। मेरा पीछा छोड़। मेरे ऊपर

समाज को सँभालने की जिम्मेदारी है। यहाँ आस-पास नज़र मत अइयो। अपना पति तुझसे सँभलता नहीं, मेरे सिर सवार हुई जाती है।''

हताश सारिका ने फ़ोन काट दिया। मोहित आस से देख रहा था। उसकी भाव-भंगिमा से सब समझ गया।

कन्यादान का अर्थ क्या है? क्या भगवान कन्या 'दान' करने के लिए देता है?

और सुधीर जी? उन्होंने कन्यादान भी नहीं किया। बिना दान किए ही अपनी पुत्री से पीछा छुड़ा लिया।

किससे शिकायत करती सारिका? रजनी तो रणदेवी की हमेशा ही पहली पसंद थी। और बकौल मोहित, वह घर की लड़की है।

रजनी, सास की पसंद। रजनी, मोहित की पसंद।

रजनी राजस्थानी खाना बनाना जाने, रजनी राजस्थानी बोली जाने।

मावा कचौड़ी, प्याज कचौड़ी, गट्टे की सब्जी जैसे दर्जनों राजस्थानी व्यंजन कुछ ही समय में तैयार करना जानती है रजनी।

कोई साग घर में न हो तो बेसन को कभी पानी में घोल, कभी सूखा इस्तेमाल करती है रजनी।

नमक-मिर्च-तेल-पानी में तैरते बेसन के उबले-तले टुकड़ों की सब्जी बनाती है रजनी।

रणदेवी-जीवनप्रसाद को मनुहार के साथ, मोहित को लाज के साथ, गुड्डू को खेल-तमाशे के साथ खिलाती है रजनी।

सारिका ने मन ही मन स्वीकार कर लिया कि वह रजनी से बहुत पीछे है।

फिर भी वह रजनी को बर्दाश्त नहीं कर पा रही थी।

यदि रजनी बीमारों की तीमारदारी के लिए आई है, तो उबली सब्जियाँ ही पर्याप्त हैं। कौशल दिखाने के लिए वह तला-पका क्यों बनाती है, सारिका के मन में बात उठी।

और जो बीमार स्वास्थ्य लाभ कर रहे हैं, वे तला-पका चाटने क्यों लगते हैं?

बेचारा मोहित, दस हजार रुपये प्रतिमाह कमाने वाला। इन व्यंजनों की

सामग्री कैसे खरीद पाता है—यह भी तो सोचने वाली बात थी। क्या सुधीर जी बेटी के साथ-साथ रुपयों की पेटी भी छोड़ गए हैं?

यों गुड्डू के लिए मूँग की दाल का पानी रोज बन रहा था। उसी में एक कटोरी परियल दाल या खिचड़ी सुबह-शाम सारिका को मिलती। शरीर में कमजोरी बढ़ती चली गई। यदि रोटी-सब्जी खाने की कोशिश करती तो पेट की तकलीफ फिर शुरू हो जाती।

''शरीर में गर्मी बढ़ गई है। कहीं तूने मेथी दाने की सब्जी तो नहीं खाई? कुछ दिन हल्का खाना खा। मौसम बदलेगा तो तबीयत अपने आप ठीक हो जाएगी।'' रणदेवी ने निष्कर्ष निकाला।

''जी माँ।'' सारिका को सहमत होना पड़ा। बार-बार शौचालय के चक्कर काटकर वह भी परेशान हो रही थी। जो दवाई एक बार मोहित लेकर आया, वह उसके शरीर पर लगी नहीं। और उसके बाद मोहित ने दवाई लाने की जहमत नहीं उठाई।

रजनी का बनाया खाना सबसे ज्यादा मोहित को मोहित कर रहा था।

मोहित ने एक बार फैसला सुनाया, ''शहर की लड़कियाँ कुछ नहीं जानतीं, सिवा मूर्ख बनाने के। कम मेहनत में ज्यादा कर दिखाना शहर के लड़कियों का कौशल है। और गाँव की लड़कियाँ कम समय में ज्यादा मेहनत कर दिखाती हैं। वाह रजनी, गट्टे की सब्जी का जवाब नहीं।''

रजनी की परोसी थाली को आखिरी सीमा तक चाटता जा रहा था मोहित।

''यह वापस कब जाएगी?'' सारिका ने झुँझलाकर मोहित से पूछा।

''मुझे नहीं पता।'' बिना सारिका की ओर देखे ही उत्तर दिया। अब उसने अपनी उँगलियाँ चाटनी शुरू कर दी थीं।

''और कुछ लाऊँ?'' रजनी कुहुकी।

''नहीं, माँ को खिला। मैं काम पर जा रहा हूँ।'' मोहित उठ खड़ा हुआ।

रजनी सिर हिलाकर वहाँ से चली गई।

''यह अपने घर वापस क्यों नहीं जा रही?'' सारिका फिर चिल्लाई।

''माँ ने बुलाया है। वही जाने।'' मोहित ने उकताया-सा उत्तर दिया।

''आप माँ से इसे वापस भेजने को कहो।''

''किस-किस को वापस भेजने को कहूँ? इसे भिजवाऊँ या तुझे? तूने जीना हराम कर दिया है मेरा। जिस दिन से आई है, मैं चैन से बैठ नहीं पाया, नींद

भर सो नहीं पाया। सारिका, तू ही कुछ दिनों को कहीं चली जा। मेरा पीछा छोड़।''

धक्क रह गई सारिका।

कनक को उसका लौटना नहीं पसंद। और मोहित उसको भेजना चाहता है।

रणदेवी रजनी को वापस भेजना नहीं चाहती। और मोहित उसको रखना चाहता है।

सब कुछ तो सारिका के सामने खुला है और वह लाचार है।

फिर एक दिन मोहित बोला, ''अपनी कुछ अच्छी साड़ियाँ रजनी को दे दे। बक्से में रखकर तू क्या करेगी? तू बिस्तर पर पड़ी रहती है। वह आए-गए के सामने पड़ती है। उसे अच्छे कपड़ों की जरूरत है।''

''और मुझे नहीं है?''

''एह! अपनी उमर देख। तू एक बच्चे की माँ, वह कोरी-क्वाँरी! वह जरी-गोटे के कपड़ों में रानी-सी जँचेगी। तू तो यों ही उसकी दासी नजर आती है।''

''मजाक कर रहे हो?'' सारिका सदमा खा गई।

''हाँ।'' कहते हुए मोहित बेशर्मी से हँस दिया।

उस हँसी का क्या अर्थ था, वह नहीं समझ पाई। हैरत से मोहित का मुँह देखती रही। वह उठकर चल दिया।

उसके बाद न जाने कितनी बार सारिका ने मोहित की आँखें पकड़ीं। रजनी का पीछा करती आँखें।

'रजनी में ऐसा क्या है?' सारिका ने अकेले में स्वयं से पूछा, 'वह साँवली, मैं गोरी। वह मोटी, मैं सुडौल। मैं उससे ज्यादा अच्छी हूँ, फिर इन लोगों को उसमें क्या नजर आता है?'

गुड्डू को भी रजनी के साँवले रंग से कोई फर्क नहीं था। रजनी ने उसे तरह-तरह के खेल दिखाकर रिझा लिया। रजनी की शक्ल देखते ही उसकी गोद में जाने के लिए हाथ बढ़ा देता। लड़की कभी उसे छत पर ले जाकर खाना खिलाती तो कभी घर के चबूतरे पर बैठाकर आती-जाती गाड़ियाँ दिखाती।

घर से बाहर जाने पर जितनी बंदिशें सारिका पर थीं, रजनी के ऊपर उसकी

चौथाई भी नहीं। काम खत्म होते ही वह गुड्डू को अपनी कमर पर लटका घर से बाहर निकल जाती। अगल-बगल घूमती रहती। कई बार पहले भी आ चुकी थी, इसलिए इलाका उसका जाना-पहचाना था। उसकी गोद में लटका गुड्डू गाँव भर की सैर कर खुश रहने लगा। बच्चे को रजनी के रूप-रंग से नहीं, उसके प्यार से वास्ता था। भरपूर प्यार दे रजनी ने बच्चे को मोह लिया।

'बच्चा उसके पास क्यों रहता है?' सारिका ने इस बात पर बहस करनी चाही।

पर उसके मुँह खोलने के पहले ही मोहित ने रणदेवी से कहा, ''यह होता है बच्चा पालना। नहला-धुलाकर बच्चा साफ-सुथरा किया और उसे अच्छी बातें सिखाईं! जरूरी नहीं कि माँ समझदार हो। पर पालने वाली समझदार हो तो बच्चा सलीकेदार निकलता है। देखो, गुड्डू कैसा बदला-सा दिखने लगा!''

सारिका तिलमिलाकर रह गई, कुछ कह न सकी। एक महीने से बिस्तर पर लगे-लगे शरीर ही नहीं, जुबान पर भी जंग-सी महसूस हुई।

गाँव के रिश्ते से रजनी रणदेवी की भतीजी थी। पर वह मोहित को हमेशा 'मोहित जी' और सारिका को 'जीजी' क्यों कहती है, सारिका ने इसे कभी सोचा-विचारा नहीं।

कभी-कभी सोच सिमट जाती है, दूर नहीं जाती। और दायरे में कैद सोच हमेशा घातक होती है।

अजीब बात थी। रणदेवी ठीक हो गई, जीवनप्रसाद भी स्वस्थ दिखने लगे। किंतु सारिका का बुखार दूर नहीं हुआ।

एक शाम दलिया खाकर बिस्तर पर पड़ी रही वह। आँख लग गई। रात करीब बारह बजे आँख खुली।

घर में अँधेरा और सन्नाटा छाया था। मोहित काम से आया है या नहीं, तय नहीं था।

सबसे पहले अपने बच्चे की सुध आई।

कोशिश करके उठी और लड़खड़ाते कदमों से रणदेवी के कमरे में पहुँची।

रणदेवी बिस्तर पर चित्त पड़ी खर्राटे ले रही थी। गुड्डू उसके पेट से सटा गहरी साँसें लेता सो रहा था।

कुछ पल दरवाजे पर ठिठक उन दोनों को देखती रही। मन निश्चिंत हुआ।

बैठक से ससुर जी के खर्राटों की आवाज आ रही थी। उधर जाने का प्रश्न नहीं था।

प्यास लगी थी। पानी पीने के लिए कदम रसोईघर की ओर बढ़ाए। ठोकर लगने का डर था, तो रसोई की मद्धिम बत्ती जलाई।

बीच रसोई में एक खाली चारपाई दिखाई दी।

'रजनी कहाँ गई?' मन को एक धक्का लगा।

पानी पीने की बात भूल गई वह। गुसलखाना-शौचालय दोनों का दरवाजा खुला, बत्ती बंद देख वह जीने की ओर बढ़ी। मन ही मन भगवान से मनाया कि ऊपर का कमरा बिल्कुल खाली मिले। मन की आँखें पता नहीं क्या दृश्य देख रही थीं। उस दृश्य के साकार होने से डरी हुई थी वह।

ऊपर के कमरे का दरवाजा उड़का था। खिड़की से झाँका। सड़क की ओर खुलने वाली खुली खिड़की से चाँद की रोशनी बिस्तर पर पड़ रही थी।

अंदर वही दृश्य था, जिसकी कल्पना मन पहले ही कर चुका था।। फिर भी धक्का लगा।

धक्का नहीं, सदमा। मानो मौत के कुएँ में उतार दी गई हो।

गोल-गोल-गोल चक्कर खाता, मौत का अँधेरा कुआँ।

पलंग पर मोहित और रजनी सो रहे थे। एक़दम पास। एकदम सटे। लगभग एक-दूसरे में समाए। बिना कपड़ों के। चादर का एक कोना दोनों के तन पर था, जो लाज छिपाने को नाकाफ़ी था। सब कुछ निरावृत।

वह देखती रही, एकटक। काफी देर तक।

खिड़की की सलाख पकड़े-पकड़े चक्कर आने लगा, तो धीमे से वहीं बैठ गई।

बुखार और कमजोरी की वजह से जमीन पर लुढ़क गई।

होश कितने बजे आया, सारिका नहीं जानती।

होश आने पर एक बार फिर खिड़की से अंदर झाँक वह बिना कुछ कहे नीचे क्यों लौट आई, वही यह भी नहीं जानती।

अपने बिस्तर पर पड़कर सुध गँवा दी।

सुबह सूरज की तेज किरणों से अपने-आप आँख खुली।

उसे जगा देख रजनी चाय का कप रख गई।

सारिका ने चुपचाप चाय पी ली। फिर उठकर नित्य-कर्म से निवृत्त हुई।

दिन भर बिना एक अक्षर बोले रजनी की दी चाय, खिचड़ी खाती रही।

रजनी एकाध बार गुड्डू को उसके पास लेकर आई।

बच्चे को देख सारिका मुस्करा दी। हाथ आगे बढ़ाए।

''न!'' गुड्डू किलककर रजनी से और ज्यादा लिपट गया।

पराया बच्चा! मोहित का खून!

मोहित का रंग! मोहित की छब!

वह किंकर्तव्यविमूढ़ थी। क्या अब संसार में किसी को भी उसकी जरूरत नहीं!

मोहित, रजनी और गुड्डू! एक पूरा परिवार।

उसके और मोहित के बीच दीवार आ चुकी है, इतना समझ गई वह। और इस दीवार को तोड़ने की उसकी अपनी ही इच्छा नहीं है, यह भी जानती थी। फिर क्यों बहस करती?

संयोगवश दिन में रणदेवी के मोबाइल पर कनक का फ़ोन आ गया।

"सारिका, तू ठीक तो है? मुझे रात को सपना आया कि तू बीमार है।"

"हाँ मम्मी, मुझे कई दिनों से बुखार है।" रूठी होने पर भी वह माँ के सामने पिघल उठी, "तुम आ जाओ न, मुझे यहाँ तुम्हारी जरूरत है।"

"बेटी, अपना ख्याल खुद रख। तू तो समझदार है। जितनी जरूरत तुझे है, उससे ज्यादा तेरे भाई को है। उसकी बीवी के बच्चा होने को है। मुझे बहू की पूरी चिंता करनी पड़ रही है। यदि इस समय मैं तेरे घर आई, तो वही बात होगी जो तेरे जन्म के समय हुई थी। मेरे जापे में कोई ससुराल वाला मेरे संग नहीं था। रिश्ते खराब हो जाते हैं।"

"मुझे बुलवा लो मम्मी। तुम्हारे सारे काम करूँगी। अपने साथ ही रख लो।"

"सारिका, अपने घर में मन लगा।"

"मम्मी, यहाँ सब कुछ बिगड़ गया है। मोहित जी भटक रहे हैं। उन्हें समझाओ।" एक बार फिर अपनी बात कहने की कोशिश की।

"तुझे अपना आदमी सँभालना नहीं आता, कैसी औरत है तू? बात-बात में आदमी पर शक करेगी, तो हो गई गृहस्थी। मोहित से बनाकर चल। उसके हर कदम में उसके साथ रहा कर।" कनक ने समझाया। "यदि ऐसा करेगी तो

पति की नज़रों में तेरी इज्जत बहुत बढ़ जाएगी। आदमी पर शक करना बंद कर।"

"सच कहती हो मम्मी।" हताश होकर सारिका ने फ़ोन बंद कर दिया।

अपने बिस्तर पर बैठी सोचती रही, 'हाँ, शक मेरी आदत है। बचपन से ही मुझे शक करने की बीमारी है। हमेशा कनक और आकाश के ऊपर शक रहा। हमेशा लगा कि आकाश चाचा मम्मी के आगे-पीछे घूमते हैं। आधार नहीं था, पर शक था। और मेरा शक सही निकला न! पापा के खत्म होते ही मम्मी आकाश चाचा के संग जुड़ गई। और मोहित तो मेरे जीते-जी ही...'

तनाव बढ़ता जा रहा था।

इस तनाव से मुक्ति का आसान रास्ता पता था उसे।

एक खुराक जहर की, और सारे तनावों से मुक्ति! आसान रास्ता।

'पर मैं जहर क्यों खाऊँ? मैं कठिन रास्तों से नहीं डरती। मुझे सही रास्ता चाहिए। क्या है सही रास्ता?'

जब कुछ समझ नहीं आया तो रणदेवी के कमरे में पहुँचकर सारिका फट पड़ी, "माँ, रजनी हमारे घर में क्यों रह रही है? अब आप ठीक हो चुकी हो। इसे विदा करो।"

"कैसे विदा कर दूँ? मुझे अभी मदद की जरूरत है। तू बिस्तर पर पड़ी रहती है। इसे भेज दूँगी, तो काम कैसे चलेगा?"

"सब चलेगा। जिनके घर में ऐसे मददगार नहीं होते, उनके घर रोटी नहीं बनती क्या? न बने हमारे घर रोटी। हम खिचड़ी से खुश रहेंगे। माँ, इसे वापस भेजो।"

"क्यों जिद-बहस करती है?" रणदेवी झल्ला गई। "मेहमान ऐसे विदा नहीं किए जाते। अपनी इच्छा से आई है, अपनी मर्जी से ही जाएगी।"

"ओह! अच्छा! हमारे घर में इसकी इच्छा चलेगी!..." शब्द तलाशने में समय लगा, "...और यह रात को मेरे कमरे में क्या कर रही थी?"

रणदेवी सरौते से सुपारी काटती रही। उसने कोई उत्तर नहीं दिया।

"कहो न माँ, यह रात को छत वाले कमरे में मेरे पति के साथ क्या कर रही थी? तन पर एक कपड़ा नहीं...।" कहते-कहते सारिका की आवाज भर्रा गई।

"मुझे क्या पता भाई? मोहित जाने, रजनी जाने। मुझे इन बातों से कोई मतलब नहीं।" रणदेवी ने हाथ झाड़ दिए।

"यह पाप है।"

"नहीं। हमारे में ऐसा होता है। यदि सबकी रजामंदी हो तो लड़का दूसरी रख सकता है। सुधीर जी अपनी बेटी समझ-बूझकर छोड़ गए हैं।"

"माँ, मेरी सोचो। अगर तुम्हारी बेटी की ससुराल में ऐसा हो तो? तुम लोग मेरे ऊपर इसलिए अत्याचार कर रहे हो क्योंकि मेरे मायके से कोई मेरे संग खड़ा नहीं होता। मेरी मम्मी तुम लोगों पर विश्वास करती है। उसे लगता है तुम इतने संस्कारी हो कि दुनिया में ऐसा परिवार मिलेगा नहीं। यदि वह तुम्हारे लड़के की करतूत जाने, तो इस घर की ईंट से ईंट बजा दे।" अपना झूठ सारिका को अपने ही कानों में खला।

"लड़ाई-झगड़े की बात कहाँ से आई? तू बीमार है, तो मर्द किसी के साथ तो सोएगा, यही सही। सड़क वाली के पास जाए, तो तुझे अच्छा लगेगा? तू चिंता मत कर। जब तू ठीक हो जाएगी, तो यह वापस लौट जाएगी।"

"मैं जानती हूँ, यह नहीं लौटेगी। यह यहाँ बसने के लिए आई है और इसमें तुम्हारी पूरी सहमति है। तुम माँ नहीं हो, डायन हो।"

"भाई, जो मुँह में आए, कह ले।" रणदेवी मुस्कराई, "बीमारी में कभी-कभी दिमाग चल जाता है, हम बुरा नहीं मानते।"

"तुम्हारे घर छिनाली हो रही है और तुम्हें बुरा नहीं लग रहा? शर्म-हया बाकी है या नहीं?" रुदन गुस्से में बदल गया।

"शर्म-हया के विषय में सारे सवाल अपनी माँ से कर। जो उत्तर आए, मुझे बताना। वही मैं तुझे बता दूँगी।" रणदेवी फिर से मुस्कराई, तो सारिका की हिचकी दोबारा फूट गई।

"माँ, मेरा पिता मर गया था। उसके बाद मेरी माँ ने छिनाली की। मेरे बाप के सामने तो नहीं की न।" वह रोती रही। "मैं अभी जिंदा हूँ। तुम लोग यह बात भूल रहे हो।"

"कहाँ भूल रहे? तू जिंदा है, तो तुझे हम रोटी दे रहे हैं न। मोहित मरद है। हमारे में एक मरद न जाने कितनी बीवियाँ रखते हैं। तेरी माँ ने और क्या-क्या किया, कौन जाने! तू चिंता छोड़, चैन से जी।" रणदेवी उठकर चल दी।

चैन से कैसे जी लेती सारिका? उसका मन उसे जीने दे तब न! लगातार

कोंच रहा था उसे।

गर्म भभकते कमरे। गर्म पानी। न फ्रिज, न टीवी। सब कुछ बर्दाश्त। अँगीठी-चूल्हे पर खाना बनाना भी झेल लेती है। किसी के साथ भी उठना-बैठना नहीं। कहीं आना-जाना नहीं। उसे इस परिवार के सिवा किसी की जरूरत नहीं है।

पर पति में साझा नहीं झेला जाता।

पति उसे प्यार करे या न करे, उसे फर्क नहीं। पर यह नहीं बर्दाश्त कि उसके जीते-जी उसकी आँखों के सामने पति दूसरी औरत के संग सो जाए। इतने दिन बेध्यानी में जो हुआ, सो हुआ। पर आगे तो रोक लगाई जा सकती है न।

"ऐसे नहीं चलेगा।" वह चिल्लाई, ''माँ, तुम अपने आदमी के लिए इसकी माँ बुला लो तो मैं चुप हो जाऊँगी।''

''हरामजादी, जुबान काट दूँगी इसी सरौते से। अपनी औकात में रह। अपनी माँ से पूछ, दूसरे के संग क्या कर रही है। यह भी बता कि तेरा दिल्ली में कितनों से नाता था।"

"दिल्ली के रिश्ते मैं छोड़कर आई हूँ। और मम्मी की किसी बात से हमारा क्या वास्ता?"

"वास्ता है रंडी। तुझे अपने घर लाकर हमने गलती की। जो जानते कि माँ-बेटी रंडी हैं, तो कभी रिश्ता न करते।"

सारिका आजिज आकर बोली, "माँ, मैं पुलिस-थाने जाऊँगी। शिकायत करूँगी।"

"किसकी शिकायत करेगी? अपनी नंगई की? अपनी माँ की नंगई की? ठहर..." रणदेवी दहकता अंगारा बन चुकी थी।

सास में इतनी ताकत बाकी होगी, सारिका कहाँ जानती थी? या शायद वह ही बुखार की वजह से कमजोर हो रही थी।

मिनट भर में रणदेवी ने उसे रुई की तरह धुनक दिया, "अपनी औकात देख। एक ही बात बार-बार कहे चली जा रही है पतुरिया।''

''तू होगी पतुरिया। तू धंधा करती होगी।'' सारिका चिल्लाई। रणदेवी की पिटाई उसके ऊपर से चली गई। उसकी आत्मा फैसले के लिए आतुर थी।

अचानक बाहर के दरवाजे से रजनी अंदर दाखिल हुई। गोद में गुड्डू को थामे आस-पास टहलकर लौटी थी।

''अपने बेटे का रिश्ता तुझसे करना मेरी सबसे बड़ी गलती थी। तू इस

लायक नहीं थी कि बहू बनाकर लाई जाती।'' रजनी को देखते ही रणदेवी ने कहा।

"तो यह रिश्ता अब तोड़ डाल। तेरी आँखों के सामने तेरा लड़का हरामीपन कर रहा है। अपनी औलाद को नहीं देखती, मेरे पीछे पड़ी रहती है। मेरी माँ दस खसम करेगी। तुझसे मतलब बुढ़िया? तू कर ले, यदि तुझसे कोई फँस रहा हो। पूरी दुनिया में उस खूसट बुड्ढे के सिवा तुझे कोई पूछने वाला है? और बुड्ढा नामरद है, मैं जान चुकी हूँ। तभी तू सयानी हुई जाती है। जरूर अपनी बेटी को भी यही सब सिखाया होगा।"

शब्द सारिका के मुँह में कहाँ से आए, वह नहीं जानती। पर इन शब्दों को मुँह से निकालने के बाद उसकी दहकती हुई आत्मा तृप्त हो उठी। मानो आत्मा पर चढ़ा मनों बोझ उतर गया।

"हरामजादी। अब तू मरी। तुझे कोई नहीं बचा सकता।" रणदेवी भभक उठी।

शाम का समय था। आँगन के कोने में मिट्टी के चूल्हे पर लकड़ियाँ सुलग रही थीं।

आपा खोकर रणदेवी ने चूल्हे से जलती लकड़ी निकाली। थोड़ी दूर रखी केरोसिन की बोतल उठाई।

सारिका चूल्हे की लकड़ी और केरोसिन का लक्ष्य पहचानती थी। उसे अच्छी तरह याद था कि प्रेम गली में उच्छृंखल बहुओं को राम के घर भेजने के लिए इस तरह की जलती लकड़ी और केरोसिन का इस्तेमाल होता है।

तड़प-तड़पकर चिल्लाती, गली भर में आग का गोला बनी दौड़ती स्त्रियाँ वह कई बार देख चुकी थी। जानती थी कि गली में सब तमाशा देखते हैं, किंतु बीच में कोई नहीं आता क्योंकि यह तो घर के अंदर की बात है। हाँ, अगले दिन अखबार में खबर होती है कि विवाहिता ने आग लगाकर स्वयं को खत्म कर लिया! या खाना बनाते समय सिलेंडर फटने से मौत!

मौत!

रणदेवी लकड़ी वाला हाथ घुमाते हुए आगे बढ़ रही थी। सारिका झुककर हटी। लकड़ी रजनी के बदन से टकराई। रजनी चिल्लाकर पीछे हटी, तो रणदेवी का जोर कम हुआ। वह एक पल को ठिठकी।

उस एक पल में सारिका ने मुँह उठाकर जीने और छत के कमरे की ओर देखा। वही कमरा, जिसमें बीती रात अपने पति को दूसरी औरत के साथ देख चुकी थी।

सब कुछ बहुत अपरिचित लगा।

एक निगाह गुड्डू के चेहरे पर गई। मोहित की छब मानो छोटा मोहित। रजनी की गोद में चढ़ा।

''आ बेटा!'' सारिका ने हाथ आगे किए।

बच्चा समझा, यह कोई खेल है। ''न!'' उसने किलकारी मारकर मना किया।

सारिका की निगाह बाहर खुलते दरवाजे की ओर गई।

अमूमन रणदेवी उसे अंदर से बंद रखती थी। पर अभी रजनी ने खुला छोड़ दिया था।

बाहर फैली दुनिया, खूबसूरती और आशा से भरी। सारी चिंताओं और निराशाओं से परे।

सारिका उस ओर झपटी।

"ठहर राँड, तुझे देखूँ।" रणदेवी चिल्लाई।

"अरे जा। तूने पकड़ लिया मुझे। कोशिश कर ले।" सारिका खिलखिलाकर हँसी।

"वापस आ जा। बाहर गई तो मार डालूँगी।'' रणदेवी चीखी।

''तू तो अंदर भी मार डालेगी। और कर क्या रही है?'' एक पल ठिठककर सारिका ने रणदेवी को चिढ़ाया।

''मोहित तुझे जिंदा नहीं छोड़ेगा।" रणदेवी फिर चीखी।

"पकड़ पाएगा, तभी तो मारेगा।" सारिका फिर खिलखिलाई।

"मत जा बहू। वापस आ जा।" उसे बेकाबू देख रणदेवी बिलबिला उठी।

''कौन बहू? किसकी बहू?'' सारिका खुशी से झूमी, ''न मैं नहीं।''

"मोहित को फ़ोन करो। मोहित को फ़ोन करो। उसकी बीवी पागल हो गई है।" ससुर जी की आवाज सारिका के कानों में पड़ी। वह भी कहीं बाहर से ही लौट रहे थे।

''कौन पागल? क्या मैं?''

''कौन बीवी? क्या मैं?''

''न कभी नहीं।''

अगले निर्णायक पल सारिका घर के बाहर अँधेरे में गुम थी।

❍

हेरत हेरत हे सखि

देह बंधन।
मन बंधन।
फिर मुक्त क्या है?
एक लालसा मेरी
देह-मन से परे
मुक्ति तक पहुँचाएगी,
मेरी अदम्य चाहना ही
मुझे मोक्ष दिलाएगी।
जमीन से आकाश तक फैले
गीत की कड़ी बनेगी
जयति के सुरों में
मेरी इच्छा गायेगी।

'रोटी', 'कपड़ा', 'मकान' एवं 'सुरक्षा' को छोड़ सारिका रात के अँधेरे में भागती चली गयी।

यह स्वयं को एक अंधी सुरंग में धकेल देना था। पर यदि उसे यही भा रहा था, तो कोई क्या कर सकता है?

मनुष्य के हाथ में नसीब लिखना होता, तो वह विधाता न बन जाता। कनक एक मनुष्य मात्र थी। उसने पूरी कोशिश की, सारिका का नसीब लिखने की। पर सारिका ने बिगाड़ दिया। अपनी सोच को आसमान चढ़ाती कनक शायद

विधना से यह कहना भूल गई थी कि सारिका की सोच को खत्म कर दो।

सारिका की सोच ने कनक के किए-कराए पर पानी फेर दिया।

तभी तो कनक बार-बार पूछती है, 'तेरी समस्या क्या है? क्यों बार-बार अपना नसीब बिगाड़ती है?'

सारिका बहुत सोचती है कि उसकी समस्या क्या है।

पर वह समझ नहीं पाती। नसीब का बनना-बिगड़ना भी तो व्यक्ति-सापेक्ष है। एक की उपलब्धि दूसरे की अनुपलब्धि हो सकती है। या एक की सफलता दूसरे की असफलता पर निर्भर हो, ऐसा संभव है।

सारिका की समस्या ने उसका नसीब बिगाड़ा या नसीब ने उस समस्या का बीज बोया, यह भी कौन जानता है?

सारिका को भागना ही था। वह जानती थी कि मोहित के वापस आने का समय हो चुका है, किसी भी पल घर के इर्द-गिर्द नज़र आ जाएगा।

मोहित से बचना था उसे, क्योंकि उसे जिंदगी से मोह था। वह मोहित की शर्तों पर प्राण गँवाने को तैयार नहीं थी।

यों मौत कितनी आसान होती है।

खाना बनाते हुए विवाहिता जल मरी।

तालाब में डूबने से विवाहिता की मौत।

कुएँ में युवती की लाश मिली।

बंद कमरे में महिला ने फाँसी लगा ली।

सभी मौत के रूप हैं। ज्यादातर की गिनती आकस्मिक दुर्घटनाओं में होती है। सच में क्या हुआ, सुनने वाले नहीं जान पाते। जो मरा, वह अपनी उम्र पूरी करके गया या दूसरों की इच्छाओं की बलि चढ़ गया, कोई नहीं समझ पाता।

'मरूँगी, पर अपनी इच्छा से। तुम्हारी इच्छा से नहीं।' सारिका की जीवनी-शक्ति कह रही थी। वह मोहित से लड़ने को तैयार थी। शरीर में बीमारी के कारण शक्ति नहीं थी, पर प्रतिक्रिया के तौर पर दिमाग ज्यादा सक्रिय हो गया।

मोहित की फ़ैक्ट्री से लौटने के विपरीत रास्ते पर भागना शुरू किया उसने। बीच सड़क पर चलने के बजाय पेड़ों के बीच छिपकर जाना उचित समझा।

चलती रही। शाम का धुँधलका रात के अँधेरे में बदल गया। अँधेरा उसे

डराने लगा। बार-बार लगता कि कोई पीछे से आवाज दे रहा है। मुड़-मुड़कर देखती, तो कोई नहीं दिखता।

पास की सड़क पर खड़ी एक लॉरी खड़खड़ाती दिखी। आगे बढ़ने को तैयार लॉरी। कई ग्रामीण मजदूर स्त्रियाँ हाथ भर का घूँघट करे उस पर चढ़ रही थीं। घूँघट मारकर वह भी उन्हीं के साथ लॉरी पर बैठ गई।

लॉरी में बैठी ज्यादातर स्त्रियाँ आपस में अपरिचित थीं। किसी को किसी से मतलब नहीं था। सारिका ने राहत की साँस ली। नहीं जानती थी कि यह गाड़ी उसे कहाँ ले जाएगी। पर कुछ पल के लिए लगा कि वह लाल कोठी वालों से बच गई है।

किंतु जल्द ही लॉरी की खड़खड़ाहट से अलग एक आवाज उसके कानों में पहुँची।

मोटरसाइकिल की आवाज!

अंदर तक काँप गई वह।

मोहित मोटरसाइकिल पर लॉरी का पीछा कर रहा है, यह सौ फीसदी तय था।

लॉरी रुकी। कुछ स्त्रियाँ नीचे उतरीं।

सारिका किंकर्तव्यविमूढ़ थी। वह लॉरी से उतरकर औरतों की भीड़ से अलग अँधेरे के साये में ठिठकी रही।

मोहित लॉरी ड्राइवर से पूछ रहा था, "भाई, नीली साड़ी में एक जनानी को देखा? मेरी लुगाई को जयपुर जाना था। शायद जल्दी में तुम्हारी गाड़ी में चढ़ गई हो।"

"इधर सारी जनानी सवारियाँ ही हैं।" लॉरी ड्राइवर बोला, "एक सेठ की हवेली का काम चल रहा है। मजदूर औरतों को उनके ठिकाने से लेकर हवेली तक पहुँचाना-लौटाना मेरी जिम्मेदारी है। यदि इन्हीं के बीच तुम्हारी लुगाई हो, तो मैं कह नहीं सकता। जाओ, पीछे जाकर देख लो।"

जितनी देर में मोहित ने मोटरसाइकिल सड़क के किनारे खड़ी की, सारिका पास वाले पेड़ों के झुरमुट में समा गई।

थोड़ी दूर तक झाड़ियों में पाँव दबाकर साँस रोककर धीरे-धीरे चली। जब महसूस हुआ कि वह मोहित की पकड़ से दूर है, तो तेज चलने लगी।

बिना पीछे मुड़े लगभग पंद्रह मिनट चली। जंगल-झाड़ी से निकल फिर सड़क पर पहुँच गई। आँखों में अँधेरा छा रहा था। थकान से बुरा हाल था। अब उसके लिए जंगल और सड़क का भेद खत्म हो चुका था।

सामने से आती बड़ी सी गाड़ी दिखी।

तेज बत्तियाँ! हॉर्न की आवाज!

वह किंकर्तव्यविमूढ़ सी देखती रही। फिर लहराकर जमीन पर गिर पड़ी।

गाड़ी की गति धीमी थी। चालक ने तुरंत ब्रेक लगा दिया। गाड़ी कर्कश आवाज के साथ अपनी जगह पर उछली और रुक गई।

"अंधी है क्या? मरना चाहती है?" ड्राइवर नीचे उतर गुस्से से चिल्लाया।

"ऐ लड़की, मरने के लिए हमारी गाड़ी ही मिली थी क्या?" सीधी बात तीखी आवाज की वजह से ताना लगी।

इस तरह की तीखी आवाज बहुत बार सुन चुकी थी वह। किन्नरों की वाणी अलग से पहचानी जा सकती है, ऐसा सारिका का मानना है। सामने एक किन्नर है, इतना पता चल गया।

'हाँ, मुझे मार डालो। गाड़ी के पहियों से कुचलकर मार डालो।' उसने कहना चाहा, 'मैं मोहित के हाथों नहीं मरना चाहती। अपनी मौत मैं खुद चुन सकती हूँ। मुझे मार डालो।'

पर उत्तर देने की ताकत ही कहाँ थी उसके पास? देखने की कोशिश की। कोई शक्ल आँखों में नहीं थी। गाड़ी की बत्तियों की रोशनी फैली थी। रोशनी की वजह से आँखें मुँद रही थीं। डर था कि मोहित कभी भी पहुँच सकता है।

''उठो बेटी। होश में आओ।'' चिंतापुर आवाज आई। सारिका ने देखना चाहा। ममता से भरी दो आँखें उसकी ओर बेचैनी से देख रही थीं। ''बेटी तुम ठीक तो हो?'' चौड़े माथे वाली गोरी स्त्री ने पूछा।

सारिका ने उठना चाहा। किसी ने सहारा भी दिया, पर वह उठ न सकी।

"अरे, तुम्हें तेज बुखार है।" बहुत कोमल आवाज वाले इंसान ने उसके कंधों को दबाते हुए आश्वस्त किया, "डरो नहीं, तुम हमारे साथ सुरक्षित हो। बताओ, कहाँ जाना है? हम छोड़ देंगे। हम कोटा जा रहे हैं।"

आवाज नहीं थी, प्राणधारा थी। सारिका की बंद पलकें खुल गईं। देखा, बहुत ही सुदर्शन पुरुष उसे पकड़े था।

"मुझे भी कोटा जाना है।" किसी तरह उसके कंठ से निकला, "तुरंत जाना है। अपने साथ ले चलो।"

दो लोगों ने सहारा देकर उसे उठाया है और गाड़ी में लिटाया है, सारिका ने इतना महसूस किया। स्वयं को सुरक्षित समझ उसने सुकून के साथ आँखें बंद कर लीं।

कितनी देर बेहोश रही, वह नहीं जानती।

जब होश आया, स्वयं को एक कमरे में बिस्तर पर लेटा पाया। लेटे-लेटे ही कमरे को निगाह भरकर देखा। सामान्य कमरा, सामान्य बिस्तर। खिड़कियों पर पर्दे।

पास की मेज पर दवाएँ ही दवाएँ।

"आप ठीक तो हैं?" सामने कुर्सी पर बैठे युवक ने पूछा। वही सुदर्शन युवक, जिसने सड़क पर उसे उठाया था।

सारिका उसे एकटक देखती रही। प्रश्न उसके कानों में नहीं गया।

"आप ठीक तो हैं?" चिंतातुर युवक ने आगे बढ़कर उसके माथे पर हाथ लगाया। कोमल स्पर्श। सारिका की आँखें बंद हो गईं। स्पर्श शरीर के रास्ते रूह तक जाता महसूस हुआ।

कैसा अजीब स्पर्श! सुरक्षा देने वाला, आश्वस्त करने वाला। 'क्या जन्म से अब तक कभी ऐसा स्पर्श पाया?' सारिका सोच में पड़ गई, 'क्या इसी स्पर्श के लिए मैं आज तक जीवित रही?'

आँखें बंद किए सोचती रही।

हाथ माथे से हट गया। पर उसने आँखें न खोलीं। यदि सपना भी है, तो बहुत अच्छा है। टूटने का डर मन में समा गया।

"ऐ बहन, होश आ गया तुम्हें?" तीखी आवाज ने उसे पुकारा।

चौंककर आँखें खोलीं।

साँवला रंग, चौड़ा चेहरा, पहचानी सी शक्ल। बचपन से न जाने कितनी बार ऐसी शक्लें जब-तब रूप बदलकर सामने आती रही थीं।

एक मध्य वयस किन्नर युवती सामने खड़ी थी।

वह युवक कहाँ गया? एक पल को हैरत हुई उसे।

"अब तो ठीक लग रही हो। लो, दूध पी लो, फिर दवा खाना।" एक कप

दूध उसके होंठो से लगाते हुए किन्नर ने पूछा, "कौन हो तुम? कल शाम से बेहोश हो। हम डर गए थे कि कहीं पुलिस-थाना न हो जाए। जंगल से निकल तुम हमारी गाड़ी के नीचे आ गईं। जंगल में क्या कर रही थीं? कौन हो तुम?"

"मैं किन्नर हूँ, सारिका किन्नर!" सारिका के कंठ से क्षीण आवाज निकली।

चौड़े चेहरे की स्वामिनी ने अचकचाकर उसकी ओर देखा। नहीं जानती थी कि उसी की शक्ल देखकर सारिका को यह शब्द याद आया है।

पूरी तरह से स्वस्थ होने में पाँच-छह दिन तो लग ही गए होंगे।

जो सारिका के साथ थी, उस किन्नर का नाम शांता था।

रात के अँधेरे में वह किन्नरों की कार से टकराई, यह बात वह बेहोशी से पहले ही समझ गई थी। पर उसके बाद की कहानी शांता ने उसे विस्तार से बताई।

कार सवार किन्नर कोटा जा रहे थे। उस सुनसान जगह पर न तो कोई अस्पताल था, न ही कोई पंछी-पशु-मानव। ऊपर से सारिका ने अपना गंतव्य कोटा कहकर उन्हें एक राह दिखा दी। वे बेहोश सारिका को अपने साथ कार में ले आगे चल दिए।

देर रात कोटा पहुँचे। सारिका की स्थिति यथावत थी। वह बेसुध जरूर थी, पर साँसें सामान्य रूप से चल रही थीं। बुखार से बदन तप रहा था, पर मुँह में चम्मच से पानी डालने पर पानी पी रही थी। अतः अस्पताल में भर्ती करने के बजाय उन लोगों ने उसे अपने घर के एक कमरे में लिटा दिया।

वहीं पर डॉक्टर बुला उसकी जाँच कराई।

डॉक्टर ने जाँच करके बताया कि वह कमजोरी की वजह से बेहोश है। दो इंजेक्शन लगाए और कुछ दवाइयाँ दीं। आश्वस्त किया कि कुछ घंटों में होश आ जाएगा।

और ऐसा हुआ भी। सारिका को दोपहर तक होश आ गया। दूध पीकर दवाई खाई और एक बार फिर तंद्रालीन हो गई।

अगली सुबह पूरी तरह चैतन्य हुई।

जिस घर में वह थी, वह हेमा माँ का था। हेमा माँ यानी किन्नरों की गुरु, किन्नर-समाज में एक प्रभावशाली शख्सियत।

“हेमा माँ कहाँ हैं? वह नज़र नहीं आईं। मैं उनसे मिलना चाहती हूँ।” सारिका ने शांता से पूछा।

“गुरु को तेरी चिंता थी। अपना काम छोड़ तेरे पास बैठी रहीं। तुझे होश आया, तो अपनी मीटिंग के लिए साउथ चली गईं। तेरी वजह से वैसे ही उनका काम एक दिन के लिए रुक गया। तू चिंता मत कर। वह फ़ोन पर रोज तेरी खबर ले रही हैं। दो-चार दिन में लौट आएँगी। उनसे मिलने के बाद ही अपने घर जाना। कहाँ है तेरा घर?''

सारिका चुप रही। दिमाग लगातार सक्रिय रहा। ताना-बाना तैयार कर रहा था।

''बता, जब तू गाड़ी से टकराई थी तो तूने कहा था कि तुझे कोटा जाना है। कोटा में कहाँ जाएगी?''

''कहीं नहीं।'' बहुत सोचकर उत्तर दिया।

''क्या मतलब? फिर कोटा का नाम क्यों लिया?''

''झूठ बोला था। आपके साथ आने के लिए।'' सच बोलना बेहतर समझा।

''तौबा-तौबा। चोरी और सीनाजोरी। देखना, दीदी कितना नाराज़ होंगी। दीदी को झूठ से नफ़रत है।''

सारिका चुप रही।

''यों भी तू बाहर की है, इसलिए तू हमारे साथ हमेशा के लिए नहीं रह सकती। दीदी के आते ही तुझे यहाँ से जाना होगा।''

''मैं आप लोगों के साथ रहने के लिए आई हूँ।''

''हमारे समाज में शामिल होने के लिए पूरे संस्कार के साथ रस्म होगी। उसके बाद ही तू हमारे साथ रह सकती है। मुझे नहीं लगता, बिना संस्कार दीदी तुझे यहाँ रहने देंगी! तुझे यहाँ से जाना है, यही तय है।” इतना कह शांता वहाँ से चली गई।

सारिका सोच में डूब गई। क्या वह सच में इन लोगों के साथ रह पाएगी? कब तक? और क्यों? और कैसे?

क्या वह इनके साथ घर-घर जाकर बधाई गाना पसंद करेगी?

घर-घर घूमना! लाल कोठी के दरवाजे बधाई गाना! प्रेम गली में जाकर ताली बजाना!

‘मैंने तुझे किन्नर से लड़की बनाया।’ कनक का यह वाक्य कितनी बार

सुना होगा उसने। और आज इस तरह किन्नरों के बीच!...किन्नर-योनि में जन्म लेने के बाद भी उसने किन्नर-योनि से छुटकारा पाया था और अब फिर वहीं पहुँच गई। संस्कार के साथ हिजड़ा बनना पड़ेगा। क्यों? क्या कोई जबरदस्ती है?

वह संस्कार नहीं कराना चाहती।

पर वह इन लोगों के साथ रहना चाहती है।

कितनी अजीब बात है, इंसान की अपनी इच्छा का कोई मोल नहीं। बचपन में माँ ने उसे लड़की बनवाया। जिंदगी भर अपने इस कौशल की शान मारती रही।

और अब शांता धमकी दे रही है, 'यदि किन्नरों के साथ रहना है तो...।' और इसे शांता अपना कौशल मान रही है।

'इंसान को इंसान के रूप में क्यों नहीं पहचाना जाता?' ठंडी साँस ली उसने।

शांता के साथ रहते एक हफ्ता हो गया। सारिका एक कमरे में आराम करती रहती। उसे नहीं पता चला कि उस बड़े से घर में कहाँ क्या हो रहा है। जिसने उसके माथे पर हाथ रखा था, वह युवक कौन है, वह यह भी नहीं जान सकी। शांता से पूछने की हिम्मत नहीं पड़ी।

'हो सकता है, वह सपना हो! एक अच्छा सपना!' वह सोचती।

एक सुबह शांता ने बताया कि रात गुरु माँ वापस लौट आई हैं, उसे बुला रही हैं।

हेमा माँ से मुलाकात एक अलग-सा अनुभव रहा। उस एक्सीडेंट वाली रात सारिका को उनकी झलक ने आश्वस्त किया था। और एक बार फिर यही हुआ।

गोरी, सुंदर, भव्य व्यक्तित्व वाली हेमा माँ ने देखते साथ उसे अपनी बाँहों में समेट लिया, "अरी लड़की, तू ठीक हो गई। हम समझे थे कि तूने मरने के लिए हमारी गाड़ी खासतौर से चुनी है। सारिका नाम है तेरा? बड़ा सुंदर नाम है। एकदम तेरी तरह।"

"गाड़ी तो खासतौर से चुनी ही थी। लेकिन मैंने नहीं, भगवान ने।" सारिका ने सच्चे दिल से कहा।

हेमा उसे बाँहों में थामे-थामे पास के सोफे पर बैठ गई।

बैठने के बाद सारिका की आँखें थोड़ी दूर खड़े युवक पर गईं। निमिष के निमिष मात्र में वह उसे पहचान गई। कैसे भूल सकती थी उस सुदर्शन चेहरे को?

माथे पर रखा एक कोमल हाथ उसके मन को छू गया।

यानी उस रात का वह स्पर्श सपना नहीं था।

युवक की आँखें उसके चेहरे पर टिकी थीं।

"मेरा बेटा नीरज अमेरिका से एमबीए करके हाल में ही लौटा है। तेरी चोट से बहुत परेशान हो गया था। उस रात गाड़ी में मेरे साथ था। तेरी चिंता में पूरी रात जागता रहा था यह।" हेमा ने सारिका को बताया।

"वह... दरअसल..." नीरज संकुचित होने लगा, "अब कैसी हैं आप?"

"ठीक हूँ।" किसी तरह कह पाई।

नीरज माँ की ओर मुड़ा, "माँ, मुझे ऑफ़िस में कुछ काम है। तैयार होने जा रहा हूँ।"

"फिर काम!" हेमा रीझी-सी देखती रही, "नीरज, तुझे आराम से बैठना नहीं आता? लगता है, तुझे विदेश भेजकर मैंने गलती की।"

वह मुस्कराकर कमरे से बाहर निकल गया, तो सारिका सम्मोहन से वापस आई।

"कौन है तू? कहाँ की है?" हेमा ने पूछा।

"सारिका किन्नर हूँ, जयपुर की।" अनजाने में मुँह से निकला।

"जयपुर में कहाँ की? और उस रात डिग्गी में क्या कर रही थी? उस समय तो अपना ठिकाना कोटा बता रही थी!"

सारिका चुप रही।

"बेटी, एक बार सही पता-ठिकाना बता दे। तुझे तेरे घर सुरक्षित पहुँचा देंगे।"

सारिका चुप रही।

हेमा हँसने लगी। "मैं जानती हूँ कि तू किन्नर नहीं है। शांता बता रही थी कि कोटा की भी नहीं है। अपने घरवालों से रूठी हुई है, घर वापस नहीं जाना चाहती, इसीलिए तरह-तरह के बहाने बनाती है। या तो सच बोल या चुपचाप यहाँ से निकल जा।"

"मुझे यहीं रहना है। आप चाहें तो धक्का देकर बाहर निकाल दें। मैं

अपने-आप नहीं जाऊँगी।" सारिका ने निश्चय भरी आवाज में कहा।

"जिसे बेटी कहा है, उसे धक्का नहीं दे सकती। जिद मत कर, जितने दिन रहना हो, रहे ले। लेकिन उसके बाद यहाँ से चली जाना। किन्नरों के बीच तू नहीं रह पायेगी। हमें भी परेशानी, तुझे भी।"

"मैं किन्नर हूँ। और मुझे यहीं रहना है।" सारिका का कंठ भर आया, "कम से कम अपने पैरों पर खड़ा होने तक। या फिर जहाँ से लायी हैं, वहीं फेंक आइये। पर जिंदा नहीं, मुझे मारकर फेंकना होगा। मैं अपनी इच्छा से यहाँ से नहीं जाने वाली।"

"कितने साल की है?" हेमा ने पूछा।

"बीस की।" सारिका बोली। ''इक्कीस की पूरी नहीं हुई हूँ।''

"कितना पढ़ी है?"

"मैंने आठवीं कक्षा की पढ़ाई की है। पर पास नहीं हुई। आठवीं फ़ेल हूँ मैं।"

"यानी तेरी पूरी पढ़ाई बाकी है। देख, तू मेरी जिम्मेदारी नहीं है। लाख कोशिशों के बावजूद हम किन्नर बच्चों की पढ़ाई का प्रबंध ठीक से नहीं कर पाते। तेरे लिए क्या करेंगे? ज्यादा से ज्यादा इतना हो सकता है कि तेरे माता-पिताजी को समझाया जाये। तू अपने घर का पता दे दे।"

"घर होता, तो चली न जाती। यों भीख माँगती?" सारिका के कंठ से हताशा बाहर आई। उसकी आँखें डबडबाने लगीं।

कुछ पल मौन रहा।

"तुझे हमारे संग रहना है, तो हमारी तरह रहना होगा।" हेमा माँ ने निर्णायात्मक स्वर में कहा। "हमारे अपने नियम है। हम बाहर के इंसान को अपने साथ नहीं रख सकते। यहाँ रहने के लिए जो रीति-रिवाज हैं, उन्हें तुझे पूरा करना ही होगा। उसके बिना तू यहाँ नहीं रह सकती।"

"नौकर बनकर भी नहीं?" सारिका ने प्रश्न किया।

"क्या मतलब?"

"मत कहिए बेटी। मत मानिए किन्नर। इंसान तो मानती हैं। समझ लीजिए, नौकर हूँ। सिर छुपाने की जगह, रोटी और कपड़े दे दीजिए। बहुत एहसान होगा।" सारिका गंभीरता से बोली।

"ऐसा नहीं हो सकता।" हेमा अडिग रही, "किन्नर-समाज में किन्नर-आचरण।

वैसे भी हमारे ऊपर बहुत जिम्मेदारी है। तू काम-धंधा करेगी?"

"जी, मैं मेहनत कर सकती हूँ, पर सड़क पर नहीं घूम सकती।"

हेमा तिलमिला उठी, "सड़क वाले हम भी नहीं हैं। तू हमें क्या समझती है? हम भिखारी हैं? मँगते हैं? जी नहीं। हम पढ़े-लिखे हैं। किसी भी प्रतिष्ठित, सम्मानीय इंसान की तरह हमारा भी नाम है, देश-विदेश में पहुँच है। क्या हम सड़क पर ताली बजाने वाले नज़र आते हैं? तुझे किस बात का गुमान है?"

"माँ!" सारिका की आँखों से आँसू टपक गए, "आपने मुझे गलत समझा। सड़क पर ताली बजाने में कोई बुराई नहीं। सड़क पर नाचने-गाने में भी कोई बुराई नहीं। मैं यह कह ही नहीं रही हूँ। मैं तो पढ़ी-लिखी भी नहीं हूँ। मैं गुमान किस बात पर करूँगी? मैं दर-दर की ठोकरें खा रही थी। आपकी कृपा, जो मुझे अपने साथ ले आईं। पर मैं सड़क पर नहीं जा सकती। मुझे पढ़ना है। अपने पैरों पर खड़े होते साथ मैं आपका घर छोड़ दूँगी। जीवन भर एहसान मानूँगी।..."

''जरूरत नहीं। अपने परिवार में लौट जा।'' हेमा ने उसकी बात काटी।

सारिका कहती रही, "...यदि आप मुझे अपने साथ नहीं रख सकतीं, तो थोड़े दिन के लिए कहीं कोई नौकरी और रहने का ठिकाना दिलवा दीजिए। मैं यहाँ से निकल जाऊँगी। वचन देती हूँ कि मेरी वजह से आपको शर्मिंदा नहीं होना पड़ेगा।"

''हम इस घोटाले में नहीं पड़ेंगे। तुझे यहाँ से जाना ही होगा। ऐसा रूप-रंग! तुझे रखेंगे तो पुलिस यहाँ जरूर आएगी।''

''जी!...''

''क्या जी? बता कहाँ जाएगी?''

''जी, कहीं भी चली जाऊँगी। आज के बाद आप मेरा चेहरा कभी नहीं देखेंगी।'' इतना कह सारिका चुप हो गई। अपने नीचे के होंठ को दाँतों से दबा रुलाई रोकती रही।

अचानक उसका ध्यान गया कि दरवाजे पर खड़ा नीरज हैरत से उसे ही देख रहा है।

सारिका ने चेहरा दूसरी ओर घुमा लिया।

"माँ, यदि यह यहाँ से जाना नहीं चाहती तो जिद मत करो।" नीरज ने चुप्पी तोड़ी, ''यह हमारे घर ही रहेगी।''

''तू तो ऑफ़िस जा रहा था? यहाँ क्यों खड़ा है?''

"जाता हूँ माँ। जरा..."

एक पल के अंदर घर में दो दल बन गए थे। सारिका भौचक्की सी माँ-बेटे का वाक्-युद्ध देखने लगी।

"तू यहाँ से जा। तू कुछ नहीं समझता है।" हेमा चिड़चिड़ा उठी, "समाज वाले हमें मुख्यधारा में शामिल नहीं करते। पर फायदा उठाने चले जाते हैं। यह भी उन्हीं में एक है।"

"समाज के लोग बेशक हमें अपने साथ लेकर नहीं चलते, पर साथ चलने से मना भी नहीं करते। आज हमारी तृतीय लिंग के रूप में पहचान है। सुप्रीम कोर्ट तक ने हमारे मानवाधिकारों पर सही की मुहर लगाई है। इसे यहाँ से भेजकर हम अपने मानव होने पर एक प्रश्न चिह्न लगा रहे हैं।"

"यह लड़की सच नहीं बोल रही, ढोंग रच रही है। इसे यहाँ से निकलना होगा।" हेमा खीझ उठी।

"ढोंग कर रही है, तो करने दो। हमारा क्या चुरा लेगी? वैसे भी यदि हम इंसान न बने, तो बड़ी-बड़ी बातों का क्या फायदा? यह सिर्फ मदद माँग रही है। हमें इसकी मदद करनी चाहिए। उस दिन इसे मरने से बचाया, आज फिर उसी राह भेज रही हो!"

"मुझे क्या करना है, मैं अच्छी तरह जानती हूँ। रास्ता चलती लड़की को अपने घर रख लूँ, इतनी पागल हूँ क्या? मेरा विश्वास जीतने के लिए इसने क्या किया?"

"जो लोग संस्कार करा लेते हैं, उनके ऊपर विश्वास कर लेती हो। क्या शरीर का संस्कार मन को बदल सकता है? फिर तो माँ, तुम भी शरीर को मुख्य मान रही हो। जबकि सच्चाई यह है कि इंसान की परख उसके मन की शुद्धता से करनी चाहिए। यह हमारे ऊपर विश्वास कर रही है, और तुम इसके विश्वास को तोड़ रही हो। इसे मरने के लिए छोड़ रही हो। कैसी माँ हो तुम?"

"नीरज, तुझे पढ़ाया-लिखाया, ताकि तू किन्नरों के हक के लिए लड़ सके। इसलिए नहीं कि मेरे से ही लड़ना शुरू कर दे।" कहते-कहते हेमा की आँखें स्नेह से खिल उठीं। "क्या चाहती है यह लड़की, तू ही इससे पूछ। मुझे तो अब इससे बात ही नहीं करनी।"

पूछने की जरूरत नहीं पड़ी। सारिका हेमा से लिपट गई। "माँ, मैं जीवन भर तुम्हारे साथ रहना चाहती हूँ। इसके सिवा मेरी कोई इच्छा नहीं है।"

"बवाल इसी तरह गले पड़ते हैं।" हेमा लड़ियाते हुए बोली।

''हाँ, मैं बवाल हूँ।'' सारिका ने स्वीकारा।

कुछ देर बाद एक बार फिर उसी तरह की बहस हुई।

"मैंने पार्लर का काम सीखा है।" सारिका ने बताया।

"अच्छी बात है, तू अपने काम को सुधार। हाथ के काम की बहुत माँग है। पास में डॉली का पार्लर है। वहाँ तेरा समय ठीक से कटेगा, बहुत-कुछ सीखने को मिलेगा।" हेमा माँ सारिका के भविष्य के विषय में गंभीर हो गईं।

"पार्लर-वार्लर नहीं। तुम्हें दसवीं कक्षा का प्राइवेट फ़ॉर्म भरवा देंगे।" नीरज ने टोका, "तुम्हें पढ़ने में ध्यान लगाना है। अच्छे नंबर लाने हैं। तुम पढ़ाई में पिछड़ी हुई हो। जितना जल्दी सीखोगी, उतना जल्दी आगे बढ़ोगी। तुम पढ़ाई पर फ़ोकस करो।"

"मैं दोनों काम ठीक से कर लूँगी, आप चिंता मत करिए।" सारिका मुस्कराई।

न जाने कितने भाव एक साथ हृदय में उमड़ने लगे।

अपनी विजय पर भरोसा नहीं हो रहा था।

हेमा और नीरज का निश्छल स्वभाव देख अभिभूत थी।

अपने भविष्य के बारे में बातें करना अच्छा लग रहा था।

मन के एक कोने में मोहित का चेहरा था। आक्रोश से भरा चेहरा।

सारिका ने सिर को झटका दे उस चेहरे को वहाँ से हटाना चाहा।

कामयाब भी हुई।

सारिका लाल कोठी से एक बार निकली तो उसके विषय में दोबारा नहीं सोचा। गुड्डू की याद आई, पर उस याद ने उसके कदमों को बाँधा नहीं। जानती थी कि बेटा सुरक्षित हाथों में है। अपनी जान बचाने की इच्छा नहीं थी, बल्कि अपना मन बचाने की इच्छा प्रबल थी।

फिर भी मन में अपने न जाने कितने अपराध जीवंत थे—पतिगृह त्यागना, बच्चे को छोड़ देना, माँ के पास न लौटना, हेमा से सच छिपाना आदि-आदि।

'क्या मैं गलत हूँ, क्या मुझे सच बता देना चाहिए?' यह अनुत्तरित प्रश्न

उसकी रात की नींद को खत्म कर देता। किससे पूछे सही क्या है, गलत क्या है?

कितने ही द्वंद्व साथ हो गये। मन को बार-बार समझाती कि उसने बात छिपाई है, पर कुछ झूठ नहीं कहा। पढ़ाई पूरी होते ही अपने पैरों पर खड़ी हो जाएगी तो अपने बेटे को अपने पास ले आएगी। जब दो रोटी के लिए किसी के ऊपर मोहताज नहीं होगी तो कोई उसे घुटन भरी जिंदगी या मौत को गले लगाने के लिए बाध्य नहीं करेगा।

अपराधबोध के बावजूद उस पल के लिए ईश्वर को धन्यवाद देती, जिस पल वह हेमा की गाड़ी के सामने आई। ईश्वर की क्या मंशा है, वह नहीं जानती। पर ऐसा महसूस हुआ कि वह पल उसके पाँवों को एक जमीन दे गया।

जीवन में पहली बार निश्चिंत हुई वह। दिखने लगा कि स्वयं को किसी के हाथों सौंप देने का एहसास अलग ही होता है।

सारिका का स्थापन अब हेमा और नीरज की समस्या बन गया।

हेमा किन्नरों की गुरु थी। वह किन्नरों की बस्ती के कोने में बनी कोठी में रहती थी। कोठी से जुड़ी सड़क बस्ती में मिलती, जहाँ गली में छोटे-बड़े मकानों में अन्य किन्नर रहते थे।

अगले दिन सारिका को लेकर हेमा उसी बस्ती में गई।

बस्ती में हेमा के घर जैसा शांत वातावरण नहीं था। शोर-गुल, हँसी-ठहाके, भीड़-भड़ाका। और तो और, हवा में तैरते बेबाक जुमले। एकदम प्रेम गली जैसा माहौल।

'यह मैं कहाँ पहुँच गयी!' सारिका बुरी तरह चौंक उठी, 'प्रेम गली!' फिर उसने स्वयं को सँभाला, 'नहीं प्रेम गली नहीं, आज़ाद बस्ती।'

एक कोने में बड़ा सा बोर्ड लगा था, जिस पर दो-तीन भाषाओं में कुछ लिखा था। सारिका ने हिन्दी में लिखा नाम आसानी से पढ़ लिया—'आज़ाद बस्ती!'

सिर्फ वही नहीं थी, जो आश्चर्य से चौंकी। वहाँ उपस्थित लोग भी उसे देख हैरान रह गए।

"हेमा दीदी, यह कौन है?" एक ने पूछा।

"पुष्पा, यह सारिका है। हमारे संग रहने आई है।" हेमा ने संक्षिप्त परिचय दिया।

"इसका संस्कार? इसकी गुरु?" पुष्पा बोली।

हेमा ने दो टूक कहा, "समय बदल रहा है। हमें अपने बीच आने वाले

लोगों को सामान्य रूप में लेना होगा। जब यह हमारे किसी क्रिया-कलाप में दखलंदाजी नहीं कर रही, तो हमें इसके संस्कार की जरूरत नहीं है। जिस दिन यह हमारी तरह आचरण शुरू करेगी, उस दिन हम रस्म और संस्कार के विषय में सोचेंगे।''

"ऐसा नहीं हो सकता। यह हर पल किन्नरों के साथ रहेगी। उनके सारे कार्यों की गवाह बनेगी। बिना रस्म के यह हमारे बीच शामिल नहीं हो सकती।'' पुष्पा बोली।

''और रस्म करने में हर्ज ही क्या है? थोड़ा नाच-गाना, उठना-बैठना होगा। थोड़ा पूजा-पाठ और हँसी-खुशी से यह हमारे समाज में शामिल हो जाएगी। भई, हमारे बीच रहेगी तो हमारे तौर-तरीके अपनाने ही होंगे।" एक अन्य किन्नर ने पुष्पा की बात पर हामी भरी।

''हमारा मकसद समाज को एक करना है, किन्नरों को समाज से अलग दिखाना नहीं। इसके माथे पर किन्नर का चिप्पा चिपकाने की क्या जरूरत है?'' हेमा ने बहस की।

''जरूरत है, तभी कह रही हूँ। यह हमारा धर्म है।''

"हमारा धर्म इंसानियत है। इसके सिवा मैं किसी धर्म को नहीं जानती। यदि हम उम्मीद करते हैं कि समाज बदल जाए तो हमें स्वयं को बदलना होगा। मैं नहीं चाहती किसी को उसकी इच्छा के बिना किन्नर बनाया जाए। यह अभी अपने वजूद को तलाश रही है। बहुत समय तक अपने माता-पिता के साथ रही है। एक ही पल में वहाँ से कटकर हमारे बीच शामिल नहीं हो सकती। हमें ऐसा करना भी नहीं चाहिए। मैं ठीक कह रही हूँ न बसंती?" हेमा ने स्वीकृति के लिए बड़ी उम्र की परिपक्व चेहरे वाली किन्नर से पूछा।

"मैं नहीं जानती...।" बसंती असमंजस में थी।

"यह सारिका है, सिर्फ सारिका। जिस दिन तक यह अपने मुँह से नहीं कहेगी, हमें इसका संस्कार करने की जरूरत नहीं। जिस दिन यह कहेगी, उस दिन हम इसके संस्कार की तैयारी करेंगे। पर अभी जबरदस्ती नहीं। यही मेरा आखिरी निर्णय है। पुष्पा दी, बसंती दी, आप इस विषय में मेरा साथ दो। आज वह समय आ गया है कि समाज बंधनों से मुक्त हो जाये। शर्तों से बँधी जिंदगी में क्या सुख? जीवन पर कोई बाध्यता नहीं। हमें हर किसी का अपने आँगन में खुले मन से स्वागत करना होगा, अपने समाज में आत्मसात करना होगा।"

"तो इसे यहाँ क्यों लाई हो बहन?" पुष्पा ने हारकर पूछा।

"आप सबसे मिलवाने। इसे इसका परिवार दिखाने, आशीर्वाद दिलाने। सारिका, प्रणाम करो।" हेमा बोली।

कहने की देर थी, सारिका आगे बढ़कर पुष्पा, बसंती आदि के चरणों में झुक गयी।

"जीती रहो।" एक स्वर से सभी ने कहा और उसके सिर पर हाथ फिराया।

'किन्नर का आशीष!' सारिका के मन में शब्द घूमे।

शांता हेमा माँ के घर का काम सँभालती थी। उसने सारिका की सुविधाओं की पूरी जिम्मेदारी ले ली। एक छोटा सा कमरा उसे दिखाते हुए कहा, ''यह घर से जुड़ा भी है और घर से अलग भी है। ड्रॉइंग रूम में होने वाले आयोजनों का शोर-शराबा यहाँ नहीं पहुँचता है। यहाँ रह कर तू अपनी पढ़ाई आराम से कर सकती है।''

सारिका की पढ़ाई के लिए सबसे ज्यादा उत्साहित नीरज था।

दसवीं का फ़ॉर्म भरना आसान था। फ़ॉर्म में माता-पिता के नाम की जगह कनक और मंगल का नाम लिखा गया। घर का पता हेमा का ही लिख दिया।

जेंडर के कॉलम में सारिका ने 'अदर्स' पर टिक करने की जिद की। "मैं किन्नर हूँ।" बहस करते हुए बोली।

''यह बताओ, आधार कार्ड में क्या लिखा है?'' नीरज ने पूछा।

सारिका हिचकिचाई।

नीरज ने 'फीमेल' पर टिक कर दिया।

वह चुप रही।

दो जोड़ी नये कपड़े और कागज-कलम-पुस्तकें हेमा माँ ने बाजार से मँगवा दिए। इसके आगे सारिका की कोई और जरूरत न थी।

किताबें हाथ में आईं, तो वह पढ़ने में जुट गई।

पहले-पहल काला अक्षर भैंस बराबर लगा। फिर पुरानी पढ़ाई याद आती चली गई। मन में अपनी अध्यापिकाओं की शक्ल साकार होते ही पढ़ने में मन लगने लगा।

देर रात तक पढ़ती रहती। नींद आने पर किताबें रख वहीं बिस्तर पर लुढ़क

जाती। 'एक दिन इतना पढ़ लेगी कि मन का मलाल मिट जाएगा'—उसे विश्वास हो गया। बड़ी-बड़ी डिग्रियाँ बटोरने का उसे शौक नहीं, पर अज्ञानी कहलाते वह थक चुकी थी। वह ज्ञान के सागर में डूब जाना चाहती थी।

नीरज ने पढ़ाई में उसकी मदद करनी चाही। पर वह मदद लेने को तैयार नहीं हुई, "मैं कर लूँगी।"

नीरज जिद करके उसे पढ़ाता रहा।

"फ़ेल मत हो जाना, मेरी नाक कट जाएगी। सभी तुम्हारे बारे में पूछते हैं। तुम्हें रखकर मैंने सबसे झगड़ा मोल लिया है। फ़ेल होकर सदमा मत देना। माँ ने एक बार मुझसे कहा था कि तुम्हें अफ़सर बनना है। मैंने इसके बाद कभी पढ़ाई से जी नहीं चुराया।"

"आप सर्विस करते हैं?"

"कभी जरूरत नहीं लगी। अपने समाज के लिए कितना काम करना है। इस पूरे समाज की बहुत दुर्दशा है। सरकार मदद करती है, पर अपनी चिंता हमें स्वयं ही करनी होगी।"

"मैं भी समाज के लिए कुछ करना चाहती हूँ, कहाँ से शुरू करूँ?"

"हाल-फिलहाल अंग्रेजी की किताब से शुरू करो। तुम्हारी अंग्रेजी बहुत खराब है। सुनाओ, कल जो पढ़ाया था।"

"नहीं।" सारिका ने मना कर दिया।

"मैं कहता हूँ, सुनाओ।"

"ठीक है, सुनाती हूँ।" सारिका सहम गई और सुनाना शुरू किया। पर पूरा नहीं सुना पाई।

नीरज उसकी ओर गौर से देख रहा था।

वह अंदर ही अंदर पिघलने लगी। नीरज का कोमल स्पर्श अपने मन पर महसूस किया। 'क्या तुम सच में इतने अच्छे हो?'' मन ही मन पूछा। अपने ध्यान में ऐसा डूबी कि नीरज सामने है, यह भी भूल गई।

''क्या हुआ? भूल गईं?'' वह निष्कर्ष निकालते हुए बोला, ''तुम मेरी नाक कटाओगी। आज हमारे समाज के बिना पढ़े लोग भी फर्राटे से अंग्रेजी बोल रहे हैं। पर तुम्हारी अंग्रेजी देख मुझे रोना आ रहा है। कड़ी मेहनत करो, तभी ठीक रहेगा।''

''मैं जानती हूँ।'' सारिका ने स्वीकारा, ''और ज्यादा मेहनत करूँगी, वचन

देती हूँ।"

असमंजस में थी सारिका। उसकी माँ कनक ने तृतीय लिंग के लोगों को हमेशा इस निगाह से देखा मानो वे किसी और दुनिया के जीव हों। सारिका ने भी यही पाया था कि किन्नर तथा समाज के अन्य लोगों के बीच ज्यादा नहीं बनती। पर लोग जिस तरह से हेमा माँ के दीवाने थे, वह अविश्वसनीय था।

वह इस पहेली को समझ नहीं पा रही थी। किससे पूछे? पूछने की हिम्मत नहीं थी।

हेमा ने उसे शरण देकर एहसान किया, इसे वह अच्छी तरह समझ रही थी। शांता को रसोई के कामों में सहयोग देने के सिवा उसने घर में कहीं कदम रखने की हिम्मत नहीं की। फिर भी बहुत सी बातें उसे पता चलीं।

हेमा किन्नर समाज में ही नहीं, बाकी लोगों के बीच भी रसूख रखती है, स्पष्ट था। न जाने कितने लोग हेमा के भक्त थे। वह कहने को किन्नर थी, पर उसके संत-से आचरण ने उसे सबसे अलग कर दिया था। वह कोठी के बगीचे में बने मंदिर में बैठ घंटों ध्यान लगाती।

कितने ही लोग उसके आशीर्वाद के लिए सुबह घर में आते। कुछ देर हेमा के साथ रहकर अपने को धन्य महसूस करते। शहर के बड़े-बड़े कार्यक्रमों में आशीर्वाद देने के लिए उसे बुलाया जाता। हेमा इस तरह के कार्यक्रमों से जो भी पैसा पाती, उसे किन्नरों के कल्याण के लिए बने खाते में डाल देती।

दूसरों के सामने पूर्ण श्रृंगार और भव्य स्वरूप वाली हेमा घर में अपनों के बीच साधारण-सूती धोती-ब्लाउज और चंदन-रोली के टीके के साथ रहना पसंद करती।

हेमा का अधिकांश समय घर के बाहर ही बीतता था। किन्नरों से संबंधित सभाओं में सम्मिलित होने के लिए उसे देश-विदेश में बुलाया जाता। किन्नरों की गुरु के रूप में पूजा जाना उसकी सालों की मेहनत और तपस्या का ही फल था। स्त्री-पुरुष-किन्नर सभी उसे देखते साथ गले लगाना चाहते।

प्यार और ममता की मूर्ति हेमा।

समाज कल्याण में समर्पित हेमा।

फिर एक शाम अचानक नीरज के पास कोई फ़ोन आया, तो वह हेमा

को ले तुरंत घर से बाहर निकल गया।

"क्या हुआ शांता दी, ये लोग इतनी हड़बड़ी में कहाँ गए हैं?" सारिका ने पूछा।

"पुलिस स्टेशन गए हैं। सीमा घायल हो गई है। वह किन्नर है। आज़ाद बस्ती में रहती है।" शांता भी अव्यवस्थित थी, "अब बस्ती के कई लोगों को पुलिस वाले पकड़कर ले गए हैं। उनका मानना है कि सीमा को घायल करने वाले उसके अपने ही साथी हैं। किसी जलन की वजह से उन्होंने उसे चोट पहुँचाई है।"

"क्या सच में?"

"क्या पता? हम लोग गरीब हो सकते हैं, जुबान के तीखे हो सकते हैं, पर इस तरह किसी को चोट नहीं पहुँचा सकते। और जरूरत भी क्या है? जहाँ बात जुबान से ही बन जाती है, वहाँ लड़ाई-झगड़ा करके किसी को क्या मिलेगा? दीदी वापस आएँगी, तभी सच्चाई का पता चलेगा।"

जल्द ही हेमा और नीरज लौट आए, पर उनका मूड उखड़ा हुआ था।

सारिका अपने कमरे से ही उनकी बातें सुनती रही। उसे समझ में आ गया कि एक मोटरसाइकिल सवार सीमा को धक्का मारकर निकल गया। वह गिरी, उसके सिर में चोट आ गई, तो आस-पास खड़ा कोई भी व्यक्ति हॉस्पिटल पहुँचाने को तैयार नहीं हुआ। उसकी अपनी तीन किन्नर साथियों ने किसी तरह उसे अस्पताल तक पहुँचाया।

वहाँ भी इलाज की शुरूआत नहीं हुई, बल्कि पुलिस केस बना दिया गया। और उसके साथियों पर ही हमले का इल्जाम लगा दिया गया।

हेमा और नीरज के कहने पर इलाज की शुरूआत हुई। देर से इलाज शुरू होने की वजह से न सिर्फ सीमा की तबीयत ज्यादा बिगड़ गई, बल्कि उसको मानसिक क्लेश भी हुआ। सीसीटीवी कैमरे खँगाले गए, तो पता चला कि एक मोटर साइकिल सवार ने सीमा को चोट पहुँचाई है।

"यह कब तक चलता रहेगा?" नीरज ने आक्रोश भरे स्वर में कहा, "यह भी कोई बात हुई! कहीं कुछ गलत हो, तो कमजोर के ऊपर इल्जाम लगा दिया जाता है। और दोषी खुलेआम घूमता रहता है। यह मानसिकता कब सुधरेगी माँ? इलाज में देर हुई, सो अलग।"

"सुधरेगी, धैर्य रख। हर परिवर्तन अपने समय पर ही होता है। इलाज

शुरू हुआ न! दोषी भी पकड़े जायेंगे।''

''समाज कब समझदार होगा? वहाँ खड़े लोग सीमा दी को भीख मानने वाला किन्नर कह रहे थे। बिना यह समझे कि प्लास्टिक की रीसाइक्लिंग में दीदी एक जुझारू योद्धा हैं। किन्नर होना ही उनका गुनाह हो गया। तथाकथित सभ्य लोग इंसान की जान की कीमत नहीं समझते। कहीं दीदी को कुछ हो जाता तो?''

''तो कहते कि मर गई तो उसके पाप कट गए!'' शांता क्षुब्ध थी।

''सीमा दी हमारे समाज का गौरव हैं। उनका जीवन बेशकीमती है।'' नीरज झल्लाया।

''हाँ, पर वहाँ खड़े लोगों को तो नहीं पता था। किन्नर की सामान्य छवि ताली पीटकर जबरन पैसा वसूलना और भीख माँगना है, तो लोग और क्या समझेंगे? हमारे पहुँचते ही उसके साथ अच्छा सलूक किया जाने लगा। धैर्य रखो, एक दिन सब कुछ ठीक हो जाएगा।'' हेमा ने समझाया।

''किन्नर भीख मजबूरी में माँगते हैं। यदि उनके पास रोजगार के सही अवसर हों, तो वे कभी भीख न लें। लोग एक छोटी-सी ईश्वरीय त्रुटि को नीची निगाह से देखते हैं, और स्वयं गलती पर गलती करते चले जाते हैं! मैं आज का मंजर भूल नहीं पा रहा। कुछ लोग वीडियो बना रहे थे, कुछ हँस रहे थे। वहाँ एकत्रित लोग कितने हृदयहीन थे, जिन्हें एक घायल मनुष्य की फिक्र नहीं थी।''

''जाने दे नीरज, किसी के ऊपर अंगुली उठाने से हमें क्या मिलेगा?'' हेमा ने क्षुब्ध कंठ से कहा, ''जिसे ईश्वर ने इम्तिहान देने के लिए बनाया है, उसे अपना कर्म-लेख भुगतना होगा। हाँ, हम अपने अधिकारों के लिए लड़ते रहेंगे, यह तय है।''

हेमा उठकर चल दी, ''नीरज, तू खाना खाकर सो जाना। मुझे बस्ती में जाना पड़ेगा। वहाँ सभी सीमा के लिए चिंतित हैं। उन्हें सांत्वना देना बहुत जरूरी है।''

''ठीक है माँ।''

''मान कर चलो, यह अधिकार का महासमर है। एक दिन सच की जीत होगी। किन्नर ईश्वर की खूबसूरत कृति है, यही सत्य है।'' कहते हुए हेमा घर से बाहर चली गई।

हेमा चली गई। नीरज बेचैनी से कमरे में टहलता रहा।

सारिका अपने कमरे से बाहर आई।

नीरज उसकी ओर बढ़ा, प्रश्न किया, ''तुमने सारी बातें सुन ली होंगी। जब तुम हमें मिलीं तो हम तुम्हें अपने साथ ले आए। तुम्हारी जिंदगी बचाने का प्रयास किए। लेकिन आज जो समाज में घटा, उसे देखकर यह नहीं लगा कि इस समाज की नज़रों में किन्नर की जिंदगी की कोई कीमत है।''

''यही तो मैं पूछना चाहती हूँ कि किन्नर की जिंदगी की कीमत क्यों नहीं है! अभी-अभी माँ कहकर गई हैं कि सच की जीत होगी। पर इस सच की जीत के लिए तृतीय लिंग को कितना संघर्ष करना पड़ेगा? अपने वजूद को पहचान दिलाने के लिए कितना भटकना पड़ेगा? किन्नर ईश्वर की कृति हैं, तो उन्हें परेशानियों का सामना क्यों करना पड़ता है?''

नीरज हैरत से उसका मुँह देखने लगा।

''मैंने पूरी जिंदगी में ऐसे बहुत कम लोग देखे, जो किन्नर को अपने बराबर समझते हों। या तो उनसे डरने वाले लोग हैं, या कतराने वाले। या उनसे नफ़रत करने वाले, या उनकी हँसी उड़ाने वाले। कई लोग उनसे मतलब भर का नाता रखते हैं। उनके काम कर दिए या अपना मतलब सिद्ध किया! पर उन्हें बराबर मानें, ऐसे लोग कहाँ हैं? यह अंतर किसने बनाया? इस पुरुषवादी समाज ने।'' वह फिर बोली।

''तुम्हारी यही बात हमारे संघर्ष की नींव है। अभी माँ ने कहा था कि यह मानव-अधिकार की लड़ाई है। आज का समाज इस कदर पितृसत्तात्मक रूप ले चुका है कि लोगों को पुरुष से इतर कुछ दिखता ही नहीं। अपनी बेटियों को कोख में मार डालने वाले भला त्रुटिपूर्ण-जननांग-संतति को क्यों अपना कहेंगे? अपनी ही किन्नर संतान को अपने से दूर इसीलिए करते हैं, क्योंकि वह उनके पौरुष के ऊपर एक दाग है। जो अपने किन्नर बच्चे से नफ़रत करते हैं, उसे अपनी इज्जत पर दाग समझते हैं, वे भला दूसरों के बच्चों को गले कैसे लगाएँगे?...''

''मानती हूँ।''

नीरज कहता चला गया, "...सारिका, स्त्री, पुरुष, किन्नर—सृष्टि के तीन रूप। तीनों इंसान। बस जननांग की बनावट अलग। अतएव उनके हॉर्मोन अलग। नतीजा, तीनों का शारीरिक-विकास भिन्न-भिन्न। अब इस आधार पर किसी को सही और किसी को गलत कहना ठीक हुआ क्या? जबकि सृष्टि के संतुलन में

तीनों की बराबर भूमिका है। धन, ऋण और उदासीन तीनों गुण मिलकर ही सृष्टि में संतुलन बनाते हैं।"

सारिका चुपचाप उसकी ओर देखती रही।

"जननांग-त्रुटि कोई ऐसी त्रुटि भी नहीं, जिससे इंसान को जीवन जीने में परेशानी हो। यह त्रुटि मनुष्य को सिर्फ मनोवैज्ञानिक तौर से प्रभावित करती है। और ऐसा तो किसी भी त्रुटि के साथ होता है। जिनकी आँखें नहीं होतीं, वे देख नहीं सकते। जिनके कान खराब हैं, वे सुन नहीं सकते। उनके साथ बुरा व्यवहार हो तो वे भी निराशा के अँधेरे कुएँ में समाते चले जाते हैं। और यदि उन्हें ससम्मान जीने का हक मिले, वे भी अपने रास्ते निकाल लेते हैं।''

''रास्ते निकालते हैं, पर इतने कष्ट के साथ कि क्या कहा जाए! आज सोच बदल गई है। वरना एक समय तो अंधे के हाथ से लकड़ी छीनकर भागने वाले ही दिखते थे, उसका हाथ पकड़कर सड़क पार कराने वाले नहीं। पैर खराब है, तो नाम मिल गया लंगड़ा! हाथ खराब है, तो नाम हो गया लूला! एक आँख ठीक नहीं, तो काना! दोनों आँखें खराब, तो अंधा! यानी शारीरिक ऐब होते ही इंसान का नाम और पहचान खत्म। सिर्फ उसका ऐब ही उसकी पहचान हो गया। यह कैसा समाज है!'' क्षोभ के साथ बोली सारिका।

''सही कहती हो। इसी तरह यदि कोई बच्चा जननांग-दोषी है, तो उसका नाम रख दिया हिजड़ा। यही शब्द उसकी पहचान हो गया, उसकी जात हो गया, उसकी बिरादरी बन गया। हिजड़ा यानी बाकी समाज से काटकर अलग किया गया प्राणी। और वह अपनी औकात न भूले, इसीलिए उसे बार-बार याद दिलाया जाता है कि वह हिजड़ा है, अपूर्ण है। जबकि जननांग-दोष अपूर्णता नहीं है। कोई छोटी सी त्रुटि किसी इंसान को इंसान होने से नहीं रोक सकती। कम से कम जननांग-दोष तो बिल्कुल ही नहीं।''

सारिका की आँखों में अपना पुराना समय घूम रहा था, जब प्रेम गली में उसे बार-बार ताना मिलता था कि उसने किस दोष के साथ जन्म लिया था। उसके मुँह से निकला, "नीरज, मैंने इसे अनुभव किया है। किन्नर संतान को हमारे समाज में जिस तरह से देखा जाता है, वह अमानवीय है।"

''जननांग दोष को एक जंग बना दिया गया है। पूरी जिंदगी लड़ते रहो। कभी समाज से, कभी अपने आप से। मनुष्य निश्चिंत जीवन न जी सके, तो मनुष्य होने का क्या अर्थ! जब लड़के के शरीर में भावनाएँ लड़की की हों या

लड़की के शरीर का विकास लड़के की तरह होने लगे, तब मनुष्य को जीने के लिए अपने-आप से ही लड़ना पड़ता है।''

सारिका चुप रही।

''अपने को पहचानना भी एक जंग बन जाता है। मैं लड़का हूँ कि लड़की, इस असमंजस में कई लोग पूरी जिंदगी बिता देते हैं। न अपने परिवार में रम पाते हैं, न अपने आपसे सहज हो पाते हैं। ऐसे में समाज की दखलंदाजी का क्या औचित्य। किसी की निजता पर चोट है यह। जब तक कोई आचरण किसी का नुकसान नहीं कर रहा, तब तक किसी के जेंडर से किसी को क्या मतलब?'' नीरज ने अपनी बात पूरी की।

''सच कहते हो। दूसरों का कोई भी आचरण मन पर चोट पहुँचाता है। तरस नहीं चाहिए, सहानुभूति भी नहीं। पर समाज की समझदारी जरूरी है। कितने शर्म की बात है जिस बात से सिर्फ मनुष्य के निजी जीवन पर फर्क पड़ता है, उस पर समाज उँगली उठाता रहता है। यह भी कोई बात हुई?

''हाँ, जबकि कई लोग अपनी खुशी से ट्रांसजेंडर सोसाइटी का अंग बनना पसंद करते हैं।"

"ट्रांसजेंडर सोसाइटी का अंग! मतलब?" सारिका चौंकी।

"ट्रांसजेंडर मतलब वह व्यक्ति जो जन्म के समय निर्धारित की गई लैंगिक पहचान से अलग पहचान बनाता है। हिजड़ा या किन्नर भी इसमें शामिल किए जाते हैं। किन्नर का पहला रूप तो वही होता है, जब बच्चा जन्म से ही जननांग दोषी हो। ऐसे बच्चों को भी इलाज के द्वारा ठीक करके सामान्य लड़का या लड़की बनाने की कोशिश की जाती है।''

''ओह! हाँ...!'' सारिका ने इस जगह भी अपने बचपन को साकार देखा। कनक की बातें कानों में गूँजने लगी।

''बड़े होकर उनके हॉर्मोंस उन्हें किस तरह का जीवन दिखाएँगे, यह बाद में ही तय होता है। कभी-कभी बड़े होकर हॉर्मोन थेरेपी लेनी पड़ती है। उससे वे लोग सामान्य स्त्री या पुरुष का जीवन व्यतीत करते हैं। जो अपने जेंडर को मेडिकल साइंस के द्वारा बदल लेते हैं, उन्हें भी ट्रांसजेंडर कहते हैं। जन्म के समय का लड़का बाद में 'लड़की' बन जाये या जन्म के समय लड़की हो और बाद में 'लड़का' बन जाये। ऐसे में किसी को भी लांछित करने की क्या आवश्यकता?"

"लोग अपनी इच्छा से अपना लिंग बदलवाना पसंद करते हैं?"

"हाँ। इसमें पसंद-नापसंद नहीं, अंदर की आवाज़ मायने रखती है। यदि किसी को लगता है कि वह पुरुष नहीं स्त्री है, तो हो सकता है वह सही हो। शरीर पुरुष का, हॉर्मोन भी पुरुष वाले, फिर भी मन कहे कि वह स्त्री है तो डॉक्टर की सलाह से जेंडर बदल लेना गलत नहीं।''

''पुरुष से स्त्री बनना!''

''अपने जीवन को अपनी शर्तों पर जीने वाले लोग ऐसा पसंद करते हैं। 'सिर्फ एक जीवन!' यही आज का नारा है। एक जीवन मिला है हमें जीने के लिए। इसके पहले क्या थे और इसके बाद क्या होंगे, हम नहीं जानते। सारिका, क्या एक छोटा सा अंग इतना महत्व रखता है कि हम उसके लिए अपने जीवन भर की खुशियाँ बलिदान कर दें? जिसे लड़के के रूप में रहना पसंद है, वह लड़के के रूप में रहे। जिसे लड़की का स्वरूप अच्छा लगता है, वह लड़की का स्वरूप धारण करे। शिव का अर्धनारीश्वर रूप हमें पहले ही दोनों स्वरूपों का महत्व जतला चुका है। कोई कम नहीं, कोई ज्यादा नहीं।"

"पर अपनी इच्छा से जीवन तो हम बिना लिंग बदले भी जी सकते हैं। मेरा लिंग-योनि क्या है, इससे मेरा स्वरूप निर्धारित नहीं होता। मैं कह रही हूँ कि मैं सारिका किन्नर हूँ तो मैं हूँ। 'अपना जीवन जीने के लिए अपनी इच्छा सर्वोपरि' यही तुम कह रहे हो न?"

''कई लोग अनजाने ही हाव-भाव से स्त्री होते हैं। यदि उनका स्वभाव स्त्रैण है तो स्त्री रूप धारण कर लेने में क्या हर्ज? अगर रूप बदलने से खुशी मिलती है, तो यही सही। बात अपनी इच्छा की है! गलत वहाँ होता है, जहाँ इस रूप-परिवर्तन में स्वार्थ मिला होता है। मौज-मस्ती के लिए, पैसा कमाने के लिए या जिम्मेदारियों से बचने के लिए अगर किन्नर बना जाये, तो यह गलत है।''

''हाँ।''

''चाहे किन्नर-समाज हो, चाहे मुख्यधारा, इंसान को सच्चा होना चाहिए। यदि कोई बना हुआ किन्नर है, तो उसे भी यह चीज खुलेआम स्वीकारनी होगी कि वह अपनी इच्छा से इस स्वरूप को धारण कर रहा है। सच का हर जगह आदर होता है। कोई मनुष्य अपने वर्तमान चोले में स्वयं को कैदी मान रहा है, तो बंधन तोड़ने में क्या हर्ज? वह अपनी इच्छा से किन्नर का रूप धारण करना चाहता है, तो किसी को क्या दिक्कत? चूँकि जेंडर बदलने से बाह्य स्वरूप तो

बदल सकता है, हॉर्मोन थेरेपी करके भावनाएँ भी बदली जा सकती हैं, पर अंदरूनी अंग नहीं बदलते। अतः एक स्वरूप से दूसरे स्वरूप में जाने वाला इंसान हमेशा अधूरा रहता है। फिर भी यदि ऐसा करने से खुशी मिल रही हो तो करने में हर्ज क्या?"

"ठीक कहते हो।" सारिका ने कहा।

"कहने में जो बातें बहुत छोटी नज़र आती हैं, जीवन जीने में वे बहुत ज्यादा अहमियत रखती हैं। जिंदगी सिर्फ हँसने-खिलखिलाने का नाम नहीं है। जीवन का कोई मकसद होना चाहिए। ट्रांसजेंडर स्त्री भी हो सकती है, पुरुष भी हो सकता है। मुख्य बात है कि मनुष्य हो, तो समकसद जियो।"

सारिका चुप रही।

"आज न जाने कितने किन्नर सफलता की ऊँचाइयों को छू रहे हैं। कोई जज बन रहा है, कोई नेता बन रहा है। फिल्मों में अभिनेता तो बन ही रहे हैं। न जाने कितनी जगह अपना नाम रोशन कर रहे हैं। सरकार ने तृतीय लिंग के रूप में ट्रांसजेंडर को स्वीकार कर लिया है, इसके बावजूद हमें बहुत दूरी तय करनी है। एक खाई है स्त्री-पुरुष और किन्नरों के बीच। उस खाई को पाटने में न जाने कितना वक्त लगेगा?" नीरज ने उदास स्वर में कहा।

"चिंता न करो। वक्त पर छोड़ दो। वक्त बहुत जल्दी बदल रहा है। तुम देखो, आने वाला समय क्या संदेश लाता है।" सारिका ने सांत्वना दी।

''यह मानव अधिकारों की लड़ाई है। जीने का, पढ़ने का, हँसने-बोलने का, सम्मान पाने का, समाज पाने का सभी को अधिकार है। जहाँ इन अधिकारों का हनन हो, वहाँ आवाज उठाना लाजिमी है। यदि हम जैसे लोग इसे वक्त के ऊपर छोड़ देंगे, तो किन्नरों को अपने अधिकारों को पाने के लिए न जाने कितनी दूरी तय करनी होगी। वे आज सहारा चाहते हैं, तो यह सहारा देना सभी का फर्ज है। पर यह बात लोग समझना नहीं चाहते।''

सारिका ने सिर हिलाया।

वह सोच में डूब गई।

सोच कितनी लंबी खिंचने लगी।

जन्म से ही किन्नर शब्द से परिचित थी सारिका। पर हमेशा एक ताने

के तौर पर सुना उसने यह शब्द। आज किन्नर समाज के बीच पहुँचकर यह शब्द निहायत अपना लगने लगा। अपने वजूद से जुड़ा, अपनी पहचान। पर यह पहचान इतनी खोई हुई क्यों है? क्यों समाज से अलग एक बस्ती बनकर रह गए हैं लोग?

बहस के लिए इस बार शांता सामने थी।

"दीदी, किन्नर और बाकी समाज के बीच विभेद क्यों, जबकि इन्हें जन्म देने वाला यह समाज ही है? सभी जानते हैं कि किन्नर बच्चे किन्नरों के बीच उत्पन्न नहीं होता, बल्कि मुख्यधारा के लोगों की ही संतान होते हैं।" सारिका ने शांता से पूछा।

"पहले यह भेद-भाव नहीं था। उन्हें पवित्र माना जाता था। अच्छे कामों में उनकी उपस्थिति अनिवार्य थी।"

"अच्छा!"

"हाँ, सृष्टि का एक रूप है किन्नर। हमारे जन्म के बारे में कितनी तो पौराणिक कथाएँ फैली हुई हैं। कोई कहता है कि किन्नर ब्रह्मा की छाया से उत्पन्न हुए हैं और किसी का मानना है कि अरिष्ठा और कश्यप हमारे आदि जनक हैं। हम नाच-गाने से यों ही नहीं जुड़े हैं। हमारे साहित्य और संस्कृति में इसकी जड़ें बहुत गहरी हैं।"

"कितनी गहरी?"

"माना जाता है कि हिमालय का पवित्र शिखर 'कैलाश' किन्नरों का प्रधान निवास स्थान था, जहाँ वे भगवान शंकर की सेवा किया करते थे। उन्हें देवताओं का गायक और भक्त समझा जाता था, और यह विश्वास था कि यक्षों और गंधर्वों की तरह वे नृत्य और गान में प्रवीण होते हैं। विराट पुरुष इंद्र और हरि उनके पूज्य थे। समाज में इनका ऊँचा और सम्मानीय स्थान था। कम कहाँ माने जाते थे किन्नर? नाचना-गाना और प्रसन्नता फैलाना यही तो काम था किन्नरों का। धीरे-धीरे विज्ञान का विकास हुआ और समाज ने किन्नरों को प्रकृति की त्रुटि मानना आरंभ कर दिया गया। जननांग का ठीक से न बन पाना नियति निर्धारक बन गया।"

"हाँ दीदी, मैंने कई बार देखा है कि सिर्फ इसी वजह से लोग इन्हें उपेक्षा भरी दृष्टि से देखते हैं।" सारिका ने हिचकते हुए कहा।

"कारण अंग-विशेष का ठीक से न बन पाना नहीं। कारण वंश-बेलि बढ़ोत्तरी

पर रोक लगना है। जो वंश-बेलि कभी देखी नहीं, उसके लिए गोद के अबोध बच्चे से घृणा! किशोर औलाद से बेरुखी! युवा संतान पर अत्याचार। मानो शरीर में प्रजनन-अंग का ठीक न होना उस बच्चे का दोष हो। त्रुटिपूर्ण बच्चे को जन्म किसने दिया, यह बात पिता अक्सर भूल जाते हैं। माँ कभी अपनी संतान से विमुख नहीं होती। पर पिता की क्रूरता के आगे वह भी विवश हो जाती है।''

''माँ...हाँ...क्या पता! माँ अपनी संतान को प्यार करती है, पर बहुधा वह भी अपनी संतान को पूर्ण देखना चाहती है, उसकी कमी को छिपाना चाहती है, भले इसके लिए कोई भी रास्ता अपनाना पड़े।...सही या गलत...आसान या कठिन ...संभव या असंभव...!'' सारिका अनमनी हो गई।

''और इसी कारण किन्नर भी बाकी लोगों से दूर हो गए। प्यार को प्यार खींचता है, नफ़रत को नफ़रत। हमसे अकारण चिढ़ने वालों की कमी नहीं, तो हमें भी उनकी जरूरत नहीं। जहाँ हमें प्यार मिलता है, हम वहीं रहते हैं।''

''अच्छा, इसीलिए आप लोग यहाँ... इस जगह... इस बस्ती...''

''हाँ, हम बाकी लोगों से अलग इसलिए नहीं रहते कि हमें भगवान ने एकांतवासी बनाया, बल्कि इसलिए कि दूसरे लोग हमें अपने साथ रखना पसंद नहीं करते। उनके मन में हमारे लिए चाहे जो भावनाएँ हों, पर हम न तो तरस चाहते हैं, न ही अपमान। स्वाभिमान से अपनी जिंदगी जीने के लिए अपने रास्ते हमें अलग करने पड़े हैं।'' शांता ने बताया।

''हूँ...!''

''हम सभी यहाँ एक परिवार हैं। हेमा दीदी, यहाँ की गुरु माँ, सारे रिश्ते न जाने कब से सँभाल रही हैं। सारी व्यवस्था, पैसों का लेन-देन, खर्च—सभी कुछ दीदी के हाथ में है। देश-विदेश तक दीदी का नाम है। ऐसा नहीं कि उनसे बड़ी उम्र के लोग हमारे समाज में नहीं हैं, पर दीदी की समझदारी की वजह से उन्हें गुरु के पद पर बैठाया गया है।''

''आप कब से माँ के साथ हो?''

''जब से अपने परिवार से अलग हुई। हिमाचल से हूँ। मुझे लड़के की तरह पाला गया। ऊपर से देखने में शरीर में कोई त्रुटि भी नहीं थी। पर पन्द्रह-सोलह साल की हुई, तो मेरे मन में संदेह उठने लगा कि मैं लड़का नहीं हूँ। भ्रम में लड़की जैसा आचरण करती। कभी बहन के कपड़े पहनती तो कभी माँ के शृंगार प्रसाधन इस्तेमाल करती। सब कुछ अनजाने ही।''

"अनजाने में कैसे?"

"चाल में लहक, बातों में बहक मानो मैं एक कमसिन युवती। सिर पर आँचल ले अपने से बतियाती। स्वयं को समझाती कि लोग कुछ नहीं समझते, एक दिन जान जाएँगे तो मुझे अपनी बेटी की तरह ही गले लगा लेंगे। पर..."

"पर..."

"पर ऐसा कुछ नहीं हुआ। मुझे पागल समझकर एक कमरे में बंद किया जाने लगा। मेरी कसकर पिटाई होती। यहाँ, इस जगह..." शांता ने अपने कूल्हों की ओर इशारा किया, "पिताजी मोटे-से डंडे से मारते। उनकी नजर में मैं बेटा थी, तो उन्हें मारने में हिचक नहीं होती। पर मैं लड़की थी, मन से, भावनाओं से। मेरा दिल दर्द से भर जाता, आँखें आँसुओं से। पिताजी और ज्यादा नाराज हो जाते। परिवारीवालों ने पहले खूब झाड़-फूँक कराई। मेरा मानसिक इलाज भी कराया। जब उन्हें संतोष हो गया कि मेरा दिमाग सही हो चुका है और मैं उनसे सहमत हूँ, तो एक अच्छी-खासी पढ़ी-लिखी लड़की के साथ मेरी शादी तय कर दी।"

"शादी? और पढ़ाई-लिखाई?"

"मैं असमंजस में थी कि क्या करूँ। इसी अन्यमनस्कता की वजह से मेरी पढ़ाई भी पूरी नहीं हो पाई। मैं जानती थी कि मैं पुरुष नहीं हूँ। न तन से, न मन से। स्त्रियों को देख मेरे मन में आदर, श्रद्धा, स्नेह सारे भाव उठते। पर जिस भाव से गृहस्थी का आरंभ होता है, वह भाव तो कभी जागता ही नहीं। न मन में चाहत उठी, न तन में भूख। मैं समझ गई कि शरीर-तुष्टि के लिए मुझे किसी की आवश्यकता नहीं। मैं अकेले जीना चाहती थी। उन लोगों ने मुझे सुकून से जीने भी नहीं दिया। कहने लगे या तो शादी करके घर बसाओ, बाल-बच्चे पैदा करो, नहीं तो अभी ही इस घर से निकल जाओ। मैंने घर से निकल जाना बेहतर समझा। एक पल में सारे रिश्ते तोड़ बाहर चली आई।" शांता बेहिचक कहती चली गई।

सारिका ने डरते हुए पूछा, "कभी पछतावा नहीं हुआ? उन लोगों की याद नहीं आई?"

"पछतावा तो नहीं कह सकती, क्योंकि मैं यहाँ खुश हूँ। पर हाँ, याद आते हैं अपने लोग, याद आता है समाज। उठना-बैठना, मिलना-जुलना याद आता है। और उससे भी ज्यादा याद आता है उनका व्यवहार। इस तरह से किसी को दबाना

कि वह अपने अंदर की आवाज को भूल जाए! मैं आज भी विश्वास नहीं कर पाती कि यह कैसे संभव है। कोई अपने जिगर के टुकड़े को झूठी शान की खातिर कैसे अपने से अलग कर सकता है? अच्छा हुआ, जो मुझे हेमा दीदी मिल गईं। यदि उनका साथ न मिला होता, तो शायद मैं मर जाती।''

''आपकी मुलाकात हेमा माँ से किस तरह हुई?'' सारिका ने प्रश्न किया।

''रोटी के लिए भटक रही थी। अपने शहर से निकली, तो न जाने कहाँ-कहाँ भटकी। हर जगह रोटी की जरूरत ही प्रधान रही। क्या चाहती हूँ, नहीं सोच पा रही थी। कभी मरने की सोचती, तो कभी किसी को मार डालने का विचार मन में आता। फिर सारे विचार चले जाते और मैं हर चीज से खाली हो जाती। अपना खाली पेट ही सबसे बड़ी समस्या बन जाता। चौराहे पर जाकर खड़ी हो गई और हाथ फैला दिया। शरीर पुरुष का, हाव-भाव स्त्री के, मैं अपने को छिपाना भी चाहती थी, जताना भी। यह दिल्ली शहर की बात है, एक दिन...''

''दिल्ली...दिल्ली में क्या...'' सारिका उत्सुक हुई।

शांता कहती चली गई, ''एक छह फुटा हट्टा-कट्टा पुरुष हाथ फैलाए, तो भला कोई उसे कुछ देगा? मुझे भी कुछ नहीं मिला। संयोगवश उन दिनों हेमा दीदी दिल्ली आई हुई थीं। जिस चौराहे पर मैं खड़ी थी, वहीं से अपनी कार से निकल रही थीं। कैसी आँखें होती हैं, जो किसी को अंदर तक समझ लेती हैं। लाल बत्ती पर उनकी गाड़ी रुकी। दीदी ने कार का दरवाजा खोल दिया। मैं उनके बगल में बैठ गई। न मैंने कुछ कहा, न उन्होंने कुछ पूछा। सीधे कोटा ले आईं और बसंती दीदी के साथ कर दिया।''

''फिर?''

''कुछ दिन मैं बसंती दीदी के साथ बस्ती में रही। पेट भर खाना, नींद भर सोना। कोई रोक-टोक नहीं। वह मेरे अच्छे दिनों की शुरूआत थी। संसार में मन लगने लगा। मुझे समझ में आ गया कि मुझे क्या चाहिए। नाचने-गाने का ज्यादा शौक न था, न है। पर कुछ करना चाहती थी। बसंती का दिया साड़ी-ब्लाउज पहन उसकी दी एक ढोलक थाम ली। शुरू में हिचक हो रही थी। पर लगा अंगुलियाँ मानो उसी ढोलक के ऊपर चलना चाहती हैं। दो-चार दिन अकेले में प्रेक्टिस की। फिर होली के उत्सव पर मैंने ऐसी ढोलक बजाई कि पूरी बस्ती नाच उठी। बस तब से मैं या तो दीदी की रसोई में खाना बनाती रहती हूँ या जरूरत पड़ने पर ढोलक थामकर...''

''आपको ढोलक का शौक है? ढोलक बजाना जानती हैं?'' सारिका का चेहरा खिल उठा, ''मैं भी गाना-बजाना बहुत पसंद करती हूँ। मुझे नाचने का भी बहुत शौक है, दीदी।''

''मुँह बंद रख। यहाँ से खिसक ले। यदि तेरे मुँह से नाच-गाने का नाम सुना, तो दीदी मुझे मारेंगी। तू यहाँ पढ़ने के लिए रुकी है न?'' शांता ने धमकाया, ''पढ़ाई छोड़ना चाहती है? बता लड़की, एक ढोलक तुझे भी थमा दूँ?''

''नहीं।'' सारिका घबरा गई, ''मैं पढ़ना चाहती हूँ।''

''अच्छी बात है। आज शाम को यहाँ पूरी बस्ती जमा होगी। पूजा है। तू अपने कमरे में ही रहना।''

''दीदी,'' सारिका लुब्ध होकर बोली, ''मैं थोड़ी देर तो खड़ी हो सकती हूँ न? ज्यादा नहीं रुकूँगी। मुझे भी नाच-गाना देखने दो, दीदी।''

''यह लो!'' शांता ने ताली बजाई, ''जानती है, ऐसी ताली बजाना भी एक कला है। सीखना पड़ता है इसे। हम कह रहे हैं, पढ़ाई-लिखाई! तू कह रही है, नाच-गाना! अरी लड़की, तुझे शाम के उत्सव में खड़ा भी नहीं होना है। और तू ही क्यों, दीदी ने नीरज को भी इन सबसे दूर रखा है। कितने ही बार यहाँ बैठक हुई। दूरदराज से बड़े-बड़े गुरु आए। अपने चेलों को साथ लाए। पर नीरज का कभी उनके साथ सामना तक नहीं होने दिया।''

''नीरज तो सभी को जानता है।''

''हाँ, क्योंकि वह अपने ऑफ़िस में बैठकर किन्नरों के हक के लिए लड़ता है। दीदी के सिद्धांत अलग हैं। हमारे जो बच्चे पढ़ रहे हैं, दीदी उन्हें पढ़ने-लिखने में आगे जाने को कहती हैं। नाच-गाने से जुड़ने को नहीं कहतीं। ज्यादा हाव-भाव के साथ बोलने से बाकी समाज के साथ उठने-बैठने में परेशानी होती है। इसलिए दीदी खुद ही चाहती हैं कि जो बच्चे पढ़-लिखकर आगे जाना चाहते हैं, वे नाच-गाने, हाव-भाव दिखाने के बजाय पढ़ाई में अपनी काबिलियत दिखाएँ।''

''नाच-गाना खराब शौक थोड़े ही है, दीदी। अच्छे-अच्छे घरों के लोग नाचना-गाना पसंद करते हैं।'' सारिका ने मुँह बनाते हुए कहा, ''कोई किसी को हँसने-बोलने, नाचने-गाने से कैसे रोक सकता है? यह इंसान के मानवाधिकार में आता है। आप माँ को समझाओ न। मुझे भी शाम की पूजा में शामिल होना है।''

''हर चीज का वक्त होता है। छोटा बच्चा पढ़ता ही अच्छा लगता है।

जरूरत पड़ने पर नाच-गाना सीखने में देर नहीं लगती और दुनिया तो सितारों तक फैली है। ज्यादा अच्छा होगा, तू आसमान छूने की कोशिश कर।''

''आप ठीक कहती हैं, पर मैं इतने ऊँचे ख्वाब नहीं रखती।''

''मत रख। पर पढ़ने में मन लगा। इधर-उधर की सोचना बंद कर।''

''जी।'' सारिका ने हामी भरी।

❍

मोहे लग गये बाण सुरंगी

जब कोई खड़ा हो मेरे लिए
मदद का हाथ उठाकर
तो मुझे लगता है
टूटकर बिखर जाऊँ।
जब कोई लड़ता हो मेरे लिए
ऊँची आवाज उठाकर
तो लगता है उसके लिए
जाँ निसार कर जाऊँ।

किन्नर समाज से जुड़े नये-नये तथ्य सामने आ रहे थे। सारिका ने कुछ भी सप्रयास जानना नहीं चाहा। पर यह सच का वह रूप था, जो अपने-आप सामने आता रहा।

महज सामाजिक प्रतिष्ठा के लिए जननांग-दोषी बच्चे को अपने से दूर करना, जो समाज में बहुधा किया जाता है। या उसको जीवन भर लांछित करना, जो कनक ने किया। दोनों ही तरीके गलत थे, सारिका ने निष्कर्ष निकाला।

सबसे बड़ी बात थी कि उसके मन में किन्नर की पहचान बनी। किन्नर, मनुष्य का एक सुंदर और संतोषी रूप। अपने लिए नहीं, अपितु समष्टि के कल्याण के लिए प्रयासरत किन्नर-समाज।

किन्नर का अर्थ सारिका को पहली बार कुणाल ने समझाया। अगली बार नीरज ने।

दोनों बार अर्थ अलग क्यों निकला?

शायद इसका कारण कुणाल और नीरज की सोच का वैविध्य था। कुणाल ने किन्नर को शरीर से जोड़ा और नीरज ने किन्नर शब्द का मनोवैज्ञानिक और वैज्ञानिक अर्थ समझाया।

कुणाल ने किन्नर की कमी दिखाई, नीरज ने खूबी।

नीरज की बातों का यही परिणाम निकला कि सारिका के मन से मोहित और उसकी दुनिया छोड़ देने का मलाल निकल गया। कुछ पल मन ने जोड़-घटाना किया। वह मोहित की पत्नी है। पर मोहित के घर में उसके कितने अधिकारों को पूरा किया जा रहा था? शायद रोटी पाने का अधिकार। पर सिर्फ खाने के लिए तो पशु जीता है। जो मनुष्य है, क्या उसे अपने मन की दुनिया, अपने मन का दायरा चुनने का हक नहीं?

'तुमने मोहित का घर छोड़कर सही किया।' मन ने सांत्वना दी।

गलत करने का भय मन से निकल गया। यदि कनक और उसका समाज उसे मनमुताबिक जीने नहीं दे रहा, तो उस दुनिया को छोड़ देना ही बेहतर।

लेकिन एक अलग दुनिया बसाकर कोई कब तक रह सकता है?

''माँ,'' सारिका ने हेमा से पूछा, "माता-पिता अपने जननांग-दोषी जिगर के टुकड़े से कतराने क्यों लगते हैं?"

"सारे नहीं कतराते। कोई कतराता है, कोई छिपाता है।" हेमा ने सुधारा, "ज्यादातर माता-पिता अपने बच्चे को किन्नर समाज में जाते नहीं देखना चाहते। अक्सर जननांग-दोषी बच्चे को किन्नरों से बचाने का प्रयास करते भी हैं। फिर भी किन्नर-बच्चा किन्नरों में ही चला जाता है। यह पानी है, जो ढलान की तरफ ही बहेगा। या तो उस बच्चे के मन में मुख्य समाज से अरुचि जागृत हो जाती है। या मुख्य समाज उससे बचना चाहता है। कुल मिलाकर उसे जीने के लिए किन्नर समाज में आना ही पड़ता है।''

''हूँ...!'' सारिका ने अनमने ढंग से कहा।

''किन्नर समाज के लोग इस सच को जानते हैं कि किन्नर बच्चा और लोगों के साथ घुल-मिल नहीं सकता। इसलिए वे प्रयासरत रहते हैं कि जब इस तरह के बच्चे का पता चले, तो उसे अपने में मिला लें। इसे दोहरा लाभ होता है। पहला, उस बच्चे को अपने जैसा समाज मिल जाता है। दूसरे, बुजुर्ग किन्नरों की आगे की रोजी-रोटी के लिए एक और प्राणी साथ हो जाता है।"

"तो भी माँ...माता-पिता की नफ़रत?"

"सारिका, अधूरापन हमेशा कमतर होता है। इसमें न माता-पिता का दोष होता है, न बच्चे का। कुदरत भी इसलिए निर्दोष है क्योंकि उसके यहाँ पूरे और अधूरे दोनों बनाए जाते हैं। दोनों ईश्वर की कृति हैं। जिसे ईश्वर ने अपने हाथों से बनाया, उसे कोई गलत कैसे कह सकता है? बस पूरा पूरा दिखता है और अधूरा अधूरा।"

"यदि किन्नर के साथ अपूर्णता का एहसास न हो तो?"

"तो जिंदगी सभी की एक-सी होती है। वही रोटी पुरुष खाता है, वही रोटी स्त्री खाती है, और वही भूख किन्नर को भी लगती है। अंतर वहाँ आता है, जहाँ आप सामने दिखती चीज को खा न सको।"

"मतलब?"

"सारिका, तू अनजान है या जानकर अनजान बनती है?" हेमा ने पूछा, "तू शरीर की भूख नहीं जानती? इच्छा नहीं जानती? क्या तेरा मन नहीं करता कि कोई तेरा बहुत अपना हो। तेरे संग बैठे, बात करे। जिसको लेकर तू जीवन के सपने बुने।"

"यदि हाँ तो? यदि नहीं तो? अंतर क्या है दोनों में? यह मेरी अपनी उपलब्धि या अनुपलब्धि है। इससे समाज को क्या वास्ता?" सारिका असमंजस में थी।

"अंतर होता है। किन्नर परिवार नहीं बनाते, क्योंकि वे सृजन नहीं कर सकते हैं। किंतु परिवार बनाने की इच्छा उनके अंदर भी होती है। यही इच्छा उनके अंदर कुंठा को जन्म देती है। और यदि वे कुंठित न भी हों, तो भी अंगुली उठाने वाले बाज नहीं आते। अतः माता-पिता अपने किन्नर बच्चे से दूर रहना पसंद करते हैं।"

"माँ, समाज ऐसा ही है। जो कमजोर है, कम उपयोगी है, उसके साथ जुड़ना कोई पसंद नहीं करता।"

"किन्नर उपयोगी नहीं, यह किसने कहा? कल्याण का समन्वित रूप! शिखंडी से लेकर वृहन्नला तक सभी रूप तत्कालिक समय की माँग! कभी राजनीतिक, तो कभी धार्मिक दृष्टि से जरूरी। अरे, यह तो ईश्वर की लीला है। वह जिस रूप में चाहें, प्रकट हो जाएँ। किन्नर को पसंद करना या नापसंद करना इंसान के ऊपर नहीं है। यह तो शिव का अर्धनारीश्वर रूप है।"

"फिर क्यों लोग किन्नर संतान से घबराते हैं? जिसका जीवन है, उसे जीना

है। दूसरे क्यों दखलंदाजी करते हैं?"

"तू सोचती बहुत सही है, सारिका, किन्नरों के अंदर तक पैठ जाती है। आज न वह प्रतिष्ठा है, न वह भावना। तथाकथित सभ्य समाज में किन्नरों को कभी हिजड़ा, तो कभी छक्का के नाम से पुकारते हैं। इसमें पुकारने वाले की कुंठा दिखाई देती है। इस तरह के उल्टे-सीधे नामों से किन्नर अपने को अपमानित महसूस करते हैं। सोचने वाली बात है स्त्री, पुरुष, नपुंसक, तीनों ही अपनी माँ के गर्भ से जन्म लेते हैं। लिंग-योनि के हिसाब ही संतान के प्रति दृष्टिकोण क्यों बदल जाता है?"

"और इस नज़रिये के बदलते ही एक इंसान की दुनिया बदल जाती है।"

"सही बात है। ऐसे लोग सामाजिक प्रताड़ना का शिकार बन जाते हैं। मानव अधिकारों का उल्लंघन कर लोग इनके साथ दुर्व्यवहार करते हैं। हमारे देश में करीब बीस लाख किन्नर हैं। कुछ खुलेआम हैं, कुछ छिपे हुए हैं। छिपे क्यों हैं? क्योंकि उन्हें समाज का डर है। डर क्यों? क्या किन्नर होना चोरी है? तुझे क्या लगता है, जो आदमी निर्बल पर अत्याचार करते हैं, वे किसी किन्नर से कम नपुंसक हैं?"

"नहीं, मैं उन्हें नपुंसक भी नहीं मानती। उनमें तथा अन्य नपुंसकों में बहुत अंतर होता है। मैं ऐसे इंसान को इंसान का दर्जा भी नहीं देती, स्त्री, पुरुष या किन्नर श्रेणी देना तो दूर की बात है।" सारिका ने दृढ़ स्वर में कहा।

"ठीक कहती है। किन्नर एक खास समुदाय का नाम है, जिसके अपने कायदे-कानून, तौर-तरीके होते हैं। यहाँ भी परिवार की तरह एक-दूसरे का ख़्याल रखने की भावना होती है। जितना प्रेम और स्नेह किन्नरों में आपस में होता है, उतना मैंने कहीं और नहीं देखा। जितनी ज्यादा इंसानियत किन्नरों में पाई जाती है, उतनी सामान्य स्त्री-पुरुषों में नहीं पाई जाती। किन्नर उस छोटे बच्चे को सँभालता है, जिसे उसके माँ-बाप तक त्याग देते हैं।''

''पर माँ, मैंने सुना है कि किन्नर जननांग-दोषी बच्चा छीन ले जाते हैं।''

''कहीं-कहीं। कभी-कभी। कई बार ऐसे बच्चे से माता-पिता खुद पीछा छुड़ा लेते हैं। किन्नरों में आपस में रक्त-संबंध नहीं होता। यहाँ न माँ होती है, न पिता। बस गुरु-शिष्य परंपरा होती है। किसी भी धर्म-संप्रदाय-जाति के किन्नर बालक अपने गुरु से जुड़ जाते हैं। गुरु उस बच्चे को अपनी छत्रछाया में लेता है, चेला कह कर पुकारता है, दुनियावी तौर-तरीके सिखाता है। बच्चा धीरे-धीरे

इस माहौल में ढल जाता है। चेला अपने गुरु को अपना सबसे बड़ा हितैषी मानता है। इस संबंध को ताउम्र पूरी श्रद्धा के साथ निभाया जाता है। कभी-कभी बड़े किन्नर किसी बच्चे को गोद ले लेते हैं। ऐसे में बड़े और छोटे किन्नर के बीच माँ-बच्चे का अटूट संबंध बन जाता है।"

"ओह!"

"सामान्यतया लोग अपने परिजनों या रक्त-संबंधियों के साथ दुर्व्यवहार करते हैं, उन्हें धोखा देते हैं। किन्नरों में कभी भी कोई किन्नर अपने गुरु या माँ को धोखा नहीं देता। गुरु ने उसे सँभाला, वह गुरु की ताउम्र सेवा करता है। प्रेम का निष्काम रूप! ऋण उतारने की चाह! 'तुमने मुझे जीना सिखाया, तो मैं भी तुम्हारे जीवन के महत्व को समझता हूँ'—बस यही भावना रखते हैं शिष्य अपने गुरु के प्रति।"

"मैं इस बात को समझती हूँ माँ। आपने मुझ अनजान इंसान को मरते से बचाया, अपने घर में शरण दी, जीवन जीने के लिए योग्य बनाया। मैं इस बात को स्वीकार करती हूँ कि मानवता की श्रेणी में किन्नर सामान्य स्त्री-पुरुष से ऊँचे ठहरते हैं।"

"थोड़ा प्यार, थोड़ा सम्मान, थोड़ा अपनापन। बस यही चाहता है किन्नर इस समाज से। किंतु समाज इतना कंजूस है कि वह अपने रक्त-संबंधियों को ही प्यार, सम्मान और अपनापन नहीं देता, तो किन्नरों को क्या देगा?" हेमा ने ठंडी साँस भरते हुए कहा।

"आप ठीक कहती हैं माँ।"

"आज समाज में किन्नरों की दुर्दशा है क्योंकि उनको पढ़ाया-लिखाया नहीं जाता, मुख्यधारा से दूर रखा जाता है। अपने अधिकारों और कर्तव्यों से विमुख हो वे आजीविका के नये-नये रास्ते तलाशते हैं। सभी रास्ते ठीक हों, ऐसा नहीं, गलत राह भी सामने होती हैं। यह क्रूर-हृदयहीन समाज उनको और अधिक भटकन की ओर धकेल देता है। नतीजा, गलत-सलत साधनों से अपने को भरमाए रखना। तनाव मिटाने के लिए गलत काम करना। जब किन्नर पथभ्रष्ट होते हैं, तो इसके लिए उन्हें लांछित करने का जिम्मा समाज उठाता है। बिना यह सोचे कि उन्हें बर्बादी के रास्ते पर चलने के लिए समाज ने ही उकसाया था।"

''माँ, सही बात है। समाज में फैली भ्रांतियाँ ही इंसान को बर्बाद करती हैं। आधा पढ़ा इंसान तो अनपढ़ से भी ज्यादा खतरनाक होता है। अंधी उत्सुकता

विनाश की जनक है। बरबादी के रास्ते पर इंसान स्वयं नहीं बढ़ता। उसे यह रास्ता समाज ही दिखाता है। एक ओर लोग किन्नर को हेयदृष्टि से देखते हैं, दूसरी ओर उनका आशीष चाहते हैं। एक ओर उनका आशीष चाहते हैं, दूसरी ओर उनके साये से कतराते हैं।'' सारिका की आँखों में पुराना समय घूम गया। चंचल, रानो, रामकली, कुणाल—और इनके फेर में पड़ अपना लक्ष्य बदलना!

"आज समय ने थोड़ी करवट ली है। अपने अधिकारों के लिए किन्नर जागरूक हुए हैं। मानवाधिकारी भी उनके अधिकारों के लिए आवाज उठा रहे हैं। समाज समझने लगा है कि किन्नरों को अपने से काटा नहीं जा सकता और उनका शोषण करना भी अनुचित है।''

''जी।''

''मैं अमीर घर की इकलौती बेटी थी। किन्नर मुझे मेरे माता-पिता से छीनने आए। मजबूर माँ-पिताजी ने मुझे सौंप दिया और मेरे नाम बैंक में पैसा डाल दिया। मेरी गुरु ने मेरे पढ़ने का बंदोबस्त कराया। आज से पैंतालीस-पचास साल पहले यह सब बहुत कठिन था। पर मैं पढ़ी और अपने बल पर आगे बढ़ी। वक्त के साथ मेरे व्यक्तित्व के कई अनदेखे पहलू सामने आए। जैसे-जैसे ज्ञान का विकास हुआ, वैसे-वैसे मैं अपने समाज के लिए और अधिक काम करने लगी, नेता बन गई। अपनी बात कहने के लिए सभी को मजबूत आवाज़ की जरूरत होती है। आज मेरे साथी मेरे जरिये अपनी आवाज़ उठाते हैं।"

"आप जन्म से किन्नर हैं?" सारिका ने पूछा।

"हाँ, जैसे तू कर्म से किन्नर बनना चाहती है।" हेमा हँसी, "मैं तेरी तरह बनी हुई किन्नर नहीं हूँ। जीवन एक रणक्षेत्र है। भगवान ने जिस रूप में धरती पर भेजा है, उसी रूप में सच का सामना करो। हमने अपनी जिंदगी के लक्ष्य स्वयं निर्धारित किये हैं। हम जानते हैं कि पढ़े-लिखे इंसान की जिंदगी सोद्देश्य होती है।''

''जी माँ, यदि अपने जीवन का लक्ष्य समझ में आ जाए, तो उसकी ओर बढ़ना आसान हो जाता है।''

''मुझे अपनी जिंदगी से कोई शिकायत नहीं। मुझे नीरज मिल गया—मेरा बेटा, मेरे सपनों का संसार। कौन कहता है कि किन्नरों का परिवार नहीं होता? मेरा बेटा ही मेरा परिवार है। मैंने नाचा-गाया—कभी अपने मन की खुशी के लिए, तो कभी नीरज की पढ़ाई का पैसा जुटाने के लिए। यह नसीब की बात रही

कि मैं कभी घरों में धमकी देकर पैसा माँगने वाले समूह से नहीं जुड़ी। मुझे हमेशा ससम्मान बुलाया गया। बड़े-बड़े सेठों के घरों में अच्छे काम के समय मेरे आशीर्वाद का महत्व माना जाता है।"

सारिका कौतूहल से देखती रही।

"अच्छे लोग हमें बराबरी का दर्जा देते हैं। अपने से ऊँचा मानते हैं। मांगलिक कार्य में बुलाते हैं। उनका मानना है कि हमारी दुआएँ उनका बुरा वक्त दूर कर सकती हैं। प्यार का बदला प्यार। मेरे लिए मेरे यजमान ही सब कुछ हैं। उन्होंने वक्त जरूरत पर मुझे सहारा दिया है। वे मुझे प्यार देंगे तो मैं उन्हें बदले में प्यार क्यों न करूँगी? मेरे लिए ग्यारह रुपये देने वाले या ग्यारह हजार देने वाले यजमान में कोई अंतर नहीं है। मुझे सिर्फ उनका प्यार, उनका अपनापन नज़र आता है।" हेमा ने सारिका को बताया।

"सच है माँ, दिल के साफ और अपने सच्चे हितैषी बहुत कम होते हैं।'' सारिका ने कहा।

''आज हमारा महत्व संसार स्वीकारने लगा है। हमें इंसान मानते हुए मतदान का अधिकार मिला है। पर एक समय ऐसा था कि एक-एक रोटी के लिए हमें इधर से उधर भटकना पड़ता था। उस समय यजमानों ने ही मुझे सहारा दिया। मेरे बेटे को पालने के लिए अच्छे से अच्छे प्रबंध किए। आज भी हम किन्नर अपने यजमानों के लिए कुछ भी कर गुजरने को कटिबद्ध है।"

''आप बहुत सच्ची और अच्छी हैं माँ।'' सारिका ने स्वीकारा।

"अच्छा होना भी सीखा जा सकता है। आदत बनाया जा सकता है। रोटी के कौर के साथ रोज गले में उतारा जा सकता है।...''

''जी!''

''...मैं मंदिरों में, सभाओं में भजनों पर नाची। भगवान को अर्पित पैसों में से मुझे भी पैसा मिला। उस पवित्र पैसे से मेरे बेटे की शिक्षा-दीक्षा हुई। आज समाज में मेरे बेटे का नाम है। वह भी अपने नाम से पहचाना जाता है। सारिका, साख बनाने से बनती है, मिटाने से मिटती है। जीवन की डगर कठिन होती है। हाथ में सपने न हों, जीने का लक्ष्य न हो, तो कोई कैसे जिये? सपने उधार के हों, तो बुरा लगता है। सपने भीख में मिलें, तो बुरा लगता है। सही जिंदगी वह है जिसमें आप अपने सपने खुद चुनते हैं। अधिकतर किन्नर एक सूखी-बंजर जिंदगी की शिकायत करते हैं। पर मैं अपनी जिंदगी से बेहद संतुष्ट हूँ।"

"नीरज आपका बेटा...?"

"हाँ, वह मेरा बेटा है।" इतना कह हेमा ने बात खत्म की।

सारिका जल्द से जल्द अपने पैरों पर खड़ा होना चाहती थी। एक दिन उसने हेमा से पूछा, "माँ, आपने कहा था कि मुझे किसी पार्लर में काम दिलवा देंगी। कहाँ है वह पार्लर?"

"यहीं पास में है। चल, डॉली से तेरी मुलाकात करवा दूँ।" हेमा तुरंत राजी हो गई।

ब्यूटी पार्लर बस्ती के उस पार था, जिसे किन्नरों ने अपने समाज के लोगों के बनाव-शृंगार के लिए शुरू किया था। इसका संचालन डॉली नाम की पचास-पचपन वर्षीया किन्नर करती थी। लीना नामक किन्नर उसकी मदद के लिए आती थी। डॉली और लीना ने सारिका का खुले मन से स्वागत किया।

सारिका रोज शाम पार्लर में जाने लगी।

वहाँ शाम पाँच से सात अति व्यस्तता रहती। एक साथ कई किन्नर शृंगार कराने आतीं। उनका बोलना-चालना, उठना-बैठना सब अलग था। बिंदास आचरण, बेबाक बोल देख-सुन सारिका मन ही मन संकुचित हो जाती।

एक दिन पार्लर में ग्राहक नहीं थे, तो डॉली कहने लगी, "किन्नर समाज और बाकी समाज के बीच माहौल और परिस्थितियों के कारण सांस्कृतिक अंतर है। तू किसी की बात पर ध्यान मत दिया कर। कोई बात खले, तो मुझे बताना। हेमा दीदी तक शिकायत ले जाने की जरूरत नहीं।''

"नहीं डॉली दीदी, मुझे फर्क नहीं पड़ता। मैं जानती हूँ, जो इंसान जितना खुलकर बोलता है, मन का उतना ही साफ होता है। मन ही मन गाली देने वाला और ऊपर से चुप रहने वाला इंसान अच्छा नहीं होता। जितने लोग पार्लर में आते हैं, वे आपस में बातें करते हैं। क्या कह रहे हैं, मुझे इससे कोई वास्ता नहीं।"

"समझदार है तू। हर परिस्थिति में जीने का हुनर जानती है। यही बात जीवन के लिए जरूरी है। जरा बता, तू हम लोगों के बीच में कैसे आ गई?" अचानक डॉली ने पूछा, तो सारिका अचकचा उठी।

"बस यों ही।" उसने बात टालनी चाही।

''कोई तो कारण होगा। देखने में अच्छी-खासी है। कोई अंधा भी तुझे किन्नर नहीं मानेगा। डील-डौल, बोल-चाल, रंग-रूप सब एक आम लड़की जैसा। यहाँ तक कि तेरे हाव-भाव भी एक घरेलू लड़की जैसे ही हैं। डरपोक दब्बू लड़की।"

"दीदी, मैं किन्नर ही हूँ। बस अपनी कहानी नहीं सुना सकती। मुझे उस बात को याद करने से घबराहट होती है। मैं उस जिंदगी को भूलना चाहती हूँ। नहीं बता सकती कि मैं यहाँ कैसे आ गई।"

डॉली हँसने लगी, ''इस मामले में तू एकदम हम लोगों जैसी ही है। हमें भी अपनी पुरानी जिंदगी याद करने से नफ़रत होती है। दरअसल वह जिंदगी जिंदगी नहीं होती, जिसमें हमें जीने की मोहलत न मिले, मरने की इजाजत न मिले। पर मुझे उस जिंदगी की कहानी सुनाकर अच्छा महसूस होता है। मैं लोगों को अपनी बात बताती हूँ, तो मेरा मन हल्का होता है। क्या तू सुनना चाहेगी?''

''कहिए दीदी, यदि कहने से आप का मन हल्का हो रहा हो, तो मुझे जरूर सुनना है।'' सारिका ने उत्तर दिया।

''मैं घर का बड़ा लड़का थी। पूरे घर की जिम्मेदारी बचपन से ही मेरे ऊपर डाल दी गई। इन्हीं शब्दों को सुनते हुए बड़ी हुई, 'तुझे घर सँभालना है।'। मुझे जिम्मेदारी से ऐतराज न था। पर अपने शरीर की आवाज मैं पहचान रही थी। मानसिक संतोष के लिए एक-दो बड़े-बड़े डॉक्टरों से बात की। पूरी जाँच के बाद निष्कर्ष यही रहा कि मुझे मिला-जुला शरीर मिला है। बाहर से पुरुष अंग, अंदर का सिस्टम स्त्री जैसा। जहाँ यह बात सामने आई कि मैं पुरुष नहीं, स्त्री हूँ, तहाँ परिवारीजन बिदकने लगे। मैं, मैं नहीं रही। बस एक श्राप बन गई। निकाल दी गई समाज से।''

''सबकी एक सी कहानी है दीदी।''

''...मैं ग्लानि से भरी हुई थी। स्वयं को खत्म कर लेती। पर इस विचार के मन में आने से पहले ही मुझे हेमा दीदी मिल गयीं। उन्होंने जीवन से जोड़ा। जन्मदायी माता-पिता ने मुँह मोड़ लिया था। पर गुरु-माँ ने मरने नहीं दिया। इस किन्नर समाज में दाखिल होने से पहले कितना कुछ झेला मैंने। भूख-प्यास के साथ-साथ दैहिक शोषण भी। तथाकथित पुरुष जहाँ स्त्री या स्त्री-वेशधारी को पाते हैं, तहाँ और ज्यादा मर्दानगी दिखाते हैं। नहीं जानते कि उनकी ताकत की किसी स्त्री को जरूरत नहीं। जरा सा सहारा पाकर स्त्री अपने रास्ते बना लेती है।''

"सच कहती हो डॉली दीदी। तिनके का सहारा नदी पार करा सकता है।" सारिका ने उसाँस भरी, "काश, सभी जरूरतमंदों को सच्चा सहारा मिलता रहे!"

"यहाँ आकर हमें सहारा भी मिला, समाज भी, और अपने लोग भी। सबसे अच्छी बात यह है कि जिसे 'श्राप' कहकर मुख्यधारा ने अपने से अलग कर दिया, वही मैं आज किन्नरों के अधिकार के लिए लड़ रही हूँ। मैं जानती हूँ, यह लड़ाई बहुत कठिन है। पर सब मिलकर अपनी बात कहेंगे, तो कभी न कभी परिवर्तन आएगा।"

"आप भी?" सारिका को हैरानी हुई, "पार्लर में काम करने के साथ आपको समाज-सेवा का मौका मिल जाता है?"

"सारिका, यह समाज-सेवा नहीं, अपनी बात कहना है। तू नहीं जानती कि किन्नरों को कहाँ-कहाँ दबाया जाता है। उन्हें इंसान ही नहीं मानते, तो उनके हक की बात कौन सोचे? और हम सब मिलकर आज यही बात उठा रहे हैं। बच्चों के मानवाधिकारों की बात करें या स्त्रियों या बुजुर्गों के मानवाधिकारों की। किन्नर तो हर जगह ही इन अधिकारों से वंचित है। किन्नर का पूरा जीवन—बचपन, युवावस्था, वृद्धावस्था, पुरुषरूप, स्त्रीरूप—उपेक्षा और शोषण की एक जीती-जागती मिसाल है।"

"बस करो डॉली दीदी।" सारिका कँपकँपा उठी, "आप लोगों की बातें सुनकर डर लगने लगता है। जो इसको सदियों से झेल रहे हैं, उनकी व्यथा कौन समझेगा? ताली और गाली सब सुन लेते हैं। ताली-गाली के पीछे छिपे आँसू कोई देखना नहीं चाहता।"

सारिका बस्ती में जाकर सबके साथ घुलना-मिलना मिलना चाहती थी और हेमा उसे ऐसा करने से रोकती थी।

हेमा ने कहा, "तू अपना जीवन गढ़ रही है। तुझे इधर-उधर जाने की, भटकने की जरूरत नहीं। मेरे बस में होता, तो मैं तुझे अच्छे स्कूल से रैगुलर पढ़वाती। पर तेरी नींव इतनी कमजोर है कि तू धीमे-धीमे ही समाज के साथ चलने के काबिल बनेगी। तेरे अंदर दुनियादारी नहीं है। पार्लर से सीधे घर आया कर। बस्ती की तरफ मत जाया कर। वहाँ दूसरी तरह का माहौल है।"

"दूसरी तरह का माहौल? कैसा माँ?" सारिका ने उत्सुकता से पूछा।

"तू नहीं समझेगी। समझने की जरूरत भी नहीं है। बहुत-सी बातें ऐसी हैं, जिनमें दखलंदाजी करने की आवश्यकता नहीं।" हेमा ने स्पष्ट कहा।

हेमा के मना करने के बावजूद सारिका के मन में आज़ाद बस्ती के प्रति आकर्षण बना रहा। बस्ती से उठती गीत-संगीत की, तेज बोलने-बतियाने की आवाजें उसे जिंदगी से जोड़तीं। बस्ती में जाने की उत्कंठा बढ़ती रहती। यों भी वर्जित काम करना तो उसकी फ़ितरत में था। हेमा उसे जितना बस्ती में जाने से रोकती, वह उतना ही बस्ती में जाना चाहती।

पार्लर से वापस आने का रास्ता बस्ती से होकर गुजरता था, जहाँ हमेशा एक सा माहौल रहता। कहीं गाते-बजाते समूह, कहीं ताश खेलते झुंड, कहीं सिगरेट फूँकते व्यक्ति। सारिका सिर झुकाए चुपचाप हेमा की कोठी की तरफ बढ़ जाती।

एक शाम पार्लर से लौटते हुए उसके कदम अनजाने ही ठिठक गए।

बसंती के चबूतरे पर मंडली जमा थी। उसी में एक बेहद खूबसूरत शक्ल नज़र आ रही थी। गोरा-अंडाकार चेहरा, बादाम जैसी आँखें, धनुष जैसी भौंहे और गुलाब की पंखुड़ी से अधर।

सारिका थम गई। न कुछ कहते बना, न पूछते। आँखें उस खूबसूरत लड़की पर टिक गयीं।

उस दिन पुष्पा का मूड बहुत अच्छा था। "आ जा सारिका, बैठ, सरगम से मिल। मेरी दुलारी बिटिया सरगम। पढ़ाई के लिए बाहर गई हुई थी। सुंदर है न? इसने मुंबई में एक सौंदर्य प्रतियोगिता में सबसे सुंदर ट्रांसजेंडर का खिताब जीता है।"

सारिका मुस्करा दी। सरगम का सौंदर्य सच में अपूर्व था।

"सरगम, यह सारिका है, हेमा की बेटी। हेमा के घर में ही रहती है।" पुष्पा फिर बोली।

"अच्छा! कब से?" सरगम ने कटाक्ष भरी दृष्टि से देखा, "नीरज के साथ रहती हो, तब तो तुम्हारे वारे-न्यारे हैं। क्या-क्या सिखाया नीरज ने? मुझे पूरी उम्मीद है कि नीरज तुम्हें भी पढ़ाने लग गया होगा।"

"मैं खुद पढ़ना चाहती थी, तो उन्होंने मेरा फ़ॉर्म भरवा दिया।" सारिका ने धीमे स्वर ने कहा।

सरगम ने उसकी बात सुनने की ज़हमत नहीं उठाई। अपनी लटों को झटका देते हुए बोली, "उसका तो काम ही दुनिया को पढ़ाना है। क्या तुम, क्या मैं?"

पुष्पा हँसने लगी, "सारिका, इसकी बात का बुरा मत मानना। इसका और नीरज का बचपन का साथ है। नीरज पढ़ने-लिखने में आगे निकल गया। और सरगम नाचने-गाने में। सरगम बनी मिस ब्यूटीफ़ुल और नीरज बना मिस्टर सक्सेसफ़ुल, अपनी कंपनी में खुश। बचपन के साथी है दोनों।"

सारिका के दिल में शीशा-सा टूटा। नीरज इतनी खूबसूरत लड़की के साथ बचपन से रहा है। तभी सारिका को देख उसे कभी कोई फर्क नहीं पड़ता।

"यहाँ क्यों आई है?" सरगम ने प्रश्न किया।

"डॉली दीदी के पार्लर में काम करती हूँ। अब वापस जा रही हूँ।"

"ठीक है, मेरा संदेश नीरज को दे देना। कहना, सरगम जल्द ही मिलने आएगी।" कहते हुए सरगम ने हवा में एक चुम्बन उछाला। सारिका का मुँह फक् पड़ गया, जिसे सरगम न समझ सकी।

सिर हिलाकर सारिका घर की दिशा में चल दी। कुछ ही पलों में उसके अंतर में उथल-पुथल मच गई थी, 'कितनी सुंदर है वह! कैसे? मैं उतनी सुंदर क्यों नहीं?'

असूया क्या होती है, आज जान रही थी। उसने सोचा, 'मैं किन्नर कभी नहीं बन सकती। हेमा माँ का कहना है कि किन्नर जलन से दूर होता है। और मैं? मैं जलन से मरी जा रही हूँ। क्या दिक्कत है मुझे?'

सरगम का भेजा चुंबन उसने नीरज को नहीं दिया था। नीरज घर में मिला ही नहीं, तो कुछ कहने की नौबत नहीं आई। हेमा माँ किसी मीटिंग में गई हुई थीं।

''खाना खाओगी सारिका?'' शांता ने पूछा।

''भूख नहीं है।'' उत्तर देकर सारिका अपने कमरे में चली आई थी। बिस्तर पर लेट गई, पर आँखों में नींद का नामोनिशान नहीं था।

'ऐसा क्यों होता है? जब मैं किसी दिशा में बढ़ती हूँ, तो न जाने कहाँ से रोक आ जाती है। पर किसने रोका मुझे? मुझे बेचैनी क्यों हो रही है? मैं यहाँ कुछ समय के लिए मेहमान हूँ। सरगम और नीरज का बचपन का साथ है। मुझे सरगम से नहीं जलना चाहिए।'

उठकर पानी पिया। फिर सोच में डूब गई, 'क्या यह वैसा एहसास है, जो रजनी और मोहित को एक साथ देख होता था?'

'न। वह अलग भावना थी। क्रोध था उसमें। परिस्थितियों से नफ़रत थी।

वह दुःख नहीं, आक्रोश था। और यह... ओह, यह मुझे क्या होता जा रहा है!'

नींद न आनी थी, न ही आई। बस बिस्तर पर करवट बदलते हुए रात बिता दी उसने।

जैसी रात बीती, वैसा ही सवेरा था। ऊबा, थका, उदास।

अचानक जैसे कोई परंपरा शुरू हो गई हो, मन पर धक्का लगने की।

सारिका बगीचे में बैठ हेमा और नीरज के साथ चाय पी रही थी कि चहकती हुई सरगम वहाँ चली आई। ''कैसे हो सरकार? आप तो हमें भूल ही गये।'' कहती हुई नीरज की कुर्सी पर लगभग झूल गई।

"ठीक हूँ।" नीरज का चेहरा भी उसे देख खिल उठा, "तुम कैसी हो? बड़े दिनों में नज़र आईं।"

''अब मेरा काम चल निकला है, तो मुझे यहाँ आने की फुर्सत नहीं मिलती।'' सरगम फिर चहकी और हेमा से बोली, ''मौसी, तुम मुंबई आना तो मेरे साथ रुकना। मजा आएगा।''

हेमा ने सहमति व्यक्त की, ''जब आऊँगी तो तुझे पहले ही बता दूँगी।''

''ठीक बात।'' सरगम ने हामी भरी। "और तुम..." अब उसने सारिका की तरफ देखा, "तुम्हारा मौका लगे, तो तुम भी मौसी के साथ आना। देखना, मेरा अपार्टमेंट कैसा है। दो साल के अंदर मैं मुंबई में सैटिल हो गई हूँ। नीरज, जब तुमने देखा था, तब से मेरा घर बहुत बदल गया है। अब तुमको पसंद आएगा।"

"तुमने मुंबई में इनका घर देखा है?" सारिका ने चौंककर नीरज से पूछा।

"देखा? अरे, वहाँ हम साथ ही तो थे। मेरा पहला काम इसी ने दिलवाया था। मेरे बस का कहाँ था मुंबई में पैर जमाना? नीरज न होता तो मुझे काम भी नहीं मिलता। इसके कहने से मुझे एक्टिंग का चांस मिलना शुरू हुआ है।" नीरज के कहने से पहले ही सरगम बोल पड़ी।

"एक्टिंग?" सारिका आकाश से गिरी। "तुम एक्टिंग करती हो?"

"हाँ। कई विज्ञापन कंपनियों से जुड़ी हूँ। फिल्मों में भी रोल मिलने की गुंजाइश है। न भी मिले, तो भी हम विदेशों में प्रदर्शन करते हैं। हमारा पूरा थिएटर ग्रुप है। मैं बहुत खुश हूँ। और इस सबका श्रेय नीरज को जाता है। इसने ही मुझे आगे बढ़ने के लिए प्रेरित किया। समझ नहीं आता, इसका एहसान कैसे

उतारूँ?"

"ठीक है, ठीक है। दोस्ती में एक-दूसरे की मदद चलती है। इसके लिए इतना कहने की जरूरत नहीं।" नीरज ने कहा।

सारिका के अंदर कुछ टूटता चला गया।

'हर जगह कुछ न कुछ पहले से चल रहा है। मैं कहीं अपनी जगह नहीं तलाश पा रही। कहाँ जाऊँ, कहाँ अपनी जगह बनाऊँ? पर मुझे क्या? मैं यहाँ एक शरणार्थी हूँ। शादीशुदा, एक बच्चे की माँ। मुझे इस तरह की बातें सोचने का भी हक नहीं।'

मन में एक अजब सा मलाल था। लग रहा था जैसे नियति ही उसके साथ दुश्मनी निभा रही है।

सरगम ने अंग्रेजी में हेमा को कोई किस्सा सुनाना शुरू किया। सुनाते-सुनाते अपनी बात के अनुमोदन के लिए सारिका की तरफ देखती। धाराप्रवाह अंग्रेजी में कही जा रही उसकी बात सारिका समझ ही नहीं पा रही थी, तो 'हाँ या न' क्या करती? वह और अधिक संकुचित हो गयी।

फिर हेमा, नीरज और सरगम तीनों अंग्रेजी में बहस करने लगे। क्या मुद्दा था, सारिका समझ नहीं पाई। परंतु अपने को लेकर हीन-भावना और प्रबल हो गई। सिर नीचा किए कुछ देर बैठी रही। किस बहाने उठकर जाए, नहीं समझ पा रही थी।

"सारिका इधर आ।" अंदर से शांता की आवाज आई, तो उसकी जान में जान आई।

"आती हूँ दीदी।" कहती हुई वहाँ से चल दी।

हेमा, नीरज और सरगम के बीच क्या बातें हो रही थीं, उसने जानने की कोशिश नहीं की।

दिल, दिमाग और मन, तीनों में अलग-अलग तरह का द्वन्द्व चलने लगा।

दिल कहता, 'नीरज को सात तालों में छिपा ले।'

दिमाग कहता, 'तू इस पचड़े में पड़ ही क्यों रही है?'

और मन, वह हर पल जलन से भरा रहता कि ऊपर वाले ने उसका नसीब न जाने कैसा लिखा है!

"आजकल तुम थोड़ा चुप रहने लगी हो।" नीरज ने कहा।

"नहीं तो।" सारिका ने खंडन किया।

"मुझे समझने में कोई भूल नहीं हुई है। तुम कुछ सोचती रहती हो। बताओ, कहाँ दिक्कत है?"

"कोई परेशानी होगी, तो सबसे पहले तुम्हें बताऊँगी। अभी कोई परेशानी नहीं है, तो कैसे बता दूँ?" कहती हुई सारिका मुस्करा दी।

एक बहुत ही फीकी मुस्कान, जबरन कुछ छिपाने की कोशिश करती हुई। मन में डर की लहर उठी, 'नीरज कहीं कुछ समझ तो नहीं गया?'

"मुझे पता है, सरगम के आने के बाद से तुम बुझी-बुझी रहने लगी हो। देखो सारिका, सरगम अंग्रेजी स्कूल की पढ़ी है। उसकी शिक्षा का प्रबंध पुष्पा मौसी ने मेरी माँ की सलाह से किया था। तुम उसे देख कुछ मत सोचा करो। कुछ समय बाद तुम उससे भी आगे निकल जाओगी।"

''ओह!'' सारिका ने राहत की साँस ली। नीरज उसके दिमाग तक पहुँचकर भी दिल तक नहीं पहुँच सका था।

"मैं किसी की बराबरी की बात नहीं सोचती। आगे निकलने की बात कहाँ आती है नीरज?" उसने कहा।

"फिर? फिर क्यों उदास दिखती हो? मुझे कारण तो पता चले।" नीरज ने बहस की।

'तुम्हें मेरी उदासी से क्या लेना-देना? तुम तो अपने बचपन की दोस्त को पाकर खुश हो।' सारिका ने मन ही मन कहा।

दिल डूबता सा लगा। 'काश, मैं बचपन से ही किन्नर समाज में पली होती तो आज तुम्हारे ऊपर अधिकार जताने लायक होती!'

"एक्टिंग की लाइन में जाना सरगम का शौक था। इसलिए उसने एक्टिंग में हाथ आजमाया। जितना मैं उसे समझता हूँ, वह आज तक किसी एक बात पर टिकी नहीं है। कुछ समय स्पोर्ट्स में रहकर चैंपियन बनने की बात सोचती रही। उसके बाद अब एक्टिंग में पहुँची है। उसका मन यहाँ भी नहीं लगेगा। एक्टिंग के बाद कहीं और ठिकाना बनाएगी। तुम धैर्यपूर्वक जिस रास्ते पर चल रही हो, वह ज्ञान और सम्मान का रास्ता है। तुम्हें पूरी सफलता मिलेगी।"

सारिका हैरत से नीरज का मुँह देखती रह गई। नीरज बहुत जल्दी उस जगह तक पहुँच चुका था, जो दुनिया भर से छुपी हुई थी। उसका मन। नीरज

ने उसके मन की थाह पा ली थी।

"तुम्हें नहीं लगता कि सरगम मुझसे बहुत आगे है। वह किन्नर होते हुए भी उस जगह पहुँच गई है, जहाँ पहुँचने को आम इंसान तरसता है।" सारिका ने सच कहना उचित समझा।

"ठीक करती हो। हर इंसान का नसीब उसके साथ चलता है। पहले सरगम इधर से उधर भटकती रहती थी। लगता ही नहीं था कि उसकी जिंदगी में कभी कोई ठहराव आयेगा। फिर दो साल एक्टिंग का कोर्स सीखने के बाद उसने यह रास्ता पकड़ा। तुम अभी अपनी शुरूआती शिक्षा ले रही हो। जिस समय तुम एक रास्ते पर चल पड़ोगी, उस समय तुम्हारे सारे द्वंद्व मिट जाएँगे।"

सारिका ने हामी भरी, "हाँ, इस समय किसी भी सफल व्यक्ति को देखकर मेरा कुंठित होना स्वाभाविक है। नीरज, मैंने जिंदगी में बहुत कुछ गँवाया है। यकीन करोगे, सीधी-सपाट सड़क पर भी मैंने ऐसे-ऐसे झटके पाए हैं, जिसकी कोई कल्पना नहीं कर सकता। यदि मेरा नसीब खराब नहीं होता, तो शायद मेरी जिंदगी आज कुछ और होती।"

"क्या होती?" नीरज ने चौंककर पूछा, "बताना चाहोगी?"

"क्या पता! छोटी-छोटी गलतियाँ, बड़े-बड़े दंड! यही मेरी जिंदगी है।" ठंडी साँस लेकर वह वहाँ से हट गयी।

सरगम मुंबई लौट गई, तो सारिका की जान में जान आई। सरगम ने उसके संग किसी तरह का बुरा व्यवहार नहीं किया। पर वह उसके सामने स्वयं को हीन अनुभव करती।

जब सरगम बेतकल्लुफ़ हो नीरज से बात करती तो सारिका के मन में अजीब-सा खालीपन आने लगता। इसलिए सरगम का वापस लौट जाना उसे बहुत अच्छा लगा।

उसने अपनी पढ़ाई में ध्यान दिया। अब पढ़ाई-लिखाई आसान लगने लगी थी।

थोड़ा समय पार्लर में देती, पर वहाँ उसका मन वहाँ नहीं लगता। कुछ अलग करने की चाह बार-बार सिर उठाती।

"तुम ऑफ़िस में क्या काम करते हो?" एक दिन उसने नीरज से पूछा।

"सारिका, मैंने एनजीओ खोला है। मैं समाज के लिए काम करता हूँ। खासतौर से किन्नर-समाज के लिए। किस तरह से समाज के इस उपेक्षित भाग को मुख्यधारा से जोड़ा जाए, किस तरह किन्नरों को उनके अधिकारों के प्रति सचेत बनाया जाए और किस तरह उनको सामान्य जीवन जीने के लिए प्रेरित किया जाए, मैं यही सब देखता हूँ।..."

"अच्छा!"

"...लेकिन तुम यह मत समझना कि मेरा काम सिर्फ किन्नरों तक सीमित है। समाज में फैली विविध बुराइयों को दूर करना हमारा लक्ष्य है। इसके लिए हम अपनी दृष्टि सीमित नहीं रखते। हम व्यापक दृष्टि से पूरे समाज का अवलोकन करते हैं। हम नवांकुरों के हित के लिए कटिबद्ध हैं।''

''बच्चों के लिए?''

''हाँ, खासतौर से बच्चियों के लिए। 'बेटी बचाओ, बेटी पढ़ाओ, बेटी को आगे बढ़ाओ' हमारे एनजीओ का नारा है। आज की बालिका कल समाज का निर्माण करेगी। अपने शरीर में नये जीवन को वहन करेगी। हम बेटियों की महत्ता से कैसे इंकार कर सकते हैं? हमारा किन्नर-समाज़ सरकार से जुड़कर सरकारी 'बेटी बचाओ अभियान' में पूरा सहयोग करता है। कन्या-भ्रूणहत्या पर रोक लगाना हमारा मुख्य लक्ष्य है।''

''ओह! सोच तो बहुत अच्छी है। पर अमल करना...''

''मुश्किल है, असंभव नहीं। जानती हो, किसी घर में बेटी के जन्म पर हमारे किन्नर साथी न सिर्फ खुशियाँ मनाते हैं, बल्कि आशीर्वाद के साथ-साथ अपनी तरफ से शगुन देते हैं। यही नहीं, लोगों को बेटी का महत्व समझाने के लिए हमने अपने गीत बनाये हैं। हम गीतों के जरिये लोगों को सिखाते हैं कि बेटियाँ बोझ नहीं, दो कुलों की दीप्ति हैं। अतः माता-पिता का फर्ज है कि बेटियों की बेहतर शिक्षा-दीक्षा के साथ ही उनके स्वास्थ्य पर भी ध्यान दें।"

"इतना सब कैसे करते हो?" सारिका अभिभूत हो उठी।

"आसान है। सिर्फ अपनी दृष्टि व्यापक रखनी है। संकीर्णता से दूर हटना है। हमारे समाज में बहुत-सी कुरीतियाँ फैली हैं। ये कुरीतियाँ दूसरे दोषों की जनक हैं। हम अपने एनजीओ के जरिए किन्नरों को विविध रोगों के प्रति जागरूक करते हैं। छोटे बच्चों का टीकाकरण, बीमारियों से बचाव हमारे नित्य के अलख में आता है।"

"सुनने में यह सब बहुत कठिन लगता है। मैं समाज के लिए करना चाहूँ, तो लगता है कि अपनी तरफ ध्यान देना बंद करना होगा। एक साथ कई काम कर पाना मेरे लिए असंभव है। सच कहूँ, मैं एकतरफा सोच पाती हूँ। पढ़ती हूँ, तो पढ़ती रह जाती हूँ। समाज के लिए कुछ करना चाहती हूँ, तो पढ़ाई को अलग रखकर करना चाहती हूँ। तुम एक साथ इतना कैसे कर लेते हो?"

"सारिका, मैनेजमेंट की पढ़ाई में मैंने न सिर्फ व्यवसाय, बल्कि जीवन को व्यवस्थित करना, जीवन को सही रीति से आगे बढ़ाना सीखा है।"

'मुझे सिखाओगे जीवन का व्यवस्थित संचालन?' पूछने की हिम्मत नहीं पड़ी, पर सारिका की आँखों में मनुहार थी।

नीरज बहुत उत्साहित था। स्वयं ही बोला, "जीवन को उचित रीति से आगे बढ़ाना तुम्हें भी सिखाऊँगा। इस विधि से जीना प्रत्येक मनुष्य को आना चाहिए। सारिका, सृष्टि का अस्तित्व तब तक है, जब तक प्रत्येक व्यवस्था सही है। आज मनुष्य की अज्ञानता से न सिर्फ अंतर की दुनिया, बल्कि पर्यावरण का भी रूप बदल रहा है। मैं किन्नरों को इस रूप में शिक्षित करता हूँ कि वे अपने बधाई गीतों में लोगों को पर्यावरण संरक्षण सिखाएँ। पर्यावरण के प्रति जागरूक करें, गौ-हत्या का विरोध करना सिखायें। हम लोग बधाई-गायन के बीच बाल-विवाह पर रोक लगाने की भी सीख देते हैं। आज संसार में विवाह के नाम पर कन्या का सौदा आम बात है। प्रशिक्षित होकर किन्नर अपना ज्ञान अन्य लोगों तक पहुँचाते हैं। बात में दम हो, तो सभी उसे स्वीकार करते हैं।"

"इस तरह तो तुम लोग पूरे समाज के लिए काम करते हो। पर किन्नर-समाज के लिए क्या करते हो? किन्नरों की अपनी समस्यायें....."

"हाँ, हम मनुष्य मात्र के लिए काम करते हैं। किन्नरों को मनुष्य का दर्जा दिलाना, स्त्री-पुरुष-किन्नर का भेद खत्म करना ही हमारा लक्ष्य है। पूरे देश के किन्नर एक हैं, अतः सबकी समस्यायें भी एक-सी हैं। हम उनकी तरक्की के लिए बहुत प्रयास करते हैं। कभी मेरे ऑफ़िस चलना, तो देखना।"

"कब ले चलोगे?"

"कल ही।" नीरज ने कहा, ''तुम्हें अपने समाज का स्कूल भी दिखाऊँगा।''

सारिका की आँखों में हैरानी देख नीरज हँसा, ''चौंको नहीं। किन्नर बच्चों की पढ़ाई-लिखाई का प्रबंध करना, उनके रहन-सहन को सुधारना, हमारे मुख्य प्रयासों में आता है। हमने एक छोटा-सा स्कूल खोल रखा है। उसमें सातवीं कक्षा

तक पढ़ाई होती है। उसके बाद बच्चे प्राइवेट फ़ॉर्म भरते हैं और आठवीं, दसवीं और बारहवीं का एग्ज़ाम देते हैं।''

''अच्छा, अब समझी। इसीलिए तुमको मेरा फ़ॉर्म भरवाने में दिक्कत नहीं हुई। यह तो तुम्हारा रोज का काम है।'' सारिका बोली।

''सही कहती हो। हम किन्नर-समाज के बच्चे-बच्चे तक शिक्षा पहुँचाना चाहते हैं।''

''पर तुम्हारा स्कूल बारहवीं तक क्यों नहीं है?''

''पहली बात तो यह है कि मैंने यह काम अभी शुरू किया है। सातवीं तक सँभालना ही बहुत बड़ी बात है। फिर और भी परेशानियाँ हैं। सरकारी परमिशन, अध्यापकों की नियुक्ति और भी न जाने क्या-क्या। बाहरी मदद भी जल्दी-जल्दी नहीं मिल पाती! फिर भी मेरा काम ठीक चल रहा है। तुम देखना चाहो, तो देख सकती हो। बस्ती के आखिरी सिरे पर डॉली दीदी के पार्लर से थोड़ा आगे छोटा-सा स्कूल है। वहीं सवेरे पाँच घंटे कक्षाएँ लगती हैं। किन्नर समाज के पढ़े-लिखे लोग पढ़ाते हैं। मुख्यधारा के लोग भी जुड़े हैं। तुम्हें उत्सुकता है, तो कल वहाँ भी चलेंगे।''

अगली सुबह सारिका बहुत जल्दी तैयार हो गई।

बस्ती पारकर स्कूल तक वे नीरज की कार में गए। एक छोटी-सी इमारत के अंदर ही स्कूल था। आम स्कूल जैसा स्कूल। बस थोड़ा छोटा। हर कक्षा में आठ-दस बच्चे दिख रहे थे।

''यह! यह तो रोज दिखता है। पर शाम को बंद रहता है तो मैं समझ ही नहीं पाई...'' वह बुदबुदाई।

नीरज को देखते ही एक अध्यापक अपनी कक्षा से बाहर निकल आए।

नीरज ने परिचय कराया, ''सारिका, आप अजय जी हैं। यहाँ के प्रधानाध्यापक हैं। स्कूल की पूरी रूपरेखा इन्होंने ही बनाई है। इनके प्रयासों से हमें शिक्षा की दिशा में चलने की हिम्मत मिलती है।''

सारिका ने हाथ जोड़कर प्रणाम किया। अजय ने मुस्कराकर उत्तर दिया।

''अजय जी समाजशास्त्र में पीएचडी कर चुके हैं। इन्हें एक डिग्री कॉलेज में नौकरी मिली थी, उसे छोड़कर यहाँ हम लोगों से जुड़ गए। कुछ नहीं पाते

हैं, फिर भी रात-दिन लगे रहते हैं।" नीरज ने तारीफ की।

"आप लोगों के संघर्ष के आगे मैं कुछ भी नहीं हूँ।" अजय जी संकुचित हो उठे। सारिका की आँखों प्रश्न देख कहने लगे, "दरअसल,...मेरे अपने घर में भी एक ट्रांसजेंडर बच्चा था। उसके साथ समाज ने अच्छा सलूक नहीं किया। वह बिना किसी को बताये घर से निकल गया। आज संसार के किस कोने में है, हम नहीं जानते। मैं यहाँ काम करता हूँ, तो हर बच्चे में उसी की शक्ल दिखती है। बस काम करने की ताकत मिल जाती है।"

वातावरण भारी हो गया।

कुछ पल के मौन रहने के बाद सारिका ने पूछा, "यहाँ काम करने के लिए किस योग्यता की जरूरत है? क्या मैं कुछ कर सकती हूँ?"

"क्यों नहीं। यहाँ काम करने के लिए किसी विशेष योग्यता की जरूरत नहीं है। तुम्हें अच्छा लगे तो तुम भी आकर बच्चों को कुछ सिखा सकती हो। कुछ भी, जैसे तौर-तरीके, उठना-बैठना, या फिर पढ़ना-लिखना। कुछ भी। थोड़ा सेटल हो जाओ, उसके बाद अजय जी तुम्हें तुम्हारे मतलब का काम बता देंगे।" नीरज ने कहा, तो अजय ने सिर हिला दिया।

"मैं यहाँ जरूर आना चाहूँगी। सुबह के कुछ घंटे इन बच्चों के साथ बिताकर मुझे अच्छा लगेगा।" सारिका की आवाज कँपकँपा उठी। आँखों में गुड्डू की शक्ल घूम रही थी। "छोटे बच्चों को कुछ सिखा पाना—यह तो एक सपने की तरह है। मैं टीचर बन सकूँगी?"

"चिंता मत करो। जल्द ही तुम बीएड् कर लेना। यहाँ विधिवत नौकरी भी पा जाओगी। चलो, अब अपना ऑफ़िस दिखाऊँ।" नीरज ने कहा।

नीरज के साथ कार में बैठकर ऑफ़िस जाना भी नया अनुभव था। वह मन ही मन अभिभूत थी।

शहर के अंदरूनी हिस्से में था नीरज का ऑफ़िस। बड़ा नहीं, पर साफ-सुथरा। कंप्यूटर पर कुछ लोग काम कर रहे थे।

दुआ-सलाम के बाद नीरज उसे लेकर अपने कमरे में आ गया।

छोटा-सा कमरा। एक ओर मेज-कुर्सियाँ, दूसरी ओर सोफा।

दोनों सोफे पर बैठ गये।

“‘कैसा लगा?’” उसके मनोभाव जानने को उत्सुक था नीरज।

सारिका ने सिर हिला दिया। चुप रही। बता न सकी कि वह किस माहौल की लड़की है। अभी थोड़ी देर पहले एक छोटे-से स्कूल में खड़ी होकर वह वहाँ पढ़ाने के सपने देख चुकी थी। फिर इस ऑफ़िस में आई। उसकी बोलती बंद थी। कैसे बताती कि पाँच-छह साल पहले प्रेम गली में रहते हुए ऐसी जगह घुसने तक की उसकी हिम्मत नहीं थी।

“विद्या में बहुत शक्ति है। पूरी पढ़ाई के बाद तुम भी इसी ऑफ़िस में काम कर सकोगी।” नीरज ने कहा।

“मैं? इतना सब कुछ कैसे संभव है?”

“इस संसार में कुछ भी असंभव नहीं। देखती जाओ, कुछ सालों का ही सवाल है।”

‘हाँ, यह बात मैं भी मानती हूँ। कुछ सालों में मैंने जितनी दूरी तय की है, उतनी दूरी तय कर पाने की तो मैं सोच भी नहीं सकती थी।’ सारिका ने मन ही मन कहा।

नीरज एक फ़ाइल देखने लगा और वह सोच में डूबती चली गई, ‘पर! पर जो बातें दिल्ली में संभव न हुईं, जो जयपुर में नानी के घर पूरी न हुईं, जो डिग्गी में ससुराल में अधूरी रह गईं, वे अब पूरी होती कैसे दिख रही हैं? ऐसा कैसे संभव है कि मेरे अपने मेरा दर्द नहीं समझ पाए और नीरज पराया होकर भी मेरे मन को समझ रहा है? क्या नाता है हमारे बीच? यदि नाता है तो बीच की दूरी क्यों है? हम अलग क्यों हैं?’

एक कीड़ा दिमाग में कुलबुलाने लगा। ‘क्या? और क्यों?’ ‘क्या? और क्यों?’

उसने अपने मन को रोका, ‘मैं क्यों सब्र नहीं कर रही? मैं क्यों सब कुछ साफ करना चाहती हूँ? मुझे इस ‘क्यों’ का उत्तर अभी ही क्यों चाहिए? जबकि मैं क्या चाहती हूँ और क्यों चाहती हूँ, यह तो मेरे सामने भी स्पष्ट नहीं है। किसी भी रास्ते पर थोड़ा चलने के बाद मेरे सामने बाधाएँ आने लगती हैं। क्या यही मेरी नियति है? मैं क्यों अनावश्यक बखेड़े शुरू कर रही हूँ?’

“एक बात बताओ, तुमने अपनी पढ़ाई वक्त रहते पूरी क्यों नहीं की?” नीरज की आवाज से उसका ध्यान टूटा।

कुछ पल वर्तमान में लौटने में लगे। यह मन भी बस कहाँ से कहाँ ले

जाता है।

चेहरे पर मुस्कान आ गई। “नहीं पढ़ सकी। माहौल नहीं था।” संक्षिप्त सा उत्तर दिया। फिर जोड़ा, ‘‘किन्नर बच्चे को क्या पढ़ाना, क्या लिखाना...!’’

“हाँ, हमारे देश में किन्नर बच्चे अपने-अपने परिवारों में छुपाकर रखे जाते हैं। बच्चों के छिन जाने का डर होता है, इसीलिए माता-पिता उनकी पढ़ाई-लिखाई पर भी पूरा ध्यान नहीं दे पाते। पर विदेशों में ऐसा नहीं है। वहाँ सभी अपनी इच्छा से सामान्य जीवन जीते हैं।” नीरज बोला।

“यहाँ बहुत बंधन हैं। हमारे देश में, समाज में किन्नर शब्द ऐसा रूप ले चुका है कि शुरू-शुरू में इस शब्द को सुनने से भय आता है। यदि यह शब्द इतना अनपहचाना न होता तो शायद मेरा जीवन कुछ और होता।”

“इसमें समाज में रहने वालों और समाज को बनाने वालों दोनों का ही दोष है। हम समाज को ऐसा रूप स्वयं ही तो देते हैं। चौराहे पर खड़े होकर पैसे वसूलना, पैसे न मिलने की स्थिति में गलत-सलत धमकी देना, गाली देना किन्नरों को एक भयानक स्वरूप दे देता है। भला यह सब करने की जरूरत क्या है? पैसे कमाने के और भी तरीके हैं।”

“सही बात है, पैसा बिना जोर-जबरदस्ती किए भी कमाया जा सकता है, इतना मैं समझती हूँ।”

“मैं अपने एनजीओ के जरिए यही बात लोगों को समझाता हूँ कि दो वक्त की रोटी खाने के लिए हमें मेहनत करनी चाहिए, न कि किसी के सामने हाथ फैलाना चाहिए।” नीरज बोला।

“मैं भी इसी बात को आगे ले जाना चाहूँगी।”

“पर कैसे? तुम क्या करोगी?” नीरज ने चौंककर पूछा।

“जब करूँगी, तब तुम्हें पता चल जाएगा।” सारिका मुस्कराई, ‘‘अभी तो मैं खुद ही नहीं जानती कि मुझे क्या करना चाहिए।’’

घर-परिवार छोड़कर दूर चले आना आसान था। रोटी-कपड़े और सिर पर छत का जुगाड़ भी सरलता से हो गया। शायद नियति ही निर्धारक थी। जान बच जाने और एक कैद से आज़ाद हो जाने की खुशी असीम थी। पकड़े जाने का भय हमेशा सामने रहता। अतः सारिका ने हाथ आये अवसर का पूरा लाभ उठाना

चाहा। कोई भी पुराना नाता उसने मन पर हावी नहीं होने दिया। पर ममता की आवाज को दबाना नामुमकिन था।

जब-तब बेटे की शक्ल आँखों में घूम जाती।

'क्या वह मुझे याद करता होगा?' सोते-जगते, उठते-बैठते मन प्रश्न करता।

'शायद नहीं।' मन ही उत्तर दे देता, 'वह मेरे वहाँ रहते हुए भी मेरा नहीं था। मेरे जाने के बाद भला क्यों याद करेगा?'

फिर भी संतान की याद आते ही उसका मन बुरी तरह बेचैन हो जाता। ऐसे में वह अकेली रहने का प्रयास करती। यदि घर खाली हो, तो उसे घर में रहना बेहतर लगता। और यदि घर में सब लोग रुके हों, वह घर से दूर जाना पसंद करती।

घर से लगभग एक किलोमीटर दूर उजाड़ सी जगह पर रेल की पटरियाँ थीं। वहाँ अमूमन इतना सन्नाटा होता कि उस समय अपने-आपसे बात करने में भी कोई दिक्कत नहीं होती। किसी पेड़ के नीचे चुपचाप बैठकर सारिका आती-जाती रेलगाड़ियों को देखा करती। पुरानी बातें सोचते घंटों बीत जाते, उसे पता भी नहीं चलता।

एक रविवार की सुबह वहीं पेड़ के नीचे चुपचाप बैठी, तो थोड़ी दूर पर कुछ बच्चे नज़र आये।

आठ-दस वर्ष की उम्र के तीन लड़के और दो लड़कियाँ पटरियों से थोड़ी दूर पड़े कचरे से कुछ तलाश रहे थे।

"इधर आओ, मेरे पास आओ।" सारिका ने उन्हें अपने पास बुलाया।

छोटे-छोटे बच्चे पास चले आए।

"बिस्किट खाओगे?" उसने अपने बैग से बिस्किट निकालकर उन बच्चों को थमाए।

बच्चे खुश हो गए और उसके इर्द-गिर्द घेरा बनाकर उसके दिए बिस्किट खाने लगे।

सारिका ने पूछा, ''तुम लोग आपस में दोस्त हो या बहन-भाई?''

''हम तीन दोस्त हैं। हमारे घर पास-पास हैं।'' एक बच्चा बोला, ''ये दोनों बहनें हैं।''

"स्कूल जाते हो?"

"स्कूल?" एक बच्ची सहम गई। "स्कूल तो जाती थी।...पर...पहले पिताजी

मजदूरी करते थे तो घर का खर्चा चलता था।..."

"फिर? फिर क्या हुआ?"

''फिर पिताजी गुजर गये। माँ पहले ही नहीं थी। चाची ने हमें यहाँ काम पर भेजा है।...अरे काम! चलो सब चलो। जल्दी से कूड़े से मतलब का सामान निकाल लो। नहीं तो बड़ी गाड़ी आकर सब उठा ले जायेगी। शाम को चाची के हाथ पैसा न रखा, तो वह पिटाई लगायेगी।'' बड़ी लड़की हड़बड़ा गई।

तीनों लड़कों ने कहा, "हम भी चलते हैं दीदी।"

''तुम यहाँ रोज आते हो?'' सारिका ने पूछा।

''हाँ। क्योंकि रेलवे का फालतू सामान वहाँ फेंका जाता है। हम यहाँ से प्लास्टिक और लोहा चुनकर दुकान पर देते हैं। जो पैसा मिलता है, माँ उससे आटा खरीदकर रोटी बनाती है। मेरे पिता दारू पीते हैं। माँ बीमार है।'' एक बच्चे ने बताया।

''दीदी, जब मैं बड़ा हो जाऊँगा, तो खूब पैसा कमाऊँगा।'' सबसे छोटा लड़का बोला।

''स्कूल जाना चाहोगे?'' सारिका ने पूछा।

''पता नहीं।...'' पाँचों बच्चे असमंजस में दिखे, ''...हम चलते हैं दीदी।''

बच्चे फिर कचरे से अपने मतलब का सामान बीनने लगे।

वह वहीं बैठी उन्हें देखती रही, सोचती रही।

'चिंता मत करो। जल्द ही तुम सब स्कूल जाओगे। मुझे थोड़ी कोशिश करने दो।' उसने मन ही मन कहा।

'कोशिश' शब्द बोलने में आसान है, करने में कठिन। पहले-पहल तो नीरज को अपनी बात समझाने में कुछ समय लगा।

''नीरज, तुम मजदूरों के बच्चों को अपने स्कूल में आने दोगे?'' सारिका ने पूछा।

''क्या जरूरत है? उनके लिए बहुत से सरकारी स्कूल खुले हैं। स्कूल में उन्हें खाना-पीना भी मिलता है। वही जगह उनके लिए सही है।''

''कुछ बच्चे हैं, जो वहाँ नहीं जा सकते। क्योंकि सरकारी स्कूल में पढ़कर वे अपना घर नहीं चला सकते। उन्हें सुबह-सुबह घर भर की रोटी कमाने निकलना

पड़ता है। हम यदि अपने स्कूल में उन्हें आने दें, और पढ़ाई के साथ साथ उन्हें हस्तकला सिखाएँ तो उनको पढ़ने का अवसर भी मिलेगा, और हस्तकला सीखने का सुयोग भी। और वे बालश्रम से दूर भी रहेंगे। पर...समस्या यह है कि उनके परिवार वाले उन्हें हमारे स्कूल में क्यों आने देंगे! वे उनके कमाऊ पूत हैं।''

''फिर तो बात ही खत्म हुई!'' नीरज ने कंधे उचकाते हुए कहा।

''हमें बात खत्म नहीं, शुरू करनी है। हम उनके घरवालों की आर्थिक मदद करें, तो शायद वे अपने बच्चों को पढ़ने दें।''

''हम बच्चों को पढ़ाएँ भी और उनके परिवार की मदद भी करें, ऐसा क्यों? यह तो झंझट हो जाएगा।'' नीरज उलझन में पड़ गया।

''यह झंझट नहीं है। सुबह के तीन-चार घंटे पढ़ाने के बाद हम बच्चों को खाना-पीना देंगे। उसके बाद उन्हें हाथ का काम सिखाएँगे। हस्तकला का कच्चा माल हमारा होगा और सामान तैयार करेंगे बच्चे। सामान को बाजार में बेचेंगे हम, जो पैसा आएगा उसमें से अपनी लागत निकालकर बचा पैसा उनके परिवार को दे देंगे।''

''ऐसा कैसे संभव है? हमारा स्कूल हमारे बच्चों के विकास के लिए है। हम दूसरी तरफ ध्यान भटकाएँगे तो अपने लक्ष्य से दूर हो जाएँगे।''

''ऐसा कहकर तुम किन्नर समुदाय और मुख्यधारा के बीच सीमा-रेखा खींच रहे हो। यह विभाजन क्यों? सभी एक साथ क्यों नहीं? जिन बच्चों की बात मैं कर रही हूँ, वे जरूरतमंद हैं और बच्चे हैं, क्या इतना काफी नहीं?''

नीरज कुछ देर सोचता रहा, फिर बोला, ''देखता हूँ। शायद बचपन को एक करने से हम एक राह पर चल पायेंगे।''

''तुम तैयार हो, तो उन बच्चों के परिवार वालों से बात करो।''

''चलो, अभी चलते हैं।''

सोचने में सब कुछ जितना अच्छा और आसान था, करने में उतना आसान नहीं रहा। उन बच्चों के परिवार के लोग पढ़ाई के नाम से भड़क उठे। जब उन्हें बार-बार समझाया कि यह प्रयास बच्चों को न सिर्फ पढ़ाई, बल्कि हाथ के काम में भी निपुण बनायेगा, तो उन्होंने हामी भर दी। बच्चे खेल-खेल में हस्तकला का जो सामान बनायेंगे, उससे मिला पैसा उनके अभिभावकों को दिया जायेगा, यह भी

तय किया गया।

पर एक जंग अभी बाकी थी। जैसे ही बच्चों के अभिभावकों को पता चला कि उनके बच्चे किन्नर बच्चों के साथ पढ़ेंगे, तो एक बार फिर बिदक गये। सारिका और नीरज की शक्ल से वे लोग अनुमान नहीं लगा पाए थे कि दोनों किन्नर बस्ती से आए हैं। जैसे ही स्कूल का नाम-पता सुना, वैसे ही उनमें से कुछ के मुँह से निकला, ''हमें पागल समझा है क्या?''

समाज में सभी एक समान हैं, यह समझाना भी एक दुरूह काम था। समाज वही, जो अपने किन्नर बच्चों को अपने से काटकर अलग करता है, भला अपने बच्चों को किन्नर बच्चों के साथ बैठता कैसे देख सकता था?

वे अपने बच्चों को कचरा बीनने के लिए सड़कों पर भेजने को तैयार थे, लेकिन साफ-सुथरी जगह पर चंद किन्नर बच्चों के साथ अपने बच्चों को बैठाने के नाम से तैयार नहीं थे।

नीरज को आश्चर्य नहीं हुआ। यही मानसिकता तो समाज में सदियों से चली आ रही थी कि अपने को किन्नरों से अलग रखा जाए।

किंतु सारिका ने भी ठान लिया था कि वह उन पाँच बच्चों की पढ़ाई शुरू करा कर रहेगी। उसने स्पष्ट धमकी दी कि वह पुलिस में शिकायत कर देगी कि परिवार के लोग अपने बच्चों से बाल मजदूरी करा रहे हैं। यदि घर के लोग चाहते हैं कि उनका खर्चा सुचारू चलता रहे, तो उन्हें हर हालत में अपने बच्चों को पढ़ने भेजना ही होगा। चाहे सरकारी स्कूल भेजें, चाहे किन्नर बस्ती के स्कूल।

नीरज ने उन्हें बार-बार आश्वस्त किया कि उनके बच्चों की सुरक्षा और स्वस्थ शारीरिक-मानसिक विकास की जिम्मेदारी वह ले रहा है, तो वे बड़ी मुश्किल से राजी हुए।

लगभग एक हफ्ते की जद्दोजहद के बाद जब पाँचों बच्चे किन्नर-बस्ती के स्कूल में खुशी से पढ़ने लगे, तो नीरज ने सारिका से कहा, "अब तुम इधर-उधर ध्यान भटकाना बंद करो। इस तरह के काम करने से तुम्हारी पढ़ाई पिछड़ती है। मैं नहीं चाहता कि तुम अपनी परीक्षा में फ़ेल हो जाओ।"

"मैं समझ रही हूँ," सारिका ने स्वीकारा, "कोई भी कठिन काम करने से मन और दिमाग पर बहुत जोर पड़ता है। मैं आजकल अपनी पढ़ाई में एकाग्र

नहीं हो पा रही। जबकि मैं पढ़ाई में डूबना चाहती हूँ।"

"तुम जितना अधिक पढ़ोगी, उतना मैं आगे बढ़ूँगा। हमें एक-एक इंसान के ज्ञान की रोशनी की जरूरत है। सभी इंसान एक से पढ़े-लिखे। एक से समझदार। एक से भावुक। एक-दूसरे का सम्मान करने वाले। ऊँचा-नीचा, छोटा-बड़ा, किन्नर-अकिन्नर—कोई भेद नहीं।" कहते-कहते नीरज अपने में डूब गया। आँखों में कुछ सपने झिलमिला रहे थे। उसकी भाव-भीनी आँखें किसी स्वप्नलोक में पहुँच चुकी थीं।

सारिका समझ नहीं पाई कि वह क्या देख रहा है। नीरज का ध्यान उसकी ओर नहीं था।

वह एकटक उसका चेहरा देखती रही। क्या था नीरज के चेहरे में? बँधी-सी निहारती रही।

कुछ कोमल अंगुलियाँ उसे अपने माथे पर फिरती महसूस हुईं। सुरक्षा का आश्वासन। पलकें मुँदने लगीं। नशा-सा छा गया। 'कहीं गिर न जाऊँ।' कुर्सी के हत्थे को मजबूती से पकड़ते हुए उसने आँखें बंद कर लीं।

'नीरज वह क्यों नहीं कहता, जो मैं सुनना चाहती हूँ?' मन से आवाज उठी।

यह मन कितना अजीब है! नीरज के साथ बैठे-बैठे ही वह न जाने किस दुनिया में पहुँच गई उस दिन।

सपने में नीरज कह रहा था, 'हम सब एक हैं। कहीं कोई अंतर नहीं। एक समाज, एक सोच। तुम भी ऐसा ही सोचती हो न?'

'हाँ।' उसने सिर हिलाया। बंद आँखों में हरकत थी। स्वीकृति संकेत।

नीरज का ध्यान उसकी ओर नहीं था। वह भी एक स्वप्न-समाज में खोया हुआ था।

○

लाली मेरे लाल की

मुक्ति क्या है
कब-किसने जाना?
स्व का विलय
या स्वयं को पाना?
सब छूट जाना
या कुछ हाथ आना?
क्या है मुक्ति
क्यों है मुक्ति
कब है मुक्ति
किसने पहचाना?
रेत के बगूलों की आहट
लगता संगीत,
सूखी पत्तियों की चरचराहट
मानो प्रेम गीत,
चूँकि तुम हो
मेरे साथ
सारा जहाँ सपनीला
भूल गयी अतीत।
कहीं यही एहसास
मुक्ति तो नहीं!

छोटी-छोटी घटनाएँ सिलसिलेवार चित्रों की तरह आँखों में बसी, मानो जिंदगी कोई किताब हो, जिसके पन्ने वह पलटती जा रही हो।

और कनक की धमकी! हर पल कानों में ध्वनित, 'तुझे फैसला करना ही होगा। अपनी जिद बहुत चला ली।'

जिद!

क्या इस तरह की कोई चीज होती है?

आखिरी बार उसने जिद कब की थी, सारिका को याद नहीं। और किसने पूरी की उसकी जिद, यह भी तो याद नहीं। फिर मम्मी कैसे कह रही है कि अपनी जिद बहुत चला ली।

जिद यानी अपनी बात को ऊपर रखना। बात सही हो, या गलत, बस पूरी करके दम लेना।

बचपन में पतंग के साथ उड़ने की इच्छा होती थी। कब पूरी हुई, खुली हवा में पतंग बनकर उड़ने की इच्छा? मन चाहता कि पतंग बन हवा संग उड़ती चली जाये, कहीं दूर। आकाश-धरा को एक करती, बादलों के बीच से ऊपर जाती हुई, बादलों को छूती हुई, बादलों में इतराती रंग-बिरंगी पतंग—सारिका।

पर जानती थी कि वह पतंग नहीं बन सकती, अतः अपने मन की बात किसी को नहीं बताई। बताना चाहा भी नहीं। सुनने वाला कौन था?

चलो पतंग बन नहीं सकती, पर पतंग उड़ा तो सकती थी। पतंग उड़ाना भी उसे बहुत पसंद था।

पर वह पतंग कब उड़ा पाई? पतंग उड़ाने का शौक मन के अंदर बंद रहा।

मकर संक्रांति पर माँ भाई शुभम को सैकड़ों रुपयों की पतंग दिलाती। पास में पैसा न होता, तो कर्जा लेकर दिलाती और गली-मोहल्ले में खड़ी होकर जगह-जगह कहती, 'थोड़े से पैसे के लिए मैं लड़के के आँसू नहीं देख सकती। मैं तो अपने बच्चे का शौक पूरा करूँगी।'

'मम्मी मैं? मैं भी पतंग...' कभी-कभी सारिका कुछ कहने की कोशिश की, तो कनक ने झट समझाया, 'तू क्यों पैसे फेंकती है। जितने पैसों की यह पतंग उड़ाएगा, उतने की मैं तुझे एक नयी ड्रेस दिला दूँगी। बढ़िया वाली। फैशन वाली।'

सारिका को चुप रहना पड़ता।

बेटी के शौक कनक ने पूरे किये, पर उस रूप में नहीं, जिस रूप में सारिका चाहती थी। कनक को अपनी बेटी के लिए जो पसंद था, वह दिलवा देती। धीरे-धीरे दूसरे के शौक को अपना बना लेने की आदत डाल ली सारिका ने।

और उसके अपने शौक, अपनी पसंद-नापसंदगी कहाँ खो गई, नहीं जान पाई।

वैसे उसके शौक थे भी तो कितने अजीब! किसी को बताये, तो सुनने वाले को मजाक लगेगा।

एक शौक तो यही—किन्नरों की दुनिया में घुसपैठ का!

भला किसी को क्या मतलब उस रास्ते से, जिस पर चलने की जरूरत नहीं। पर सारिका को तो मतलब दिखता था न। 'किन्नर' शब्द उसके ज़ेहन में बचपन से बस जो गया था। उसके मन में किन्नरों के विषय में जानने की जिज्ञासा हमेशा बनी रहती थी।

और भी बहुत सी इच्छाएँ, जैसे लगातार बिना विराम बोलते चले जाना, रात भर जागकर बातें बनाना, दूर-दूर तक घूमना।

कभी कोई उसकी बात सुने-समझे, उसकी बात माने, यह इच्छा तो मन के किसी कोने में दफ़न है ही।

हाँ, कबूतर की तरह हर समय गुटरगूँ करते रहने वाला मन पता नहीं कब कहाँ खो गया या शायद मर गया। अब तो अपनी बात कहने के लिए भी मुँह खोलने का मन नहीं करता। बस आँखों से देखती रहती है। उन आँखों में ही सारे भाव इस तरह व्यंजित हो जाते हैं कि सामने वाला स्वयं समझ जाता है कि वह क्या कहना चाहती है।

पर कनक इतनी-सी बात क्यों नहीं समझ रही?

क्या जिंदगी में कोई दिन ऐसा आएगा, जब कनक बिना उसके कहे सिर्फ उसकी आँखें देखकर उसकी बात पर विश्वास करेगी।

सारिका का हमेशा मानना रहा कि अपनेपन का एहसास कराने वाली घर की छत, जरूरी नहीं कि आसमाँ की ऊँचाई तक पहुँचे। पर पैर टिकाने के लिए जमीन तो चाहिए न।

उसके मन में यह जिज्ञासा हमेशा रही कि ऐसी जमीन होती भी है या नहीं।

जमीन से जुड़ने का शौक।

उसका यह शौक भी कनक ने कहाँ पूरा किया?

कहीं से उखाड़ा, कहीं पर गाड़ा।

मानो वह संतान नहीं, पौधा हो कोई।

और बार-बार उखाड़े जाने पर तो पौधा भी मुरझा जाता है।

सारिका ने ठंडी साँस ली। हेमा के घर में पहली बार ऐसा महसूस हुआ कि उसकी अपनी इच्छा भी मायने रखती है।

उसने हेमा से कहा, 'मैं आपका घर छोड़कर कहीं नहीं जाऊँगी!' उसने कहा और हेमा ने माना। जबकि हेमा से उसका कोई नाता तक नहीं है!

पुरानी बातें सिनेमा की रील की तरह आँखों में घूम रही हैं। और कनक की धमकी कानों में, 'तेरी समस्या क्या है?'

मौसम बदले, कैलेन्डर के पन्ने भी। सारिका ने दसवीं कक्षा पास कर ली। वह खुश थी, बहुत संतुष्ट।

दसवीं पास! मानो कोई स्वप्न पूरा हो गया हो।

पढ़ी-लिखी लड़कियाँ, तरीके से बात करती लड़कियाँ उसकी हमेशा की पसंद! वह उन्हें आँखें भरकर देखती रह जाती। सोचती, 'काश मैं भी ऐसी बन सकूँ।'

और तो और, सरगम को देखने के बाद अपनी कमजोरियाँ और ज्यादा उसके सामने आ गईं। वह समझ गई कि कमजोरियों पर विजय पाने के लिए ज्यादा से ज्यादा मेहनत करनी पड़ेगी। अच्छा परीक्षाफल आने से इतना तो तय हुआ कि पढ़ाई करने से वह सफलता की दिशा में बढ़ रही है।

आश्चर्यजनक बात यह थी कि नीरज उससे भी ज्यादा खुश था।

"वाह! मैं नहीं जानता था कि मैं इतना अच्छा टीचर हूँ। आज पता चल गया। चलो, अब बारहवीं की पढ़ाई शुरू कर दो। मैं तुम्हें शिक्षा की ऊँचाइयों तक पहुँचाऊँगा।" नीरज ने उसके हाथ को अपने हाथ में लेते हुए कहा।

सारिका अपलक देखती रही। दसवीं पास! नीरज के हाथ में उसका हाथ! कैसा सपना है यह! टूटा, तो कितना दुःख होगा?

पर अभी कोई बुरा विचार नहीं। अभी कुछ पल जीने के लिए मिले हैं, तो बुरी बातें क्यों सोचना?

"मैं जानती हूँ कि यह काम तुम बिना किसी अपेक्षा के कर रहे हो। पर

फिर भी ऐसा कुछ बताओ जो मैं बदले में कर सकूँ।” मुँह से निकला।

“तुम्हारी सफलता मेरा पुरस्कार है। मुझे बदले में कुछ नहीं चाहिए।” नीरज ने उत्तर दिया, “यदि सच में देना चाहती हो, तो जिस तरह से मैंने तुम्हारी मदद की, तुम भी किसी की मदद कर देना। मनुष्य के विकास की एक शृंखला बनेगी, तो मैं चाहूँगा, उसकी एक कड़ी तुम भी रहो।”

“वचन देती हूँ, कभी भी किसी की मदद से पीछे नहीं हटूँगी। तुम्हारा एहसान मेरे ऊपर हमेशा रहेगा।”

“यह एहसान नहीं है, मेरा फ़र्ज़ है।” नीरज गंभीर रहा।

सारिका का चेहरा बुझ गया। उसकी खीझ चेहरे पर झलकने वाली थी कि हेमा ने आवाज देकर बुलाया।

पढ़ाई एक लंबी-अंतहीन प्रक्रिया! सारिका कितना भी रुचि से पढ़ती, लेकिन इक्कीस वर्ष की उम्र में हर समय पढ़ते रहना उसके बस का नहीं था। पार्लर में जाकर काम करती, तो लगता समय बर्बाद कर रही है। वह समझ नहीं पा रही थी कि जिंदगी में रास्ते कैसे बनाए।

नीरज ने बचपन से ही अपने लक्ष्य चुन लिये, तो पच्चीस वर्ष की उम्र तक उन लक्ष्यों को काफी हद तक प्राप्त कर लिया।

सरगम इधर-उधर भटकने के बावजूद नये-नये काम करके खुश रहती।

पर सारिका नहीं समझ पा रही थी कि क्या करे! बाहर घूमने जाने से डरती कि कोई पहचान वाला मिल गया तो कुछ भी हो सकता है।

नीरज उसे अपने एनजीओ में अपने साथ ले जाने को तैयार नहीं था। ‘रोज-रोज यह खेल नहीं। पहले कुछ बन जाओ, उसके बाद समाज-सेवा से जुड़ना।’ उसने साफ कह दिया।

सारिका समय बिताने के लिए कभी-कभी बस्ती की तरफ निकल जाती। वहाँ उसे देख दोनों तरह की प्रतिक्रियाएँ होतीं। कुछ लोग स्वागत करते, तो कुछ मुँह बनाते।

उसका मन किन्नर बस्ती में नहीं लग रहा है, वह समझने लगी।

पर मन क्यों नहीं लग रहा, नहीं समझ पाई। इधर से उधर भटकते जिंदगी खत्म हो जाएगी, यह एहसास उसे डराता। और स्थिरता कहीं नहीं दिखती।

रोज सुबह मशीन की तरह जगती। नित्य-कर्मों के बाद थोड़ी देर पढ़ती। रसोई में शांता की मदद करती। और फिर अपने कमरे में बैठ पता नहीं क्या सोचने लगती। समय की गति इतनी धीमी क्यों हो गई है, वह समझ नहीं पा रही थी।

फिर एक दिन वह हेमा का भिजवाया कोई कागज लेकर बस्ती में गई। किन्नरों से जुड़ी किसी संस्था के उद्घाटन का कार्ड था।

पुष्पा को कार्ड थमाकर लौटने वाली थी कि सरगम की आवाज़ से पाँव बँध गए।

"मौसी, सरगम मुंबई से कब आई?" पुष्पा से पूछा।

"दो दिन पहले आई थी।" पुष्पा बोली, "मिल ले, अंदर है।"

सारिका हिचकती हुई अंदर गई। पुष्पा के घर में पहली दाखिल हो रही थी। हमेशा से चबूतरे से ही विदा होने की आदत थी। अब किसी के घर के अंदर जाते अटपटा लगा।

पहले छोटा बरामदा, फिर अंदर के कमरे। पहले कमरा बैठकनुमा। सुरुचिपूर्ण सजावट। दीवार पर भगवान के चित्र वाला कैलेन्डर। एक कोने में लटके घुँघरू-ढोलक। नीचे रखा हारमोनियम। दूसरे कोने में छोटा सा मंदिर, जिसके सामने जलती अगरबत्ती की गंध से पूरा वातावरण महक रहा था।

सोफ़े पर बैठी सरगम किसी से फ़ोन पर बातें कर रही थी। सारिका को देखते ही 'बाद में बात करती हूँ' कहकर फ़ोन काट दिया।

"कैसी हो?" सरगम ने उठकर स्वागत किया। रेशमी लहराते बाल, आँखों पर गहरा आईलाइनर और चेहरे पर पाउडर की पर्त। खूबसूरती की मिसाल लग रही थी वह।

"अच्छी हूँ। तुम कैसी हो? अचानक कैसे आईं?" सारिका ने पूछा। मन में कुंठा भरती चली गयी, 'इस लड़की का इतना सौंदर्य! मैं इसकी कहारिन नज़र आती हूँ। यह एक बार फिर हेमा माँ के घर में छा जाएगी, नीरज के संग मिलकर एक हो जाएगी।''

सरगम ने उसका हाथ पकड़ अपने साथ सोफ़े पर बैठा लिया, "अच्छा हुआ, तू आ गयी। आज मैं बहुत अकेलापन महसूस कर रही थी। थोड़ी देर साथ बैठकर बातें करेंगे।"

सारिका ने सिर हिलाया। सोचा, 'तुम्हें अकेलापन क्यों? तुम तो समय के

साथ बह रही हो!'

"देख मेरी मेहंदी, मैंने परसों लगवाई थी।" कोहनी तक मेहंदी से भरे हाथ दिखाते हुए सरगम बोली।

"तुम्हें मेहंदी का शौक है?" सारिका ने चौंककर पूछा।

"हाँ... नहीं...एक शादी में जाना था, इसलिए लगवाई।" कहते-कहते सरगम की आवाज कँपकँपा उठी।

"हो गई शादी? किसकी थी?" सारिका ने उत्सुकता से पूछा।

"सारिका, एक बात पूछ सकती हूँ?" अचानक सरगम बोली, "तुमने अपने विषय में हम लोगों को कितना बताया है? तुम कौन हो, कहाँ से आई हो, हम लोग नहीं जानते। यह बहुत बड़ी बात है कि एक अनजान लड़की को हेमा मौसी ने अपने घर में रख लिया और किन्नर बस्ती में आने-जाने की अनुमति दे दी। हम लोगों के बीच उठने-बैठने से हम लोगों के कितने ही अंदरूनी राज जान गई हो। क्या तुमने किसी गुरु से दीक्षा ली?"

"नहीं... पर..." सारिका अचानक हुए हमले से घबरा गई, "मैं चलती हूँ सरगम, माँ इंतजार कर रही होंगी।"

"नहीं जाओ नहीं, थोड़ी देर बैठो न।" एकाएक सरगम बदल गई। विनती करते हुए बोली, "मेरे साथ बैठो न। थोड़ी देर।"

"तुम्हारी तबीयत तो ठीक है?" उसका व्यवहार देख सारिका को शक हुआ, "तुम कुछ छिपा रही हो?"

"नहीं, कुछ नहीं छिपा रही। बल्कि वे बातें, जो मैं अपनी माँ और हेमा मौसी से नहीं कह सकती, तुम्हें बताना चाहती हूँ। वचन दो कि मेरी बात किसी को नहीं बताओगी।"

"रहने दो, मैं वचन नहीं दे सकती। कहीं मुँह से निकल गया तो?...मुझे मत बताओ। मुझे कुछ नहीं सुनना। चाय पियोगी? मैं बनाऊँ?"

"मैं अकेले में कुछ देर तुम्हारे साथ बैठना चाहती हूँ। कहाँ बैठें, जहाँ कोई डिस्टर्ब न करे?"

"पटरियों के पास वाले पेड़ों के बीच चलोगी? या...डॉली दीदी के पार्लर? आज सोमवार है। पार्लर सुबह बंद रहेगा। अभी डॉली दीदी मंदिर जाने वाली होंगी। हम जल्दी पहुँच जाएँ, तो हमें बढ़िया ठिकाना मिल सकता है।" सारिका बोली।

"बिल्कुल सही।" सरगम ने हामी भरी, "चलो, वहीं चलें।"

पुष्पा से अनुमति ले दोनों पार्लर की ओर चल दीं। फ़ोन पर ही सरगम ने हेमा को बता दिया कि सारिका उसके साथ है और दोपहर तक साथ ही रहेगी।

हेमा ने कोई सवाल नहीं किया।

"ऐसा क्या हो गया है जो तुम मुझे दोपहर तक अपने साथ रखोगी?" सारिका फिर सशंकित हुई।

सरगम चुप रही।

पार्लर में डॉली मंदिर जाने को तैयार खड़ी थी। उन दोनों को देख खुश हो गई। "चलो, मन्दिर चलो।" बोली।

"आज नहीं दीदी, हम थोड़ा समय यहाँ बिताना चाहते हैं।" सरगम ने कहा।

डॉली ने सिर हिलाया, "ठीक है, तुम दोनों बैठो। जो खाना-पीना हो, बना लेना। मुझे पूजा में समय लगेगा। आते-आते चार-पाँच बज सकता है। वैसे चार बजे लीना आ जाएगी।"

"दीदी, यदि हमें जल्दी लौटना हो तो?" सारिका ने पूछा।

"लीना के पास दूसरी चाबी है। तुम ताला लगाकर चली जाना। चाबी फिर कभी वापस हो जाएगी।" डॉली ने उन्हें निश्चिंत किया।

डॉली के निकल जाने के बाद सारिका ने पार्लर का दरवाजा अंदर से बंद कर लिया और रसोई में जा दो कप चाय बनाई। बिस्किट का पैकेट खोल दोनों ने चाय पीनी शुरू की।

"अब बताओ क्या कहना चाहती हो?" सारिका ने बात शुरू करी।

"मैं जानना चाहती हूँ कि तुम जिस रूप में हमारे सामने खड़ी हो, क्या इसके अलावा भी तुम्हारी कोई कहानी है? मतलब तुम्हारे माता-पिता? तुम कौन हो, तुम्हारा धर्म क्या है, जाति क्या है? या शुरू से ही तुम्हारा पालन-पोषण किन्नर समाज में हुआ है। किन्नर समाज, जहाँ सारे जाति-धर्म खत्म हो जाते हैं और एकमात्र धर्म इंसानियत बाकी रह जाता है।"

"सरगम, मैं वे सारी बातें दफ़न कर चुकी हूँ। मेरी नज़र में मेरी पुरानी जिंदगी शून्य है। मान लो, मेरी कोई कहानी नहीं है।" सरगम की बात का उत्तर देने से बचते हुए सारिका बोली।

"यह मत समझो कि मैं तुम्हें तुम्हारी कहानी बताने को कहूँगी। मुझे सुनने का नहीं, कहने का शौक है।" सरगम मुस्कराई, "सच बताओ, तुम्हारे और भी सच हैं न?"

"हाँ हैं। इतने ज्यादा हैं कि मैं उनके विषय में सोचना भी नहीं चाहती। सरगम, जिंदगी में सब कुछ अच्छा ही अच्छा नहीं होता। जब तक हमें सब कुछ अच्छा मिलता है, तब तक हमें लगता है, यह हमारा अधिकार था। जिस दिन हमारे साथ कुछ बुरा होता है, उस दिन हमें जमाने भर से शिकायत हो जाती है। उस समय हमें लगता है कि सबसे ज्यादा प्रताड़ित, पीड़ित और बदनसीब हम ही हैं। सारी दुनिया इसी सिद्धांत पर चलती है। इस धरती पर आने के बाद—यहाँ आने से पहले, तुमसे मिलने से पहले—मेरी लंबी कहानी रही है। सुखद नहीं है, पर खराब भी नहीं है, इतना कह सकती हूँ। लेकिन मैं उस कहानी पर विचार-विमर्श नहीं करना चाहती।"

"तुम्हें क्या लगता है कि किन्नर होना सिर्फ ताली बजाना है? कुछ अच्छे कपड़े पहन, लिपस्टिक लगा चौराहे पर खड़े होकर आते-जाते को आशीष देकर पैसे वसूल लेना ही किन्नर होना है? या ढोलक और हारमोनियम की धुन पर एक अच्छे से गाने पर मटकना और बधाई गाकर कुछ नोटों की गड्डी वसूल लेना ही किन्नर होना है?" सरगम ने अचानक पूछा।

"मैंने ऐसा कब कहा?" सारिका का मुँह फीका पड़ गया, "मैं ऐसा कह ही नहीं सकती। देखा जाए तो लिपस्टिक लगाना मुझे बहुत अच्छा लगता है। मुझे चौराहे पर खड़े होना पसंद है, आती-जाती गाड़ियाँ देखना पसंद है। नाचना-गाना मेरी रग-रग में इस कदर बसा हुआ है कि मुझे सोते से उठाओ, तो भी मैं गाने-नाचने लग जाऊँगी। अपने को किन्नर कहलाना भी मुझे पसंद है। लेकिन मैं इन सब बातों को कभी नहीं जोड़ती। नाचना-गाना, घूमना-फिरना, सजना-सँवरना अलग है और किन्नर होना अलग है।"

सरगम चुप रही।

"सरगम, न मैं जानबूझकर किन्नर बनी हूँ और न ही जान-बूझकर किन्नर बनने से बचना चाहती हूँ। मैं किन्नर हूँ या नहीं, इस सच को तो मैं स्वयं भी जानना चाहती हूँ। मैं अपने को तलाश रही हूँ। तलाश पूरी नहीं हुई है। मैं बुरी तरह खोई हुई हूँ।" सारिका ने आगे कहा।

"कैसी तलाश? क्या ढूँढ़ना चाहती हो? क्या तुम्हें अपने वजूद पर अविश्वास

है? स्त्री? पुरुष? किन्नर?''

''नहीं, ऐसा कुछ नहीं।'' वह हँस पड़ी, ''मुझे अपने ऊपर विश्वास है। अगर स्त्री हूँ, तो सारिका हूँ। पुरुष हूँ, तो भी सारिका हूँ। किन्नर हूँ, तो भी सारिका हूँ। वजूद पर अविश्वास जैसी यहाँ कोई बात नहीं। हर रूप में संतुष्ट हूँ मैं। पर जिस सारिका की बात चल रही है, वह सारिका कहाँ है? उसका अस्तित्व, उसकी पहचान स्त्री, पुरुष या किन्नर के रूप में क्यों? इंसान के रूप में क्यों नहीं? इंसान के रूप में अपनी इच्छाओं को, जरूरतों को पूरा करना ही काफी नहीं क्या, जो किसी खास 'जेंडर' का ठप्पा लगाया जाए?''

''तुम्हारी बात ठीक है। पर समाज का कायदा है कि लिंग के आधार पर पहचान बनाई जाए। इसमें क्या शिकायत? उभयलिंगी समाज अपने किन्नर स्वरूप के अस्तित्व पर मुहर चाहता है। वजूद के महत्व पर समाज की मुहर! यदि सृष्टि में पुरुष का महत्व है, स्त्री का महत्व है, तो किन्नर क्यों उपेक्षित? हमें इंसान माना जाए, यह जरूरी है। पर उससे भी ज्यादा जरूरी यह मानना है कि किन्नर भी समाज के लिए जरूरी है।'' सरगम बोली।

''मेरी खोज इससे अलग है। इंसान ही सृष्टि के लिए जरूरी है, मैं सिर्फ यह कहना चाहती हूँ। बिना स्त्री, पुरुष या किन्नर का ठप्पा लगाए इंसान के महत्व का उद्‌घोष। लिंग के आधार पर किसी को जीने से रोका जाए, तो शिकायत होती है। वही चीज दूसरों के लिए सुलभ है और हमारे लिए नहीं, तो बुरा लगता है। और जब इस बुरा लगने की सीमा हद से आगे चली जाती है, तो विस्फ़ोट होना स्वाभाविक है। इंसान की आत्मा का कोई लिंग नहीं होता। पर अभी मैं आत्मा नहीं, जीता-जागता इंसान हूँ। उलझा हुआ इंसान।...अपने दायरों में कैद, बाहर आने को आतुर इंसान। बाहर की दुनिया से डरता, दायरों में सिमटता इंसान।...''

''क्या तुम सोचती हो कि हेमा मौसी के घर में रहते हुए तुम्हें तुम्हारा मनोवांछित मिल जाएगा?"

"क्या चाहती हूँ मैं, आज तक यही नहीं समझ पाई। तुम यकीन करोगी, आज सुबह मैं कितनी निराश थी। तुमसे मिली, तो तुमसे उकताकर दूर भागना चाहा। पर अब यहाँ तुम्हारे साथ बैठ अपनी निराशा भूल गई हूँ। तुमसे बतियाना अच्छा लग रहा है। लेकिन एक अजनबी-सी हसरत अभी भी मेरे साथ है।''

''क्या?''

"मैं क्या चाह रही हूँ, तुम्हें क्या बताऊँ, क्यों बताऊँ, कैसे बताऊँ। शायद मैं जानती हूँ कि मैं उस लक्ष्य को पा नहीं सकती। इसलिए तुम्हारे सामने अपना मन खोलने से डरती हूँ। तुम मेरी छोड़ो, अपनी बताओ...क्या कहना चाहती थीं।" भावों में बहते-बहते सारिका अचानक होश में आई।

"मैं..." सरगम को कुछ याद आया, "हाँ मैं!...मुझे भी यही लगता है कि हम सभी कुछ पाना चाहते हैं। बाहरी चोले से इस तलाश का कोई संबंध नहीं। हर मनुष्य के जीवन का लक्ष्य कुछ पाना है। कोई अपने मन से नाच-गाने में नाम कमाता है, कोई एक्टिंग में, कोई पढ़ाई-लिखाई में, कोई समाज सेवा में। लेकिन अपने मन का काम करता है, जिसे कर वह खुश रहता है। किंतु मैं क्या करूँ? मेरा मन कहीं नहीं लगता। मैं किसी एक जगह ठहर नहीं पाती। पहले एक्टिंग का शौक था। फिर डॉली दीदी की देखा-देखी मुंबई में एक पार्लर खोला। उसमें मजा नहीं आया, तो पार्लर बेच बुटीक खोल लिया।"

"थोड़ा अस्थिर मन है तुम्हारा! इधर-उधर भटकते ऊबती नहीं हो? बार-बार पैसा लगाने की हिम्मत कैसे कर लेती हो?" सारिका को आश्चर्य हुआ।

"मुझे इसी में अच्छा लगता है। बार-बार काम बदलते रहने से मुझे जिंदगी में नयापन महसूस होता है। पर मैंने एक बात महसूस की है कि एक जगह पहुँचकर बदलाव और परिवर्तन का मेरा सारा शौक खत्म हो जाता है। उस जगह जाकर मन स्थिर हो जाता है।"

"कहाँ?"

"मेरा प्रेम। बचपन से ही मैंने जिस लड़के को चाहा, मुझे आज भी अपना सारा संसार उसी में नज़र आता है। पहले लगता था कि यह प्यार नहीं, आकर्षण है, जो वक्त के साथ खत्म हो जाएगा। सोचती थी कि जिस तरह से एक्टिंग का भूत उतर गया, पार्लर का भूत उतर गया, मेरे मन से इस लड़के का भूत उतर जाएगा। पर ऐसा नहीं हुआ सारिका, मैं उसे नहीं भूल सकती, इसीलिए मैं बहुत परेशान हूँ।"

"तो उससे शादी कर लो।" कहते हुए सारिका को महसूस हुआ कि उसकी आवाज गहरे कुएँ से आ रही है।

नीरज और सरगम! सरगम और नीरज! शब्द मन में बज उठे।

"वह तैयार है, पर उसकी माँ जिद पकड़े बैठी है। खानदान, धर्म, जाति बहुत सी चीजें शादी में आती हैं। शादी यों थोड़े ही हो जाती है।" सरगम चिड़चिड़ा

उठी।

"तुम यह सब मुझे क्यों बता रही हो? हेमा माँ से बात क्यों नहीं करतीं?"

"हेमा मौसी इस विषय में क्या कहेंगी? शादी लड़के-लड़की को करनी होती है। मुझे हमेशा लगता है कि वह लड़का मुझे नकार रहा है, बहाने बनाकर पीछे हट रहा है। जानती हो, यह मेहंदी मैंने परसों क्यों लगाई थी?"

"क्यों लगाई थी?" सारिका ने मरी हुई आवाज में पूछा।

"मैंने परसों अपने दोस्त से साफ कह दिया कि हम मंदिर में शादी कर रहे हैं। उसके बाद हम कोर्ट मैरिज कर लेंगे। इसीलिए मैंने दोनों हाथों में मेहंदी लगवा ली। पर वह ऐन टाइम पर एक बार फिर मुकर गया। 'माँ की अनुमति के बिना नहीं' इतना कह उसने कल मंदिर की शादी टाल दी। यह अपमान की हद थी। सारिका, मैं शायद कल अपने को खत्म कर लेती, लेकिन मन में बात उठी कि यदि वह अपनी माँ से इतना प्यार करता है, माँ के लिए अपनी प्रेमिका को छोड़ने को तैयार है, तो क्यों न मैं भी अपनी माँ को देखूँ। मैंने पुष्पा माँ से अपनी असली माँ का पता पूछना चाहा। पर.."

"पर क्या?" सारिका सहमी हुई थी। सरगम की बातों से उसे डर लगने लगा। पार्लर का खालीपन और अधिक डराने लगा। सरगम विक्षिप्त-सी लगी। वह सौंदर्य, जिसे देख सारिका अंदर ही अंदर कुंठित हो जाती थी, इस समय किसी मानसिक रोगी का आभास देने लगा।

मेहंदी रचे हाथ, चेहरे पर मेकअप, खूबसूरत बाल, और साथ में तनाव से भरी भाव-भंगिमाएँ। उत्तेजना के कारण सरगम बोल कम रही थी, चिल्ला ज्यादा रही थी।

"किन्नर की असली माँ कौन होती है, कौन जाने। मेरे असली माता-पिता कौन हैं, कहाँ है, पुष्पा माँ को भी नहीं पता। एक बच्ची को उसकी माँ ने एक किन्नर को सौंप दिया क्योंकि बच्ची का जननांग अस्पष्ट था। दो साल की उस गोरी-खूबसूरत बच्ची को पुष्पा माँ ने अपनी गुरु बहन से माँग लिया, गोद ले लिया। आज वह गुरु बहन इस दुनिया में नहीं है, तो कौन बता पाएगा कि उस बच्ची के माँ-पिता कौन थे!''

''शांत हो जाओ...'' सारिका ने समझाना चाहा।

''सारिका, मैं अपने माता-पिता का नाम जानना चाहती हूँ। मैं जानना चाहती हूँ कि जन्म देकर दुनिया के थपेड़े सहने के लिए मेरी माँ ने मुझे जिंदा क्यों छोड़

दिया। क्यों नहीं जन्म देते साथ मेरा गला घोंट दिया? यदि मेरा गला नहीं घोंट सकती थी, तो मुझे अपने साथ क्यों नहीं रखा? कम से कम एक धर्म, एक जाति, एक खानदान तो मेरे साथ जुड़ा होता। धर्म-जाति और खानदान के नाम पर मुझे दुत्कार तो नहीं झेलनी पड़ती।" कहते-कहते सरगम का चेहरा लाल पड़ गया। वह पागल जैसी लग रही थी। दिख रहा था कि वह टूट रही है, बिखर रही है।

सारिका ने मन ही मन स्वयं को साहस बँधाया। यह समय डरने या अपने को कमजोर समझने का नहीं, बल्कि सरगम को सँभालने का था।

"सरगम, तुम मेरे साथ चलो। मैं तुम्हारे मँगेतर से स्पष्ट बात करूँगी। कम से कम इतना तो पता चलेगा कि वह क्या चाहता है। चलो, अभी शायद वह घर पर ही मिलेगा। ऑफ़िस नहीं गया होगा।"

"यू फ़ूल, यू इडियट, पहली बात, वह मेरा मँगेतर नहीं है। दूसरी बात, मैं जानती हूँ कि वह अभी घर पर नहीं मिलेगा। वह सुबह नौ बजे ही ऑफ़िस चला जाता है और रात को आठ से पहले नहीं लौटता। और मुंबई तक जाने के लिए हमें पूरे दिन का सफर करना होगा। तुम मुझको हेमा मौसी से जूते पड़वाना चाहती हो? अपनी समस्या तो सुलझा नहीं पातीं, मेरे मामले में पंच बनोगी! मुझे पता है तुम क्या चाहती हो। पढ़-लिखकर बहुत ज्यादा नाम कमाने की तुम्हारी इच्छा के बारे में नीरज मुझे पहले ही बता चुका है।''

सारिका कुछ ना समझी।

''...नीरज इतना सीधा नहीं है, जितना नज़र आता है। वह अरविंद को समझा सकता है। पर वह दूसरों के मामले में नहीं पड़ेगा। सुनते साथ कह देगा, अपना झमेला खुद सुलझाओ।...झमेला? हाँ, शायद जिंदगी झमेला ही है। खासतौर से यह इश्क-विश्क। कहाँ फँसी मैं भी! मर जाना ही एक रास्ता बचा है अब।" सरगम झल्लाकर कहती चली गई।

"अरविंद?" सारिका और ज्यादा हैरान हुई, "क्या तुम...? क्या तुम...?" उसके मुँह से शब्द नहीं निकले।

"अरविंद नाम है मेरे बचपन के दोस्त का। मुंबई में हम शुरू से एक ही स्कूल में पढ़े। फिर कॉलेज में साथ रहा। जो डिग्री बाहर से ली, वह भी हमने साथ ही ली। मुंबई में उसका ऑफ़िस मेरे घर के पास ही है। हमारा घर भी एक ही सोसाइटी में है। सब कुछ ठीक चल रहा था। वह शादी के लिए तैयार था। उसे मेरे ट्रांसजेंडर होने से भी फर्क नहीं।''

सारिका अवाक् थी। सरगम और नीरज नहीं, बल्कि सरगम और अरविंद! सुनने में बेहद अच्छा लग रहा था।

''हमने जीवन को लेकर न जाने कितने सपने बुन लिये थे। फिर पता नहीं कहाँ से यह खानदान वाली बात उठी। आज अच्छे-अच्छे घरों में तो नाम और काम देखकर शादी होती है और वह मूर्ख आज भी अपनी माँ की बेवकूफी को शह दे रहा है। अब मुझे सब कुछ अँधेरे में डूबा लग रहा है। अब मेरे मन में न जाने कितने संदेह आने लगे हैं। यह भी तय नहीं कि वह मुझे चाहता है या नहीं! वह मुझसे शादी करेगा या यों ही लटकाये हुए हैं, मैं नहीं समझ पा रही हूँ।"

"नीरज? मेरा मतलब है क्या तुम नीरज... मतलब क्या नीरज को यह बातें पता हैं? तुमने तो कहा था कि नीरज तुम्हारी सारी बातों की जानकारी रखता है।"

"सारिका, नीरज मेरा भाई है। अपने भाई से कोई लड़की इस तरह की बात जल्दी-जल्दी नहीं करती। इसीलिए मैंने अरविंद और अपने रिश्ते की बात भी उसे नहीं बताई। हाँ, अगर तुम कहोगी, तो मैं उससे एक बार सलाह ले लूँगी। पर मुझे नहीं लगता कि वह बता पाएगा। हम दोनों भाई-बहन बिल्कुल अलग स्वभाव के हैं।"

सारिका असमंजस में पड़ गयी। सरगम और नीरज का नाता नहीं है, यह खुशी की बात थी। सरगम की समस्या उलझी हुई है, यह सोचकर उसे दुःख हो रहा था।

एक साथ खुशी और दुःख का एहसास। वह नहीं समझ पाई कि क्या करे। हवा में उड़ने लगे या सरगम की समस्या सोच-सोचकर दुःख मनाये।

उसने किसी तरह अपने को सँभाला। कठोर स्वर में कहा, "जब तुम सब कुछ जानती हो, तो पागल क्यों बन रही हो? तुमने एक-एक बात अपने मुँह से कह दी है। अब कुछ समय के लिए अरविंद को भूल जाओ। यदि उसे तुम्हारी गरज होगी, तो वह तुम्हारे पास आएगा। नहीं तो तुम जैसी खूबसूरत बला को सँभालने के लिए न जाने कितने तैयार हो जाएँगे। सरगम, अपने अंदर ताकत लाओ। पागलपन करना बंद करो।"

"यह पागलपन नहीं है। जो प्यार करता है, वही जानता है। मैं अपनी जिंदगी उसके नाम कर सकती हूँ। पर उसे गँवाने की कल्पना तक गवारा नहीं। मैं कल मुंबई में अपने हाथ की नसें काटकर मरना चाहती थी। मर जाती तो शायद

वह मेरे प्यार को पहचान पाता। खैर, जिंदगी बाकी थी, इसलिए यहाँ चली आई।"

"हाँ, जिंदगी बाकी थी और आगे भी है। यदि तुम्हारा प्रेमी आज तुम्हारे प्यार से अपनी माँ के प्यार को ज्यादा अहमियत दे रहा है, तो जिंदगी में तुम्हें कभी वह स्थान नहीं दे पाएगा, जिसकी तुम्हें तमन्ना है।''

''क्या मतलब?'' सरगम ने पूछा।

''माता-पिता का सम्मान अलग बात है। पर प्रेम? वह तो कुछ और ही चीज होता है। मैं तुम्हें बता नहीं सकती। बस तुम खुद ही समझ लो कि प्यार क्या होता है। यदि वह तुम्हें अहमियत नहीं दे रहा, तो इसका मतलब है कि वह तुम्हें लेकर डाँवाडोल है। ऐसे इंसान से जुड़कर क्या करोगी? उसके लिए तुम हमेशा नंबर दो पर रहोगी। सरगम, नंबर दो पर रहना बेकार है। या तो नंबर एक या फिर सब कुछ छोड़कर आगे निकल जाओ।"

"उसे भूलना नामुमकिन है।"

"आज लग रहा है। लेकिन एक बार उसे मन से निकाल दोगी, तो सब कुछ आसान हो जाएगा। तुम नामुमकिन को मुमकिन बनाने की आदत डालो। यही तुम्हारी ताकत है। आज जाति और धर्म सामने आ रहा है, तो क्या कल तुम्हारा किन्नर होना सामने नहीं आएगा? तुम किस आधार पर उससे विवाह रचाने की हिम्मत कर रही हो? क्या वह जानता है कि तुम किन्नर हो?"

"हाँ, बताया तो कि वह जानता है और जानते-बूझते मेरे साथ रहना चाहता है।"

"सिर्फ रहना चाहता है। वह तुम्हें अपने जीवन में नहीं लेना चाहता। वह तुम्हें प्यार नहीं करता है। वह सिर्फ तुम्हारे व्यक्तित्व की छाया में चलते रहना चाहता है। एक खूबसूरत दोस्त, जिसका समाज में नाम है, उसके साथ दोस्ती रखने में क्या हर्ज है? लेकिन जीवन-साथी वही बनाया जाता है, जिसके साथ हम उम्र भर रहना पसंद करें। और यह घूमना-फिरना, प्रणय-निवेदन आज की बात है। कल? कल क्या होगा जब उसे संतान की जरूरत होगी?''

''वह कहता है उसे बच्चे नहीं पसंद।''

''सब कहने की बातें हैं। शायद उसी दिन का सोचकर वह तुम्हें आज नकार रहा है।"

"हो सकता है कि तुम्हारी बात में सच्चाई हो।" सरगम ने हामी भरी। ''लेकिन इन्हीं सब बातों से मरने का मन करने लगता है। मैंने अस्पष्ट जननांग

के साथ जन्म क्यों लिया! क्या भगवान इतनी अच्छी शक्ल-सूरत के साथ त्रुटिरहित देह नहीं दे सकते थे?''

"यदि उसकी चाहत सच्ची होगी, तो अपने माँ-पिता, धर्म-जात सब कुछ भूलकर तुम्हें अपना लेगा। यदि वह तुम्हें सच्चा प्यार करता है, तो पुष्पा माँ में भी उसे अपनी माँ नज़र आएगी। वह उनकी भी उतनी ही इज्जत करेगा, जितनी दुनिया में किसी भी माँ की इज्जत होती है।''

''क्या ऐसा संभव है?''

''तुम उससे स्पष्ट पूछो कि वह क्या चाहता है। बेतुकी बातों पर तुम्हें क्यों लटका रहा है? तुम्हें इस बार खुद दिखेगा कि उसके प्यार में सच्चाई है या नहीं। यदि वह सच्चा है तो आज की तारीख में सब कुछ छोड़कर तुम्हारे साथ चला आएगा। और यदि वह तुम्हारी उपेक्षा करेगा तो तुम्हारी आँखें खुलेंगी। वह तुम्हारे मन से उतर जाएगा। अपनी उपेक्षा बार-बार बर्दाश्त नहीं होती।"

"वह सिर्फ मेरा धर्म जानना चाहता है। काश, मैं अपनी माँ का पता पा सकती! काश, मैं किन्नर न होती! अगर मैं किन्नर नहीं होती, तो मेरा पालन-पोषण सामान्य रीति से होता। उस समय मुझे इस तरह की समस्या का सामना नहीं करना पड़ता।" सरगम मलाल भरे स्वर में बोली।

"इतनी पुरानी बातों में क्यों लौट रही हो सरगम? माँ का नाम, खानदान का पता पा भी लोगी, तो क्या तुम्हें लगता है कि वह तुमसे शादी करेगा? तुम्हें गलतफहमी है। वह सिर्फ तुम्हें भरमा रहा है। उस समय तुम्हें 'न' कहने के लिए तुम्हारा प्रेमी कोई और बहाना पा जाएगा। इस तरह की बातें करना बंद करो। मेरी बात ध्यान से सुनो।"

"कहो। कहो।" चेहरे पर बिखर आए बालों को पीछे करते हुए सरगम ने गहरी साँस ली। "कहो, मैं सब कुछ सुनने को तैयार हूँ। मैं एक रास्ता चाहती हूँ। कोई भी रास्ता, जिससे मैं जी सकूँ। सारिका, मैं मरना नहीं चाहती।"

"मरना क्यों, तुम्हें जीना है। पहली बात यह कि कुछ दिन उससे दूर रहो। उसे इस संबंध की गंभीरता समझने दो। वह क्या चाहता है, तुम क्या चाहती हो—स्वयं भी समझने की कोशिश करो। यदि इसके बाद भी तुम्हारी समस्या हल न हो और वह तुम्हारी उपेक्षा करता रहे, तो उसके साये से दूर हट अपनी दुनिया कहीं और बसाने की कोशिश करो। हो सकता है तुम्हें उससे बेहतर इंसान मिल जाए। याद रखो, हमेशा उसी के साथ जुड़ने की कोशिश करो, जो तुम्हारी अहमियत

समझता हो, जिसके लिए तुम ऐसी शय हो, जिसे गँवाने की कल्पना से वह इंसान पागल हो उठे। आवश्यकता बनो, विकल्प नहीं।"

सरगम उसका मुँह देखती रही।

सरगम का नीरज से कोई नाता नहीं है, यह सोच सारिका को हेमा के पास जाने की इच्छा हो रही थी। वह एक बार नीरज को आँखों में भरना चाहती थी। पर सरगम को अव्यवस्थित हालत में छोड़ नहीं सकती थी। सामने दीवार पर मन की आँखों से ही नीरज का बिंब बनाती रही।

काफी देर बाद सरगम ने गहरी साँस ली, "सारिका, मुझे लगता है कि तुम्हारी बात में सच्चाई है। मुझे कभी भी अपने जन्मदायी माँ-पिता की जरूरत महसूस नहीं होती। मैं जितना पीछे जाती हूँ, सिर्फ पुष्पा माँ का प्यार नज़र आता है। सोचकर देखो, भले ही कारण कोई भी रहा हो, पर उन्होंने मुझे अपनी बेटी बनाया। यों उनके सामने हजारों किन्नर बच्चे थे। पर मुझे ही क्यों? क्योंकि हमारा नाता भगवान ने लिखा था।''

''सच कहती हो।'' सारिका ने सच्चे मन से स्वीकारा।

''आज जैसी हालत नहीं थी उन दिनों। सिर्फ बधाई गाने पर थोड़े पैसे मिलते थे। पैसों की तंगी होने के बावजूद उन्होंने मुंबई के अच्छे स्कूल में मेरा एडमिशन करा मुझे हॉस्टल में डाल दिया। उस समय में सिर्फ छह वर्ष की थी। पुष्पा माँ चेहरे पर लंबा पल्ला कर मुझसे मिलने आती थीं। मुझे बार-बार समझातीं कि किसी को बताने की जरूरत नहीं कि मैं किन्नर हूँ या मेरी माँ किन्नर है। उन्होंने मुझे सिखाया कि शरीर का ऐब कुछ नहीं होता, अतः अनावश्यक अपने शरीर का ढिंढोरा पीटने की जरूरत नहीं। मैं एक लड़की हूँ, इतना जानना काफी है। उन्होंने मुझे समझाया कि आने वाले समय में इस तरह का सारा भेद खत्म हो जाएगा और केवल एक धर्म—इंसानियत का धर्म—रह जाएगा।"

"सही बात है। हमें उसी वक्त का इंतजार है।"

"पुष्पा माँ ने मुझे मेरे सगे माता-पिता से ज्यादा प्यार दिया। जो उन्होंने किया, मेरे जनक-जननी भी कर सकते थे। मैं ऐसा नहीं कहती कि मेरे सगे माता-पिता मुझे इतनी अमीरी में पालते। हो सकता है वे गरीब और लाचार हों। पर गरीबी और लाचारी भी माता-पिता और बच्चों के बीच दूरी नहीं ला सकती। कम से कम मुझे अपने कलेजे से तो सटाते। शायद वह प्यार अमूल्य होता। पर उन्होंने ऐसा नहीं सोचा। पुष्पा माँ ने जितनी बार मुझे कलेजे से लगाया,

मुझे दुनिया भर की खुशियाँ उस आलिंगन में प्राप्त हुईं।''

''सच कहती हो। पुष्पा माँ बहुत स्नेही हैं।''

''मैं भी कितनी पागल थी कि अरविंद की बेतुकी बातों के चलते अपनी माँ को भुलाये दे रही थी। मैं तुम्हारी एहसानमंद हूँ कि तुमने मुझे रास्ता सुझाया। चलो, घर चलें। जिंदगी बहुत खूबसूरत है। सैकड़ों उजली राहें हमारे सामने खुली हैं। कहीं न कहीं तो हमारा ठिकाना होगा।''

"हाँ, चलो चलें।" सारिका मुस्कराई।

"सुनो, एक बात बताओ कि तुम्हारे मन में नहीं आता कि तुम अपने माँ-पिता के पास लौट जाओ।" अचानक सरगम ने पूछा।

सारिका ने हैरत से उसका मुँह देखा, "यह बात क्यों?"

"तुम बहुत कुछ अपने अंदर छिपाये हो। बताती क्यों नहीं? कसम खाती हूँ, कभी तुम्हारा भेद किसी से नहीं खोलूँगी।"

"सरगम, मैंने फैसला किया था कि मैं अपनी पिछली जिंदगी के बारे में कभी बात नहीं करूँगी। पर आज तुम बहुत निराश हो, इसलिए तुम्हें जिंदगी से जोड़ने के लिए मैं कुछ बातें संक्षेप में बताती हूँ। मैंने पहला प्यार सोलह साल की उम्र में किया था। जिससे किया था, वह हमारे मोहल्ले का खूबसूरत, रुआब वाला लड़का था। मोहल्ले की सारी लड़कियाँ उस पर जान देती थीं। उसकी इस आदत की वजह से मैं उससे नफ़रत करती थी। पर सारी दुनिया को छोड़ जब उसने मेरी ओर निगाह की, तो मैं बदल गयी। बाइक पर घूमना, सिनेमा-थिएटर, चाट-पकौड़ी, नये कपड़े और हर पल मुँह जोहने वाला प्रेमी—एक गरीब लड़की को और क्या चाहिए?...''

''यानी...यानी... तुम्हारे पास अपने खानदान का पता-ठिकाना है!''

''...मैं नशे में थी। मेरी माँ ने उससे दूर हटने को कहा, तो मैं मरने-मारने पर आ गई। रात को माँ के सो जाने के बाद घर के जीने पर बैठ जाती। वह बाहर के दरवाजे से आकर मेरे सामने खड़ा हो जाता। हम घंटों बातें करते। न जाने कितनी बार रात के दो बजे भी अपनी माँ की आँख के नीचे मैंने न जाने कितने गुल खिलाए।" कहते-कहते सारिका हँसने लगी।

''माई गॉड कितनी तेज हो तुम!''

"आज उन बातों को याद करती हूँ, तो अपने पागलपन पर हँसी आती है। वह भी प्यार था, जो सफल नहीं हुआ। मैंने एक बार उसे दूसरी लड़की के

साथ देख लिया, तो उसे अपने मन से निकाल दिया। ईर्ष्या से भर गई थी मैं। फिर न जाने कितनी बार हमारा सामना हुआ, पर मैं अपने संकल्प से डिगी नहीं। तुम भी तो अपने अंदर यही ताकत लाओ।''

''तुम्हारी माँ हैं और तुम यहाँ इस तरह...'' सरगम की आवाज आश्चर्य से भरी हुई थी, ''तुम्हें परिवार की जरूरत नहीं! क्या कह रही हो? कैसी इंसान हो तुम?''

''कुछ भी कहो, मुझे कोई फर्क नहीं। मेरी माँ है और मैं जानती हूँ कहाँ है। पर मेरे दिल में कभी उससे मिलने की भी इच्छा नहीं होती। मेरी माँ ने मुझे उन राहों पर डाला, जहाँ मुझे दहकती भट्टी में जलना पड़ा। यह बहुत कठिन होता है कि आपको बोलने न दिया जाए, विरोध न करने दिया जाए, आपको सिर्फ यह सिखाया जाए कि मुँह बंद करके सारे जुल्म बर्दाश्त करो, क्योंकि यही जीवन का सच है।''

''उफ़्!''

''मैं उन बंधनों को काटकर आगे निकल आई। घर-परिवार, पति-बच्चा सब कुछ है मेरे पास। पर वहाँ जीवन नहीं है। वहाँ सिर्फ मौत है। सरगम, मैं भी मरना नहीं चाहती।''

सरगम हैरत से भरी देखती रही।

''कितनी अजीब बात है न, तुम प्रेम पाने के लिये मौत को गले लगाने को तैयार हो। मैं मरने से बचने के लिये प्रेम-प्यार से दूर भाग आई। तुम मौत से बचने के लिये कहती हो कि काश तुम किन्नर नहीं होतीं। मैं मौत से बचने के लिए कहती हूँ कि काश मैं किन्नर होती।" सारिका ने ठंडी साँस ली।

"तुम्हारा पति! तुम्हारा बच्चा! तुम सच में किन्नर नहीं हो? यानी हेमा मौसी सच कहती हैं कि तुम समय बिताने के लिए उनके घर आई हो?"

"नहीं, मैं समय बिताने के लिए उनके घर नहीं आई हूँ। मेरा बस चले, तो मैं पूरी जिंदगी उन्हीं के साथ रहूँ। अब तुम मेरी बातें उन्हें बताने मत लगना। सरगम, तुमने कसम खाई है, अपनी कसम निभाना।"

"वचन देती हूँ, किसी को नहीं बताऊँगी। पर यों पूरी ज़िंदगी...तुम्हारा पति...प्रेमी...''

''सुनो सरगम, एक भट्टी इंसान के अंदर होती है—जलन की भट्टी। यदि वह मन के अंदर जलती रहे तो जीवन की शीतलता को खत्म हो जाती है। मैं

भगवान से मनाती हूँ कि मुझे जलन की भट्टी से बचाएँ। मैं जान चुकी हूँ कि मैं बहुत जलनखोर हूँ। पर इसी ईर्ष्या-भाव से पता चलता है कि हम अपने प्रिय को कितना चाहते हैं—ना मैं देखूँ और को, ना तोय देखन दूँ।'' सारिका ने झूमकर कहा।

''किसे? किससे प्यार करती हो तुम? मुझे नहीं देखने दोगी?'' सरगम हँसी, ''अच्छा बताओ, कहाँ रहती हैं तुम्हारी माँ? मुझे उनके पास कब लेकर चलोगी? पर सुनो... मेरा मतलब... सारिका, तुम अपने घर, अपनी माँ के पास लौट जाओ, प्लीज़।"

"हाँ, क्यों नहीं, अभी चलो। तुरंत अपनी-अपनी माँ के पास लौटें। तुम पुष्पा मौसी के पास जाओ। मुझे हेमा माँ की बहुत याद आ रही है।" सारिका ने भीगे स्वर में कहा।

"तू अपने को क्या समझती है? क्या तुझसे ज्यादा समझदार दुनिया में कोई और नहीं?" हेमा झल्लाई तो सारिका चौंक उठी, "क्या हुआ माँ?"

"पुष्पा का फ़ोन आया है। तू कल दिन भर सरगम के साथ रही थी। तूने उसे क्या कहा जो उसने मुंबई जाने से इंकार कर दिया? पुष्पा मुझसे झगड़ रही है कि सारिका के पढ़ाये से सरगम बिगड़ गई। वह कह रही है कि बाहर के शहर में नौकरी करने के बजाय यही बस्ती से अपना काम शुरू करेगी।"

"अरे वाह!" सारिका खुशी से खिल उठी, "सरगम यहीं से बिज़नेस करेगी? माँ, मैं उसके साथ जुड़ जाऊँ? नया काम सीख लूँ?"

"बस्ती की तरफ मत जाना। पुष्पा जूता लेकर तेरा इंतजार कर रही है।" हेमा मुस्कराई, "मुझे पता है तू तो सिरफिरी है ही, बाकी सबको भी बिगाड़ देगी।"

"मैं नहीं, यह बिगाड़ते हैं।" सामने से आते नीरज को देखकर सारिका बोली, "सबको पढ़ने और आगे बढ़ने के लिए यही कहते हैं।"

"अच्छा मजाक बंद। बता, सरगम मुंबई क्यों नहीं लौट रही?" हेमा ने पूछा।

"मैं नहीं बता सकती माँ। वह समझदार है। अपने फैसले ले सकती है। उसके विषय में जो जानना चाहती हैं, आप स्वयं पूछ लीजिए। किसी के पीठ पीछे उसके विषय में बातें करना मेरी आदत नहीं।" सारिका अचानक गंभीर हो उठी।

"सही बात है," नीरज ने सिर हिलाया, "माँ, तुम्हें जो पूछना है पुष्पा मौसी से पूछ लो।"

"मैं तो मूर्ख साबित हो चुकी हूँ। तुम नयी पीढ़ी वाले हमेशा एक-सा सोचते और हमेशा एक-सा करते हो।" हेमा झल्लाई। पर उसके चेहरे पर गुस्से की रेख तक नहीं थी। कहने लगी, "ठीक है, मैं जाकर पुष्पा और सरगम से बात करती हूँ।"

"मौसी, उसके लिए तुम्हें कहीं जाने की जरूरत नहीं। मैं खुद ही यहाँ तुमसे मिलने आ गई हूँ।" कमरे के अंदर प्रवेश करते हुए सरगम बोली, "नीरज, सारिका, मुझे तुम दोनों से कुछ बातें करनी हैं। पहले मेरे नये बिज़नेस के विषय में सुनो। मैं सोचती हूँ कि पत्रकारिता में चली जाऊँ। कैसा रहेगा?"

"वेरी गुड आइडिया। बहुत बढ़िया रहेगा।" सारिका हँस पड़ी।

नीरज ने अपने सिर पर हाथ मारा, "हद है सरगम, डिग्री न सर्टिफ़िकेट। कौन तुम्हें खड़ा होने देगा? और सारिका तुम, तुम क्यों हँस रही हो? इसको पागल बनाने में तुम्हारा पूरा हाथ है, मैं समझ चुका हूँ।"

"पागल नहीं, पत्रकार। जब यह आगे-आगे कागज-कलम लेकर चलेगी, तो इसके पीछे कैमरा लेकर मैं दौड़ा करूँगी। मुझे तो अब सरगम का असिस्टेंट बनकर दिखाना है। एक मोबाइल दिला दो ना नीरज। तुम्हें फ़ोन कर लिया करूँगी।" सारिका मुखर हो रही थी। चेहरा चमकता, आँखें मदभरी।

"इतना घमंड दिखाने की जरूरत नहीं। तुम मेरी गुरु हो। तुमसे आगे के जीवन की शिक्षा लेने आई हूँ। चलो जरा, मेरी कुछ समस्याओं का समाधान करो।" सरगम सारिका से बोली।

"फिर कोई समस्या?" सारिका चौंकी।

"हाँ, पर यह दूसरी तरह की समस्या है। इसमें नीरज भी भाग ले सकता है। चलो, हम खाली कमरे में बैठकर बातें करें। शायद मैं अपने पहले लेख की रूपरेखा बना पाऊँ।"

"तुम दोनों के सामने मुझे अपनी पढ़ाई कम नज़र आती है। शायद मुझे भी किसी और डिग्री की जरूरत पड़ेगी।" नीरज हँसा और दोनों के साथ अपने कमरे की ओर चल दिया।

"शांता दीदी, चाय।" सारिका बोली।

जितनी देर शांता ने चाय बनाने में लगाई, उतनी देर तीनों एक पत्रिका

को उठा उसके किसी लेख पर बातें करते रहे। शांता के जाने के बाद नीरज ने पूछा, "अब कहो, क्या समस्या है?"

"नीरज, क्या तुम्हें नहीं लगता कि हम जितना पढ़ाई-लिखाई में आगे बढ़ रहे हैं, उतनी ही समस्याएँ किन्नर समाज के लिए बढ़ा रहे हैं।" सरगम ने गंभीरता से पूछा।

"ऐसा क्यों लगा? पढ़ने-लिखने से समस्याएँ क्यों बढ़ेगी?" नीरज ने हैरत से प्रश्न किया।

"एक समय था बड़े-बड़े राजाओं ने अपनी स्त्रियों की सुरक्षा के लिए अपने हरम में किन्नरों को नियुक्त किया। शारीरिक कमी के चलते किन्नर किसी स्त्री को बुरी नज़र से नहीं देखते थे। राजा को जिस किन्नर से ज्यादा लगाव होता, उसे वह विशिष्ट स्थान देता। कोई-कोई राजा तो अपनी इच्छापूर्ति के लिए किन्नर को इस्तेमाल करता था। मोह से बँधा किन्नर अपने स्वामी में ही अपनी दुनिया पा लेता था। इसके आगे उसकी इच्छाएँ ही नहीं थीं। संपूर्ण और तृप्त मनुष्य। बस यही हासिल होता था किन्नरों को समाज से। समय बदला, राजा-महाराजा खत्म हो गए, दरबार की प्रथा भी खत्म। इसके बावजूद किन्नर बाकी समाज से अलग अपनी दुनिया बसाये रहे। उनकी दुनिया में किन्नर ही राजा, किन्नर ही प्रजा। अपने डेरे में किसी को आने नहीं देते। आशीष देने, बधाई गाने दूसरों के पास गए, फिर अपने दायरों में कैद। फिर वक्त बदला और किन्नर बाकी समाज में घुलने-मिलने लगे।..."

"तो?" नीरज कुछ नहीं समझा।

सारिका भी अबूझ से देखती रही।

"...वक्त बदला तो समाज ज्यादा चालाक हो गया। अपनी जरूरत के लिए उन्हें खड़ा करने के बाद किन्नरों को परे कर देते। उनको मनुष्य मानना ही बंद कर दिया गया। इस्तेमाल करो, परे धरो। फिर वह समय भी पीछे छूटा और आज का समय आया। हम लोगों ने अपनी उपेक्षा के प्रति विरोध व्यक्त किया और बाकी समाज में दखलंदाजी शुरू की।"

"यह दखलंदाजी नहीं है। यह अपने अधिकारों के प्रति सचेत होना है।" नीरज बोला।

"ठीक, बिल्कुल ठीक। अधिकारों के प्रति सचेत होना तो ठीक है। अधिकार-बोध इतना बढ़ा कि स्त्री और पुरुष भी किन्नर बनने के लिए ललचाने लगे। न जाने

कितनी तरह के मनोवैज्ञानिक और शारीरिक उदाहरण देकर किन्नरों की जमात में शामिल होने लगे। इससे हमें कोई दिक्कत नहीं। यह उनकी अपनी स्वतंत्रता का सूचक है। गलत शरीर में गलत आत्मा! है न?''

''हाँ। तो?'' नीरज असमंजस में था।

''लेकिन बात वहाँ से शुरू होती है, जब हम असल किन्नर—जन्म के किन्नर—बाकी समाज से मिलते-जुलते हैं। उस समय हमारी भावनाएँ भी उसी रूप में आंदोलित होती हैं। यदि हमें अपनी सीमा पता है कि हमें ताली पीट-पीटकर गाना-बजाना है, कुछ रुपये लेकर वापस लौट जाना है, तो हम इसी में खुश रहेंगे। जब हम बाकी लोगों के साथ घुलते-मिलते हैं, तो हमारा दिल भी उसी तरह से अंगड़ाइयाँ लेने लगता है। किन्नर का दिल स्त्री या पुरुष से प्यार कर बैठता है। यह अच्छी बात है कि वक्त के साथ हमने भी बदलना सीख लिया। लेकिन शरीर? वह तो साथ नहीं देता न। जब किन्नर नकारा जाता है, तो शरीर की कमी का दर्द दिल को भुगतना पड़ता है।...''

"सरगम!" सारिका ने करुण आवाज में पूछा, "तुम्हारी तबीयत आज भी ठीक नहीं है?"

"...नादान दिल को नहीं पता कि समाज दिल-शरीर-मन सब कुछ भुला देता है, बाकी बचे—प्रजनन, वंश-वृद्धि! इसी जगह किन्नर अक्षम हो जाता है। फिर समाज के एक होने का क्या अर्थ? गर शरीर और मन की अतृप्ति के साथ ही जीना है, तो इस जीवन का क्या फायदा?''

"आज कैसी बात कर रही हो? मूड क्यों ऑफ़ है?" नीरज ने भी हैरत से पूछा।

"मैं ठीक हूँ सारिका, नीरज। डरो मत। कल का साया मैं कल पर छोड़ चुकी हूँ। आज आगे की सोच रही हूँ।"

"क्या?"

"किन्नर प्यार क्यों करता है? यदि प्यार हो भी जाए तो उसे किन्नर से ही करना चाहिए न! वह सामान्य स्त्री-पुरुषों के बीच घुसने की कोशिश क्यों करता है? और ऐसा करने में उसे जो लांछना मिलती है, उसका क्या?"

"सबको अपने जैसे लोगों में ही अपनी दुनिया तलाशनी चाहिए। आखिर न्यायालय ने भी इन संबंधों को सामाजिक मान्यता दे दी है। दिक्कत क्या है? अपने जैसों में ही अपनी दुनिया तलाशने से रिश्ते के सफल होने की ज्यादा संभावना

रहती है। दूसरी तरह के इंसान से प्यार करने की गलती ही क्यों की जाए?" नीरज बोला।

"ऐसा नहीं हो सकता नीरज। प्यार दो और दो चार का नियम नहीं है। अगर आप बाकी समाज के साथ घुलते-मिलते हो, बराबरी की बात करते हो, तो इस तरह की गलतियाँ होना स्वाभाविक हैं। उसके बाद सिवा पछतावे के कुछ हाथ नहीं लगता। क्योंकि एक जगह जाकर स्त्री, पुरुष और किन्नर का भेद बिल्कुल साफ हो जाता है।''

''तो?'' नीरज ने सरगम की बात काटी।

''यह समाज हमें कभी भी अपने में नहीं जोड़ेगा। कोई भी पुरुष इस तरह की स्त्री को अपने जीवन में शामिल नहीं करेगा। क्यों? क्योंकि वह प्रजनन में सक्षम नहीं है। प्रश्न यह उठता है कि क्या उस पुरुष को पता है कि वह प्रजनन कार्य में सक्षम है या नहीं? हो सकता है विवाह के बाद उसे और उसकी सक्षम पत्नी को संतानोत्पत्ति में दिक्कत आए। लेकिन..."

"इसमें गलत क्या है? कोई भी जान-बूझकर मरी मक्खी नहीं निगलता। सरगम, मैं इसे गलत नहीं कहता। मेरा यही मानना है कि किन्नरों को किन्नर में ही संबंध तलाशने चाहिए।" नीरज ने जोर देते हुए कहा।

"तुमने तलाश लिया?" सरगम ने प्रश्न किया, "तुम्हें अपनी पसंद का साथी मिल गया? कौन है नीरज, हमें बताओ। हम भी मिठाई खाने के हकदार हैं। थोड़ी खुशियाँ तो हमारे जीवन में भी होनी चाहिए न। ताली पीटना, बधाई गाना शुरू करूँ? नेग कितना मिलेगा?"

"मैंने ऐसा अभी नहीं सोचा है।" नीरज सकपका गया।

सारिका का चेहरा म्लान हो उठा। बोली, "चलो सरगम, तुम्हें तुम्हारे घर छोड़ आऊँ। पुष्पा मौसी तुम्हें तलाश रही होंगी। तुम ज्यादा देर मेरे संग रहती हो, तो वह नाराज हो जाती हैं।"

"मैं चली जाऊँगी, तुम मत डरो। सारिका, मुझे खुशी है कि मैंने कल का दिन तुम्हारे साथ बिताया और मैंने अरविंद के ऊपर ही समस्या का समाधान डाल दिया। जानती हो, उसने आज सुबह फ़ोन पर क्या कहा?"

"क्या कहा?" सारिका के शब्द उसके होंठो में ही घुट गए। वह सरगम के चेहरे की ओर देखती रही।

नीरज चौंककर देखने लगा, ''अरविंद!''

"वह कह रहा है कि उसे इस विषय में सोचने के लिए और समय चाहिए। मैंने उसे पूरा समय दे दिया। मुंबई जाने का इरादा मुल्तवी कर मैंने यहीं से अपना काम शुरू किया है। जिस जगह मैंने अपनी जिंदगी की सबसे बड़ी मात खाई, उस जगह मैं जीत के साथ ही वापस जाऊँगी। एक नयी दुनिया, मानो एक नया जीवन! है न सारिका?"

"क्या हुआ? तुमने अरविंद से क्या पूछा? तुम दोनों पहेलियाँ क्यों बुझा रही हो?" नीरज कुछ नहीं समझ पाया।

सरगम मुस्कराई, "मैं एक नया बिज़नेस शुरू करना चाहती थी। मैंने अरविंद से पूछा कि क्या वह मेरा साथ देगा। उसके आचरण से स्पष्ट दिख रहा है कि वह मेरे साथ आगे बढ़ने में डगमगा रहा है।"

"सुनो, एक बार फिर मेरी बात सुनो," सारिका ने सरगम के हाथ पर हाथ रखा, "उसे सोचने का मौका दो। सरगम, कोई भी निर्णय जितना ज्यादा सोचकर लिया जाता है, उतना ज्यादा सही रहता है।"

"पर हमेशा नहीं," सरगम मुस्कराई, "कभी-कभी ज्यादा सोचने से बात बिगड़ भी जाती है। और बात हमेशा अपने हाथ में रखनी चाहिए। पॉज़िटिव थिंकिंग।"

उसकी मुस्कान विजय से भरी थी।

''तू मुझे घर फूँक तमाशा देखने वाली नज़र आ रही है।'' सारिका बड़बड़ाई।

सरगम ठहाका मारकर हँस दी।

❍

भीगे चुनरिया प्रेम रस बूँदन

जमीन से आकाश तक फैली
खुली हथेली मेरी
वचन माँगती तुमसे
बार-बार,
चाहे कोई छोड़ दे
तुम न छोड़ना मुझे
पकड़े रहना मेरा हाथ
निभाना मेरा साथ
साँस के अंतिम सिरे तक
जमीन से आकाश तक अथक।

रूप बदलता जीवनचक्र। रंग बदलती जीवनधारा।

जीवन से जुड़ जाने के बाद सब कुछ अच्छा लगने लगता है। सारिका के साथ भी ऐसा ही हुआ। पढ़ाई ने जीवन के प्रति नज़रिया बदला और पार्लर के काम में निरंतर हासिल होती निपुणता ने आत्मविश्वास में इज़ाफ़ा किया।

"सारिका, भोपाल के किन्नर-कार्निवल में चलेगी?" हेमा ने पूछा, "बहुत बड़ा मेला जुड़ता है। बड़ी रौनक होती है। जुलूस, नाच-गाना, खेल-तमाशा, खाना-पीना। चल, मन बहल जाएगा।"

सारिका ने शांता की तरफ देखा। उम्मीद थी कि हमेशा की तरह शांता उसे पढ़ने के लिए कहेगी। पर उसने उत्साह बढ़ाया, "हाँ, हाँ, घूम आ। बहुत

मजा आता है। सजना-सँवरना, मस्ती ही मस्ती। साथ ही साथ दूसरों के कल्याण के लिए पूजा।''

सारिका उत्साहित हो उठी। नाच-गाना! 'क्या मुझे नाचने को मिलेगा' पूछने ही वाली थी कि हेमा ने कहा, ''पूरी दुनिया से टीवी वाले आते हैं, अखबार वाले भी। पत्र-पत्रिकाओं में फ़ोटो छपती है। अपने मन के गानों पर तू नाच सकती है। रोकूँगी नहीं।''

सारिका का मन पल भर में बुझ गया। टीवी! यही तो एक शौक है दादी का। जब-तब टीवी खोले बैठी रहती है। मम्मी भी टीवी की शौकीन है। और डिग्गी की लाल कोठी तो शायद टीवी की आवाज में ही साँस लेती है।

''मैं क्या करूँगी जाकर?'' उदासीन स्वर में बोली, ''अभी बरसात का मौसम है। हर जगह पानी ही पानी!''

''बरसात में ही मजा है। भादों के महीने में घूमने की बात कुछ अलग होती है। इस मेले की एक कहानी भी है।'' शांता ने उत्साहित किया।

''क्या दीदी?'' सिर्फ पूछने को पूछा।

''कहा जाता है कि भोपाल में बहुत साल पहले अकाल पड़ा। उस वक्त वहाँ रहने वाले किन्नरों ने मंदिरों और मस्जिदों में बारिश के लिए दुआ की और भुजरिया पर्व मनाया। उनकी दुआ रंग लाई, भरपूर बारिश हुई। तभी से भोपाल में किन्नरों का जुलूस निकालने की परंपरा शुरू हो गई। पहले किन्नर भुजरिया बोते हैं। जुलूस निकालने का लाइसेंस लेना पड़ता है। एक बार जब लाइसेंस मिल जाए, उसके बाद दूरदराज के गाँवों के किन्नर भी भोपाल पहुँच जाते हैं। जब हमारा जुलूस चलता है, तो गुरु लोगों को भुजरिया उठाने का काम दिया जाता है। जवान लोग नाचते-गाते हैं। इसे देखने के लिए लोगों की भीड़ उमड़ पड़ती है।''

''भुजरिया पर्व? हम लोग भी नागपंचमी पर भुजरिया बोकर, रक्षाबंधन पर...'' कहते-कहते सारिका की आँखों में वह समय घूम गया, जब वह शुभम की कलाई पर राखी बाँधती थी।

अब भाई की कलाई पर किसकी राखी सजती होगी? शायद चंचल की? या हो सकता है वह राखी बँधवाता ही न हो।

क्या भाई उसे याद करता होगा? क्यों छोड़ आई सब कुछ? क्या एक बार फिर लौटना चाहिए? पर क्यों? किसके लिए? उसकी दुनिया कहाँ है, कौन-सी है?

मन भारी होने लगा। 'नहीं, ये बातें नहीं सोचनी हैं,' उसने अपने को समझाया, 'यहाँ जितने हैं, सभी स्वजनों को छोड़कर आए हैं। कोई किसी को याद नहीं कर रहा तो मैं अपना मन क्यों बिगाड़ रही हूँ? जो गली छोड़ दी जाए, उसके विषय में नहीं सोचा जाता।'

''क्या करते हो रक्षाबंधन पर? कहाँ?'' शांता ने पूछा।

''ऐं!'' ध्यान टूटा। ''कुछ नहीं। गेहूँ बोते थे।'' उसने उत्तर दिया। स्वयं से कहा, 'पढ़ाई पूरी करके अपने पाँवों पर खड़ी हो जाऊँ, उसके बाद दिल्ली जाकर...'

''तो बता, चलना है भोपाल।'' हेमा ने पूछा।

''न।'' मना कर दिया।

''एक जगह रहते-रहते तू ऊबती नहीं है? कभी तो कहीं बाहर घूमने जा।'' शांता ने प्यार से कहा, ''तुझे इस बार अरावन की पूजा पर ले चलेंगे। बहुत दूर है। कई दिन लग जाएँगे।''

एक बार फिर सारिका का चेहरा चमक उठा। काश, कहीं घूमने को मिले! ''दूर! कितनी दूर? कहाँ? यह क्या है दीदी?''

''तमिलनाडु के विलुप्पुरम जिले में भगवान अरावन का मंदिर है। इस मंदिर में भगवान अरावन के शीश की पूजा की जाती है। महाभारत की कथा के अनुसार एक बार अर्जुन को उत्तर-पूर्व भारत में जाना पड़ा। वहाँ उनकी मुलाक़ात एक नाग राजकुमारी उलूपी से हुई। दोनों ने विवाह कर लिया। विवाह के कुछ समय पश्चात उलूपी ने एक पुत्र को जन्म दिया, जिसका नाम अरावन रखा। पुत्र जन्म के पश्चात अर्जुन उन दोनों को वहीं नागलोक में छोड़ अपनी आगे की यात्रा पर निकल गये। युवा होने पर अरावन अपने पिता के पास पहुँचा। तब कुरुक्षेत्र में महाभारत का युद्ध चल रहा था। युद्ध में पांडवों को अपनी जीत के लिए माँ काली के चरणों में स्वेच्छिक नर-बलि हेतु एक राजकुमार की आवश्यकता पड़ी। अरावन ने स्वयं को स्वेच्छिक नर-बलि हेतु प्रस्तुत कर दिया।'' शांता साँस लेने को रुकी।

''फिर?''

''लेकिन उसने एक शर्त रखी कि वह अविवाहित नहीं मरेगा। यह जानकर कि अगले दिन उसकी बेटी विधवा हो जायेगी, अरावन के साथ अपनी बेटी की शादी के लिए कोई भी राजा तैयार नहीं हुआ। जब कोई रास्ता नहीं बचा, तो

भगवान श्रीकृष्ण ने मोहिनी रूप धारणकर अरावन से शादी कर ली। अगले दिन अरावन ने अपने हाथों से अपना शीश माँ काली के चरणों में अर्पित कर दिया। अरावन की मृत्यु के पश्चात श्रीकृष्ण भगवान उसी मोहिनी रूप में काफी देर तक उसकी मृत्यु का विलाप करते रहे। उसी परंपरा का पालन करते हुए किन्नर-समाज साल में एक बार वहाँ उत्सव मनाता है।''

''यह दर्द भरी कहानी है, तो उत्सव क्यों?'' सारिका हैरान थी।

''भले अंत में विलाप है, पर आरंभ तो विवाह से है, तो उत्सव क्यों नहीं?''

''और किन्नर-समाज ही क्यों?''

''मुख्यधारा के लोगों को किसी ने उत्सव में शामिल होने से रोका थोड़े ही है। पर मूलतः यह किन्नरों की परंपरा है। श्रीकृष्ण ने पुरुष होते हुए स्त्रीरूप धारण कर अरावन से विवाह किया था। किन्नर भी पुरुष होने के बावजूद स्त्रीरूप धारण करते हैं, इसीलिए वे इस परंपरा से अपने को पूरी तरह जुड़ा पाते हैं। वे अरावन से एक रात की शादी रचाते हैं और उन्हें अपना आराध्यदेव मानते हैं। वैसे तो अब तमिलनाडु के कई हिस्सों में भगवान अरावन के मंदिर बन चुके हैं, पर इनका सबसे प्राचीन और मुख्य मंदिर विलुप्पुरम जिले के कूवागम गाँव में है, जो कूत्ताण्डवर मंदिर के नाम से जाना जाता है।'' शांता बोली।

''अच्छा।''

''उत्सव का आयोजन देखने लायक होता है। हर साल तमिल नववर्ष की पहली पूर्णिमा को अठारह दिनों तक चलने वाले उत्सव की शुरूआत होती है। इस उत्सव में पूरे भारत और आस-पास के देशों से किन्नर इकठ्ठा होते है। पहले सोलह दिन मधुर गीतों पर खूब नाच-गाना होता है। किन्नर गोल घेरा बनाकर नाचते-गाते है, ताली बजाते हैं, हँसी-खुशी शादी की तैयारी करते हैं। चारों तरफ घंटियों की आवाज़ें, उत्साही लोगों की आवाज़ें गूँजती रहती हैं। वातावरण में कपूर और चमेली के फूलों की गंध समाई रहती है। सत्रहवें दिन पुरोहित द्वारा विशेष पूजा होती है और अरावन देवता को नारियल चढ़ाया जाता है। उसके बाद अरावन देवता के सामने मंदिर के पुराहित के द्वारा किन्नरों के गले में मंगलसूत्र, जिसे ताली कहते हैं, पहनाया जाता है।'' हेमा भी बताने लगी।

''फिर?''

''फिर किन्नर अरावन मंदिर में अरावन की मूर्ति से शादी रचाते है। अंतिम दिन यानी अठारहवें दिन पूरे कूवागम गाँव में अरावन की प्रतिमा को घुमाया

जाता है और फिर उसे तोड़ देते हैं। उसके बाद दुल्हन बने किन्नर अपना मंगलसूत्र तोड़, चेहरे के शृंगार को मिटा, सफेद कपड़े पहन, जोर-जोर से छाती पीटकर रोते है। इस विलाप को देख वहाँ मौजूद लोगों की आँखें नम हो जाती हैं। बस, आरावन उत्सव खत्म हो जाता है। अगले साल की पहली पूर्णिमा पर पुनः मिलने के वादे के साथ लोग अपने-अपने घर चल देते हैं।'' शांता ने कहानी पूरी की।

''ओह!'' सारिका के चेहरे पर विषाद छा गया।

हेमा ने टोका, ''तू उदास क्यों हो रही है? यह तो परंपरा है, पूजा-पाठ की परिपाटी है, मिलने-जुलने का अवसर है, और...''

''और?''

''और किन्नरों का सहारा है। कोई तो है, जिसके साथ वे शादी कर सकते हैं, वरना तो उन्हें प्यार का भी अधिकार नहीं। पुरुष समाज द्वारा किये जा रहे शोषण के क्रम में एक कड़ी हैं किन्नर। उनके शरीर का उपभोग कर लेगा पुरुष वर्ग, पर जीवन-साथी का दर्जा नहीं देगा। समाज की नज़र में किन्नर बंजर भूमि मात्र है। जो संतान को जन्म नहीं दे, ऐसी पत्नी की क्या आवश्यकता?'' शांता बोली।

''हाँ, पत्नी न हुई खेत हो गई! जो भूमि उपजाऊ नहीं, तो बेकार। और पति-पत्नी के प्यार का क्या? क्या प्यार की कोई कीमत नहीं?'' सारिका ने क्षोभ के साथ कहा।

''प्यार कुछ नहीं होता। हाल में ही एक किन्नर लड़की को एक लड़के से प्यार हो गया। शादी के बाद पति को पता चला कि पत्नी किन्नर है। उसने पत्नी को जान से मार डाला।'' शांता ने कसैले स्वर में बताया।

''उफ़!'' सारिका सिहर उठी। आँखों में मोहित का चेहरा घूमा, तन पर लातें-घूँसे पड़ने का एहसास भी।

''इसीलिए मन में लाख प्यार हो, किन्नर युवती किसी पुरुष के साथ घर नहीं बसाती। प्यार कर लेगी, रखैल बन लेगी, जरूरत पड़ने पर शरीर बेच लेगी, लेकिन गृहस्थी, न बाबा न!'' शांता बोली।

''और किन्नर पुरुष?''

''किन्नर पुरुषों को सामान्य रूप से स्त्री ही माना जाता है। उनको भी स्त्री रूप ही धारण करना पड़ता है। उनका और स्त्री का साथ निषिद्ध मानते हैं। पर जो ट्रांसजेंडर होते हैं, लड़की से लड़का बनते हैं, वे अपने मन की लड़की

से शादी रचाते भी हैं। कोई गणित का नियम थोड़े ही है कि किन्नर घर नहीं बसा सकते।'' हेमा हँसी।

''वैसे भी मनुष्य होने के नाते यह उनका मानवाधिकार है कि वे अपने मन से जीवन साथी चुनें।'' शांता ने जोड़ा।

''सच कहती हो शांता दीदी। आपने कभी किसी के साथ जुड़ना नहीं चाहा?'' अनजाने ही सारिका के मुँह से निकल गया।

''बताया तो था तुझे।''

''हाँ, मुझे याद है।''

''वैसे, तेरा क्या इरादा है मेरे बारे में?'' शांता ने पूछा।

''ऐं!'' सारिका का चेहरा फक् पड़ा ही था कि शांता ताली मारकर हँसने लगी।

''दीदी, मजाक नहीं।'' सारिका के आँसू टपकने लगे।

''अरे मेरी मुनिया, मेरी सोनचिरैया, मेरी बीरबहूटी, तू पढ़ने में मन लगा।'' शांता की हँसी रुक नहीं रही थी और सारिका के आँसू।

''सारिका, फालतू बात में पड़ना छोड़ दे, कितनी बार समझा चुकी हूँ कि ...तू न तो किन्नर समाज की है, न कभी हो सकती है। छोटा-सा मजाक और इतने आँसू।'' अचानक हेमा नाराज हो गई।

''मैंने मजाक का बुरा नहीं माना। आँसू तो अपने आप आ गए। प्यार पर बंधन क्यों? ऐसा क्यों है कि कोई इंसान अपने मन के साथी के साथ शादी करने के एवज में मौत पाता है। हमारा समाज वह रूप कब लेगा, जब सारे बंधनों से मुक्त मनुष्य ही मनुष्य के साथ नाता रख सकेंगे? जानती हूँ, वक्त धीमे-धीमे बदल रहा है। बहुत सा सुधार मिलता भी है। मैं दुःखी नहीं हूँ। बस मन भर आया।'' आँसू पोंछ सारिका ने शांत आवाज में कहा।

शांता और हेमा उसका मुँह हैरत से देखते रहे।

एक शाम पार्लर से लौटते समय शॉर्टकट लेने के लालच में सारिका ने आजाद बस्ती की नयी गली चुनी।

थोड़ा आगे बढ़ने पर छोटा-सा बगीचा नज़र आया। बगीचे के अंदर भी कुछ लोग बैठे दिखे। एकदम चुपचाप, ध्यान लगाए। मानो अपने आप में डूबे।

किन्नरों की बस्ती की चहल-पहल से यहाँ का माहौल एकदम अलग था।

उसका ध्यान गया। गतिशील जिंदगी में इस तरह पेड़ों के नीचे बैठने का किसके पास समय है? यह कौन सी साधना है, जिसके लिए लोग एक जगह एकत्र हो, शांत बैठे ध्यान लगाए हैं?

थोड़ी-सी उत्सुकता ने ज्यादा-सी हिम्मत दे दी।

वह बगीचे के अंदर घुसी। घुसते साथ मन में खटका हुआ। धुएँ की एक पहचानी गंध हवा में थी।

'शुभम! भाई यहाँ कहाँ?'

नहीं, भाई नहीं था वहाँ। वहाँ तो किन्नर ही किन्नर थे। नशे में धुत्त! शराब का नहीं, चरस-गाँजे का नशा।

'यहाँ भी यह सब!' मन निराश हो उठा।

आँखों में न जाने कितने चित्र घूमते चले गए।

प्रेम गली में फैला नशे का व्यापार।

नशे में लिप्त मंगल।

नशे का शिकार शुभम।

नशे के व्यापार को फैलाता कुणाल।

जबरदस्ती करता कुणाल।

एक ही नतीजा। दुर्दिन का आरंभ। सुख-चैन का विनाश।

शुभम की नशे की लत ने कनक को किस तरह बेटे के प्रति पक्षपाती बना दिया था, याद आ गया।

एक गलत लत ने कुणाल और दिनेश को एक साथ किया। और उनके साथ ने सारिका को कुणाल से जोड़ दिया। कुणाल से जुड़ना यानी दिल्ली से अलग होते चले जाना। यदि यह नशा नहीं होता तो शायद वह दिल्ली में ही अपना ठिकाना बना पाती!

मंगल का कष्टों से भरा दर्दनाक अंत भी आँखों में घूमता रहा।

वह ठगी सी खड़ी रह गई मानो कुछ बेशकीमती गँवा बैठी हो। किन्नर बस्ती में भी नशा इस तरह फैला हुआ है? तो क्या नीरज भी? सरगम? हेमा?

बहुत बुरा लगा। ऐसा, मानो पिछले दो वर्षों से जिस स्वप्न में जी रही हो, वह अचानक टूट गया हो, बिखर गया हो।

नशे में इतनी ताकत है कि वह दुनिया की खूबसूरती को खत्म कर देता

है। एक झूठी दुनिया में ले जाकर इंसान को तड़पा-तड़पाकर मारता है।

"मैं नशे को दुनिया से मिटा दूँगी।" चीख पड़ी सारिका।

नशे में डूबे उन लोगों के पास उसकी चीख को सुनने का भी माद्दा नहीं बचा था। वे उसी तरह अधमुँदी-सी आँखों से शून्य में देखते रहे।

वह न जाने कितनी देर वहाँ खड़ी रही। फिर निराश हो सिर झुका घर की ओर लौटने लगी। अभ्यस्त पैर अपने-आप हेमा के घर की ओर ले चले। मन में कोई उत्साह बाकी नहीं था। रात हो गई थी। घरों की बत्तियाँ जल गई थीं। पर उनका उजाला भी उसके मन में रोशनी नहीं भर सका।

एक शक भर गया मन में।

हेमा और नीरज दोनों अपने-अपने काम से वापस आ चुके थे।

उसने एक नयी दृष्टि से उन दोनों का अवलोकन किया। नहीं, नशे का कोई चिह्न नहीं दिखा उन दोनों के मुँह पर, देह पर।

'मैं भी कैसी पागल हूँ,' मन ही मन सोचा, 'सड़क पर कोई भी चीज देख अपने घर में उसकी कल्पना करना बीमारी में आता है।'

रात का खाना खत्म हुआ। हेमा अपने कमरे में चली गई। शांता रसोई का बचा हुआ काम समेटती रही। नीरज अपने कमरे में बत्ती जलाकर मेज पर बैठा कुछ लिखता रहा। फिर काम खत्म कर उसने बत्ती बंद की और संभवतः अपने बिस्तर पर लेट गया।

सारिका अपने कमरे से सभी कुछ देखती रही। कुछ भी तो नहीं था यहाँ वैसा, जिसका उसे डर था।

वह अपनी जगह पत्थर की मूर्ति बनी बैठी रही।

"चारों ओर सुंदरता फैली हो तो जिंदगी अपने-आप सँवरी नज़र आती है। और चारों ओर बिखरी कुरूपता जीवन की सहजता को खत्म कर देती है। मुझे संसार का स्वरूप सँवारना है।" अगली सुबह सारिका ने नीरज से कहा।

नीरज ने उसके व्यवहार के अंतर को महसूस किया, "क्या बात है आज कुछ अलग सी बातें कर रही हो?"

"पता नहीं।" वह चुप हो गई। वह हमेशा से नशे की खिलाफ़त करना चाहती थी, यह बात स्वयं भी तो नहीं समझती थी। उसकी जिंदगी ने जो रूप

लिया, उसके मूल में प्रेम गली में फैला नशा था। नशे में लिप्त लोग और बिखरे परिवार ही तो उसके जीवन के निर्धारक बने।

"कहो, क्या करना चाहती हो?" नीरज ने फिर पूछा।

"नीरज, अपने लिए जीते हुए यदि हम दूसरों के लिए कुछ करें, तो अच्छा रहता है। जिंदगी कितना समय देगी, पता नहीं। यदि अभी यह समय मैं सिर्फ पढ़ने में लगाती रही, तो हो सकता है किसी दिन मुझे पछताना पड़े। मैं दूसरों के लिए कुछ करना चाहती हूँ। तुमने भी तो कहा था कि किसी की मदद करके मैं अपना फर्ज पूरा कर सकती हूँ। मैं किन्नर समाज के कल्याण के लिए काम करना चाहती हूँ।"

"जो कह कर किया जाता है, वह एहसान होता है। एहसान की जरूरत लाचार को होती है। किन्नर लाचार नहीं होते।"

"समाज में प्रत्येक को एक-दूसरे की जरूरत है। अपने दायरों में कैद रहने वाला इंसान तो स्वयं से भी दूर हट जाता है। बेहतर है समाज के पुनर्निर्माण के लिए हम मिल-जुलकर काम करें। ऐसी बहुत सी चीजें हैं, जो तुम्हारी नज़रों से बच रही हैं। बेहतर है, मैं उनकी ओर तुम्हारा ध्यान खींचूँ। नीरज, तुमने कभी नशा किया है?"

"नशा!"

"हाँ, किसी भी तरह का नशा। चरस? गाँजा? कोई भी नशा।"

"पागल हुई हो क्या? मेरी माँ बहुत संस्कारी हैं। अपने अंदर के इंसान के विकास के लिए सतत प्रयासशील। अपने सिद्धांतों को किसी भी कीमत पर न त्यागने और गलत के साथ समझौता न करने का उन्होंने प्रण लिया है। ऐसी सिद्धांतवादी माँ ने कुछ लक्ष्य मेरे सामने रखे। नशे से बचना उनमें से एक है। माँ जानती हैं कि नशा करने से इंसान का दिमाग उसके हाथ से निकल जाता है। इसीलिए उन्होंने मुझसे बार-बार वचन लिया कि जहाँ तक हो सकेगा, मैं इस तरह की हर बुराई से दूर रहूँगा। व्यक्तित्व में दृढ़ता का गुण मैंने माँ से पाया है।" नीरज साँस लेने के लिए रुका।

सारिका चुप रही।

नीरज दोबारा कहने लगा, "कोई भी मनुष्य ऊपर से कितना ही कठोर दिखे, अंदर से कोमल और कमजोर ही होता है। विदेश में पढ़ते हुए कई पल ऐसे आए, जब मुझे लगा कि मुझे नशे की सख्त जरूरत है। उस समय बजाए इस

तरह की किसी गलत चीज का सहारा लेने के, मैंने अपने अंदर की ताकत का सहारा लिया। सारिका, मैंने आज तक नशा नहीं किया है।"

"अच्छी बात है नीरज, कभी करना भी नहीं। नशा अच्छे-भले इंसान को पशु बना देता है। मैंने नशे की बदसूरती को बखूबी महसूस किया है। मैं चाहती हूँ कि हम समाज से इस बुराई को दूर करें।"

"बहुत मुश्किल है। समाज में नशा सकारण किया जाता है। इस जगह किन्नर और बाकी लोग एक हैं। कोई गम गलत करने के लिए ऐसा करता है, तो कोई इज्जत बढ़ाने के लिए नशा करता है। जो अपनी शान बढ़ाने की खातिर नशा करते हैं, उन्हें नशे से रोकना मानो उनकी गैरत पर चोट पहुँचाना है। समाज के अच्छे-अच्छे लोग आज नशे में डूबे हुए हैं। इस समय हम जिस जगह रह रहे हैं, यहाँ तो नशा और भी बुरी तरह फैला है। शराब हो या बीड़ी-सिगरेट, चरस हो या गाँजा, पीने वाला व्यक्ति इसे अपना निजी मामला मानता है। वैसे जो इससे बचना चाहते हैं, हम उनकी पूरी मदद करते हैं।" नीरज ने दो टूक कहा।

"हमारा काम कठिन है। पर हमें एक बार इस दिशा में शुरूआत करनी होगी। तुम मेरा साथ दो, तो अच्छा है। नहीं तो मैं अपनी तरह से कोशिश करूँगी। नशे को समाज से दूर करने के लिए यह जरूरी है कि नशे के जाल को एक कोने से काटना शुरू किया जाए। और मैं जानती हूँ कि मेरे लिए यह कोना कहाँ से शुरू होता है। मेरा यह शुरूआती कोना तृतीय लिंगी समाज ही है। इस समाज के लोग नशा क्यों करते हैं, यह मैं समझ सकती हूँ। जब मैं उनकी नशा शुरू करने के कारण को समझ सकती हूँ, तो मुझे उसी कारण पर चोट करनी होगी।"

"क्या बकवास है!" नीरज चिढ़ गया, "तुम किसी को कैसे समझ सकती हो? अपने काम से वास्ता रखो। इधर-उधर दखलंदाजी करना बंद करो।"

नीरज की बात को अनसुना कर वह अपनी धुन में कहती रही, "स्वयं को कमजोर समझने वाला इंसान नशे के चक्र में जल्दी फँसता है। हमें लोगों का मनोबल बढ़ाना है। जानते हो नीरज, जिन दिनों में अपनी परेशानियों से गुजर रही थी, उन दिनों मेरे मन में अपने को खत्म करने का विचार बार-बार आता था। मुझे लगता था कि कोई ऐसी चीज मिल जाए, जिसे खाकर मैं हमेशा के लिए चैन की नींद सो जाऊँ। मुझे मौत सुंदर दिखती थी। लगता था कि सारी

परेशानियों को धता बताकर शाश्वत नींद सोने से ज्यादा आनंददायी और कुछ नहीं हो सकता।"

सारिका के शब्द सुन नीरज काँप उठा। बोला, "ऐसी बात मत करो सारिका। सुनकर डर लगता है। मैंने भी इन एहसासों को कभी-कभी महसूस किया है। जिंदगी से भागना या अपने-आप को नकारना, उस समय एक ही बात हो जाती है। जबकि सच यही है कि जिंदगी बहुत खूबसूरत है। कोई भी नींद इतनी गहरी नहीं होनी चाहिए, जो कभी टूटे नहीं। बल्कि गहरी नींद में देखे अच्छे सपनों को जागकर साकार करना चाहिए। मुझे बताओ, मुझसे किस तरह की मदद चाहती हो। मैं समाज को नशे से मुक्त करने के लिए तुम्हारा पूरा साथ दूँगा।"

"हाँ, मुझे मदद की जरूरत पड़ेगी।" सारिका मुस्करा दी, "तुम अपने एनजीओ के जरिए नशे की खिलाफ़त करो। जो लोग नशा छोड़ने के लिए तत्पर होंगे, हम उनके लिए रोजगार के अवसर उपलब्ध कराएँगे। उन्हें जीवन से जोड़ने के लिए और अधिक रचनात्मक गतिविधियाँ शुरू करेंगे। कोई म्यूजिक ग्रुप, थियेटर ग्रुप या इसी तरह का कुछ और मनोरंजक सा। उनका मन भी लगे, आजीविका का प्रबंध भी हो जाये।"

''दूसरों को खुशी बाँटने वाले आप लोग अपनी जिंदगी के घुन को दूर क्यों नहीं करते? नशा मुक्त होने का प्रयास... मेरा मतलब...'' अगली शाम सारिका ने किन्नर बस्ती में अपनी बात कहने की कोशिश की।

"कल की छोकरी, तुझे हेमा दीदी ने सिर चढ़ा रखा है। हमने उनका लिहाज कर तेरी हरकतों को नज़रअंदाज किया। यहाँ तक कि तूने हमारे समाज के अंदर जो दखलंदाजी की, हमने वह भी मंजूर की। पर हमारी जीवनचर्या पर उँगली उठाने की हिम्मत मत कर। जिस बीड़ी को मैं पी रही हूँ, पिछले चालीस साल से उसका-मेरा साथ है।" एक बुजुर्ग किन्नर ने चेतावनी देते हुए कहा। कहते साथ उसे खाँसी आ गई।

"माँ, तभी इसने न सिर्फ आपको खोखला किया है, बल्कि समाज को भी कमजोर किया है। यदि आप बुजुर्ग होकर गलत रास्ता दिखाएँगी, तो बच्चे कैसे सही रास्ते पर चल पाएँगे? कम से कम आप बड़े लोग तो नशे से बचने की कोशिश कीजिए।"

“बस कर,” दूसरी किन्नर ने सारिका की तरफ चेतावनी भरा हाथ उठाया, “हमें सिखाने की कोशिश मत कर।”

“मैं आपको सिखाने की कोशिश नहीं कर रही। मैं आपसे अच्छी बातें सीखना चाहती हूँ। आप नशा-मुक्ति केंद्र से जुड़िए। नशे के राक्षस पर विजय पाकर लोगों के सामने आदर्श प्रस्तुत करिए। आपसे सीख पाकर और लोग भी आपकी तरह दृढ़ मनोबल वाला इंसान बनने की कोशिश करेंगे। नशे से मुक्त होने के बाद आप स्वयं समझ जाएँगी कि यह समाज कितना सुंदर है।”

“समाज की सुंदरता हम अपनी शर्तों पर महसूस करेंगे। कुछ पल नशा करके हम अपने दुःख से दूर जाते हैं। यदि नशे से दूर हो गए, तो दुःखों के सागर में डूब जाएँगे।” बड़ी देर से चुपचाप उसकी बात सुनती बसंती बीच में बोली।

‘‘मैं हाथ जोड़कर कहती हूँ, एक बार नशा-मुक्ति केंद्र चलिए। हो सकता है आपको मेरी बात आज पसंद न आए। पर एक दिन ऐसा आएगा, जब आप अपने इस निर्णय पर फख्र करेंगी।”

“हमने नशा छोड़ा या नहीं छोड़ा, इससे क्या अंतर पड़ता है सारिका?” बसंती ने उकताए स्वर में कहा। “हम भी जानते हैं कि जिंदगी सबसे बड़ा नशा है। हम नाचते-गाते, हँसते-खिलखिलाते रहते हैं। जीने का यही तरीका हमें भी पसंद है। पर इसके बाद अकेले में जो दुःख हमारे मन पर हावी होता है, उसे भूलने के लिए जो थोड़ा-बहुत नशा करते हैं, वह जरूरी है। और मुझे लगता है कि किन्नर जितनी देर अपने को भूला रहे, उतना ही ठीक है।”

“नहीं माँ, आप गलत कह रही हैं। मैं मानती हूँ कि इस गलत बात की नींव आपके मन में बहुत गहरे तक पड़ी हुई है। जब अपने ही हमें त्याग देते हैं, तो जीवन भार लगने लगता है। इंसान स्वयं को भी भूलना चाहता है। पर इसी भाव पर विजय पानी है। आप समाज से घुल-मिल न पाने के कारण आप अपने को भुलाना चाहती हैं। एक बार अपनी ताकत को पहचानिए। जरूरत ही नहीं पड़ेगी अपने को भुलाने की।”

‘‘अपना मुँह बंद कर और यहाँ से खिसक।’’ विनीता बोली, ‘‘हम बर्दाश्त कर रहे हैं इसका मतलब यह नहीं कि तू हमारे सिर पर सवार होगी। कायदे से रह। अपनी सीमा में रह। नहीं तो किसी दिन....’’’

‘‘अरे, इसे धमकी मत दो। यह अकेली है। हम इतने सारे हैं। इसके बावजूद

यह हमारे बीच में बोलने की कोशिश करती है।'' अचानक बसंती ने कहा, ''जब इसकी बात ठीक है तो हम एक बार कोशिश कर सकते हैं।''

''क्या बात ठीक है? क्या कोशिश कर सकते हैं?'' विनीता झुँझलाई, ''कोई हमारी जिंदगी को बदल रहा है और...''

''हम यही तो चाहते हैं कि हमारी जिंदगी बदल जाए। कोशिश एक सिरे से करनी है। इसके कहे पर भी चलकर देख लेते हैं। सारिका मैं तेरे साथ हूँ।'' बसंती ने निश्चयात्मक स्वर में कहा।

''नहीं गुरु, तुम ऐसा नहीं कर सकतीं। हमारे टोले के कायदे-कानून हम बनाते हैं। किसी बाहर वाले को कोई हक नहीं कि हमारे बीच में आए।'' विनीता ने बहस की।

"विनीता, सच यही है कि कुछ पल नशा करके हम अपनी जिंदगी में अँधेरा भर लेते हैं। जब हम गाँजा-चरस से दूर होंगे तो महसूस कर पाएँगे कि जिंदगी में नशे की जरूरत ही नहीं है। जिंदगी को जीना अपने-आप में एक नशा है। बाकी सारे नशे इस नशे को खत्म कर देते हैं, मौत की तरफ ले जाते हैं। जिंदगी जीने का शौक सबसे अच्छा शौक है। हमें अपनी ताकत को पहचानना ही होगा।'' बसंती गंभीर हो गई।

''कैसे?'' विनीता ने चिढ़कर पूछा।

''जो नहीं मिला, जो नहीं मिल सकता, उसे याद करके रोना और नशा करना ठीक नहीं। जो मिला है, उसे महसूस करना चाहिए। हमारा अपना अस्तित्व, हमारा होना ही सबसे बड़ी उपलब्धि है। हमें अपने महत्व को समझना चाहिए।'' बसंती का स्वर तरल होने लगा।

''नशा हर कोई करता है गुरु। जो परिवार के साथ हैं, वे भी करते हैं। इसमें नुकसान क्या है?'' विनीता जिरह करती रही।

''जो नशा करते हैं, वे भटके हुए हैं। जब आँख खुलती है, नशे से तौबा कर लेते हैं, यही सच है। जो समझ-बूझकर भी तौबा नहीं करते, वे अपनी जिंदगी से हाथ धोते हैं।'' बसंती बोली।

"अच्छा सारिका, जरा बता, हमें क्या फायदा होगा नशा छोड़ने से?" विनीता ने सारिका से पूछा।

"हाँ, मैं बताती हूँ, सबसे बड़ा फायदा तो अपने को पाना है। जब हम इस जहर को छोड़ देंगे, तो जीवन लंबा, सुरक्षित और आनंदमय होगा। दूसरा

फायदा आर्थिक है। हम दिन भर मेहनत करके, बधाई गाकर, इधर-उधर माँगकर जो कुछ कमाते हैं, वह चुटकियों में नशे का विक्रेता खींच ले जाता है। हमारा पैसा उसके हाथ गया और हम फिर गरीब के गरीब। हम स्वयं अपने को नीचा गिरा रहे हैं। अपनी मेहनत की कमाई को बर्बाद कर रहे हैं। एक बार अपना पैसा बचाना शुरू करेंगे तो हमारे पास आने वाली पीढ़ी के पालन-पोषण के लिए भी एक अच्छी रकम जमा हो जाएगी।"

"आने वाली पीढ़ी कौन हमारी अपनी है, सारिका? किसी किन्नर का दूसरे किन्नर से यही नाता है कि दूसरा भी हमारी तरह का है। वरना हम जिसे पालते हैं, वह दूसरों की संतान है, हमारी अपनी संतान नहीं। हम किसी के लिए बचाकर क्या करेंगे?" विनीता मायूसी से बोली, ''यह तो माँ-बाप की जिम्मेदारी है कि अपने बच्चे का भला-बुरा सोचें। समाज के भय से अपनी हिजड़ा संतान को ठुकराने वाले या नफ़रत के चलते अपनी हिजड़ा संतान त्यागने वाले ही अपनी औलाद के बुरे हश्र के जिम्मेदार हैं।''

आँखों में झलकते आँसू विनीता के मन की चुगली करने लगे।

"मैं जानती हूँ दीदी कि हम सभी का मन दर्द से भरा है। पर इससे हमारा इंसान होने का गौरव कम नहीं होता। हमें किसी ने सँभाला था, हम किसी को सँभालें, यही सूत्र इंसान को इंसान बनाए रखता है। आप इस धागे से अपने को अलग नहीं कर सकतीं। हाँ, आप स्वयं को इंसानियत की माला का सबसे चमकदार मोती बनाने की कोशिश कर सकती हैं।" सारिका बोली।

"सच कहूँ सारिका, यह बुराई जब एक बार मन से लग जाए तो छूटे नहीं छूटती। मरने के बाद ही नशा छोड़ा जा सकता है, उसके पहले नहीं।" विनीता ने दयनीय स्वर में कहा, "मैं दिन भर बधाई गाकर पैसा कमाती हूँ, लेकिन शाम होते-होते रात के अँधेरे का भय इतना बढ़ जाता है कि मुझे सिगरेट के साथ नशा लेना ही पड़ता है। नहीं बच सकती इसमें भय से।"

"इस भय से हमें डॉक्टर बचाएँगे बेटी। यदि तू मेरे साथ नशा-मुक्ति केंद्र चलेंगी, तो हमारे पीछे न जाने कितने लोग आएँगे।'' बसंती ने कहा।

सारिका ने जोड़ा, ''आप हमारी आदर्श हैं विनीता दी। हम सभी आपके पगचिन्हों पर चलना चाहेंगे। आपकी एक विनती या आपका एक आदेश किन्नर समाज का स्वरूप बदलने के लिए जरूरी है। मैं निवेदन करती हूँ कि आज ही ज्यादा से ज्यादा लोगों के साथ नशा मुक्ति केंद्र की ओर जाएँ और हर नशे

से दूर होने की कोशिश करें। आप ही नहीं, सभी लोग बच्चों और साथियों को इन बुराइयों से दूर रखने की कोशिश करें।"

विनीता ने समर्थन में सिर हिलाया।

"ठीक है सारिका, हम सभी कोशिश करेंगे।" बसंती ने प्रकरण का अंत करते हुए कहा, "एक तरह का खेल ही सही। नयी तरह का खेल। पसंद आ गया, तो हम सभी नशा छोड़ने का खेल खेलना चाहेंगे। रात हो रही है। हेमा दीदी तेरी राह देख रही होंगी। अब तू जा।"

सारिका उठी और हाथ जोड़कर वहाँ से चल दी। बसंती और विनीता ने उसकी बात सुनी और समझने की कोशिश की, इससे उसे मन ही मन संतोष था। बसंती ने उसे जाने का आदेश दिया है, क्योंकि आज़ाद बस्ती एक बार फिर नशे में डूबेगी। फिर भी उसकी बात सुनी गई, यह बात तो सच थी ही।

अँधेरे में अपनी धुन में चलती जा रही थी कि किसी ने उसे पकड़ लिया और कहा, "थोड़ी देर हमसे भी बात कर ले, लड़की।"

"अरे जया दीदी, आप?" सँभलते हुए सारिका बोली।

"देख, मैं वहीं बैठी तेरी बकवास सुन रही थी। तुझसे पहले भी कई नेता इधर आए और आकर चले गए। हमारे बीच में बोलने की हिम्मत जल्दी-जल्दी किसी की नहीं होती है। तू अपना मकसद बता। तू क्यों दखलंदाजी कर रही है हमारी जिंदगी में?"

"दीदी, यह जिंदगी आपकी-मेरी नहीं है, यह जिंदगी हमारी है। मैं दखलंदाजी नहीं कर रही हूँ। मैं अपनी जिंदगी सँवारना चाहती हूँ। हमारी जिंदगी से हर दुःख, हर गम, हर परेशानी दूर हो जाए, मैं ऐसा चाहती हूँ। मैं आप लोगों से जुड़ चुकी हूँ।"

"परेशानी दूर करना चाहती है, तो ले यह सिगरेट पकड़। इसमें यह पाउडर भर और एक सुट्टा लगा। फिर बता, परेशानी रही कि गई।"

"यह परेशानी दूर करना नहीं हुआ दीदी। यह परेशानी बढ़ाना हुआ। मैं ऐसा नहीं कर सकती। मुझे इसी चीज को रोकना है। यह कौन सी बात हुई कि अपनी परेशानी में हम सुट्टा लगाएँ? बल्कि करना यह है कि इस सुट्टे को ही अपनी जिंदगी से दूर कर दें। मैं आपको यह नहीं सिखाऊँगी कि आप नशा

करना बंद कर दीजिए। मैं चाहूँगी कि आप स्वयं यह सब स्वयं छोड़ें। चाहे आज, चाहे कल, पर अपने दिल से।"

"तुझे धर्म-कर्म पर बड़ा विश्वास है," जया ने ताना कसा, "तुझे लगता है कि कोई नशे को खुद छोड़ना चाहेगा? तुझे पता है नशे की तलब लगती है, तो इंसान दूसरे इंसान का कत्ल भी कर देता है।"

"हाँ, मुझे पता है नशे की खुराक न मिले, तो इंसान पागल हो जाता है। और नशा पाने के लिए सही-गलत का भेद नहीं कर पाता।"

"फिर तू क्यों छेड़खानी कर रही है?"

"दीदी, कोशिश करना मेरा फर्ज है। समझना आप लोगों का काम। मुझे मेरा काम करने दीजिए और आप अपना काम करने की कोशिश कीजिए। देखिए, शायद एक दिन हम सभी सफल हो जाएँ। आप नशा छोड़ने में और मैं नशा छुड़वाने में।"

"सपने खूब देख लेती है छोकरी। कभी मेरे संग बैठना। हम मिलकर सपने देखेंगे। तेरा यह चिकना बदन, गोरा रंग सपनों में सोना-चाँदी, हीरा-मोती भर देगा। अभी तो मैं जल्दी में हूँ। काम पर जाना है।"

"ठीक है दीदी, जल्दी ही मिलेंगे।" सारिका जया से विदा ले कर चल दी। इस समय, पता नहीं क्यों, उसे किसी से भी डर नहीं लग रहा था।

बहुत जल्दी सारिका का सामना जया से फिर हो गया। शाम के धुँधलके में सारिका बस्ती के अंदर जा रही थी कि जया ने उसे रास्ते में ही रोक लिया। 'इधर आ' कहकर अपने घर के चबूतरे पर बैठने को बुलाया।

गली लगभग खाली थी। सारिका चबूतरे की सीढ़ी पर जया के साथ बैठ गई।

"सारिका, मैं तेरी बात मानूँ, तो तू मेरे लिए क्या करेगी?" जया ने पूछा।

"जो कहो दीदी, वही करूँगी।" जया का बदला मूड देख सारिका हैरान रह गई।

"देख, आज रात एक पार्टी का आर्डर है। मेरे पास लड़कियाँ कम हैं। कुछ पास के शहर में शादी में चली गई हैं। कुछ किन्नर सम्मेलन में चली गई हैं। हमें कम से कम तीन लड़कियों की जरूरत है। मैं जा रही हूँ। तू भी साथ चल।"

"पार्टी में जाना! क्यों?" सारिका ने हैरत से पूछा।

"बड़े-बड़े सेठ-साहूकार हम लोगों को अपनी पार्टियों में मेहमान की तरह बुलाते हैं। ज्यादा कुछ नहीं। बस खाना-पीना, थोड़ा नाच-गाना, थोड़ी-बहुत देर सबके साथ हँसना-बोलना।" जया ने आँखें नचाईं।

"बिना जान-पहचान के?"

"भाई, हम शुभ माने जाते हैं, पवित्र। यदि हम किसी के साथ खड़े होते हैं, तो उन लोगों को अच्छा लगता है। इसके लिए हमें पैसा मिलता है। रात भर का प्रोग्राम है। मैं यह चाहती हूँ कि तू भी तो देख, पार्टी में जाना कैसा होता है। अगर तुझे पार्टी का नशा लग गया, तो रोज कहेगी, जया बहन आज कहाँ का प्रोग्राम है?" उत्साह के अतिरेक में जया ने ताली बजाई।

"ऐसी बात नहीं है।" सारिका शांत रही।

"क्यों, तुझे घूमने-फिरने का शौक नहीं है? नये-नये लोगों से मिलना-जुलना, हँसी-खुशी की बातें करना, मेलजोल और..." इतना कहते हुए आँख मारी।

"नहीं जया दीदी, मुझे ऐसा कोई शौक नहीं।" सारिका हड़बड़ा गई।

"ओहो, तू जाकर तो देख। इतना जल्दी घबराने की जरूरत नहीं। यदि शौक नहीं है, तो शौक लग जाएगा। और जो नशा तेरे मुँह लग गया, तो तू हमें सिखाना भूल जाएगी। एक बार तू भी नशा करके देख। घर में किसी को बताने की जरूरत नहीं है। चुपचाप थोड़ी देर बाद निकल चलना। हम डॉली से कह देंगे कि तू हमारे साथ है, क्योंकि हमें यहाँ मेकअप की जरूरत है। वह हेमा को कह देगी कि तू उसके साथ है। डॉली और हेमा दीदी दोनों ही कुछ नहीं समझ पाएँगी और हमारा काम पूरा हो जाएगा।"

"किस काम के लिए इस तरह झूठ बोलने की जरूरत है? दीदी, आप मुझे कहाँ भेज रही हैं?" सारिका ने सशंकित होते हुए पूछा।

"मैं तुझे कहीं नहीं भेज रही हूँ।" जया तिलमिला उठी, "तू खुद जा रही है। यह हमारे बीच एक समझौता है। तू पार्टी में जाकर आ। फिर बता कि तेरी दुनिया ज्यादा अच्छी या मेरी। उसके बाद ही हम नशे की लत छोड़ने के विषय में सोचेंगे।"

"साफ-साफ बताओ, मुझे वहाँ क्या करना होगा।"

जया खीझ उठी, "तू बड़ी जंजाल है, मानो कुछ समझती ही नहीं। अरी बहन, तू अमीरों का मन बहलाने जा रही है। उनके साथ-साथ तेरा भी मन बहल

जाएगा। रूखी-सूखी रोटी में क्या धरा है? बहुत जल्दी चुपड़ी कमाने लगेगी। कम से कम अपने शरीर का महत्व तो समझ। यह आज है, कल नहीं रहेगा। आज सुख नहीं उठा रही है। कल इस जवानी को याद करेगी। हँसना-मुस्कराना, दिल बहलाना ही तो करना है। फिर यदि कोई घंटे-आध घंटे के लिए तेरा साथ माँगे, तो मना मत करना। उस काम के भी पैसे मिलेंगे।"

"आप शरीर बेचने को कह रही हैं?" सारिका सन्न रह गई।

"इसे शरीर बेचना नहीं कहते। जिंदगी का सुख उठाना कहते हैं। क्या किन्नरों को सुख पाने का अधिकार नहीं? घंटे-दो घंटे अमीर लड़कों के साथ रहने से जिंदगी में कुछ तो भरापन आता है। कुछ देर लगता है कि हमारा भी कोई है। वे बहुत सम्मान से बुला रहे हैं। तू शक मत कर।"

"दीदी, अब मैं आपकी बात समझी हूँ। दो टूक कह रही हूँ, मैं इस तरह के काम के लिए कतई तैयार नहीं। यह जिंदगी का भरापन नहीं, मूर्खता है। अपने को दूसरे का साधन बनाना। दूसरे को खुश करने के लिए अपने को नीचा गिराना। मैं दूसरे के हिसाब से अपने इस्तेमाल के लिए तैयार नहीं। मैं दुनिया को उजला बनाना चाहती हूँ, ज्ञान का प्रकाश फैलाना चाहती हूँ। ज्यादा पढ़ी-लिखी नहीं हूँ, अमीर नहीं हूँ। पर संतुष्ट हूँ।"

"और भूख? भूख लगने पर क्या करती है?"

"पेट पर पट्टी बाँध लेती हूँ। पर भीख नहीं माँगती, चोरी नहीं करती।"

"अरे मूर्ख, शरीर की भूख?"

"पता नहीं दीदी, भूख लगती भी है या नहीं! पर गलत काम नहीं करना चाहती। इसीलिए औरों से भी कहती हूँ कि ज्यादा से ज्यादा लोगों को पढ़ाओ-लिखाओ और कुरीतियों से बचाओ। जब तक बुद्धि सलामत रहेगी, तब तक कोई मनुष्य जान-बूझकर गलत रास्ता नहीं अपनाएगा, अपनी गैरत के साथ कोई समझौता नहीं करेगा। जब चंद पैसों के लिए मोहताज हो जाते हैं, तभी अपने को गलत तरीके से इस्तेमाल होने देते हैं।"

"हेमा की कोठी में रह रही है, इसलिए इतना बोल रही है। सड़क पर मारी-मारी घूमती, तो देखते, कैसे न करती। तब पैसे के लिए किसी के साथ सोने को तैयार हो जाती।" जया चिड़चिड़ा उठी, "अभी तू जा। मुझे रात का प्रबंध करना है। देखती हूँ, कौन जाना चाहेगा। एक बार फिर पूछ रही हूँ, मेरे साथ चलेगी? जिंदगी का पूरा मजा मिलेगा।"

"नहीं, मुझे ऐसा कोई मजा नहीं चाहिए, जिसके बाद मेरी आत्मा शर्मिंदा हो। ऐसा नहीं है कि मैं आपको गलत कह रही हूँ। मैं जानती हूँ, जीवन में इंसान बहुत से समझौते करता है। लेकिन सिर्फ समझौते। कोई भी औरत अपने शरीर को इच्छापूर्वक नहीं बेचती। हम यदि समर्थ हैं, तो हमें मजबूर औरतों को उस दलदल से निकालना चाहिए, न कि स्वयं उसी में एक हो जाना चाहिए। यह पैसा कमाने का बहुत गिरा हुआ तरीका है।''

''और ऊँचा तरीका क्या है, जरा बता।''

''आप खुद जानती हैं, मैं आपको क्या समझाऊँ? इतना कह सकती हूँ कि जिंदगी में मैंने भी गलती की है, तभी आज प्रायश्चितस्वरूप हर पल कुछ अच्छा करना चाहती हूँ।"

"तूने गलती करी?" जया चौंकी, "मुझे लगा तू जन्म से ही सीखी-पढ़ी पैदा हुई थी।"

"दीदी, मैंने ऐसी बहुत सी गलतियाँ की हैं, जिनसे अपनी जड़ों से ही कट गई मैं। आज कुछ नयी जड़ों को तलाशने की कोशिश कर रही हूँ। क्या पता कामयाबी मिलेगी या नहीं! जिंदगी बना पाऊँगी या नहीं!" सारिका भर्राई आवाज़ में बोली, "जिस दिन मेरे पतन की शुरूआत हुई, उस दिन यह नशा ही इसके मूल में था। नशा बेचने वाला गलत होता है, नशा खरीदने वाला गलत होता है और जो उनके बीच का सेतु बनता है, वह भी गलत होता है। मैं भी कितनी मूर्ख थी! दीदी, खेल-खेल में ही अपना सर्वनाश कर बैठी...।"

जया अवाक् थी।

"...इसीलिए आपसे कहती हूँ कि गलती इतनी न बढ़ जाए कि उसका सुधार न हो सके। नशा सिर्फ शुरूआत है। न जाने कितनी बीमारियाँ, समस्यायें इससे जुड़ी हैं। शरीर बेचना समस्याओं में एक कड़ी जोड़ना है। मैं जानती हूँ सभी बुराइयाँ कहीं न कहीं जाकर एक हो जाती हैं।"

जया चुप रही।

"...दीदी, मुझे नहीं पता आप किस रूप में इस समाज से जुड़ी हैं। पर क्या आपको नहीं लगता कि तथाकथित समाज में—मुख्यधारा में—दूसरे का इस्तेमाल करने वाले बहुत आसानी से मिल जाते हैं। हमें अपने समाज में शामिल नहीं करते, हमें अपने बीच उठाते-बैठाते नहीं, लेकिन हमारे शरीर का इस्तेमाल करने के लिए हर समय तैयार रहते हैं। मौकापरस्त लोग दूसरों को बहुत आसानी

से अपनी भूख का शिकार बना लेते हैं। हम वस्तु हैं उनकी, चाहे काम में लाओ, चाहे कबाड़ी को टिकाओ।... कबाड़ में बिककर भी हम उनके हाथ पैसा थमा जाएँगे, क्योंकि हम अपनी बुद्धि से नहीं, भावों से संचालित होने लगते हैं।"

जया अनमनी-सी बैठी रही।

प्रत्युत्तर न पा सारिका ने अपने घुटनों पर सिर रख लिया। 'मनुष्य संसार में क्या करने आता है, क्या करना चाहता है, क्या करता रहता है, क्या कर पाता है,' सोचती चली गई।

अचानक जया का फ़ोन बजा, तो दोनों का ध्यान टूटा।

जया ने फ़ोन ऑन कर कानों से लगाया। दूसरी तरफ किसी ने कुछ पूछा तो वह चिड़चिड़ा उठी, "सेठ जी, आपको सुबह ही कहा था कि सारी लड़कियाँ व्यस्त हैं। अब आख़िरी बार कह रही हूँ, इंतजाम नहीं हो सकता। आप कहीं और देख लो। मेरे पास आपकी पार्टी में आने का समय नहीं है।" उधर का उत्तर सुने बिना फ़ोन काट दिया उसने।

"धन्यवाद दीदी।" सारिका बुदबुदाई।

जया ने उसके हाथ पर हाथ रख दिया।

दोनों उसी तरह एक-दूसरे का हाथ थामे अँधेरे में बैठी रहीं।

शाखों पर फूल यानी बहार।

हवा में उड़ते सूखे पत्ते यानी पतझड़।

कभी आँधी-ओले, कभी रिमझिम।

कभी गुलाबी जाड़ा, कभी दाँत कटकटाती सर्दी।

मौसम का बदलना रुका है क्या?

और मन? वह तो मौसम की लय पर बहता है। ज़िंदगी में लय आई, तो मौसम की हर अंगड़ाई मन में आग लगाने लगी।

'मैं जलना नहीं चाहती।' सारिका ने अपने को समझाया।

पर मन को न मानना था, ना माना।

'यह मुझे क्या हो रहा है? मैं यहाँ सिर्फ एक शरणार्थी हूँ। इन लोगों की दया पर रह रही हूँ। दूसरों की दया में प्यार तलाशना मूर्खता है।'

पर मन? वह फिर बरजोरी करता और उकसाता, 'एक बार नीरज से बात

करके देख। हो सकता है, उसके मन में भी तेरे लिए वही विचार हों, जो तेरे मन में उसके लिए हैं।'

'न, मैं नहीं।' वह मन से बहस करती, 'मुझे मरना नहीं है। हेमा माँ जानेंगी तो मेरा कचूमर बना देंगी।'

मन फिर कहता, 'पता करने में क्या हर्ज है? अपनी पढ़ाई पूरी करने के बाद, अपने पैरों पर खड़े होने के बाद तू अपनी जिंदगी के निर्णय ले सकती है। एक बार जानकारी तो हो कि नीरज तेरे विषय में क्या विचार रखता है!'

'ठीक है। कोशिश करूँगी।' वह मुस्कराई। फिर चौंकी, 'यह मुस्कान! यह मेरे होंठो पर कब से रहने लगी?'

'यह भी नीरज की देन है। तुझे उसके दिल की थाह लेनी ही होगी।' मन भी मुस्कराने लगा।

'ठीक है, मौका देखकर...'

जल्द ही मौका भी मिल गया।

उस शाम वे दोनों घर के लॉन में बैठे थे। हेमा तीन दिवसीय किन्नर-संगोष्ठी के लिए पूर्वोत्तर के किसी प्रांत में गई हुई थी।

"तुम्हें अपने काम में सफलता मिली? नशाखोरी के खिलाफ?" नीरज ने प्रश्न किया।

"शायद हाँ, शायद न। कुछ कह नहीं सकते। यह निहायत निजी बात हो जाती है। हम नहीं जानते कि कौन अपने दिल में कितने दर्द लिये है, जिन्हें भुलाने के लिए वह नशे में डूबना चाहता है। कई लोग इच्छापूर्वक इस रास्ते को अपनाते हैं। इस दुनिया में गम इतने ज्यादा हैं कि खुशी के लम्हे ढूँढ़ने में मुश्किल हो जाते हैं।..."

"तो?"

"...नीरज, मेरा किसी काम करने का मन होता है, तो करना शुरू कर देती हूँ। मुझे किन्नरों से जुड़ने की जरूरत है, उनको अपना साथी बनाने की, उनके दुःख-दर्द को दूर करने की इच्छा है, मैं इसी लक्ष्य को लेकर आगे बढ़ रही हूँ। कभी-कभी तो मुझे ही बहुत निराशा होने लगती है।...पर इसका अर्थ यह नहीं कि मैं नशा करना शुरू कर दूँ। अपने अंदर इतनी ताकत होनी चाहिए कि वक्त

के थपेड़े बर्दाश्त कर सकें।"

"हाँ, मैं भी कभी-कभी बहुत उलझ जाता हूँ। खालीपन लगने लगता है। लगता है दिशाहीन-सा बढ़ता चला जा रहा हूँ। क्यों जा रहा हूँ, जब कोई मकसद ही नहीं है। बिन मकसद कुछ करने का औचित्य क्या? अजीब-सी उलझन में पड़ जाता हूँ।"

"अरे!" सारिका ने कहा, "तुम इस तरह की बातों को मन में क्यों आने देते हो? काम में व्यस्त रहा करो, ध्यान इधर-उधर नहीं बँटेगा।"

"कभी-कभी कुछ करने का भी मन नहीं करता सारिका। सब कुछ व्यर्थ। सब कुछ खाली। यह जिंदगी किसके लिए जी रहे हैं हम?"

"किसके लिए क्या? अपने लिए जी रहे हो। घर बसा लो, मन लगने लगेगा। ज़िंदगी में सुंदरता आ जाएगी।'' सारिका मुस्कराई, "देखने में बहुत अच्छे हो। पढ़े-लिखे हो। अपने पाँवों पर खड़े हो। समाज में नाम है, पहचान है। घर क्यों नहीं बसा लेते?"

"घर ऐसे नहीं बसता है सारिका। जिस समाज में मेरी परवरिश हुई है, उसमें सभी बातों को संशय की दृष्टि से देखा जाता है।" नीरज मायूस रहा।

"कभी प्यार किया है तुमने?" सारिका ने पूछा।

"क्या मतलब?" नीरज ने प्रतिप्रश्न किया।

"किसी लड़की से, जो तुम्हें पसंद हो। कभी कोई लड़की पसंद आई है?" उसके अंदर इस तरह से प्रश्न पूछने की हिम्मत कहाँ से आई, वह स्वयं नहीं जानती थी।

"सारिका, मैं किसी के साथ घुल-मिल नहीं पाता। स्वभाव से ही ऐसा हूँ। विदेश में एक लड़की मुझे बहुत अच्छी लगी थी। एशियाई मूल की, गेंहुए रंग की थी। उसकी ओर देखता, तो देखता रह जाता। उसके विषय में सोचता, तो रात भर जागता रह जाता। क्या था उसके मेरे बीच, नहीं जानता। बस लगता कि जिंदगी उसी के इर्द-गिर्द बीत जाए। न मैं कुछ कहूँ, न वह कुछ कहे, जिंदगी यों ही चलती चली जाए।"

"फिर?" सारिका ने काँपती आवाज में पूछा।

"फिर कुछ नहीं। मैं बहुत डरपोक था। हमारी बोलचाल छुट-पुट बातों के आगे नहीं गई। किसी और लड़के ने उस लड़की की तरफ दोस्ती का हाथ बढ़ाया। मैं उनकी दोस्ती से जलने लगा। पर कुछ कर नहीं सका। मन ही मन मनाता

कि उनका ब्रेकअप हो जाए। पर ऐसा कुछ नहीं हुआ। दोनों ने कुछ ही दिनों में शादी कर ली। मैं दूर से देखता रह गया।”

सारिका चुप रही।

“आज सोचता हूँ, जो हुआ, अच्छा हुआ। जीवन में कुछ पाने के लिए बहुत कुछ छोड़ना पड़ता है। उस समय वह शादी मेरा बंधन थी। मैं वहीं थम जाता। पर मुझे बहुत आगे जाना था। मुझे अपने लक्ष्य की प्राप्ति के लिए सबसे ज्यादा अपनी मजबूती की जरूरत थी। उन सब बातों से दूर होकर ही मैं आज यहाँ तक पहुँच पाया हूँ।”

“उस समय तुम्हें बुरा लगा था?” कुछ रुककर सारिका ने पूछा।

“बहुत। पहली बार किसी लड़की के लिए दिल व्याकुल हुआ, पहली बार कोई इतनी पसंद आई और मेरी मूर्खता से वह मेरी जिंदगी में आए बिना ही दूर चली गई। बुरा लगना स्वाभाविक था। कितने दिन अपने कमरे में उदास पड़ा रहा। माँ को वचन दिया था कि कभी नशा नहीं करूँगा। सो उस तरफ नहीं गया। पर तनाव के अतिरेक में कॉफ़ी के कप पर कप पी डाले। कैफ़ीन शरीर में जाने से नींद दूर भाग गई। नींद नहीं आती, तो नींद लाने के गलत-सलत उपायों के विषय में सोचता।...''

''जाने दो।'' सारिका सहम गई।

''शाश्वत नींद कैसी होगी, इस विषय पर भी बार-बार सोचा। एक दर्द-सा रहने लगा सीने में। मैं जानता था यह बीमारी का दर्द नहीं है। यह सिर्फ प्रेम में असफल हो जाने का दर्द है। इतना जानता था कि यह दर्द भी दूर हो जाएगा। कारण स्पष्ट था, मैंने उसे गँवाया था। न उसने मुझे छोड़ा, न मैंने उसे छोड़ा। एकतरफा प्यार या शायद आकर्षण।''

''फिर?''

''एग्ज़ाम आने को थे। सब कुछ भूलकर पढ़ाई में जुट गया। रिज़ल्ट भी अच्छा आया और एक बार फिर दुनिया की गतिविधियों से जुड़ने लगा। लेकिन मैं तय कर चुका था कि जीवन में किसी के प्रति भी अपने को कमजोर नहीं बनाऊँगा। सारिका, प्यार में निराशा का दर्द बहुत खराब होता है, क्या तुम जानती हो?...”

‘नहीं जानती।’ मन ही मन बोली, ‘मैंने प्यार में अभी तक ठोकर नहीं खाई। जिसे छोड़ा, अपने मन से छोड़ा।’

नीरज अपनी बात कहता रहा, "...पर इंसान का मन है। कितने भी संकल्प करे, कितना भी कठोर बनने का प्रयास करे, कहीं न कहीं गलती कर बैठता है। और उस भूल की सजा फिर से भुगतनी पड़ती है। सारिका, मैं एक बार फिर उसी तरह की मुसीबत में फँस गया हूँ। नहीं जानता कि इस बार प्यार का अंजाम क्या होगा।"

"तुम फिर किसी लड़की से प्यार करने लगे हो?" अपने अंदर कुछ टूटता-सा महसूस हुआ। "और वह? वह जानती है?"

"नहीं पता। पागल हूँ न। इस बार भी वही गलती कर बैठा। एकतरफा चाहत! एकतरफा लगाव! एकतरफा प्रेम! यह तो एक बीमारी है। पहले से इसके अंजाम की तैयारी करना चाहता हूँ। जिस दिन अपनी चाहत से ठुकराया जाऊँगा, उस दिन के लिए अभी से तैयार होना चाहता हूँ।"

"हूँ।" सारिका ने धीरे से कहा। 'मैंने अपनी बात कहने में देर कर दी।' उसका दिल बुरी तरह निराश था। उठकर अपने कमरे की ओर जाना चाहती थी। पर पैरों ने हिलने से मना कर दिया। मन चाह रहा था कि इतना रोए, इतना रोए कि समंदर में भी बाढ़ आ जाए। आँसुओं की बाढ़।

उसने महसूस किया कि उसकी आँखें डबडबाने लगी हैं।

"मैं इस बार फिर चोट खाऊँगा न?" नीरज ने सवाल किया। "फिर से ठुकराया जाऊँगा न?"

"नहीं।" सारिका ने दाँतों से अधर को काटा। आँखों ही आँखों में आँसुओं को पीने का प्रयास करते हुए बोली, "नहीं, इस बार मैं तुम्हें चोट नहीं पहुँचने दूँगी। मुझे बताओ कि वह लड़की कौन है। मैं उसके पैर पकड़ लूँगी। पर उसे तुमसे दूर नहीं जाने दूँगी। नीरज, तुम्हें इस बार तुम्हारा प्यार मिल जाएगा। मुझे उसका नाम बता दो। मैं उसको तुम्हारे पास ले आऊँगी। उसे समझाऊँगी कि तुम्हें पाकर वह दुनिया में सबसे खुशनसीब लड़की होगी। मेरा विश्वास करो, तुम्हें तुम्हारा प्यार हर हालत में मिलेगा।"

"सच कह रही हो?" नीरज ने उसकी आँखों में देखना चाहा।

सारिका ने नज़रें दूसरी ओर कर लीं। आँसू से भीगी आँखें नीरज को कैसे दिखा सकती थी?

"मेरी तरफ देखकर बात करो। क्या इस बार मेरा प्यार मुझे मिल जाएगा। क्या मैं सच में इतना खुशनसीब हूँ कि वह मुझे निराश नहीं करेगी?" नीरज

अपनी जगह से उठकर उसके पास आ गया।

वह अपने आँसुओं को पीने की कोशिश करती रही।

"सारिका, क्या तुम मुझे इस लायक समझती हो कि जीवन भर मेरा साथ दे सको। मना मत करना। मैं एक बार फिर टूटना नहीं चाहता। तुम ही हो, जिसने मेरे प्यार न करने की कसम को तोड़ दिया। सारिका, मैं समझ नहीं पा रहा कि क्या करूँ। तुम्हारे बिना एक पल भी रह पाना मुश्किल है।"

अपनी जगह पर पत्थर की मूर्ति बन गई वह।

यही तो न जाने कब से सुनना चाह रही थी। रोम-रोम नाचना चाहता था। पर?

पर यह सच नहीं हो सकता। वह इतनी खुशनसीब कैसे हो सकती है?

''जीवन में तुम वह पहली लड़की हो, जिसे गँवाने की कल्पना से भी मैं अपनी साँसें रुकती महसूस करता हूँ। विदेश में उस लड़की को मैं गँवाना चाहता था, इसीलिए उसे पकड़ने को हाथ नहीं बढ़ाया। पर तुम्हें गँवाना नहीं चाहता, इसीलिए तुम्हारे सामने हाथ फैलाकर खड़ा हूँ। मेरा हाथ थामोगी न?" नीरज ने अपना हाथ आगे बढ़ाते हुए कहा।

एक कोमल हाथ अपने माथे पर फिरता महसूस हुआ। सारिका सिहर उठी। मन से दूर क्यों नहीं होता, नीरज के हाथ का पहला स्पर्श?

और अब यह सामने बढ़ा हाथ!

उसके मन ने कहा, 'नीरज, यदि तुमने मेरा दिल तोड़ा, तो मैं जीते जी मर जाऊँगी। मुझे कुछ समझ नहीं आ रहा। मैं खो रही हूँ। मिटती जा रही हूँ। मुझे बचा लो। मैं सारिका बनी रहना चाहती हूँ। मुझे सारिका बनाए रखो।'

मुँह से एक शब्द भी न निकाला।

नीरज ने हाथ और आगे बढ़ाया। सारिका ने अनजाने ही हाथ बढ़ाकर उसे थाम लिया। दोनों एक-दूसरे के और निकट आ गए।

''तुम सारिका हो। सिर्फ मेरी सारिका। तुम्हारे सारिका बने रहने में ही मेरे जीवन का सारा सुख निहित है। जब तक तुम हो, तब तक मेरा अस्तित्व है। मैं तुम्हारे बिना नहीं रह सकता।'' नीरज फुसफुसाया।

'मैं तुम्हें कभी नहीं छोड़ सकती। बँध गई हूँ तुमसे। मैंने जिस पल तुम्हें देखा, उसके बाद कोई पल तुम्हारे बिना नहीं बिताया। नीरज, मैं भी तुम्हें बहुत प्यार करती हूँ। तुम्हें तभी छोड़ूँगी, जब अपनी जिंदगी छोड़ूँगी। जब तक जिऊँगी,

तुम्हारे साथ ही रहूँगी।' एक बार फिर मन में आवाज़ उठी।

नीरज के स्पर्श में एक अलग-सा एहसास था।

इसके पहले सारिका ने ऐसा कभी महसूस नहीं किया था। स्वयं को फूल-सा हल्का महसूस किया। उसके शरीर-मन-प्राण एक साथ महमहा उठे।

चहुँ दिश अनहद नाद गूँज रहा था संभवत।

धरा-गगन, सूर्य-चंद्र मिलन के साक्षी थे।

नीरज की सख्त ताकीद थी कि सारिका के बी.ए. पास होने से पहले कोई भी न समझ पाये कि वे एक-दूसरे को चाहते हैं।

"यदि माँ को पता चला, तो शामत आ जाएगी। तुम इतना पिटोगी, जिसकी कोई हद नहीं। पढ़ाई कर रही हो या प्रेम-लीला? माँ का गुस्सा जानती हो? जब मुझे पढ़ने विदेश भेजा था, तो न जाने कितनी तरह की कसमें धरा दी थीं कि अपने लक्ष्य को पाने तक मुझे इधर-उधर नहीं देखना है।" नीरज ने कहा।

"हाँ, मैं जानती हूँ कि इस तरह की बातों में मन भटकाने से पढ़ाई का सत्यानाश हो जाता है। मैं नहीं चाहती कि कोई कुछ कहे।" सारिका ने स्वीकार किया। अंतर में मोहित का भय घूम रहा था। वह शादीशुदा है, उसका एक परिवार है, नीरज को बताना भी चाहती थी और छिपाना भी।

"मैं भी किसी को कहने का मौका नहीं देना चाहता।" नीरज ने उसके बालों को सहलाते हुए कहा, "सारिका, मैं हर पल तुम्हारे साथ रहना चाहता हूँ। लेकिन जब तक तुम अपने पैरों पर न खड़ी हो जाओ, मैं ऐसा नहीं कर सकता। मैं नहीं चाहता कि लोग सोचें कि हेमा के बेटे ने लाचार लड़की का नाजायज फायदा उठाया। अपने पैरों पर खड़ी हो जाओ। उसके बाद अपना निर्णय स्वयं लो। और यों भी..."

''क्या?''

''इस जगह तुम मुझे पुरातन कह सकती हो। पर मैं... मैं... मैं प्रेम के उसी रूप को पसंद करता हूँ, जिसमें सात्विकता हो। प्यार, शादी, फिर कभी जुदा न होना। शादी का अर्थ जन्म-जन्मांतर का साथ। एक का साथ, हमेशा के लिए।''

सिर हिलाकर हामी जरूर भर दी, पर अंदर तक सहम गयी वह। 'क्या होगा, जब नीरज को मोहित के विषय में पता चलेगा? मैं यहाँ से भी कहीं दूर

भाग जाऊँगी!' उसने सोचा।

पर। पर दिल तो नीरज को पकड़े हुए था। 'पहले बारहवीं पास कर लूँ, उसके बाद कहीं चली जाऊँगी। या... या भगवान ही रास्ता निकालेंगे।' अपने को समझाया।

फिर से एक अनकहा समझौता हुआ। मन के साथ भी, नीरज के साथ भी।

वही सारे काम, पर अंदाज बिल्कुल अलहदा।

आते-जाते-बतियाते नज़रों का बँध जाना। जब-तब किसी सामान के आदान-प्रदान के बहाने एक-दूसरे के हाथ का स्पर्श। पता नहीं किस तरह से काम करते कि दोनों हर समय एक ही जगह पर बने रहते।

सारिका जहाँ पढ़ती, नीरज अपना कंप्यूटर लेकर वहीं चला आता।

नीरज बगीचे में टहलता, तो सारिका को उसी समय मंदिर की सफाई करने का काम याद आता।

नीरज ऑफ़िस जाता, तो सारिका का बाजार का कोई काम निकल आता।

सारिका किन्नर बस्ती में किसी काम से जाती, तो नीरज को वहाँ किसी से मिलने या कोई कागज देने की जरूरत आ पड़ती।

सब कुछ ठीक चल रहा था। लगभग छह-सात महीने रह गए होंगे बारहवीं का पर्चा देने के लिए।

हेमा को किसी काम से बाहर जाना था। शाम चार बजे की फ़्लाइट थी।

''शांता दीदी, मैं भी माँ को ड्रॉप करने जाऊँगी।'' सारिका बाहर जाने के नाम से उत्साहित थी।

हेमा ने जल्दी-जल्दी काम निपटाए, फिर भी निकलने में देर हो गई। "नीरज, मुझे आज यह सामान दीपक कुमार के ऑफिस में पहुँचाना था। अब कैसे संभव होगा? पहले ही देर हो गई है।" वह परेशान होते हुए बोली।

"माँ, तुम चिंता न करो, हम पहुँचा देंगे। तुम्हें एयरपोर्ट ड्रॉप करने के बाद लौटते वक्त हम इस सामान को सही जगह पहुँचा आयेंगे।" नीरज ने आश्वासन दिया।

तीनों एयरपोर्ट के लिए चल दिए।

हेमा को ड्रॉप कर लौटते समय नीरज ने गाड़ी दीपक के ऑफ़िस के सामने रोकी।

गाड़ी पार्क कर दोनों ऑफ़िस में पहुँचे। सारिका बाहर खड़ी रही। और नीरज अंदर कमरे में चला गया।

वह दीवारों पर लगे पोस्टर देखती रही, जिनमें विविध बीमारियों से बचने के उपाय दिखाए गए थे। समझ गई कि वह किसी एनजीओ या चिकित्सा से जुड़ी जगह पर खड़ी है।

अचानक कमरे के अंदर से जोर-जोर से चिल्लाने की आवाजें आने लगीं, तो उसका ध्यान बँटा। चिल्लाने वालों में नीरज की आवाज भी थी।

उसने कमरे के अंदर झाँका।

नीरज किसी आदमी के साथ गुत्थम-गुत्था हो रहा था।

वह घबरा गई। तुरंत अंदर घुसी और बीच-बचाव की कोशिश करने लगी। नीरज गुस्से से काँप रहा था और उस आदमी को छोड़ना नहीं चाह रहा था। सारिका उसे बड़ी मुश्किल से दूर कर पाई।

"क्या हुआ?" उसने पूछा।

"कुछ नहीं मैडम, मैं अपनी गलती की माफ़ी माँग रहा हूँ। पर सर तो...सर, मुझे माफ़ करिए, मेरा वह मतलब नहीं था।" उस आदमी ने हकलाते हुए कहा।

"इस तरह की बात आगे से किसी से मत करना। यदि मुझे फिर खबर मिली कि तुम सुधरे नहीं हो, तो तुम्हें तुरंत थाने पहुँचवा दूँगा। चलो सारिका।" सारिका को अपने साथ खींचकर नीरज उस कमरे से बाहर निकल गया।

पूरे रास्ते नीरज का चेहरा तमतमाया रहा। वह बुरी तरह डर रही थी कि कहीं टक्कर न हो जाए। पर ऐसा कुछ नहीं हुआ।

दोनों घर पहुँचे।

उनके घर पहुँचते ही शांता बस्ती की तरफ निकल गई। "खाना बना रखा है। भूख लगे, तो खा लेना। मैं आठ बजे तक आऊँगी।" जाते-जाते बोली।

"क्या हो गया था, बताना चाहोगे?" सारिका ने हिम्मत करके नीरज से पूछा।

"नहीं। बताने लायक बात होती, तो पहले ही बता देता। बहुत गंदा था वह... उसने पूछा मेरा-तुम्हारा रिश्ता क्या है। मैंने कहा हम दोस्त हैं, तो बोला

कि वह लड़कियों को इधर-उधर सप्लाई करता है। यदि मैं तुम्हें उसके साथ जोड़ दूँ, तो दलाली में मेरा भी हिस्सा रहेगा। बोला कि तुम ज्यादा दिन मेरे साथ नहीं रुकोगी। खूबसूरत लड़कियाँ अपनी संतुष्टि के लिए बहुत जल्दी नये ठिकाने तलाशती हैं, तुम मुझे छोड़कर किसी और पुरुष के साथ...।''

''छोड़ो, मुझे नहीं सुनना।''

''मैं चुप रहकर अपने गुस्से को काबू करता रहा और उसकी हिम्मत बढ़ती रही। कहने लगा, 'जाने दो, जिसे भूख नहीं लगती, वे भोजन का लुत्फ़ भी नहीं जानते। तुम क्या जानो, खूबसूरत लड़की का स्वाद। कभी जरूरत हो, तो मुझसे मिलने मेरे ऑफ़िस आ जाना। और इस मैडम को भी साथ लाना। इसके अच्छे दाम मिलेंगे।'...''

वह हतप्रभ रह गई।

''सारिका, मैं उसका सिर तोड़ना चाहता था। पर... शायद तुमने मुझे रोक दिया।...शायद मैं ही हिचक गया...समाज में इतनी गंदगी क्यों है?''

"समाज अच्छा है, बस कुछ लोग खराब हैं। वह पागल था। उसे भूल जाओ। ऐसे लोगों के लिए अपना दिमाग नहीं बिगाड़ा जाता। तुम खाना खाने चलो।" सारिका ने बात खत्म करते हुए कहा।

खाने के वक्त भी दोनों का मूड उखड़ा रहा। थोड़ा-बहुत खा नीरज अपने कमरे की ओर चल दिया।

इसी बीच हेमा का फ़ोन आया। वह चेन्नई पहुँच चुकी थी।

"माँ, हम ठीक हैं। तुम चिंता मत करो।" सारिका ने उसे आश्वस्त किया। हेमा का अति का चिंता करने वाला स्वभाव उसे अच्छा लगता था। कोई किसी का इतना ख्याल रख सकता है, हेमा से मिले बिना वह इस बात को नहीं जानती थी। हेमा के विषय में सोचती हुई वह रसोई समेटती रही।

शांता नौ बजे लौटी। खाना खाकर आई थी। आते साथ सोने चल दी। जल्द ही उसके कमरे से खर्राटों की आवाज आने लगी।

सारिका काम खत्म करके अपने कमरे में गई। उसने देखा कि नीरज के कमरे की बत्ती जल रही है। वह दोनों हाथों में अपना माथा थामे हुए कुर्सी पर बैठा था।

सारिका को दुःख हुआ। अपने बिस्तर पर लेट गई, पर नींद नहीं आई। मन में बेचैनी बनी रही।

बिस्तर से उठी। बाहर जाकर देखा, नीरज उसी तरह बैठा था।

उसने धीरे से दरवाजे पर थपकी दी।

"कौन है?" नीरज हड़बड़ा गया।

वह अंदर दाखिल हुई। पूछा, "कब सोओगे?"

"जल्दी ही सो जाऊँगा। तुम चिंता मत करो।" नीरज ने कहा।

"इधर आओ।" उसने नीरज का हाथ पकड़कर बिस्तर की ओर इशारा किया, "तुम लेटो, मैं तुम्हें सुलाती हूँ।"

"मैं ठीक हूँ। तुम अपने कमरे में जाओ।"

"चुपचाप लेट जाओ। कभी दूसरों की बात भी सुना करो।" वह कोमलता से बोली।

नीरज बिस्तर पर बैठ गया।

सारिका ने उसके कंधों पर हाथों से दबाव दिया, तो वह लेट गया।

उसने नीरज के माथे पर हाथ फिराना शुरू किया। बिल्कुल उसी तरह, जैसे कभी अपने माथे पर नीरज का हाथ पाया था। वह अपने ध्यान में डूबती चली गई, 'मैं चाहती हूँ, उदासी कभी तुम्हारे पास तक न आए। तुम्हारे सारे दुःख-दर्द मुझे मिल जाएँ, और तुम हमेशा हँसते रहो।'

"सारिका!" नीरज ने पुकारा, तो ध्यान टूटा। "सारिका, दुनिया में गलत चीजें क्यों बनी हैं? और भगवान की छोटी-सी गलती की सजा इंसान क्यों झेलता है?"

"कुछ गलत नहीं हुआ है, नीरज। सब कुछ अच्छा है। भगवान कभी गलत नहीं करते, इसीलिए इंसानों से अलग हैं।"

"मेरे शरीर की छोटी सी त्रुटि को पहले माता-पिता ने समाज से छिपाना चाहा। छिपा न सके, तो मुझे अपने से अलग कर दिया। पिता के अहं पर चोट थी कि उनका लड़का त्रुटिपूर्ण-जननांग के साथ पैदा हुआ है। माँ के मन में क्या था, मैं नहीं जानता। पर पिता मुझे घर में रखने को तैयार न थे।''

सारिका चुपचाप सुनती रही।

अपने मन को खोलते हुए नीरज कहता चला गया, ''अपने कुत्ते को अपने बिस्तर पर सुला लेंगे, अपने बीमार बच्चे के बीमारी को ठीक करने में लाखों

रुपये लगा देंगे, लेकिन एक जननांग की त्रुटि को स्वीकारने से हिचक जाते हैं। उनकी मर्दानगी पर चोट है जननांग-दोषी बच्चा। अपनी ही संतान को अपने से काटकर अलग कर देते हैं।...हेमा माँ ने दुनिया भर का प्यार लुटाया। पर वह भी नहीं जानती कि मैं क्या महसूस करता हूँ।''

''क्या महसूस करते हो?''

''मैंने पुरुष रूप में जन्म लिया। शुरूआती जीवन उसी रूप में बिताया। आज भी मेरे अंदर एक पुरुष जी रहा है। मैं उसी रूप में जीवन बिताना चाहता हूँ। लेकिन मैं किन्नर हूँ, किन्नर ही रहूँगा। किसी को नहीं बता सकता कि मैं क्या चाहता हूँ।"

''क्या चाहते हो? मुझे बताओ।''

"मैं चाहता हूँ... मैं चाहता हूँ..." नीरज बहुत धीमे बोल रहा था, "सारिका, मैं अपना परिवार बनाना चाहता हूँ। मैं, तुम, हमारे बच्चे। सब कुछ मेरा अपना। मेरा परिवार–मेरा छोटा सा संसार। छोटा, लेकिन पूरा। कोई त्रुटि नहीं, कोई अधूरापन नहीं।"

"इसमें दिक्कत क्या है?" वह स्वयं से बोली।

नीरज अपनी धुन में कहता रहा, ''तुम मुझे छोड़ कर चली जाओगी, इस डर से आगे बढ़ने से डरता हूँ। जिस संतान को माता-पिता ने नकार दिया, जिस कमी के लिए आज उस आदमी ने मुझे बेइज्जत किया, वह कमी मेरे वजूद से, नसीब से जुड़ी है। कहीं तुमने भी मेरा अपमान किया तो? बहुत डरता हूँ। एक छोटी-सी त्रुटि, जीवन भर का अभिशाप! कभी-कभी मन करता है कि इस जीवन को खत्म कर दूँ।''

''नहीं।'' वह काँप उठी, ''ऐसी बातें मत करो। तुम्हारे अंदर कोई कमी नहीं है। कोई त्रुटि नहीं, कोई अपूर्णता नहीं। हम एक बच्चा गोद ले लेंगे।''

''क्या हम ऐसा कर पाएँगे?''

''क्यों नहीं! तुम अपने सारे शक, सारी चिंताएँ मुझे दे दो। बिल्कुल उसी तरह, जैसे मैंने स्वयं को तुम्हारे हाथों सौंप दिया है। जहाँ प्यार होता है, वहाँ सिर्फ जुड़ते हैं, और-और ज्यादा नजदीक होते जाते हैं। प्रेम कुछ माँगता नहीं, कहता नहीं। बस होता है। नीरज, प्यार को महसूस करो। प्यार के आगे अन्य सारे एहसास शून्य हैं।''

नीरज उसकी आँखों में देखता रहा।

सारिका अंदर तक पिघलने लगी।

'यही क्षण है, एक बार, जीवन में पहली बार पहले प्यार में डूब जा।' मन ने उसे नीरज की ओर धकेला।

एक सुरूर-सा उतर आया तन में।

वह उठी। कमरे का दरवाजा अंदर से बंद किया और बत्ती बुझा दी। बाहर की बत्ती की रोशनी रोशनदान से छनकर अंदर आ रही थी। अँधेरे में भी देखने में कोई समस्या नहीं थी।

वह नीरज के पास पहुँची।

''मैं तुम्हें पाना चाहता हूँ, जीवन के हर पल अपने साथ रखना चाहता हूँ। अपने वजूद को तलाशते-तलाशते थक गया हूँ। एक मुकाम पर ठहरना चाहता हूँ। सारिका, मैं स्वयं को तुम्हारे हाथों में सौंपता हूँ। मुझे सँभालो।'' वह फुसफुसाया।

''हम मिलकर पूर्ण होंगे। हमें एक करने के लिए ही कुदरत हमें पास लाई है। तुम्हें मेरी कम, मुझे तुम्हारी ज्यादा जरूरत है।'' नीरज की आवाज़ के नशे में डूबते हुए सारिका बोली।

"तुम मेरा प्यार हो, मेरा संसार हो। मुझे कभी मत छोड़ना। मैं तुम्हारे बिना नहीं रह सकता। एक पल के लिए भी मुझसे दूर मत जाना।"

सारिका ने उसे और ज्यादा कसकर पकड़ लिया।

''तुम... तुम मेरी जिंदगी की पूर्णता हो। बस, मुझे कभी दुःख मत पहुँचाना। मैं एक बार फिर टूटना नहीं चाहती। तुमसे मिलकर पूरी होना चाहती हूँ। बस, तुम और मैं! सिर्फ हम दोनों! हमेशा-हमेशा के लिए एक!'' वह फुसफुसाई।

रात की गहरी चादर ने उन्हें अपने आगोश में ले लिया।

सन्नाटे का संगीत उनके अंतस से निकलकर अनहद की सृष्टि कर रहा था।

❍

मन रे तन कागद का पुतला

कौन तुम
जो लिखते रहे
टूटी कलम से
मेरे नसीब की बही?
पूरी दुनिया तुम्हारी
तो मेरा क्या यहाँ,
कौन तुम, जो छीनते मुझसे
मेरी जमीं, मेरा आसमाँ?
अनजानी गलियाँ, उलझे रास्ते
कहाँ जाऊँ, सोच नहीं पाती
जिस पल पाऊँ लमहा भर राहत
बेदखल कर देते धरा के पटल से।

कनक के शब्द कानों में बज रहे हैं। सारिका उनका अर्थ नहीं समझना चाहती। वह पत्थर बन चुकी है। लेकिन शब्द कानों में अनवरत ध्वनित हैं।

क्या वह नहीं जानती थी कि यह स्थिति आएगी। हाँ, वह जानती थी, अच्छी तरह जानती थी, तभी पत्थर बनने के बाद भी शब्द उसका पीछा कर रहे हैं। इस बार बात ज्यादा गंभीर है, बस इतना समझ रही है। वह कनक के साथ नहीं लौटेगी, तो क्या करेगी? यों एक अजब-सी वीरान-सी जिंदगी कितने दिन जी पाएगी?

शून्य में देख रही है सारिका। बड़ी-बड़ी कजरारी आँखें शून्य में टिकी। क्या है उन आँखों में, वह स्वयं नहीं जानती। शायद एक उत्सुकता, एक कौतूहल अभी बाकी है कि कल सुबह क्या होगा। कुछ भी हो, उसे परवाह नहीं। किंतु क्या होगा, यह जानना उसके स्वभाव में आता है।

पर इस तरह की स्थिति आई ही क्यों? वह तो सब कुछ छोड़ चली आई थी। लगातार आगे जाते कदम उठा रही थी। कौन कनक, कौन मोहित? कोई भी तो उसकी जिंदगी में बाकी नहीं रहा था।

क्या आगे उठने वाला हर कदम अपने संग झंझावात लिये रहता है?

एक ओर समाज सुधारने का संकल्प, दूसरी ओर नीरज की रेशमी आँखें।

तन और मन दोनों में पंख लग चुके थे, 'यही दुनिया मैं हमेशा से चाहती थी—जिसमें संसार भर का प्यार हो और एक फैला हुआ संसार हो!'

''तुम मेरा विश्वास हो, कभी धोखा मत देना।'' न जाने कितनी बार कहा होगा नीरज ने, ''सारिका, मैं धक्के से नहीं, धोखे से डरता हूँ।''

''प्यार सिर्फ प्यार होता है, न धोखा, न धक्का।'' सारिका ने उसे बार-बार आश्वस्त किया।

फिर एक और सामान्य दिन आया। रोज जैसा दिन।

उस दिन सारिका ने एक नया कदम उठाया।

छोटा-सा कदम। और बहुत सामान्य दिन खास बन गया। खास और खूबसूरत।

"तुम अन्तर्राज्यीय किन्नर सम्मेलन में कब जाओगे? मैं भी चलूँगी।" उसने नीरज से कहा।

कोटा में किन्नरों की सभा में बोलना!

ऐसा कब सोचा था सारिका ने? पर जब उसने बोलना शुरू किया तो बोलती चली गई—

''छोटे-छोटे टुकड़े में बँटा समाज। अपने-अपने दायरों में कैद विविध समुदाय। मानव-निर्मित परिधि मानवीय-सोच को संकीर्ण करने वाली। मनुष्य के वजूद को नकारने की चेष्टायें। मानव-अधिकारों को कुचलने के प्रयास। अपने लिए पुरजोर आवाज उठानी ही होगी। पर कुछ कहने से पहले एक साक्षात्कार

अपने आप से। एक नज़र अपनी ओर भी।

''लड़ने वाला ही विजेता बनता है। जिसको सब कुछ आसानी से मिला, वह विजेता कैसे? स्त्री-पुरुष तो ईश्वर के दर से अपनी पहचान लेकर आते हैं। पर जिसने इस धरती पर रहते हुए अपनी पहचान बनाई, वही विजेता है। समाज में तृतीय लिंग की स्वीकारोक्ति उनकी पहली विजय है। सबसे पहले अपने वजूद को हमें ही पूरी ताकत के साथ स्वीकारना होगा। घुट-घुटकर जीने के बजाए दो पल के जीवन के हर पल का भरपूर आस्वादन करना होगा। एक मोर्चा तो यहीं जीता समझना चाहिए।

''अब बात बाहर की दुनिया की! समाज की मुख्यधारा किन्नरों से दूरी बनाकर रहती है। हमें यह दूरी मिटानी है। अपनी मनुष्यता दिखानी है। छोटी-छोटी बातों पर बहस और अपनी बात मनवाने के लिए जोर-जबरदस्ती की जरूरत क्या है? हम दूसरे के ऊपर निर्भर ही क्यों हैं? हम दूसरे के सामने हाथ फैलाते ही क्यों हैं? क्यों नहीं हम दूसरे के फैले हाथ पर कुछ रखने वाले बनते? हमें समर्थ बनना होगा।

''आज हर नौकरी में, हर पढ़ाई में किन्नर की बराबर की भागीदारी स्वीकार की जाने लगी है। यहाँ तक कि किन्नरों को अपनी जिंदगी में जैसा और जो भी करना है, वह भी कानूनी तौर पर स्वीकार्य है। अब हमें बस इतना करना है कि अपने को ऊँचा उठाएँ।

''हम समाज का अंग हैं। समाज से अलग नहीं। हम स्वयं को अलग समझते हैं, इसीलिए अलग किए जाते हैं। विदेशों में किन्नरों के साथ कोई भेद-भाव नहीं होता। वहाँ सब एक साथ रहते हैं, एक साथ जीते हैं। फिर हमारे देश में भेद-भाव क्यों? हम क्यों किन्नर बच्चों को उनके माता-पिता से दूर करें? सिर्फ अपनी आजीविका के लिए?

''अपनी आजीविका के लिए हमें स्वयं को समर्थ बनाना होगा। अपने मन को सबल बनाना होगा। उसके लिए किसी अबोध को साधन बनाना ठीक नहीं। हमारी आज की रोटी कल के किसी किन्नर युवा को बेरोजगार कर रही है, यह हमें क्यों नहीं दिखता? हम आज भूखे रह लें, लेकिन अपने बच्चों को शिक्षित बनाएँ, तो हमारी कल की रोटी सुनिश्चित है। जिन अंगुलियों को हम आज कलम थमाएँगे, वहीं कल हमारी हथेली पकड़ हमारी सहारा बन जाएँगी।

''किन्नरों को नौकरी नहीं मिलती, यह बात सच है, हमारे व्यक्तित्व और

जीवन की निर्धारक भी। पर न जाने कितने उच्च शिक्षा प्राप्त लोग बेरोजगार घूम रहे हैं। नौकरियाँ कम हैं, इसलिए हमें रोजगार के अन्य रास्तों को तलाशना होगा। नौकरी के पीछे भागने के बजाय वक्त के साथ चलकर अपनी क्षमताओं को सृजनात्मक तरीके से विकसित करना होगा।

''किन्नरों के साथ दुर्व्यवहार होता है। पर करने वाला कौन है? वही, जिसने औरतों को नहीं बख्शा, बच्चों को नहीं बख्शा। बुजुर्गों को, दलितों को, पशुओं को, पक्षियों को, प्रकृति को, पर्यावरण तक को नहीं छोड़ा? हम किसी को इतना अधिकार क्यों दें, कि वह हमारे वजूद से खेले? हम स्वयं को सताया हुआ क्यों मानें? क्यों न सताने वाले को समाज के सामने लायें। दोषी का सच्चा चेहरा समाज को दिखाकर हम एक नयी शुरूआत कर सकते हैं। हम समाज में अग्रणी, प्रतिष्ठित, एक हो जाएँ, यही हमारा प्रयास होना चाहिए।

''हमें समाज को समझाना है कि हम इंसान हैं, अतः हमारे मानवाधिकार हैं। हमें सिर्फ अपना अधिकार चाहिए। मनुष्य होने का अधिकार। इस धरती पर अपना हिस्सा। भीख नहीं, छीना-झपटी नहीं, सिर्फ अपने मानवाधिकार।''

उसने यह सब कब, कहाँ, कैसे, सोचा, वह स्वयं भी नहीं समझ पाई। बस बोलती चली गई। जैसे ही साँस लेने को रुकी, सभागार तालियों से गूँज उठा।

आगे बोलना भूल दोनों हाथ जोड़ माइक से अलग हट गई।

सभी लोगों के साथ-साथ नीरज की आँखें भी उस पर टिकी रहीं।

कागज-कलम माइक लेकर कुछ रिपोर्टर उसकी ओर बढ़े, "आप कौन?"

"मैं सारिका। सारिका किन्नर।" वह खिलखिलाकर हँसी।

इतना खुलकर न जाने कितने समय बाद हँसी थी या शायद जीवन में पहली बार हँसी थी।

नीरज अभी भी उसे एकटक देख रहा था।

एक नशा, जीवन जीने का नशा!

मानो रास्ता खुलता चला जा रहा हो अपने आप। मानो चल नहीं रहे, बादलों में हलके-हलके उड़ रहे हों।

और फिर!

इसके बाद का सब कुछ कितनी अजीब तरह से शुरू हुआ होगा!

उस सभा के दो दिन बाद की बात थी। सुबह के नौ बजे होंगे। सरगम अचानक चली आई। बाल कंधों तक कटे। नया-नकोर जींस-टॉप पहने। उसे देख सारिका हैरान रह गई, ‘‘सरगम, तुम्हारे बाल? क्यों कटवाए?’’

सरगम अपने बालों और वेश-भूषा पर बात करने को तैयार नहीं थी। बोली, “सारिका, मैं तुम्हारी भाषण देने की कला पर फिदा हूँ। उस दिन मैं यहाँ नहीं थी। एक एड की शूटिंग में जयपुर गई हुई थी। पर न्यूज़ में बहुत कुछ देख लिया। तुमने कभी किसी ऐसे क्षेत्र में जाने के लिए नहीं सोचा, जहाँ तुम्हारे इस हुनर की कद्र हो? मतलब टीचिंग या नेतागिरी? तुम मेरी बात समझ रही हो न?”

“क्या हुआ? क्यों हँसी उड़ा रही हो?” सारिका ने पूछा।

“यार, हमें तो विज्ञापन के लिए दो लाइन याद करने में सारे करम हो जाते हैं। कभी कोई पंक्ति छूटती है, तो कभी किसी शब्द पर हकला जाते हैं। तुमने इतना सारा बोल कैसे लिया? कितने दिन प्रैक्टिस की थी?”

“जरा भी नहीं।” सारिका मुस्कराई, “जो बातें मन में घूमती हैं, मैंने सिर्फ वही बातें कह दीं। इस तरह की बातें मैं बस्ती में पहले भी कह चुकी हूँ। कई बार पिटते-पिटते बची हूँ। खैर, मैं इतना समझ गई हूँ कि धीरे-धीरे लोगों को सुनने की आदत हो जाती है। पहले इन्हीं बातों पर मेरी खिंचाई हुई थी। अब इन्हीं बातों पर मेरी तारीफ हो रही है। और तुम, अचानक कैसे आईं?”

“यहाँ से निकल रही थी तो मिलने चली आई।” कहकर सरगम मुस्कराई, “हेमा मौसी कहाँ हैं?”

“आओ। माँ अंदर वाले कमरे में हैं।” सारिका उसके साथ दूसरे कमरे में पहुँची। वहाँ हेमा और नीरज बैठे थे।

तभी दरवाजे की घंटी एक बार फिर बजी।

सबके चेहरे पर प्रश्न था, इस वक्त कौन होगा?

“मैं देखती हूँ।” सारिका दरवाजा खोलने चली गयी।

बाहर का दरवाजा खोलते ही वह सनाका खा गई। आगंतुकों को पहचानने में क्षणांश लगा होगा।

कनक और मोहित सामने खड़े थे।

मोहित ने एक छोटे से बच्चे का हाथ पकड़ रखा था। चार-पाँच साल के उस बच्चे को देखते साथ सारिका समझ गई कि यह उसका गुड्डू है। गोरा,

गोल-मटोल, मोहक। बेहद प्यारा। स्वस्थ और सुंदर।

देखकर मन में हुड़क सी उठी। बच्चे को कलेजे लगाने को आगे बढ़ती कि मोहित ने ही दो कदम आगे आकर पूछा, "कैसी हो सारिका?"

उसके बढ़ते कदम रुक गए। मन ही मन काँप गई। मोहित के चेहरे की तरफ देखने की हिम्मत न पड़ी।

बच्चे ने उसके चेहरे पर आँखें टिका दीं। वह उसे कलेजे से लगाना चाहती थी। आगे बढ़ती, उससे पहले ही उसे अपने साथ धकेलते हुए कनक और मोहित ड्रॉइंग रूम में घुसते चले गये।

वह हाथ फैलाकर रह गई। बच्चे को पकड़ न पाई। बच्चा भी अंदर आ गया।

"बड़ी चोखी नज़र आ रही है। हमें पहचान लिया?" कनक ने चारों ओर निरीक्षण करते हुए ताना कसा।

सारिका की बोलती बंद थी।

"यह क्या चल रहा है कमीनी? मैंने यही संस्कार दिए थे कि सासरे में न बने तो घर छोड़कर भाग जाए? तुझसे तो भली मैं थी, जो डंडे के जोर पर सास को सुधारा और वहीं अपना ठिकाना बनाया। तू तो बिल्कुल करमजली निकली। कितना परेशान किया हमें। हम समझे, कहीं मर-खप गई होगी। पितरों का श्राद्ध करते समय तेरे नाम का पिंडदान करती रही मैं। मुझे क्या पता था कि तू यों पली-धरी नज़र आएगी।" कनक ने तेज आवाज में बोलना शुरू किया, तो रुकी ही नहीं।

सारिका ने मुड़कर पीछे की ओर देखा।

अंदर वाले कमरे से सरगम, हेमा और नीरज बाहर निकल आए थे। हैरत से देख रहे थे। शांता भी आकर खड़ी हो गई थी।

उनकी उपेक्षा कर कनक ने अपनी बात जारी रखी, "मैंने अपने माता-पिता का नाम ऊँचा किया। तूने हमारे कुल का नाम डुबो दिया। छिनाल, मेरा जमाई सही था। तू सच में कुलबोरनी ही है।"

"क्या हुआ सारिका? कौन है ये लोग? क्यों लड़ रहे हैं? क्या चाहते हैं?" हेमा ने पास आकर पूछा।

सारिका एक पल सकपकाई। क्या उत्तर दे, कुछ समझ नहीं पाई। मन ही मन सारे भगवानों को याद किया। यह बुरा सपना हो और तुरंत टूट जाए,

सोचा। धीरे से एक हाथ से दूसरे पर चिकोटी काटी।

नहीं, वह सपना नहीं था। कनक, मोहित, गुड्डू सच में सामने खड़े थे। और हेमा उसकी तरफ अभी भी उत्तर की आशा से देख रही थी।

सारिका बड़ी मुश्किल से बोली, "कुछ नहीं माँ, पुराने पहचान वाले हैं। अभी लौट जाएँगे।"

कनक तिलमिला उठी। "हाँ राँड, लौटेंगे भी और तुझे साथ लेकर भी जाएँगे। अब हमारा परिचय भी भूल गई। सिर्फ पहचान वाले रह गए हम! हरामजादी, तूने एक माँ भी पा ली। बाप भी जुगाड़ लिया? कौन-सा है इनमें तेरा बाप?" तिरछी दृष्टि से सरगम और नीरज की ओर देखते हुए पूछा।

सारिका की नज़र भी नीरज और सरगम की ओर गयी। वे दोनों अकबकाये-से देख रहे थे। उनके चेहरों पर इतनी ज्यादा हैरत थी कि सारिका को तरस आ गया। अब तो मुँह खोलना ही था।

गहरी साँस ली। जलती लकड़ी थामे रणदेवी की शक्ल को याद किया।

मुस्कराई। एक अलग-सी मुस्कान! व्यंजक मुस्कान।

बोली, "मम्मी, मैं किन्नर हूँ। मेरे सामने गाली मत दो। तुम जानती नहीं हो कि मैं कितनी गालियाँ सीख चुकी हूँ। प्रेम गली की सभी गालियों को पीछे कर दूँगी। तुमसे अलग होकर मैंने कुछ पाया हो न पाया हो, कम से कम बोलना तो सीख ही गई हूँ।"

"वह तो मैं जानती हूँ। तूने सबको पीछे छोड़ दिया। इतना पीछे कि हम बस तेरी परछाई ही पकड़ते रहे। रंडी, अब घर चल।" कनक ने कहा।

"मैं नहीं चलना चाहती मम्मी। तुम यहाँ से जाओ।" सारिका ने दो टूक मना किया।

"एक झापड़ मारूँगी और झोंटा घसीटकर ले जाऊँगी। नहीं तो सीधी तरह चल।" कनक चीखी और आगे बढ़कर एक धौल उसकी पीठ पर जमा दी।

''अरे!'' हेमा के मुँह से निकला।

"ओह! सारिका!" सरगम सहानुभूति से आगे बढ़ी।

"कोई चिंता नहीं। तुम अपने घर जाओ। बाद में मिलते हैं।" सारिका ने उससे कहा।

"अभी चली जाऊँगी।" सरगम बुदबुदाई और थोड़ा पीछे हटकर सोफ़े पर बैठ गई।

सारिका ने गहरी साँस ली, ‘‘मम्मी, तुम जाओ। मैं बाद में तुमसे मिलने आऊँगी।’’

‘‘क्यों जाऊँ? और बाद की बात क्या? जो कहना है, अभी कह। यों दूसरों के टुकड़ों पर कितने दिन जियेगी? घर चल।’’

‘‘मेरा कोई घर नहीं है। जो भी है, सब यहीं है। यहाँ मेरी माँ है और मैं उनके साथ खुश हूँ। मैं यहाँ से कहीं नहीं जाऊँगी। मम्मी, मैं किन्नर हूँ, अपने समाज में ही रहूँगी, तुम्हारे साथ नहीं लौटूँगी।” उसने फिर कहा।

“...मैं किन्नर हूँ! अपने समाज में ही रहूँगी!...” कनक ने उसकी नकल उतारी, “मुझे अच्छी तरह पता है कि तू क्या है और तेरा समाज क्या है। तू तो किन्नरों से भी आगे है। जो तूने किया है, कोई किन्नर नहीं कर सकता। पर अब बहुत हुआ। चुपचाप घर चल। और आप लोग...” वह हेमा की तरफ देखकर बोली, “आप लोग भी इसको ‘जै रामजी की’ बोल दो। जो दिन आपने इसकी देख-रेख की, या इसने आपकी देख-रेख की, सब भूल-चूक लेनी-देनी। चल री, जल्दी चल।”

“आप इस तरह से बातें नहीं कर सकतीं। शोर-शराबा मत करिए। आहिस्ता बोलिए।” नीरज ने टोका।

“तुम बीच में बोलने वाले कौन होते हो जी? यह मेरी बेटी है। मैं इसकी माँ हूँ। इसे लिवाने आई हूँ।” कनक ने कमर पर हाथ रखकर कहा।

“तो शांति से ले जाइए। लड़ाई-झगड़ा मत करिए। हमारे घर में यह सब नहीं चलता।” हेमा बोली।

“मुझे सब पता है कि किन्नरों में क्या-क्या चलता है!” कनक ने हाथ नचाये, दोनों हाथों से ताली पीटी, ‘पट! पट! पट!’ और बोली, “यह चलता है तुम्हारे यहाँ। आहिस्ता बोलने की बात मत करो। तुम लोग तो ऐसा चिल्लाते हो कि कानों में उँगली ठूँसने के बाद भी शब्द कलेजे तक पहुँच जाते हैं। मैं बोलने लगी, तो चुप कराने लगे? सुनने की ताब नहीं है, सिर्फ सुनाने का जिगरा है?”

“ऐसी बात नहीं है। क्या कहना चाहती हैं, इत्मीनान से कहिए। हम सुन रहे हैं। आइये, इधर बैठिए।” सोफे की तरफ इशारा करते हुए हेमा बोली।

“यहीं खड़े-खड़े सुनो, मेरी लड़की को ढाई साल से दबाए बैठे हो, मैं थाना-कचहरी कर दूँगी।”

“अपनी बेटी को ले जाइये। हम कब मना कर रहे हैं।” हेमा ने निर्विकार

स्वर में कहा।

"अरे हेमा मौसी," सोफे पर बैठी सरगम बोली, "पहले सारिका से तो पूछ लो कि क्या वह जाना चाह रही है। मौसी, तुम तो बड़ी डरपोक निकलीं। इन थाना-कचहरी वाली मौसी से डर गयीं। अब सोचो, तुम्हारा यह हाल है, तो सारिका का क्या हाल बनाती होंगी, यह थाना-कचहरी वाली मौसी।"

''ओये छक्के, मैं तेरी मौसी नहीं हूँ।'' कनक तिलमिलाकर ऐसे उछली, मानो साँप पर पाँव पड़ गया हो।

''न न, कतई नहीं मौसी। तुम मेरी मौसी कैसे हो सकती हो, जब तुम सारिका की माँ ही नहीं हो। माफ़ कर दो थाना-कचहरी वाली मौसी।'' इतना कह सरगम ने दोनों हाथ जोड़ दिये।

सारिका ने बड़ी मुश्किल से अपनी हँसी रोकी।

नीरज कनक से बोला, "आप यहाँ किसी तरह की जोर-जबरदस्ती नहीं कर सकतीं। सारिका बालिग है। यदि कह रही है कि यह किन्नर है, यहाँ रहना चाहती है, तो यह हमारे साथ रहने के लिए स्वतंत्र है।" नीरज ने इस वाक्य को किसी तरह मुँह से निकाल तो दिया था, पर दिख रहा था कि अपनी बात कहते हुए वह असमंजस में है।

"नहीं जी, यह किन्नर नहीं है। कभी थी, अब नहीं है। इसे मैंने किन्नर से लड़की बनवाया था। तुम लोग अच्छे-खासे लोगों को अपनी जात में मिला लेते हो। मैंने तुम्हारी जात में सेंध लगाई थी और जन्म से किन्नर संतान को लड़की बना दिया था। अब यह लड़की ही है। किन्नर नहीं है।" कनक गर्व से बोली।

"ठीक है। यह आपकी बेटी है, हमने मान लिया। किन्नर नहीं है, यह भी मान लिया। फिर भी लड़ाई-झगड़ा मत करिए। जो कहना है, आहिस्ता ही कहिए।" हेमा बुदबुदाई।

"सारिका का पूरा परिवार है।" मोहित की ओर इशारा करते हुए कनक चिल्लाई, "सात भाँवरों की ब्याहता है इसकी। यह मेरा जमाई है, यह बच्चा इसके पेट से जन्मा है। जमाई के परिवार वालों ने गुस्से में जरा-सा कुछ कह दिया, तो कुलच्छिनी अपना घर छोड़कर भाग आई। मैं तो कहूँगी, मेरे खून में ही दोष है। भला हो मेरे जमाई का, जो आज भी इसे अपने घर ले जाने को राजी है।"

नीरज का चेहरा फक्क पड़ता चला जा रहा था। उसकी आँखों में पसरता

आश्चर्य और दर्द सारिका से छुपा न रह सका।

"मम्मी यहाँ से चलो, हम बाहर बात कर सकते हैं।" वह बोली।

"बाहर क्यों? सारी बातें यहीं होंगी। और तुम लोग? तुम लोग किसी की लड़की को दबाए बैठे हो। जब पुलिस द्वारा दबाए जाओगे, तब सुधरोगे। यह तो कहो, उस दिन टीवी पर इसका भाषण देखा, तो हमने फटाफट पता लगा लिया। नहीं तो जान भी न पाते कि यह ऐसा मनमर्जी का जीवन जी रही है। हम तो पागल ही थे, जो इसकी तलाश में नाले-पोखर छानते फिरे।"

"अब तो जान गईं कि मैं जिंदा हूँ। अब यहाँ से जाओ मम्मी। मुझे कभी मत तलाशना।" सारिका बोली।

कनक ने उसकी बात पर कोई ध्यान नहीं दिया और मोहित को हाथ से टोहका देते हुए कहा, ''जँवाई जी, चुप क्यों खड़े हो? तुम कुछ नहीं बोलोगे?''

"सारिका, मेरी तलाश बड़ी मुश्किल से पूरी हुई है। तुम नहीं जानतीं, मैं तुम्हारे बिना कितना अधूरा हो गया था। एक बार मेरी गलती माफ़ कर दो। समझ लो, मैंने जो किया था, गुस्से में किया।" मोहित के मुँह से शब्द निकलने लगे। ऐसा लगा मानो उसने इन शब्दों को रट रखा था।

"इतना कुछ कहने की जरूरत नहीं है मोहित जी। आप ही मुझे माफ़ कर दीजिए। समझ लीजिए कि मैं आपके काबिल नहीं थी।" सारिका गंभीरता से बोली।

"मैं अपनी गलती भी समझ चुका हूँ। बिना बात गड़े मुर्दे उखाड़ मैंने अपनी सुखी गृहस्थी में खुद ही आग लगाई है। उस आग में कितना जला हूँ मैं, मैं ही जानता हूँ। जब से तुम गई हो, एक रात भी चैन से सो नहीं सका। वापस लौट चलो। हमारे प्यार की खातिर, हमारे परिवार की खातिर, वापस लौट चलो। तुम्हारे बिना मैं अधूरा हूँ, एकदम अधूरा।" मोहित ने आगे बढ़कर सारिका का हाथ पकड़ना चाहा।

"बस कीजिए। इस तरह बात करने की कोई जरूरत नहीं।" सारिका अचकचा उठी। उसकी नज़रें नीरज के चेहरे पर टिकी थीं।

नीरज शून्य में देख रहा था।

एक नर्म-सा हाथ। माथे पर फिरता सा। सुकून देता सा।

फिर मानो दूर जाता सा।

आँखें बंदकर उस स्पर्श को पकड़ना चाहती थी सारिका। कुछ हो जाये,

वह हाथ न छूटे। आगे बढ़कर नीरज को सहेजना चाहती थी।

नीरज के साथ बिताए अंतरंग क्षण मन में घूम गए। 'न, वह नीरज से दूर नहीं रह सकती। बँध चुकी है, हमेशा के लिए। उसका प्यार, उसका संसार!''

"पति है तेरा, खुद झुककर आया है। माफ़ी माँग रहा है। कोई पुराना हिसाब नहीं माँग रहा। अब तो वापस चल, कुलबोरनी। छक्कों के साथ रह रही है, तो ले भी जा रहा है। कहीं कोठे पर बैठ इज्जत बेची होती तो तेरा मुँह भी नहीं देखते हम। बाबा रे, तूने तो हद कर दी सारिका!" कनक बोली तो सारिका मानो नींद से जगी।

सपना टूट गया। नीरज बहुत दूर लगने लगा। अनजान। अपरिचित।

वह थरथरा उठी। नहीं, नीरज को गँवाना गवारा नहीं।

"मम्मी सच कह रही हैं मोहित जी, मैं सच में कुलबोरनी हूँ। मेरे साथ रहेंगे तो आपको नुकसान ही नुकसान होगा। मोहित जी, आप लौट जाइए।" वह मोहित से बोली।

"सारिका, मेरा नहीं तो अपने बेटे का तो ख्याल करो। घर वापस चलो।" मोहित बोला।

गुड्डू टुकर-टुकर देख रहा था।

सारिका के चेहरे पर ममत्व की छाया बढ़ती चली गई। आगे बढ़कर गुड्डू के सिर पर हाथ फिराना चाहा। बच्चा सहमकर मोहित के पैरों के पीछे छिपने लगा। सारिका को देख उसके चेहरे पर नागवारी का भाव आ गया।

वह मन मसोसकर पीछे हट गई।

मोहित ने जोर देते हुए कहा, "मैं जानता हूँ तुम मुझसे नाराज हो। पर नाराजगी दूर हो जाएगी। अब बात को खींचो मत। अपने बच्चे का मोह करो। वापस चलो। तुम्हें हमारे उस प्यार का वास्ता, जो हमारे बीच रहा है और हमेशा रहेगा।"

एक बार फिर गहरी साँस ली सारिका ने। हिम्मत जुटाई और बोली, "बच्चे का मोह? थोड़ा-सा दिल बड़ा कर लें, तो दुनिया का हर प्राणी अपना बालक दिखने लगता है। मैं उन बच्चों पर प्यार लुटाऊँगी, जिन्हें मेरे प्यार की जरूरत है। गुड्डू को सँभालने वाले तो बहुतेरे हैं। रजनी...''

''कैसी बात करती हो। तुम्हारे सामने उसकी क्या औकात? वह तो माँ की जिद थी...अपने घर चलो सारिका, तुम्हारे जाने के बाद सब कुछ सूना हो

गया है।''

''आप कह रहे हैं कि मेरे जाने के बाद आप चैन से सो नहीं सके। और मुझे अच्छी तरह याद है कि जब मैं सामने थी तब भी आपको नींद नहीं आती थी। परेशान रहते थे मेरे कारण। भूल गए क्या? और आपका-मेरा प्यार!" सारिका हँस पड़ी, "कौन सा मोहित जी, वही जो आपके हाथों मेरी चमड़ी पर उतरता था?"

"मर्द को कभी-कभी गुस्सा आ ही जाता है। तू भी जुबान की बहुत कड़वी है। अब बहस बंद कर। इसने वचन दिया है कि कभी हाथ नहीं उठाएगा।" कनक बीच में बोली।

"मोहित जी ने तो अग्नि को साक्षी मानकर वचन दिया था कि मुझे जीवन भर प्यार से रखेंगे। उस वचन को भूल गये, तो बहुत जल्दी तुझे दिया वचन भी भूल जाएँगे, मम्मी। अब वह मुझे और ज्यादा मारेंगे। मैं वापस नहीं लौटूँगी। तू बेकार बहस छोड़ दे। अपना काम कर।"

"माता रानी की सौगंध ले लो सारिका, अब कभी हाथ नहीं उठाऊँगा। तुम नहीं जानतीं, मैं तुम्हें कितना प्यार करता हूँ। मैं तुम्हारे बिना जी नहीं पा रहा हूँ।"

मोहित अपनी बात कह रहा था और सारिका की निगाहें चोरी से नीरज के चेहरे तक जा रही थीं।

नीरज का गोरा चेहरा म्लान पड़ चुका था।

सारिका को कसक हुई। मन की बाँहों में नीरज को समेट लिया। 'तुम नाराज मत होना। ये सारी बातें झूठी हैं। सच वही है जो जमीं-आसमान को साक्षी बना हमारे बीच जुड़ा है।' मन ही मन नीरज को समझाया।

वह किसी और दुनिया में पहुँचने वाली थी कि कनक ने आगे बढ़कर उसे हिलाया, "क्या सोच रही है? चल। यहाँ का सब कुछ यहीं छोड़। हमारे साथ लौट।"

"मोहित जी, प्यार तो बहती नदी होता है। किस पर मन आ जाए और किसे साथ बहा ले जाए, नहीं जानते, नहीं कह सकते। अरे हाँ, आपसे मिलने से पहले मेरा कुणाल के साथ नाता था।" सारिका अचानक कहने लगी, "आप तो जानते ही हैं। कुणाल को आपने शायद दिल्ली में देखा ही था। जो कुछ छूटा होगा, वह मैं बताए देती हूँ। यह गुड्डू मेरी पहली संतान नहीं है।..."

"चुप रहे कमीनी, झूठी कहानी मत सुना।" कनक ने टोका।

"...सुनते रहिए मोहित जी, मेरा पहला गर्भ मेरी माँ ने गिरवा दिया था। पता नहीं क्यों, पर मैं उस संतान को रखना चाहती थी। माँ बनने का अर्थ नहीं जानती थी, किंतु अपनी चीज को सहेजने की भावना मन में थी। जब वही संतान चली गई, तो मैं इस बच्चे का क्या करूँ? मैं किन्नर ही हूँ। किन्नर के लिए सारा जग उसका होता है और वह सारे जग का हो जाता है। एकदम फक्कड़। एकदम संत। मानो हाथ में इकतारा और जुबान पर प्रीतिधुन। मलंग!"

मोहित को धक्का लगा तो सारिका को संतोष हुआ।

"कमीनी, झूठ बोलकर क्यों बात को बढ़ा रही है? मैंने बहुत देखे हैं ऐसे बने हुए किन्नर। गृहस्थी की जिम्मेदारियों से बचने के लिए ताली पीटने वाले वालों की कमी नहीं है। जो सीधी तरह न चली, तो अभी पास के थाने से चार सिपाही बुलाकर लाती हूँ। मुझे कम मत समझियो। बहुत नाम है मेरा। मेरी एक आवाज पर इस घर की ईंट से ईंट बजा दी जाएगी। ऐसे।" कहते हुए कनक ने एक बार फिर ताली बजाई।

"मम्मी बस करो। तुम सारी सीमाएँ पार कर रही हो।" सारिका बोली, "अब इन बातों की जरूरत नहीं रही।"

"इसकी तो जरूरत है।" कहते हुए कनक ने सारिका के गाल पर चाँटा मारा।

सारिका पत्थर बनी खड़ी रही, पर नीरज बिलबिला उठा। "सुनिए मार-पीट नहीं।" उसने हड़बड़ाते हुए कहा।

"झापड़ इसे मारा, चोट तुझे लगी।" कनक ठहाका मारकर हँसी, "तेरी क्या लगती है यह राँड? कौन है तू? बीच में क्यों बोल रहा है?"

"यह मेरा बेटा है। इस घर का मालिक है।" हेमा ने कहा। "सारिका की जिंदगी को सँवारने में नीरज ने बहुत कोशिश की है। सारिका को कोई नुकसान पहुँचाएगा, तो नीरज उससे सवाल-जवाब करेगा।"

"धन्य हो सारिका, अब इस छक्के को फँसाया।" कनक ने दोनों हाथ जोड़ते हुए नाटकीय आवाज में कहा, "मुझसे तो बहुत आगे हो तुम। मर्दों से जी भर गया तो हिजड़े के साथ रहने लगीं?"

"बकवास बंद।" हेमा चीखी, "हर इंसान की इज्जत होती है। अनावश्यक किसी के साथ किसी का नाम जोड़ने की जरूरत नहीं। मेरे घर में संस्कारों का

पालन किया जाता है। खबरदार, जो यहाँ किसी किस्म की अश्लील बातें करीं। मेरे बेटे के लिए उल्टा-सीधा कहा, तो मुझसे बुरा कोई नहीं होगा।"

"ठीक है, ठीक है, आपके बेटे से माफ़ी माँगे लेती हूँ। गलती हुई, जो उल्टा-सीधा बोल दिया।" कनक व्यंग्य से मुस्कराई, "पर अपनी बेटी के कुकर्म तो सबको बताऊँगी न। आदत है इसकी मर्दों को बदलने की, मारे-मारे घूमने की। बहुत समझाया, बहुत सिखाया कि संस्कारों का पालन कर। नहीं मानती। लड़की क्या है, बस समझ लो कि... समझ लो कि यही धंधा है इसका। धंधा।"

शांता बर्दाश्त न कर सकी। ''थू-थू! सभ्य कहलाने वाले इनके समाज का यही कायदा है कि अपनी संतान के भी सगे नहीं! गाली-गलौज! मार-पीट! झगड़ा! मुझसे नहीं झेला जाता।'' इतना कह वह कमरे से बाहर चली गई।

सरगम भी तमतमा उठी। कनक के सामने पहुँच चिल्लाई, "आपका क्या मतलब है? अपनी बेटी के लिए ऐसे कहा जाता है? क्या लड़कियों की कोई इज्जत नहीं होती? घर से बाहर निकलने वाली लड़की क्या सिर्फ धंधा ही करती है? क्या आप अपने घर से बाहर नहीं निकलीं? या आप काम पर जाती थीं तो गलत-सलत काम करती थीं, जिससे आपको पता है कि घर से बाहर निकलने वाली लड़कियाँ धंधा करती हैं?"

''बहना, यह बहुत झूठी और मक्कार है। इसके भोले चेहरे पर मत जाना।'' कनक बोली, ''यह तो बताओ कि आप लोगों से कितना और क्या-क्या झूठ बोली है? पक्की झूठी है यह, इतना गाँठ बाँध लो। इतना लंबा इतिहास इसका और इसने सब गोल-मोल कर दिया।''

''सारिका झूठी नहीं है। इसने ये सारी बातें मुझे बहुत पहले ही बता दी थीं। मैंने भी इस बात का समर्थन किया था कि किसी को कुछ न बताए। जो बातें पीछे छोड़ आए, उन्हें कहानी बनाकर दूसरों को सुनाने का क्या औचित्य? इसने मुझसे कई बार कहा कि जब नीरज और माँ सच्चाई जानेंगे, तो नाराज होंगे। मैंने ही समझाया कि फिजूल की बातों का बतंगड़ नहीं बनाओ।''

"सरगम, रहने दो।" सारिका ने रोका।

''क्यों रहने दूँ?'' सरगम कनक के मुँह के आगे जोर की ताली बजाते हुए बोली, ''ओ पुलिस-थाने वाली मौसी, यदि मैं अपने पर उतर आई, तो तू यहाँ से कपड़ों में वापस नहीं लौटेगी। इज्जत प्यारी है, तो चुपचाप खिसक ले।''

सारिका ने टोका, "सरगम, यह मेरी मम्मी हैं। जो कहना चाहें, कहने दो।

तुम, प्लीज़, बीच में मत आओ।"

"सारिका, तू भाड़ में जा। साली, सुन गाली। तेरी इज्जत सरेआम नीलाम हो रही है, तो भी चुप है। भाड़ में जा, ऐसी डरपोक चुड़ैल के साथ मुझे नाता नहीं रखना।" सरगम पैर पटकती हुई कमरे से बाहर निकल गई।

"बस कर सारिका, बहुत नौटंकी हो गई।" कनक एकाएक चिल्लाई, "चल मेरे साथ। नहीं चली, तो घसीटकर ले जाऊँगी।"

"नहीं चलूँगी।" सारिका कठोर स्वर में बोली।

"मोहित, इसे ठीक कर। इसका दिमाग खराब हो चुका है। एक बार खाल उधेड़। मैं कहती हूँ, इसको सुधार दे।" कनक गुस्से से भरकर बोली, "मोहित, पीट इसे।"

मोहित आगे बढ़ा। सारिका जस का तस खड़ी रही। हिली तक नहीं। मोहित का हाथ पूरे जोर के साथ हवा में उठा। वह काँप उठी। उसके गले से चीख निकल गई। आँखें बंद हो गईं उसकी। कुछ पल थप्पड़ का इंतजार किया। कोई घूँसा-थप्पड़ नहीं पड़ा, तो आँखें खोलकर देखा।

नीरज के हाथ में मोहित की कलाई थी। मोहित छुड़ाने की पूरी कोशिश कर रहा था। पर नीरज की अँगुलियों के अंदर से अपनी कलाई को हिला तक नहीं पा रहा था।

सारिका बड़ी-बड़ी आँखों से देखती रही। बोली कुछ नहीं।

वही कोमल हाथ जो उसके माथे पर रेशमी एहसास बिखेरता था, जो उसके तन पर मोरपंखी छुअन फैलाता था, जो स्पर्श मात्र से उसकी रग-रग को जगाता था, इस समय मोहित की कलाई को जकड़े था।

कसरती बदन का मोहित कसमसाकर रह गया, पर अपना हाथ छुड़ा न सका। अंत में बुदबुदाया, "छोड़ो मुझे।"

"छोड़ता हूँ।" कहकर नीरज ने हाथ छोड़ा, तो अपने हाथ को सहलाता मोहित लाल-लाल आँखों से सारिका को घूरने लगा।

नीरज ने शांत स्वर में कहा, "यहाँ मारपीट नहीं। आप वापस जाएँ। आपकी पत्नी को मैं बाहर भेज रहा हूँ। लेकिन मार-पीट वहाँ भी नहीं होनी चाहिए। मुझे अफ़सोस है कि आपकी स्मरण-शक्ति बहुत कमजोर है। अभी-अभी आपने सारिका पर कभी हाथ न उठाने की कसम खाई थी। मैंने आपका हाथ पकड़ा, इसके लिए मुझे माफ़ करिए। मैं दरअसल आपको पाप से बचाना चाहता था।

कसम तोड़ने पर बहुत बड़ा पाप लगता है।''

"थू है सारिका, अब तेरे पास तलाक के कागज ही भेजूँगा।" इतना कह मोहित गुड्डू को खींचता हुआ कमरे से बाहर निकल गया।

"तुम भी जाओ मम्मी। मैं नहीं आऊँगी।" सारिका ने कनक से कहा।

"जँवाई जी, ठहरो। आती हूँ।" कनक चिल्लाई और सारिका की तरफ मुँह घुमाकर बोली, "मैं तुझसे मिलने फिर आऊँगी। अपना सामान समेट लेना। ऐसे नहीं छोड़ने वाली। और तुम..." बटुए से निकाल हेमा की ओर एक पुर्जा फेंका, ''इसमें मेरा फ़ोन नंबर लिखा है। बता देना, मेरी लड़की कब लौटाओगी।''

एक जलजले की तरह आई कनक और अपने निशान छोड़ती हुई चली गई।

एक अनजाना अबोला पूरे घर में व्याप्त था। हेमा और नीरज ने आपस में क्या बातें कीं, सारिका को नहीं पता। पर वे सारिका से बात करने को तैयार नहीं थे।

जब यह माहौल बर्दाश्त से परे हो गया, तो सारिका ने हेमा से पूछा, "माँ, आप मुझसे नाराज हैं?"

"मैं नाराज नहीं हूँ।...'' हेमा मानो उसी की पहल का इंतजार कर रही थी। तुरंत मन का गुबार निकाला, ''...स्वयं को ठगा महसूस कर रही हूँ। अपने मन से सोच, तू लगभग तीन साल से मेरे साथ रह रही है। मुझे अपने विषय में कुछ भी नहीं बताया। मुझे लगता रहा कि तू बेसहारा है। और फिर यह सच्चाई पता चली कि तू घर-परिवार वाली है। मुझे अपनी मूर्खता पर अफसोस हो रहा है। बिना जाने-समझे तुझे अपने घर में रहने ही क्यों दिया?''

''माँ, तुम भी? मुझे अपने साथ रखने का मलाल है तुम्हें! मैं तो तुम्हारी बेटी हूँ।'' सारिका ने लड़ियाकर कहा।

''सच कहूँ तो मलाल अपनी मूर्खता पर है। कितनी मूर्ख थी मैं! तूने जैसा पढ़ाया, मैंने पढ़ लिया। मुझे उसी दिन डिग्गी में पता करवाना चाहिए था कि किसके घर की बेटी-बहू गायब है। सिर्फ एक बार पता करवाती तो तेरा ठिकाना जान जाती। तेरे परिवार से तेरा मिलाप करवा देती तो यह दिन न सामने आता।''

सारिका ने आहत होकर कहा, ''यह दिन सामने आया तो तुम्हारी जायदाद लुट गई? बर्बाद हो गईं तुम? माँ, मैं तुम्हें इतना कमजोर तो नहीं समझती थी।

तुम्हारे बल पर मैं जमाने से लड़ रही थी। तुम मुझे झूठा और धोखेबाज समझती हो। जरा बताओ, यदि मैं तुम्हें उस समय सच बता देती, तो क्या तुम मुझे अपने साथ रहने देतीं?''

''साफ बात है। मैं तुझे तेरे घर पहुँचा देती।''

''इसीलिए मैंने अपना पता-ठिकाना नहीं बताया। मुझे वहाँ जाना ही नहीं है। मैंने अपनी मर्जी से यह रास्ता चुना है।''

हेमा उदास स्वर में बोली, ''मैं जानती हूँ कि तूने उस समय जो निर्णय लिया, वह उन परिस्थितियों में सर्वाधिक उचित था। पर अब बहुत परिवर्तन आ गया है। आज परिवार की खुशी के लिए तुझे अपने पति को एक मौका देना चाहिए। परिवार बहुत कीमती होता है। मैं अपने हाथ से तुझे सजा-सँवारकर यहाँ से विदा करूँगी। हर पल तेरी सुरक्षा की खबर लेती रहूँगी। अब तू अपने घर लौट जा। बता, कब फ़ोन करूँ तेरी माँ को?''

"यह तुम कह रही हो माँ, तुम, जिसने मुझे मरते से बचाया था? तुम अपनी बेटी को मौत के मुँह में कैसे धकेल सकती हो?"

"यदि तुझे वहाँ का माहौल फिर खराब लगे, तो मुझे खबर करना। मैं उन्हें देख लूँगी। पर एक बार यहाँ से जा। वैसे भी हमें कोई अधिकार नहीं कि तुझे अपने साथ रखें। तू गृहस्थ है। यदि तेरी माँ ने पुलिस में शिकायत कर दी, तो हमारी फ़जीहत हो जाएगी।"

"माँ, मैं तुम्हारे साथ खुश हूँ, तो किसी को अधिकार नहीं कि मुझे तुमसे अलग करे। और मेरी मम्मी पुलिस की सिर्फ धमकी दे रही है। वह पुलिस में शिकायत इसलिए नहीं करेगी क्योंकि यह बात समाज में सबके सामने फैल जाएगी कि मैं किन्नर हूँ। यह बात वह सबको क्यों बताना चाहेगी?"

"झूठी लड़की, तू किन्नर नहीं है। यह सच्चाई हम समझ चुके हैं, जान चुके हैं। तेरी जिद की वजह से हम समाज में बदनाम हो जाएँगे।"

"मैं अपने निर्णय ले सकती हूँ। यह कैसा समाज है, जो किसी इंसान को उसकी इच्छानुसार जीने भी नहीं देता?" हताश होकर बोली सारिका।

"देख बेटी, हम सबकी भलाई इसी में है कि तू यहाँ से चली जाए। गृहस्थ का यहाँ कोई काम नहीं। आज न सही कल, तेरा मन ऊबेगा और तू हमें छोड़ देगी। तू हमें छोड़कर जाए, वह दुःख और धक्का हम नहीं झेलना चाहते। बेहतर है, तू अपनी राजी-खुशी और हमारी सहमति से यहाँ से विदा हो।" हेमा ने समझाया।

"गृहस्थ तो तुम भी हो माँ। तुमने भी तो गृहस्थी बनाई है। अपने बेटे को पाला है। परिवार में ही तो रह रही हो।" सारिका ने हेमा से कहा।

"बहस मत कर सारिका। एक किन्नर दूसरे किन्नर को पालता है, तो इसे गृहस्थी नहीं, परंपरा कहते हैं। मैंने परंपरा का निर्वाह किया है। मैंने परिवार का अर्थ नहीं जाना। जब मैंने नीरज को पाया, तब वह चार-पाँच साल का था। मैंने उसे पाल-पोसकर बड़ा किया। अच्छे से अच्छा पढ़ाया-लिखाया। आज मैं अपने बेटे को इतना प्यार करती हूँ कि एक-एक पल अपनी पलकों में रखना चाहती हूँ। बेटा भी मेरी इतनी इज्जत करता है कि उसने कभी सवाल ही नहीं किया कि उसके असली माता-पिता कहाँ हैं। उसने कभी जानना ही नहीं चाहा कि उसके जनक-जननी का धरती पर अस्तित्व भी बाकी है या नहीं। मुझे माँ कहता है और मुझे ही अपना सब कुछ मानता है।''

''तो बुरा क्या है? यही परिवार होता है।''

''हाँ होता है। पर सच्चाई भी यही है कि गर्भ में संतान रखने का अर्थ मैंने कभी नहीं जाना। प्रसव-पीड़ा का सुख नहीं समझा। संतान के लिए रातों को जगने की तपस्या भी मैंने नहीं की। चार-पाँच साल का बच्चा मुझे पला-पलाया मिला था। यह कैसा परिवार हुआ? जब इंसान अपने परिवार के लिए अपने को गलाता है, खटाता है, तभी उनके बीच स्नेह की डोर सुदृढ़ होती है। तू अपने पेटजाए को छोड़ रही है, कितने अफ़सोस की बात है। इस अन्याय को मैं बर्दाश्त नहीं कर सकती। कितना मासूम है तेरा बेटा। लगभग इसी उम्र पर तो नीरज मुझे मिला था और मैं अटूट मोह से बँध गई। कैसी माँ है तू, जो अपने बेटे के प्रति मोह को खत्म कर चुकी है?"

"मैंने मोह खत्म नहीं किया। मुझे मेरे बेटे से जुदा किया गया। जब मेरे दिल से वे सारी भावनाएँ खत्म हो गईं, तो मैं पुनः उस बच्चे को नहीं अपना सकती। उस बच्चे की शक्ल देखती हूँ, तो मुझे लगता है कि वह मोहित का बेटा है। मोहित के प्रति मेरे हृदय में तनिक भी प्यार बाकी नहीं है। वैसे माँ, जब तुम लोग किसी से उसका किन्नर बच्चा छीनते हो, तब तुम्हारी यह भावनाएँ कहाँ चली जाती है?"

"गलत कह रही है तू। छीनते नहीं, हम पराये बच्चे को सँभालते हैं। एक ट्रांसजेंडर ही समझ सकता है इस दर्द को, जिसे उसके परिवार से जुदा किया जाता है। तू सच में ट्रांसजेंडर होती, तो तू इस दर्द को समझती। तेरे लिए किन्नर

होना एक शौक है, एक फैशन है। क्योंकि तू परिवार-गृहस्थी सब कुछ आजमा चुकी है। इस समय तू किन्नर के पेशे को शौकिया अपना रही है। ऐसे में यह हमारा फर्ज बनता है कि तुझे किन्नरों के बीच न रहने दें। मुझे साफ दिख रहा है कि तू एक बार फिर सब छोड़कर अपने घर लौटेगी। तेरा वह छोड़ना हमें तोड़ जाएगा, बेइज्जत कर जाएगा। सारिका, हम टूटना नहीं चाहते। तू अभी ही हमारी दुनिया से दूर हो जा।" हेमा का गला भर आया।

"आपने नीरज के ऊपर विश्वास किया। उसे पाल-पोसकर बड़ा किया। वह आपको छोड़कर चला जाएगा, इस डर से उसे कहीं फेंका तो नहीं।" सारिका झुँझला गई।

"कहाँ जाएगा? एक किन्नर बालक जिसे उसके माता-पिता ने त्याग दिया है, किन्नरों को छोड़कर कहाँ जाएगा? फिर वह कहीं जाना चाहे, तो जाये। मुझे कोई फर्क नहीं।"

हेमा की आवाज की कड़वाहट से वह सिहर उठी। सहमकर बोली, "माँ, नाराज क्यों होती हैं? मैं यहाँ से चली जाऊँगी। केवल बारहवीं की पढ़ाई पूरी होने दीजिए। लेकिन..''

''लेकिन क्या?''

''जब आप मुझे मोहित के साथ भेजने की बात करती हैं, तो बिल्कुल मेरी मम्मी जैसी नज़र आती हैं। उन्होंने भी मुझे इसी तरह मीठे-मीठे शब्दों में भरमाया था और घर-परिवार, ससुराल के सपने दिखाए थे। घर-परिवार, ससुराल का अर्थ वहाँ होता है, जहाँ इंसान को इंसान माना जाए। जहाँ मनुष्य को वस्तु माना जाए और पशु से बदतर हालत में रखा जाए, वहाँ परिवार का कोई अर्थ नहीं रह जाता। मुझे मेरा परिवार कब और कहाँ मिलेगा, नहीं जानती।''

''क्या यह मेरी जिम्मेदारी है?''

''इसके लिए मैं आपको जिम्मेदार नहीं बना रही। मैं चली जाऊँगी, लेकिन कब और कहाँ, यह मैं सोच लूँगी। आप इस वक्त मेहरबानी करके मेरे साथ जबरदस्ती न करें।"

"ठीक है। इसके बाद जब मुझसे बात करना, सिर्फ यह बताने के लिए करना कि तू कहाँ जाना चाहती है।"

"वह मैं आपको अभी बता देती हूँ। मैं डॉली दीदी के पार्लर में रहना चाहती हूँ। आप उन्हें बता दीजिए कि मैं कुछ दिनों बाद उनके पार्लर में रहने लगूँगी।

वहाँ से कहाँ जाऊँगी, यह अभी तय नहीं। लेकिन यहाँ से निकलकर मैं अपने प्रति आपको सारी जिम्मेदारियों से आज़ादी दिला दूँगी।”

“ठीक है।” हेमा ने सिर हिला दिया।

बारहवीं के एग्ज़ाम में छह महीने थे। सारिका का मन पढ़ाई में नहीं लग रहा था। उसे नीरज के साथ बात करने के उचित समय की तलाश थी।

और उचित अवसर था कि सामने आ ही नहीं रहा था।

यों नीरज घर में रहता था। पर इतना व्यस्त कि सारिका की उससे बात करने की हिम्मत नहीं पड़ती। वह उसकी ओर देख तक नहीं रहा था।

घर में जो बर्फ जम गई थी, सारिका की उसे तोड़ने की हिम्मत नहीं थी। प्यार की तपिश गायब! रिश्तों में ठंडापन! नीरज के चेहरे पर हर समय एक गंभीर आवरण बना रहता, जिसे देख सारिका का डर बढ़ जाता।

फिर भी नीरज से संवाद का मौका उसे मिल ही गया।

हरिद्वार में गंगा तट पर मेला लगा। हेमा को उस मेले में जाना था। उसने नीरज से भी चलने को कहा। पर उसने दो टूक मना कर दिया, “माँ, मैं अपना ऑफ़िस रोज-रोज नहीं छोड़ सकता।”

हेमा अकेली निकल गई।

उसी दिन शाम शांता भी किसी काम से घर से बाहर गई। घर में सिर्फ नीरज और सारिका रह गए। सारिका को इससे बेहतर मौका नहीं मिल सकता था। वह नीरज के कमरे में गई। नीरज अपने कागजों में सिर झुकाए कुछ लिखने में लगा था।

“सुनो, मुझे तुमसे बात करनी है।” सारिका ने कहा।

बिना उत्तर दिए नीरज अपना काम करता रहा।

“नीरज, मुझसे क्यों नाराज हो? मेरा कसूर क्या है?”

“न नाराज हूँ, न तुम्हारा कसूर है। हमारे रास्ते अलग हैं। बेहतर है हम इसे जल्द से जल्द समझ लें।” वह गंभीरता से बोला।

“कल तक हमारे रास्ते एक थे। आज कुछ झूठे सच पता चल गए, तो हमारे रास्ते अलग हो गए?” सारिका नीरज के पास वाली कुर्सी पर बैठ गई। “मेरी तरफ देखकर बात करो। क्या प्यार इतना कमजोर होता है कि छोटी-मोटी

हवाएँ उसे उड़ा दें। यदि हवा में इतनी ताकत है, तो आँधी आने तुम क्या करते?"

"क्या मतलब?" नीरज ने नज़रें उठाईं, "क्या कहना चाहती हो?"

"तुम्हें सिर्फ इतनी सच्चाई पता चली है कि मेरे जीवन में तुमसे पहले और भी पुरुष आ चुके हैं। सिर्फ इतनी सी बात से हमारे रास्ते अलग हो गए? यह तो एक छोटी सी हवा थी नीरज। मैं सोचती थी कि यदि मोहित तुमसे मुझे छीनने की कोशिश करेगा, तो तुम हमारे प्यार की खातिर उससे लड़ जाओगे। कुछ भी हो जाए, मुझे उसके हाथ नहीं सौंपोगे। तुमने तो बिना पूरी बात समझे मुझसे मुँह मोड़ लिया। तुम्हारा प्यार प्यार नहीं था।"

"ठीक कहती हो।" नीरज ने गंभीर स्वर में कहा, "मेरा प्यार प्यार नहीं था। बेहतर हुआ, तुम्हें समझ में आ गया।"

"पर मैंने अपने जीवन के सारे सपने तुमसे जोड़ लिए हैं। यदि तुम्हें मुझे अपने साथ नहीं रखना था, तो सपने क्यों दिखाए?"

"इन बातों की यहाँ कोई जरूरत नहीं सारिका। मैं तुम्हें पहचान चुका हूँ।" नीरज ने कठोर आवाज में कहा।

"तुम पहचाने नहीं हो, अपने को ठगा महसूस कर रहे हो। पर मैंने तुम्हें धोखा नहीं दिया। मेरे जीवन में सिर्फ तुम आए हो। किसी को मैंने अपनी जिंदगी में अपनी इच्छा से शामिल नहीं किया। जो जिंदगी मेरी माँ ने थमाई, मैंने मजबूरी में थामी। लेकिन अपने जीवन का मकसद मुझे तुमसे मिलने के बाद ही पता चला। विश्वास करो, मेरे जीवन में जो लोग पहले आए थे, वे सिर्फ पड़ाव थे, मेरा ठिकाना नहीं। नीरज, ठिकाना तलाशते हुए पड़ाव पर रुकना मजबूरी होती है।..."

"हाँ यही। यही कहना चाहता हूँ कि मैं तुम्हारा पड़ाव बनने को तैयार नहीं।"

"तुम पड़ाव नहीं, मेरे जीवन हो। मैंने सिर्फ तुम्हें चाहा है और किसी को नहीं। मोहित मुझे तलाक दे देगा। नीरज, उसके बाद हम शादी कर लेंगे। अब सब अच्छा ही अच्छा सामने है।"

"जब सब अच्छा ही सामने है, तो हमें भी अच्छा होना चाहिए। तुम एक अच्छे घर की लड़की हो, शादीशुदा हो और तुम्हारे पास पति है। तुम अपने पति के पास लौट जाओ। मैं सिर्फ इतना कर सकता हूँ कि तुम्हारे पति को इस बात के लिए राजी करूँ कि वह कभी तुम्हारे ऊपर हाथ न उठाए। पर अब हमारा

तुम्हारा मेल नहीं हो सकता।”

“पर क्यों?”

“क्योंकि किन्नर और लड़की का मेल मेरी निगाहों में सही नहीं। सारिका, जब मुझे लगता था कि तुम भी कहीं न कहीं मेरी तरह अधूरी हो, तो तुम्हें पूरा करने की आस मेरे अंदर ताकत भरती थी। अब मुझे पता चल गया है कि तुम एक पूर्ण स्त्री हो, तो मेरे अंदर का किन्नर और अधिक बलवान हो गया है। मैं स्वयं को और अधिक नपुंसक महसूस कर रहा हूँ। मेरे अंदर का किंपुरुष मुझे तुमसे दूर हटा रहा है, बहुत दूर। सारिका, मैं अपना परिवार बनाऊँगा, शादी करूँगा। लेकिन किसी किन्नर के साथ, तुम्हारे साथ नहीं। मैं उसकी जिंदगी को पूरूँगा, जिसे मेरी सच्ची जरूरत होगी।”

“मुझे तुम्हारी जरूरत नहीं है, तुम ऐसा कैसे कह सकते हो?” सारिका ने हैरत से पूछा, “जबकि तुम अच्छी तरह जानते हो कि मैं एक-एक साँस तुम्हें देखकर लेती हूँ। तुम्हें क्या पसंद है, क्या नहीं पसंद है, इसी आधार पर अपनी जिंदगी जी रही हूँ मैं।”

“सारिका, मुझे सच पसंद है। तुम्हें मुझसे पहले दिन ही सच कहना चाहिए था।''

‘‘मैंने तुम्हें सच इसलिए नहीं बताया कि मुझे लगा सारी बातें सुनकर तुम मुझे अपने जीवन से निकाल दोगे। और ऐसा ही हुआ। देखो, जिस दिन तुम्हें सच पता चला, तुमने मुझे अपने जीवन से काट दिया न!”

“मैंने नहीं, तुम्हारे कर्मों ने सारिका। हर हालत में तुम्हें सच बताना था। जब-जब मैं तुम्हारे झूठ को सोचता हूँ, तब-तब मेरा दिल ग्लानि से भरने लगता है। तुम्हारे ऊपर विश्वास कर तुमसे जुड़ा। बहुत-कुछ अपनी माँ से छिपाया। जानती हो न, किन्नर अपने गुरु और गुरु-माँ की सहमति से ही सारे काम करते हैं। तुम्हारी वजह से मैंने माँ को भी धोखा दिया है। कितना मूर्ख था मैं, तुम्हें सच्चा इंसान समझ रहा था। तुम्हारा पति! तुम्हारा प्रेमी! यदि मैं कल्पना करूँ कि तुमने उनके साथ क्या-क्या किया होगा, तो शायद मैं अंदर ही अंदर जलने लगता हूँ।''

‘‘पर क्यों? उन लोगों ने मेरा शरीर छुआ है, पर मन तक सिर्फ तुम पहुँच पाए हो। फिर ईर्ष्या की क्या बात?''

‘‘सारिका, मैं भगवान नहीं हूँ, सामान्य मनुष्य हूँ और सामान्य भावनाओं से संचालित होता हूँ।”

"मैं गलतफ़हमी में थी। मैं तुम्हें एक पूर्ण पुरुष समझ रही थी, जिसकी अपनी इच्छाएँ और भावनाएँ हैं, जो अपनी समझ से चलता है, दूसरों के हाथों का खिलौना नहीं है। माफ़ करना, मेरी दृष्टि में तुम आज भी वही हो, जो मैंने समझा। हाँ, तुम्हारी नज़रें जरूर बदल गई हैं।"

"पूर्ण पुरुष! आ गई न शरीर की भूख तुम्हारी जुबान पर! एक स्त्री हो, तभी पूर्ण पुरुष की कल्पना में आनंद पाती हो।"

"इसमें शरीर की भूख कहाँ है। इसमें मन की भूख है। मैं तुम्हें जो समझती हूँ, उसी रूप में पाना चाहती हूँ। नीरज, संसार का कोई पुरुष तुम्हारा स्थान नहीं ले सकता। मेरे जीवन में तुम हमेशा तुम रहोगे। चाहे मुझे अपनाओ, चाहे छोड़ दो। पर इस जगह मैं इस सच का साथ नहीं छोड़ सकती। मेरे लिए जीवन के 'संपूर्ण' तुम ही हो। अब यह पुरुष है या स्त्री है या शून्य है, मुझे इससे कोई मतलब नहीं।"

"यह शून्य ही है। हमारा तुम्हारा मेल नहीं हो सकता।"

"प्यार उम्र, स्तर, जाति-धर्म, लिंग-योनि भेद नहीं मानता। नीरज दो लड़कियाँ आपस में शादी कर लेती हैं। दो लड़के एक साथ रहने लगते हैं। और वे सभी अपने जीवन को भरपूर जीते हैं।"

"पर हमारे बीच प्यार है ही कहाँ? मैं तुमसे नफ़रत करता हूँ। तुम्हारे साथ नहीं रहना चाहता। तुम्हें इतनी सी बात समझ क्यों नहीं आ रही? मैंने तुमको एक बार अपनी कहानी सुनाई थी। वह अधूरी थी। मैंने विदेश में उस लड़की को बेतहाशा चाहा था। मेरा प्यार मूक नहीं था। परवान चढ़ा था वह रिश्ता। एक-दूसरे के हाथ में हाथ डाल हमने सपने सजाए। बात संतान तक पहुँची तो मैं चुप। उसे संशय हुआ। मैंने उसे बता दिया कि मैं अपूर्ण हूँ। मैं उसे बच्चा नहीं दे सकता। जैसे ही उसे पता चला कि मैं किन्नर हूँ, उसने मुझे नफ़रत के साथ अपमानित किया। उसके वे ताने आज भी मेरे साथ हैं।''

''यानी तुमने भी मुझसे कुछ छिपाया? तो मैं अकेली ही दोषी क्यों? अब सब भूल जाओ नीरज। हम दोनों मिलकर एक हैं, एक रहेंगे।''

''मैं तुम जैसी औरतों को जानता हूँ। स्वाद बदलने का शौक! प्रेमी, पति और अब किन्नर पुरुष। यानी अधूरा पुरुष! एक नया आनंद। कुछ देकर सुख पाने की कोशिश। तुम सब एक से हो। तुम्हारा समाज सड़ाँध से भरा है। तुम्हारे समाज के तथाकथित पुरुष घर में पत्नी के होने के बावजूद किन्नर स्त्रियों से

संबंध बनाते हैं। इसी तरह तुम एक पति होने के बावजूद मेरे साथ...''

"छिः! क्या बकवास है?" एक पल को सारिका झुँझलाई। फिर उसने अपने को रोका और शांत आवाज में बोली, "मेरा मतलब है कि तुम गुस्से में इस तरह की बात कर रहे हो। मैं जानती हूँ, तुम मुझे जान-बूझकर दुःख दे रहे हो। मत करो इस तरह की बातें। गुस्सा थूक दो।" कहते हुए उसने नीरज के हाथ को छूना चाहा।

"दूर हटो," नीरज गुस्से से पागल हो उठा, "बड़प्पन दिखा रही हो? मुझे लाचार समझती हो? जैसे नचाना चाहोगी, मैं नाचता रहूँगा? तीन साल से मूर्ख बन रहा हूँ, तो आगे भी बनता रहूँगा? तुम एक अभिशप्त औरत हो। तुमने दो पुरुषों के जीवन के साथ खिलवाड़ किया और उन्हें छोड़ तीसरे की तलाश में निकल पड़ीं। मैं तुम्हारा शिकार नहीं बन सकता। निकल जाओ यहाँ से। इसके बाद यदि तुमने कुछ कहा, तो मैं पुलिस को फ़ोन कर दूँगा। निकलो बाहर, फौरन।"

सारिका का चेहरा सफेद पड़ गया। नीरज के कमरे से बाहर निकली और अपने कमरे में पहुँच दरवाजा अंदर से बंद कर लिया। उसकी देह बुरी तरह काँप रही थी।

"मैं जानती हूँ कि तुम्हारे दिल पर ठेस पहुँची है, बहुत ज्यादा ठेस पहुँची है। पर मैं दोषी नहीं हूँ।" वह बुदबुदाई, "तुम्हारा गुस्सा जायज भी है और नाजायज भी है। काश, तुम इतना समझ पाते कि मैं तुम्हें कितना प्यार करती हूँ। मैं तुम्हारे बिना नहीं रह सकती।"

वह जमीन पर बैठ गई और निःशब्द रोती रही। न जाने कितनी देर।

अब हेमा के घर रुकने का कोई औचित्य नहीं था।

हेमा के लौटते ही अपने थोड़े से कपड़े एक बैग में डाल सारिका डॉली के पार्लर चली गई।

डॉली पार्लर में ही थी। हमेशा की तरह मस्त, अपने काम में व्यस्त। देखते साथ खुश होकर स्वागत किया, "तूने मेरे कस्टमर भड़का दिए हैं। जितने लोग आते हैं, तेरे से फ़ेशियल करवाना चाहते हैं। जब मैं कहती हूँ कि सारिका यहाँ नहीं है, तो बेमन से करवाते हैं। अब कभी पार्लर से गायब हुई, तो दोबारा घुसने नहीं दूँगी।"

"दीदी, मैं गायब क्यों होऊँगी? मुझे पार्लर की याद आ रही थी, तभी तो बिना बुलाए चली आई।" सारिका ने मुस्कराते हुए कहा।

"देखते हैं। यह बता, इतने दिन आई क्यों नहीं?"

"पढ़ाई में लगी थी। अब काम करने का मन कर रहा है। पूरी लगन से काम करूँगी। कोई छुट्टी नहीं। रात को यहीं पार्लर में रुका करूँगी।'' सारिका हँसते हुए बोली।

"यहाँ रहेगी? अचानक क्या हो गया सारिका?" डॉली ने चौंककर पूछा, "अभी तेरे पहुँचने से पहले हेमा दीदी का फ़ोन आया था। जानना चाह रही थीं कि सारिका पहुँची या नहीं।"

"दीदी, मुझे रोज आने-जाने में दिक्कत होती है, इसलिए मैं यहाँ रुकूँगी। एक बार ठीक से अपने जॉब को सँभाल लूँगी, तो आगे मुझे ही आराम रहेगा। प्राइवेट पढ़ाई के लिए यहाँ रात को बहुत समय मिल जाया करेगा।" सारिका ने बात खत्म करी।

पार्लर के पीछे बने कमरे में वह बैठी भर थी कि डॉली आकर बोली, "सारिका, तेरी मम्मी का फ़ोन आया था।"

"मम्मी?" वह कुछ न समझी।

"तेरी माँ। कनक नाम बता रही थीं। कह रही थीं, हेमा दीदी ने यहाँ का नंबर दिया है। अभी फिर कॉल करेंगी।"

"क्या? मेरे निकलने की देर नहीं हुई कि...हेमा माँ मेरा पता इधर-उधर क्यों बताती हैं? वह तो चाहती ही हैं कि मैं यहाँ से चली जाऊँ।" सारिका बोली, "दीदी, आगे से मेरी मम्मी का फ़ोन आए, तो मेरे विषय में कुछ बताने की जरूरत नहीं है।"

डॉली हैरत से उसका मुँह देखती रही।

पार्लर में रखे फ़ोन की घंटी फिर बजी, तो डॉली ने फ़ोन उठाने का इशारा किया।

सारिका ने मजबूरन फ़ोन उठाया। दूसरी तरफ से कनक ही थी।

चाशनी घुली आवाज में कनक ने पूछा, "तेरी गुरु-माँ ने फ़ोन किया कि तूने घर बदल लिया है। अब उस घर में नहीं रहती?" कनक की उत्सुकता सीमा पार कर रही थी।

"अपनी बात बताओ मम्मी, क्यों फ़ोन किया?"

"यहाँ लौटने के विषय में क्या सोचा?"

"क्या सोचना है? बता तो चुकी हूँ। बारहवीं पास कर लूँगी। यहीं कहीं जॉब पा जाऊँगी। तुम समझ क्यों नहीं रही?"

"समझ तो सब रही हूँ, इतनी नासमझ नहीं हूँ। पर चाहती यही हूँ कि तू समझदार बन। नौकरियाँ दिल्ली में भी कम नहीं है और डिग्गी में भी हाथ के काम की कद्र है। कहीं भी बस सकती है। मैं दोबारा फ़ोन करूँगी।" कहते हुए कनक ने फ़ोन रख दिया

सारिका न जाने कितनी देर रिसीवर थामे पत्थर की मूरत बनी खड़ी रही। डिग्गी से अपनी जिंदगी के रास्ते किस तरह अलग करे, वह समझ नहीं पा रही थी।

"दीदी, आगे से इनका फ़ोन आये, तो कह देना सारिका यहाँ नहीं है।" डॉली से विनती करी।

पर यह एक दिन की समस्या नहीं थी। कनक का फ़ोन तो आए दिन की बात हो गया। कनक की तहकीकात से ऊबकर डॉली सारिका के हाथों रिसीवर थमा देती। उसे मजबूरन बात करनी पड़ती। कनक का एक ही कहना था, ''बता कब लौटना चाहती है? मैं तुझे लेने आ जाऊँगी।''

"मम्मी, मुझे बारहवीं का पर्चा देना है। कहीं भी आने-जाने की बात मैं उसके बाद ही सोचूँगी। अभी मुझे तंग मत करो।" हारकर कहना पड़ा।

अन्तर्द्वन्द्व के बावजूद सारिका की निपुण अंगुलियों से एक-एक चेहरा ऐसा सज जाता, मानो किसी चित्रकार ने अपने चित्र को सँवारा है। मन में क्या घट रहा है, सारिका इसे चेहरे पर नहीं आने देती। न अपने चेहरे पर, न पराए चेहरे पर। होंठो पर एक मुस्कान सजाए सामने बैठे इंसान की थ्रेडिंग-वैक्सिंग-फ़ेशियल करती रहती। बालों की कटिंग जानती थी, तो कटिंग करके सामने बैठे इंसान का हुलिया निखार देती।

उसकी निपुणता देख डॉली धीरे-धीरे उसके ऊपर निर्भर होती चली गई। सारिका और लीना पार्लर सँभालने लगे।

एक दिन डॉली ने स्वयं को अस्वस्थ महसूस किया। डॉक्टर के पास गई। कई जाँचों के बाद पता चला कि वह असाध्य बीमारी से पीड़ित है।

उसकी देखभाल में सारिका ने दिन-रात एक कर दिया। अपनी सुध भूल बस डॉली के पास ही बैठी रही। पर ईश्वर को कुछ और ही मंजूर था। कुछ दिनों के इलाज के बाद डॉली ने दुनिया छोड़ दी।

एक बार फिर सिर छुपाने की समस्या सारिका के सामने थी। 'अब वह कहाँ जाएगी?' यह प्रश्न नहीं, महाप्रश्न था। स्पष्ट था कि वह जान-बूझकर गलती नहीं करती। किंतु हर ठिकाना उसे अपने पास से हटा देता है।

सारिका को कहीं जाने की जरूरत ही न पड़ी। पता चला कि प्राण त्यागने से पहले डॉली ने वसीयत में पार्लर का संचालन सारिका के नाम लिख दिया है, 'दुनिया का सौंदर्य बना रहे, इसलिए मैं चाहती हूँ कि मेरा पार्लर चलता रहे। दिल, दिमाग और शरीर से सुन्दर सारिका मेरी बात समझती है। संसार के सौंदर्य को निखारने में वह मेरे पार्लर के जरिये हमेशा प्रयत्न करती रहेगी।'

डॉली के अंतिम संस्कार के कुछ दिनों बाद पार्लर पहले की तरह चलने लगा और सारिका उसी तरह से काम में जुटी रही। जो पैसा आता था, हेमा के खाते में डाल देती।

एक दिन पार्लर आकर हेमा ने सवाल किया, ''तुझे अपनी माँ के पास जाना है?''

''माँ के साथ ही तो खड़ी हूँ।''

''हूँ,'' हेमा मुस्कराई, ''कैसी है?''

''अच्छी। और आप? नीरज?''

"अच्छे हैं हम। यह बता, तू अपने लिए पैसा रखती है न?"

"नहीं माँ, जब मूलधन ही मेरा नहीं है, तो कमाई अपने पास क्यों रखूँगी?"

"सारा दिन मेहनत करती है, कुछ पैसा अपने पास बचा लिया कर।"

"मेहनत के बदले रोटी और ठिकाना पा रही हूँ।"

"नये कपड़े-लत्ते या कुछ और लेने का तेरा मन नहीं करता?" हेमा मुस्कराई।

"नहीं माँ, जब मन करेगा, आपसे पैसा माँग लूँगी। अभी जरूरत नहीं है। पढ़ाई में ध्यान है, तो पार्लर के बाद पढ़ने में ही लगी रहती हूँ।"

"मैं तेरे नाम से खाता खुलवाने जा रही हूँ। उसी में तेरा पैसा डाल दिया करूँगी। अपना पैसा जमा कर। काबिल बन, अपने पैरों पर खड़ी हो। हम जीवन

भर तुझे अपने साथ नहीं रख सकते।"

"अपने पैरों पर तो अभी भी खड़ी हूँ माँ। और तुम मुझे जीवन भर सँभालोगी, मैं जानती हूँ।" कहती हुई सारिका मुस्करा दी।

हेमा के चेहरे पर कोमलता थी।

दोनों के बीच में आई बर्फ की दीवार पिघल रही थी।

समुद समाना बूँद में

आस-बूँद, प्रेम-मोती
सपन-सीप, लगन-ज्योति।
कहते हैं
मन कभी नहीं मरता
जो मर जाए मन,
तो मनुज कहाँ बचता है?
मेरा कुछ बहुत अपना
छूट गया, तुम्हारे आँगन
वापस कर दो एक बार
मेरा वही बावला मन।
पाकर स्वयं को
मैं तृप्त, चिर तृप्त
गाऊँ गीत
तृप्ति संगीत।
पर ऐसे में
तुम्हें कैसे पाऊँगा,
खो गया मेरा सागर
बूँद भर पानी में
सागर को खोजूँगा
या बूँद बन जाऊँगा?

'तेरी समस्या क्या है?' बहुत बार का सुना प्रश्न फिर सामने। बहुत पुराना प्रश्न। और उत्तर नदारद। सारिका के होंठो से नदारद या दिमाग से? या सृष्टि के पटल से ही?

जो हो, कनक के प्रश्न का उत्तर सारिका के पास नहीं है। क्योंकि वह जानती है कि कुछ चीजों का अस्तित्व नहीं होता।

परंतु जिनका अस्तित्व नहीं होता, उनकी सर्जना तो की जा सकती है। कहीं से एक सूत्र भी मिले, तो वह उत्तर की सर्जना कर लेगी। पर इस समय वह सूत्र सामने नहीं है। बिना किसी आधार के वह कैसे समझ पाए कि उसकी समस्या क्या है।

उलझी रह जाती है वह। उलझन कैसे दूर हो? सर्जना के सारे रास्ते तो वह स्वयं बंद कर रही है।

किन्नरों के बीच रहना! किन्नरों जैसा आचरण करना! क्या पता वह खुद किसी दिन किन्नर बन जाए।

किन्नर ब्रह्मा की छाया।

किन्नर का अपमान—ब्रह्मा का अपमान।

क्या अच्छा नहीं होगा किन्नर बन जाना?

किंतु किन्नर तो निर्वंश होते हैं। क्या करेगी सारिका उनके जैसा बनकर?

वैसे वंश चलाकर क्या करेगी? किसका वंश चलायेगी? किसे जरूरत है उसकी?

फिर? फिर उलझन ही उलझन।

सब कुछ के बावजूद इसमें दोराय नहीं कि वह किन्नरों के बीच रम चुकी है।

और किन्नर भी उसे अपना चुके हैं।

पर कितना?

और कैसे?

डॉली के गुजर जाने के दो महीने बाद की बात है।

एक दिन सरगम अचानक चली आई। आते साथ बोली, "आज पार्लर बंद। तुझे दिन भर मेरे साथ रहना है। चल, तैयार हो जा। कहीं घुमा लाऊँ।"

सारिका ने तुरंत मना किया, "बाहर नहीं। आज पार्लर की पूरे दिन की छुट्टी है। पर बाहर जाने का मन नहीं है।"

''चल भी। म्यूज़ियम, पार्क, झील, कोटा बैराज कहीं भी चल। घूमेंगे, फ़ोटो खींचेंगे, बाहर खाना खाएँगे।''

''न। आराम का दिल है। शरीर थका-सा है। साथ में चाय पियेंगे।''

"ओ के। जैसा तुम चाहो।" इतना कह सरगम अपने मोबाइल पर मैसेज देखने लगी।

सारिका चाय लाई, तो दोनों ने अपना-अपना कप उठा लिया। सरगम मैसेज देखती रही। सारिका एक पत्रिका के पन्ने पलटने लगी।

''यहाँ तुम्हारा मन कैसे लगता है?'' अचानक सरगम ने पूछा।

''मन लगाने के लिए बहुत कुछ है। अपनी पढ़ाई, पार्लर का काम, भविष्य की योजनाएँ। मन लगा रहता है।"

"पर ऐसे अकेले-अकेले रहना! तुम अपनी मम्मी की उस दिन की हरकतों से इतना टूट क्यों गईं? सबको छोड़कर यहाँ क्यों रहने लगीं?"

''मैं नहीं टूटी, माँ और नीरज नाराज हो गए। जब कोई अपने को पसंद न करे, तो उनके बीच रहना अच्छा नहीं लगता। यों भी उन्हीं ने यह जगह दी है मुझे। सब कुछ उन्हीं लोगों का दिया है।''

"हाँ, यह एकांतवास भी। एक पार्लर के अंदर अकेले पड़े रहना! सारिका, यह सब अच्छा नहीं है।"

"जाने दो, उन्होंने मेरे सारे दुःख दूर किये हैं। उन्हें इस बात से धक्का लगा कि मैंने उन्हें सब कुछ सच-सच नहीं बताया। ऐसा होता है कभी-कभी। सरगम, मैंने तुमसे कोई बात नहीं छिपाई थी और उन्हें मैं सच बताना नहीं चाहती थी। बस इतना सा भेद था हमारे बीच।"

"हाँ। यही बात है।"

''कुछ चीजें ऐसी होती हैं, जिन्हें हम अपने दोस्तों के साथ बाँट लेते हैं, पर अपने परिवारवालों को बताते हुए हिचकते हैं। माँ और नीरज इस सच को नहीं समझ सके। कोई अंतर नहीं पड़ता है। अच्छा ही रहा, बात जितना बाद

में खुलती, उतना ज्यादा बतंगड़ बनता।"

"सच कह रही हो। इस तरह की बातें जितनी जल्दी स्पष्ट हो जाएँ, उतना अच्छा है। जहाँ कुछ नहीं हो, वहाँ बात छिपाने का यही अर्थ निकलता है कि हमने चोरी भी नहीं की और हम अपनी चोरी को छिपा रहे है। सब खुल गया, बात खत्म, पैसा हजम। जिसे नाता रखना हो, रखे, जिसे नहीं रखना, वह न रखे।" सरगम बोली।

"हाँ।" सारिका भी हँसने लगी। "अब कम से कम भेद खुलने का डर तो नहीं रहा। सब कुछ खुलेआम है।"

"तुम्हें मोबाइल पसंद है? एक दिन तुम नीरज से माँग रही थीं।" सरगम ने अचानक पूछा। "चलो, तुम्हारे लिए एक बढ़िया मोबाइल खरीदने चलें।"

"अब जरूरत नहीं है। यहाँ का लैंडलाइन फ़ोन बढ़िया काम करता है। जरूरी बातें उसी से हो जाती हैं।''

''बातें नहीं, मोबाइल पर तो और भी बहुत-कुछ होता है। सोशल मीडिया से जुड़ने का साधन है मोबाइल। उसके जरिए मन लगा रहता है।

''यदि मोबाइल किसी इंसान को संग-साथ दे सकता, तो किसी को दूसरे इंसान की जरूरत ही न रहती। मोबाइल सिर्फ सामाजिक दायरे को अपने पास लाता है। और जिसका कोई सामाजिक दायरा हो ही नहीं, वह जबरन किसके साथ समय बिताए? सरगम, तुम टेंशन मत लो। जो नसीब में लिखा हो, वही होता है। तुम सुनाओ, आजकल कहाँ रह रही हो? अरविंद से मिलती हो या नहीं? शादी का इरादा पक्का हुआ या नहीं? तुम्हारी मम्मी कैसी हैं? और बाकी लोग?"

"इतना सब पूछ लिया, यह नहीं पूछा सरगम तुम कैसी हो।" उसे गहरी नज़रों से देखते हुए सरगम ने उलाहना दिया।

सारिका संकुचित हो गयी, "अरे बाबा, गलती हुई, अब बता दो कैसी हो?"

"अच्छी हूँ, बहुत अच्छी। सारिका, कई बार अजीब सी बातें जिंदगी में घट जाती हैं। ऐसी बातें, जिनके बारे में हमने पहले कभी नहीं सोचा होता है। जब सामने पाते हैं, तो दंग रह जाते हैं। सच, एक बार फिर लगने लगा है कि दुनिया खूबसूरत है।''

''ऐसा क्या हो गया?'' सारिका एकाएक सशंकित हुई।

''रेडीमेड कपड़ों का मेरा बिज़नेस यहाँ कोटा में अच्छी तरह चलने लगा

है। दो महीने मैंने कपड़े सिलवाकर ऑनलाइन बेचे। अच्छा रिस्पॉन्स मिला। अब बुटीक खोल रही हूँ। तुम्हारा साथ मिला, तो देखना, मैं कहाँ से कहाँ तक जाऊँगी। तुम मेरे बिज़नेस से जुड़ोगी? बाहर की दुनिया देखने का मौका मिलेगा। शोहरत-पैसा, घूमना-फिरना, मस्ती?''

"नहीं। मैं यहाँ खुश हूँ। यहाँ से कहीं नहीं जाना चाहती।"

''बाहर निकलो। जिंदगी से जुड़ो। तुम इतनी जिद्दी क्यों हो? तुमने अपना प्रेमी छोड़ दिया, पति छोड़ दिया, मैं तुम्हें गलत नहीं कहती। लेकिन एक बार बाहर की दुनिया से जुड़ो। इसी कमरे में तुमने मुझे जिंदगी से जुड़ने को कहा था, मेरे पास तुम्हारे लिए यही सलाह है।"

"मैं यहाँ खुश हूँ।''

''तुम खुश नहीं हो। तुम स्वयं को भरमा रही हो।''

''जरूरत नहीं रही किसी भ्रम की। आगे की जिंदगी के लिए बहुत सी योजनाएँ हैं मेरे पास। जब मदद की जरूरत होगी, बता दूँगी।"

''ठीक है। तुम्हारे लिए मैं हमेशा हाज़िर हूँ। चाहो तो जीवन भर मेरे साथ रह सकती हो। दो सखियाँ एक साथ आसानी से रह सकती हैं।''

सारिका हँस दी।

पार्लर में रहते सात-आठ महीने हो गए।

कनक, मोहित और गुड्डू से मुलाकात के बाद काफी घटनायें घटीं। बेचैनी भी काफी रही। पर अब सारिका शांत थी।

कॉपी-किताब, पेन-पेंसिल की हर जरूरत शांता ने देखी। प्रवेशपत्र लेने लीना साथ गई। पर्चे देने गई, शांता के साथ।

बारहवीं के एग्ज़ाम दे दिए। नतीजा भी आ गया। सफलता पाकर वह खुश थी।

हेमा ने भाव-विह्वल होकर कलेजे से लगा लिया, 'बेटी, तूने मेरी लाज रख ली' कह बार-बार आशीष दिया। सरगम ने अपने बिंदास तरीके से बधाई दी, आगामी जीवन के लिए शुभकामनाएँ भी दीं।

पर जिसका इंतजार था, वह यानी नीरज नहीं आया। यहां तक कि शांता ने यह चिंता व्यक्त की कि सारिका को बी.ए. का फ़ॉर्म भरना है। पर किसी

ने नीरज के विषय में न कुछ बताया, न उसकी पूछने की हिम्मत पड़ी।

उसने पार्लर के काम में अपने को झोंक दिया। कई जड़ी-बूटियाँ आस-पास के शहरों से मँगवाई। देसी विधि से पार्लर का संचालन करना शुरू किया।

पूरे पार्लर में अजीबोगरीब नारे लिख दिए–

'हम भीख नहीं माँग सकते, अपनी मेहनत का खाएँगे।'

'हम अपाहिज नहीं हैं, इसलिए अपने पैरों पर खड़े होकर दिखाएँगे।'

'कमी ऊपर वाले की तरफ से हुई है, तो पूर्ति भी वही करेगा।'

''हमारी ज़िंदगी में दखल मत दो। हमें हमारा जीवन जीने दो।'

'ताली की आवाज कुछ कानों तक जाती है, गाली भी कम दूरी तय कर पाती है। हम अपनी आवाज मनुष्यता तक पहुँचाएँगे। सितारे छूना हमारा लक्ष्य है, हम सितारे जमीं पर उतार लाएँगे।'

''मनुष्यता हमारा अधिकार है, क्योंकि हम मनुष्य हैं।''

''यह गर्व की बात है कि हम मनुष्य हैं।

किन्नर समुदाय का जो सदस्य पार्लर में आता, कुछ नया-सा महसूस करता। अलग-सी बातें, अलग-से संदेश। अपने अस्तित्व का एहसास, अपने ऊपर गर्व।

"सारिका, तेरी बातें हमें जीवन से जोड़ती हैं।" एक बार रूपाली ने कहा।

"रूपाली दीदी, इस वाक्यों की सार्थकता तभी है, जब एक-एक मनुष्य समाज की उन्नति में अपनी भूमिका को पहचानें।" सारिका बोली।

"कैसी भूमिका?"

"पुरुष पुरुष है, तो सिर्फ पुरुषों के कर्तव्य का पालन करेगा। स्त्री स्त्री है, तो वह सिर्फ स्त्री-धर्म निभाएगी। लेकिन किन्नर स्त्री भी है और पुरुष भी। क्या वह सबसे ज्यादा जिम्मेदार नहीं साबित हुआ? क्या ईश्वर ने उसके ऊपर सबसे ज्यादा जिम्मेदारी नहीं डाल दी?"

"सच कहती है। इस तरह देखेंगे, तो हम अपने जीवन की कीमत समझेंगे।" रूपाली ने स्वीकार किया।

"दीदी, अपने अधूरेपन को उत्साह के साथ जीते हुए पूर्णता की ओर बढ़ते रहो। आप हस्तकला सीखो, संगीत-नृत्य में पारंगत बनो, ठीक है। खुशियों में जाओ, बधावा गाओ, यह भी अच्छा है। हमेशा जीवन के प्रति सकारात्मक रहो। लड़े-झगड़े बिना आगे बढ़ने का प्रयास करो। यह मानकर चलो कि ईश्वर हमारे साथ है।"

"नहीं, ईश्वर हमारे साथ नहीं है। यदि विधाता हम पर कृपालु होता, तो समय कुछ और होता।"

"समय बदलेगा। पहले आप तो बदलो। समाज से जुड़ने की कोशिश करो। यह हमारा समाज है। इसमें अपने अस्तित्व को हम प्रारूप देंगे। हमें अपने कर्तव्य और अधिकार स्वयं समझने होंगे। हम एक बनी-बनाई लीक, बनी-बनाई परिपाटी पर चलते चले जाते हैं। किन्नर जन्म लेते हैं और उसके बाद नाच-गाकर अपने जीवन की इतिश्री समझ लेते हैं।"

"तो और क्या करें? सभाओं में जाकर भाषण देने लगें? कौन सुनेगा हमें? धक्का देकर हटा देंगे। कोई हमारी सभा में आएगा ही नहीं।" रूपाली ने बहस की।

"ऐसा नहीं है। समझदार इंसान हमें अपने समान मानता है। हमें इस्तेमाल नहीं करता, बल्कि हममें से ही किसी को समाज का संचालन भी सौंपता है। दीदी, कई किन्नर चुनाव में खड़े होते हैं। कई जीतते भी हैं। बहुत नाम है, ऐसे अग्रणी किन्नरों का। उन्होंने कोशिश की, तो मनोवांछित लक्ष्य पाया। आप कोशिश करेंगी, तो आप भी पाएँगी।"

"सब कहने की बातें हैं।" रूपाली ने मुँह बनाया।

"ऐसा नहीं है, यह समझने की बात है। हाथ-पाँव, आँख-कान, दिमाग से लाचार लोग भी दुनिया में अपना जीवन जीते हैं, तो जननांग दोषी को अपना जीवन जीने में क्या रोक? एक ऐसा अंग, जो कपड़ों में छुपा है, हम दुनिया के सामने क्यों ले जाते हैं? हमें अपने मन को सशक्त करना होगा। दीदी, कोई भी इतना शक्तिशाली नहीं होता कि हमें संचालित कर सके। हमें हमारा मन संचालित करता है। मन में ताकत लाओ। अपनी ताकत को पहचानो।''

''क्या मतलब?''

''किन्नर होना न गुनाह है, न सजा। किन्नर होना बस एक घटना है, जो घट गई। अब उस घटी हुई घटना पर कितनी देर सोचा जाएगा? वैसे भी अब माता-पिता अपने जननांग दोषी बच्चे को अपने साथ रखकर पढ़ाना-लिखाना पसंद करते हैं। अब जननांग दोषी इंसान बहुत ऊँचाइयाँ छू रहे हैं। अब अपनी आजीविका के लिए क्या हमें सामान्य लोगों को अपने समुदाय में शामिल करने की जरूरत नहीं। इस मिथक को तोड़ना होगा कि किन्नर समुदाय अच्छे-खासे पुरुषों को अपने में शामिल कर लेते हैं।" सारिका बोली।

"झूठ है यह। सच यह है कि कई लोग अपने घर-परिवार की जिम्मेदारी से बचने के लिए हमारे बीच शामिल हो जाते हैं। ऐसे बने हुए किन्नरों का आचरण बनावटी ही नहीं, घृणित भी होता है। दूसरी ओर कुछ लोग तन से सामान्य होते हुए भी मन से किन्नर होते हैं, उनकी बात अलग है। मन से किन्नर होना गुनाह नहीं। पर लोग यहाँ भी हमें चैन से जीने नहीं देते, जबकि अपने मन के अनुसार अपना लिंग चुनना मानवाधिकर में आता है।" रूपाली ने आक्रोश व्यक्त किया।

''वह ठीक है। पर हमें किन्नर बच्चों को उनके माता-पिता से अलग नहीं करना चाहिए। वे अपने घर में ही पढ़ें और एक सामान्य जिंदगी जिएँ, यही अच्छा है। तभी किन्नर और बाकी समाज का भेद मिटेगा।"

"हम बच्चा छीनते नहीं, यह तो परंपरा है। हमें वे बच्चे मिल जाते हैं। अब माता-पिता राजी से दें या बेमन से, किन्नर बच्चे तो किन्नर समाज में ही पलेंगे।''

"इसी को खत्म करो। पूरे समाज को एक करो।"

"किन्नर-परंपरा खत्म नहीं हो सकती। यह ईश्वर की लीला का रूप है।''

''हाँ, मैं खत्म करने को नहीं, मुख्यधारा के साथ जुड़ने को कह रही हूँ।'' सारिका ने कहा।

''सब कहने की बातें हैं। कौन जोड़ेगा हमें बाकी समाज से? अब तो समय और आगे जा चुका है। बारह-पंद्रह साल के बच्चे तक समझने लगे हैं कि उनका रुझान किस तरफ है। कितने ही बच्चे खुद आकर गुरु-माँ के पैर पकड़ लेते हैं कि हमें अपने समाज में ले लो। ऐसी हालत में माता-पिता अपने बच्चों की खुशी समझकर हमारे बीच में दखलंदाजी नहीं करते हैं। और आज भी ऐसे माता-पिता हैं, जो अपने जननांग-दोषी बच्चे से कतराते हैं। ऐसे माता-पिता अगर खुशी से अपना बच्चा हमें सौंपना चाहें?" रूपाली ने प्रश्न किया।

"तो उस बच्चे को कलेजे से लगाकर जो तृप्ति मिलेगी, उसका कहना ही क्या।" सारिका मुस्करा पड़ी। "एक नया मेहमान हमारे घर आयेगा, तो क्या हम उसे सिर-आँखों नहीं बैठाएँगे।"

"कई बार किन्नर बच्चा अपने परिवार के साथ रहना चाहता है, माता-पिता उसे अपने साथ रखना चाहते हैं। पर समाज की तानों से डरकर बच्चा परिवार से बचकर हमारे पास चला आता है। उसे सहारा देना हमारा फर्ज है। हाँ, जो बने हुए किन्नर होते हैं, उन्हें हमारा समाज नकार देता है। कई बार किन्नर के

दो समूहों के बीच इसी बात पर मारा-मारी हो जाती है, क्योंकि बने हुए किन्नर सच्चे किन्नर का हक मारने लगते हैं।”

“सही कहती हो दीदी। मैंने भी बनावटी लोगों को बहुत नजदीक से देखा है। मेरे मायके में बिंदेश्वर नाम का लड़का रहता था। उसने किन्नर बनकर अपने बीवी-बच्चों का जीना मुहाल कर दिया। फर्जी किन्नर बनकर इधर-उधर खुशियाँ तलाशता रहा। बिना यह सोचे कि उसके ऊपर पत्नी और बच्चों की पूरी जिम्मेदारी है। वह मन से किन्नर नहीं था, इसे मैं लिखकर दे सकती हूँ। क्योंकि उसने सारी जिंदगी अपने पुरुष होने का डंका पीटा, अपनी गृहस्थी का मजा लिया। और जब जिम्मेदारियों को उठाने की इच्छा खत्म हो गई, तो नाचने-गाने, मस्ती करने के लिए किन्नरों से जुड़ गया।” कहते-कहते सारिका सोच में डूब गई।

हाथ चलते रहे, पर दिमाग कहीं और जा चुका था।

वह बिंदेश्वर को गैरजिम्मेदार साबित कर रही है। स्वयं क्या है? क्या वह भी बिंदेश्वर की तरह बनी हुई किन्नर नहीं है? अपना बच्चा, अपना परिवार छोड़कर आ गई है। पति और माँ के बार-बार बुलाने पर भी लौट नहीं रही है। क्या है वह?

‘मैं दोषी नहीं हूँ।’ वह मन ही मन बोली, ‘मेरे सारे रास्ते बंद किए गए थे। मुझे मरने के लिए बाध्य किया जा रहा था। मैंने सिर्फ जीने का रास्ता तलाशा है। मेरा कोई कसूर नहीं। मेरा बच्चा सुरक्षित है, मैं जानती हूँ। मोहित को मेरी जरूरत नहीं। उसे मेरा प्रेम नहीं चाहिए। उसे जो चाहिए, रजनी से पा चुका है। मैं अपने को मिटने से बचा पाऊँ, इतना काफी है। मुझे जिस रास्ते नहीं जाना, उसके विषय में सोचने की जरूरत नहीं है।’

जिन बातों से बचना चाहो, जब वही बातें सामने आ जाएँ, तो अपने ऊपर तरस आता है।

सारिका ने दिन में बिंदेश्वर, कनक, मोहित को याद किया। दिन बोझिल बन गया।

फिर रात के आठ बजे पार्लर बंदकर, खाना-पीना निपटाकर सोने की तैयारी कर रही थी।

अचानक फ़ोन की घंटी बजी। कनक का नंबर देख वह असमंजस में पड़

गई। फ़ोन उठाया जाए या नहीं? पर घंटी लगातार बजती रही, तो हारकर फ़ोन उठा लिया।

"हलो कौन?" जानते-बूझते भी प्रश्न किया।

"सारिका, मैं मम्मी।" कनक की आवाज थी।

एकबारगी दिल भर आया। "मम्मी, कैसी है तू?" मुँह से निकला।

"मैं अच्छी हूँ। तू बता बारहवीं का नतीजा क्या रहा?"

"अच्छा रहा। फ़र्स्ट डिवीजन बहुत अच्छे नंबरों से पाई है मैंने। अब बी. ए. की प्राइवेट परीक्षा की तैयारी कर रही हूँ।" सारिका ने उत्साह से बताया।

"वह सब ठीक है। तू अपना सामान तैयार कर ले। मैं कल सुबह तुझे लेने आ रही हूँ। समझ रही है न? आस-पास वाले बहुत बातें बना रहे हैं। एक बार दिल्ली आ जा। यहीं से मोहित तुझे लिवा ले जाएगा। सबके सामने विदा करूँगी, तो कहने वालों का मुँह बंद हो जाएगा। तू सामान तैयार रख। मैं कल लिवाने आऊँगी।"

"नहीं मम्मी, अभी नहीं।" सारिका ने विरोध किया।

"तेरी समस्या क्या है? मैं आ रही हूँ। कल सुबह।" कहकर कनक ने फ़ोन काट दिया।

हवा हो गई सारिका की आँखों से नींद।

एकटक देखती रही, सामने वाली खाली दीवार को। खाली दीवार पर लिखी एक अनकही दास्तान।

पूरी रात जगते कटी। एक जगह बैठी सोचती रही, अपने जीवन की पूरी कहानी। स्पष्ट है, अब और नहीं बच सकती। अब सामना करना ही होगा। सच का। सच से जुड़ी सभी बातों का।

सुबह उठकर जैसे तैसे नहाना-धोना किया था। एक कप चाय पेट में उतारी ही थी कि दरवाजे की घंटी बजी।

दरवाजा खोला, तो कनक सामने थी।

सारिका सूनी नज़रों से देखती रही। कनक पार्लर के अंदर आ गई।

"क्यों जी रही है ऐसा जीवन?" कनक ने प्रश्न किया।

"कैसा?" अजनबी-सी आवाज़!

"अकेलेपन से भरा। न कोई संगी, न कोई साथी। उस किन्नर माँ ने तुझे अपने घर से निकाल दिया न! तू दिन-रात इसी पार्लर में पड़ी रहती है न! क्या बुराई है मोहित के पास लौट जाने में? भला हो उस लड़के का, जो तेरे सारे पापों को माफ़ कर रहा है।"

"मैंने उससे माफ़ी कब माँगी?" आवाज़ तनिक पहचानी लगी।

"एक बार झुककर माँग लेती, छोटी तो न हो जाती।"

"मम्मी!" आवाज़ रुक सी गई।

"कह-कह।" कनक ने उकसाया। पर सारिका का बंद मुँह न खुला।

"चल, वापस चल। मोहित के पास।" कनक ने कहा।

"नहीं जाऊँगी।"

"सारिका,...कारण तो बता, ऐसा क्या हो गया, जो तूने उस घर को एकदम ही छोड़ दिया? मैंने पूरे चाव से तेरी शादी की थी और तू अपनी गृहस्थी में रम भी गयी थी। ऐसा घर ढूँढ़ा था मैंने, जो सात जन्म तपस्या करने पर मिलता है। और तूने..."

सारिका अपने होंठ काटती रही। वह मुँह खोलना नहीं चाह रही थी। कनक ने फिर उकसाया, "कह सारिका, क्या कहना चाहती है, क्या है तेरे मन में! कारण बता, तूने उस घर को क्यों छोड़ दिया?"

ठंडी साँस लेकर सारिका ने हिम्मत सँजोई और कहना शुरू किया, "मम्मी, सारी शुरूआत तुम्हारी तरफ से हुई। तुमने आकाश चाचा के साथ मिलकर अपना नया बिज़नेस, समाज-सुधार चालू किया। उसका असर मेरी गृहस्थी पर पड़ा। मेरे ससुराल वालों को लगा कि तुम पैसा कमाओगी और अपने बेटे-बहू को खिलाओगी। उन्होंने अपना हिस्सा माँगा। तरीका थोड़ा अलग था। तुम्हारे आचरण पर इल्जाम लगाना, हमारे विषय में गंदी-गंदी बातें करना उनका रोज का काम था। दहेज नहीं पाने का ताना हमेशा देते रहे। लानत-मलामत, गाली-गलौज, यही जानते हैं वे लोग।"

"कोई उनके लिए कमा रही थी, जो उन्हें खिलाती?" कनक तमतमा उठी।

"मैंने भी उनसे यही कहा कि मेरी माँ जो चाहेगी, वही करेगी, वह किसी के बसाये नहीं बसती है। इतना भी नहीं सुन सके। मुझे पीटना शुरू कर दिया। महीनों चला यही राग। कितना पिटती? मर जाती। मरने से बचने के लिए भागना पड़ा।"

"तुझे जरूरत क्या थी मेरी वजह से अपनी गृहस्थी में आग लगाने की? सारिका, कोई किसी के बुरे का जिम्मेदार नहीं बनता, तो मैं भी तेरे बिगड़े की जिम्मेदार नहीं।" अपने ऊपर इल्जाम आता देख कनक सतर्क हो गई।

"मेरे बिगड़े की जिम्मेदार तुम कभी नहीं रहीं। मैंने तुमसे बार-बार कहा, 'मुझे वापस बुला लो।' पर तुमने मुझे अपने घर में सिर छुपाने की जगह देने से इनकार कर दिया। मेरे ससुराल वाले पहले ही कौन से अच्छे थे। और तुम्हारे उस कदम से उन्हें और दम मिला! मेरी बेइज्जती करके उन्हें संतोष मिलता था। क्या बताऊँ किस हद तक गिरे? तुम्हें मालूम है, वह कमीना मोहित मेरे पलंग पर दूसरी को लेकर सोया? मैं पूरी रात ठंड से काँपती जमीन पर बैठी रही। उन्हें देखती रही। उसे फर्क नहीं था। मैं ऐसे आदमी के पास वापस नहीं जा सकती।"

"हाँ, उसने मुझे बताया कि उससे कुछ गलती की, जिसकी वजह से तू नाराज हो गई। वह माफ़ी माँग रहा है। अपनी गलती मान रहा है।"

"एक बात बता मम्मी, तू चली जाती? अगर तेरा आदमी दूसरी कर लेता, तेरे बिस्तर पर कपड़ों के बिना दूसरी के साथ..."

"जुबान बंद।" कनक ने बात पूरी नहीं होने दी। सारिका के गाल पर थप्पड़ मार दिया।

"मार ले मम्मी, मार ले। पर इतना याद रखना, तू सच से दूर नहीं जा सकती। सच यही है कि मोहित दूसरी कर चुका है। तूने तो कहा था कि गाँव का लड़का है, सीधा है, मुझे पलकों पर रखेगा। उसने तो मुझे अपनी रखैल की दासी बनाना चाहा।"

"तू नहीं कुणाल के संग रही। फिर?"

"फिर?" सारिका चौंकी।

"फिर हिसाब बराबर। सब कुछ जानने के बाद भी मोहित ने तुझे माफ़ किया। तू भी उसे माफ़ कर दे।"

"उसने मुझे माफ़ कर दिया, यह उसका बड़प्पन! मेरा मन नहीं करता उसे माफ़ करने का, इसलिए मैं नहीं करना चाहती।"

"सारिका, तेरी परेशानी क्या है? क्या चाहती है तू? कुणाल के पास जाएगी?" कनक ने पूछा।

"क्या बकवास है? कुणाल के पास लौटना होता, तो कब की लौट गयी

होती। मम्मी, अब तुम कोशिश छोड़ दो। अब न तो तुम मुझे लौटा सकती हो, न ही रास्ता बता सकती हो। वे दिन पीछे छूट गए, जब तुम मुझे ले जाकर कहीं भी खड़ा कर देती थीं। अब मेरी जिंदगी मेरे हाथ है।"

"तेरी जिंदगी तो हमेशा से तेरे हाथ थी। मैंने कब दखल डाला?"

"डाला मम्मी, डाला। चाहे जान-बूझकर, चाहे अनजाने में, तुमने लगातार दखल डाला। मैं जब पढ़ना चाहती थी, तब तुमने मेरे हाथ पीले कर दिये। अब मैं अपने रास्ते खुद बना रही हूँ, तो तुम अड़ंगे डाल रही हो।"

"पढ़ना चाहती थी? पेट में बच्चा धरकर किस स्कूल में जाती तू?" कनक ने दाँत पीसे।

"बच्चा तो गिरवा दिया था न। उसके बाद मेरी प्राइवेट पढ़ाई जारी रखने में क्या समस्या थी?"

"उसके बाद यही सोचकर तेरी शादी कर दी थी कि तुझे आग लग रही है। तू बार-बार गलत करेगी, तो मैं कैसे भरूँगी।"

"मुझे आग नहीं लगी थी मम्मी। न तब, न अब। और जब आग लगती है, तो कोई उसे बुझा नहीं पाता। कम से कम तेरे मोहित जी तो नहीं ही बुझा सके।"

"किन्नर बुझा देंगे?"

"कोशिश करती रहूँगी।" सारिका हँसने लगी, "मुझे लगता है, यहीं हिसाब बन जाएगा।"

"कुतिया, तू सच में बहुत मुँहजोर है। मोहित गलत नहीं कहता। तू है ही जूते से दबाने-काबिल।"

"आदमी की नज़र में औरत हमेशा यही होती है। तुम क्या थीं, पापा के पाँव की जूती? तुम कई बार हमें बता चुकी हो कि पापा तुम्हें पाँव की जूती कहते थे।"

"डंडों से मारती थी उसे। ठीक कर दिया था बेवड़े को। मेरी बात मत पूछ। मेरे जैसी कोई नहीं है।" कनक तिलमिला गयी।

"हाँ मम्मी, तुम्हारे जैसी कोई नहीं। और भगवान करे कि कोई हो भी नहीं। कम से कम मैं तो तुम्हारे जैसी बिल्कुल नहीं बनना चाहती। बहुत गुमान है तुम्हें अपने ऊपर। तुम्हें गलती बताने वाला कोई नहीं मिला, इसीलिए गलतफ़हमी में जी रही हो। नसीब की धनी हो, मिट्टी में भी हाथ डालती हो, तो सोना पा जाती हो।"

"मेरी गलती बता। तूने छिछोरपन किया, मैंने तेरे हाथ पीले कर दिए। कोई भी माँ होती, यही करती। मेरी शादी भी तो सोलह-सत्रह में हुई थी।"

"वह जमाना ऐसा था। सभी लड़कियों की शादी सोलह-सत्रह साल में होती थी। और तुमने अपनी बराबरी में मेरी भी शादी अठारह की उमर में कर दी।"

"मोहित अच्छा लड़का था, मिल गया तो कर दी।"

"वह आज भी अच्छा है। भगवान करे, वह अच्छा ही रहे। पर जरूरी तो नहीं कि तुम्हारी पसंद मेरी पसंद बन जाए। भगवान का शुक्र है कि मुझे उससे बचने का रास्ता मिल गया। नहीं तो मैं आज भी उसी तरह पिटती-रोती जीवन बिता रही होती।"

"इसका मतलब है कि तू मोहित के पास नहीं लौटेगी! करेगी क्या, कुछ तो पता चले। मैंने तुझे किन्नर से लड़की क्या इसलिए बनवाया कि तू फिर से किन्नर बन जाए?"

"मम्मी तुम बनाने वाली थीं, तो लड़का क्यों न बनवा दिया?"

"मतलब?"

"मम्मी, तुमने मुझे लड़की नहीं बनाया। मैं लड़की ही जन्मी थी। तुमने सिर्फ मेरी शारीरिक कमी का इलाज कराया।"

"कराया, तो उसका एहसान मान ले।"

"क्या एहसान मानूँ? एक बार इलाज कराकर जिंदगी भर के लिए बीमार बना दिया। मुझे बार-बार किन्नर कहकर इतने ताने दिए कि मेरे मन में इस शब्द को लेकर एक अजीब सी गाँठ बन गई। नतीजा तुम्हारे सामने है। उस गाँठ को खोले बिना अब मैं चैन से जी नहीं सकती।

''अरी बावरी, तेरी समस्या क्या है?''

''मम्मी, किन्नर होना पाप नहीं है—इस बात को मैं संसार के प्रत्येक प्राणी के मन में अच्छी तरह भर देना चाहती हूँ। जब तक किन्नर-अकिन्नर का भेद मिटा नहीं लूँगी, चैन से नहीं बैठूँगी। मेरी नज़र में सभी प्राणी एक समान महत्व रखने वाले, एक सा आत्म-सम्मान रखने वाले हैं।''

''समाज सुधारने की जरूरत नहीं। अपने घर को देख।''

''तुम भी तो समाज को सुधार रही हो। तुमने घर की ओर कितना देखना चाहा? हाथी के दाँत खाने के और दिखाने के और! दुनिया के सामने तुम कुछ और, घर में कुछ और! मैं बचपन से अपने घर में लड़के-लड़की का अंतर साफ

देखती रही। मुँह-मुँह प्यार-दुलार करने वाली माँ किस तरह से लड़की को दबाती है, यह मुझे साफ दिखता रहा। शुभम ने गलती की, उसे माफ़ी मिल गई—तुम्हारे मन में भी, घर में भी, समाज में भी। मैंने गलती की, मुझे दूर फेंक दिया—मन से भी, घर से भी, शहर से भी। क्या मेरा गुनाह इतना बड़ा था कि मैं अपने घर में ही बेघर हो गई?"

"यह जगत का कायदा है। लड़की परायी होती है।"

"मुझे पराया करने के लिए लड़की बनवाया था?"

"मैंने तुझे लड़की इसलिए बनवाया था क्योंकि तू लड़की ही पैदा हुई थी। केवल इलाज की जरूरत थी।"

"यही मैं कहना चाह रही हूँ कि तुमने सिर्फ इलाज कराया। एक बार का इलाज कराकर जीवन भर सुनाती रहीं। उसका कितना बुरा असर मेरे ऊपर पड़ा, तुम क्या जानो। मेरी जिंदगी नरक बन गयी। मम्मी, तुम यह बात भूल गईं कि बीमार बच्चे का इलाज कराना माता-पिता का फ़र्ज़ होता है, एहसान नहीं। यों भी, मैं एहसान तब मानती, जब तुम मुझे लड़का बनवा देतीं।" कहते साथ सारिका हँस पड़ी।

"सारिका, वह मेरे हाथ में नहीं था, तू अच्छी तरह जानती है।" कनक कुढ़ गई।

"मुझे जरूरत भी नहीं मम्मी, मैं मजाक कर रही हूँ, अपने हाल में खुश हूँ। मैं लड़का हूँ, लड़की हूँ या किन्नर हूँ, मुझे किसी बात से फर्क नहीं। मैं सिर्फ इतना जानती हूँ कि मैं सारिका हूँ।"

"तुझे सारिका भी मैंने बनाया, यह बात कैसे भूल गई?"

"सारिका बनाया, तो सारिका के साथ बहुत-से दुःख भी बाँध दिए। उन दुःखों की जिम्मेदार नहीं बनोगी, सिर्फ जन्म देने का हवाला देती रहोगी? मम्मी, मैंने आज तक किसी बेटी को अपनी माँ से पराई होते नहीं देखा। बुआ जिंदगी भर दादी से जुड़ी रहीं। चंचल जैसी भी है, बुआ से जुड़ी है। मेरी ननद मेरी सास से जुड़ी है। बेटियाँ जब-तब अपनी-अपनी माँ के पास भागकर चली आती हैं और माँ अपनी बेटी को कलेजे से चिपका लेती है। कभी नहीं पूछतीं कि रोज-रोज आने की जरूरत क्या है। तुम भी अपने मायके में जाकर अधिकार से खड़ी होती हो।..."

"तो? क्या मतलब?"

"...और मैं कुलबोरनी थी, तभी तुमने मुझे मेरे गुनाहों की सजा दी। मुझे घर से दूर कर दिया। कभी किसी दुःख को साझा करने की कोशिश नहीं की। मुझे जो कष्ट मिला, उसे मेरा दोष कह मेरे सिर पर थोप दिया। सच्ची बात तो यह है कि मैं तुम्हारे मन पर कभी चढ़ी ही नहीं थी। मैं तुम्हारे लिए एक बवाल थी, जिसे कभी अपने मायके में पटककर पलवाया, तो कभी जूते मारकर पाला।"

"सारिका, दूसरै की थाली में घी घणौं दीखै। सारी माँएँ अपनी बेटियों को एक-सा पालती हैं। मुझे भी मेरी माँ ने जूते मारकर ही पाला। महतारी-बाप का प्यार देखा जाता है, कमियाँ नहीं गिनाई जातीं।"

"मम्मी, मैं तो इतने सालों से चुप थी। तुम ही खोद-खोदकर पूछ रही हो। बैठो, मैं तुम्हारे लिए चाय-नाश्ता लाती हूँ। खा-पीकर अपने घर वापस जाओ। मुझे मेरी जिंदगी जीने दो।"

"यहाँ है क्या? न कोई रिश्ता, ना कोई नाता। गुरु-चेला, इस इस किन्नर समाज में बस यही दो रिश्ते होते हैं।"

"सच कह रही हो। यहाँ बस यही दो रिश्ते होते हैं। पर दोनों कितने गहरे होते हैं, जो जीवन भर साथ निभा ले जाते हैं। और तुम्हारे समाज के रिश्ते—माँ-पिता, भाई-बहन, बुआ-फूफा, मौसी-मौसा, मामी-मामा, चाची-चाचा—और भी न जाने कितने सारे। कितने ज्यादा खूबसूरत, पर सभी कितने कमजोर।"

"कमजोर कैसे?" कनक चिढ़ गई।

"जहाँ जननांग-दोषी बच्चा देखा, तहाँ रिश्ते चूर-चूर! यों बच्चे की आदतें, शक्ल-सूरत सभी अपने से मिलाना पसंद करते हैं। जहाँ बच्चे में कोई ऐब देखा, दोष दूसरे के सिर मढ़ने लगते हैं। और जननांग दोष तो तुरत नवजात बच्चे का गुनाह मान लिया जाता है। अबोध उम्र..."

"क्यों बात को बढ़ा रही है? जो हुआ, सो हुआ। मैंने नहीं, वक्त ने किया। उस समय मेरे पास पैसे नहीं थे, जमीन नहीं थी। आज है। चल, मेरे साथ दिल्ली चल। आगे की पढ़ाई पूरी कर। बहुत सी लड़कियाँ हमारे सेंटर से जुड़ी हैं। तू यहाँ से तो निकल।"

"अरे वाह मम्मी, तुम तो सच में बहुत बड़ी नेता बन गईं। तुमने न जाने कितनी लड़कियों को अपनी शरण में ले लिया। मैं भी उन्हीं में एक हो गयी? लेकिन मैं तुम्हारे सेंटर में शरण नहीं चाहती। मैं सच्चाई जानती हूँ। तुम्हारे पास

उस समय भी जमीन थी। तुम्हारे सिर पर छत भी थी। पर तुम आसमान में उड़ना चाह रही थीं। उस उड़ान में मैं एक बंधन थी। जिसे जिम्मेदारी समझ तुमने निपटा दिया। अब मेरी चिंता छोड़ो। मेरे पैरों तले जमीन नहीं है और आसमान के सपने देखना मुझे आता नहीं। पर इतना तय है मैं कभी किसी जिम्मेदारी से नहीं डरूँगी।"

"इतनी बड़ी बात कह रही है। साबित करके दिखाना।"

"मम्मी, मेरे सपने बहुत छोटे हैं। मैं किसी चीज का दावा नहीं करती।"

"करेगी भी क्या, छक्के के साथ प्रेम-पींग बढ़ा रही है, किस बात का जोर दिखाएगी? वह छक्का जब तुझे बीच बाजार में बेचेगा, उस दिन होश में आएगी। कमीनी, तू अब जिंदगी भर अपना मुँह मुझे मत दिखाना। मोहित ने ये कागज दिए थे, तलाक चाहता है। मैंने सोचा था कि तुझे मनाने के बाद उसके भी पाँव पड़ लूँगी। एक बार तू अपने घर पहुँच जाती, तो मैं चैन से जीती। अब तेरी वजह से चैन से मर भी नहीं सकती।"

कनक ने अपने बैग से निकालकर कुछ कागज पटके, तो सारिका ने उन्हें पढ़कर साइन कर दिया।

इस बीच कनक लगातार बेचैनी से हाथ मलती रही। ''एक बार और सोच ले, सारिका।'' उसके मुँह से निकला।

"मम्मी, मैं तुम्हारे पाँव की बेड़ी क्यों हूँ? मेरी करनी पर तुम क्यों कलप रही हो? यह समाज ऐसा क्यों है? बेटा संतान तो माँ-बाप खुश। बेटी संतान तो माँ-बाप उदास। किन्नर संतान तो माँ-बाप शर्मिन्दा।"

"बकवास बंद। किन्नर के साथ कौन जी सकता है?"

"किन्नर के बिना मर तो सकते हैं। काश, मुझे मेरा वाला मिल जाये! क्यों मम्मी, माँ की दुआओं में असर होता है? दुआ करो, नीरज मुझे अपना ले।"

"सारिका, तू बच्ची है। नाहक उसके फेर में पड़ रही है। जिंदगी भर तरसेगी। अभी नहीं समझती तू। हिजड़े के साथ रात बहुत लंबी हो जायेगी। बिस्तर पर ऐसे तड़पेगी, जैसे गर्म तवे पर बूँद भर पानी। तेरी यह मुँहजोर जवानी काटे नहीं कटेगी।"

"तुम कैसे जानती हो कि...? वैसे इतना तो हम बच्चे भी देखते थे कि

पापा सरेशाम से अपनी बोतल के साथ सो जाते थे।" वह गंभीर थी।

"छिनाल, बकवास बंद कर। मेरी बात समझ। कोई तेरी आग बुझाने वाला न होगा। लौट जा मोहित या कुणाल के पास।"

"कभी नहीं मम्मी," सारिका मुस्करा दी, "जैसी उसने बुझाई, वैसी क्या कुणाल बुझायेगा, क्या मोहित जी? बस एक बार के बाद मुँह फेर लिया, यही गम है।"

"सारिका!" कनक की आँखें आश्चर्य से फैल गईं, "तू...?"

"इसमें क्या गलत है? मेरे मन पर, मेरे जीवन पर मेरा पूरा हक है। यदि मुझे लगता है कि कोई काम सही है, तो मैं कर सकती हूँ। क्या तुमने जिंदगी में कभी अपने मन का नहीं किया? क्या पापा के सिवा तुम्हारी जिंदगी में और कोई नहीं आया? कमाल है मम्मी, इतनी सती-सावित्री थीं और पापा के जाते ही आकाश चाचा के साथ जुड़ गईं!"

"उफ़्, यह मेरी गलती है जो मैं तुझ कुतिया को समझाने आई। तू कहे से बाहर की है। रंडियाँ ऐसी ही होती हैं, जो अपने मन से बाजार में उतरती हैं। लगा रूप की हाट, देखती हूँ क्या कमाएगी!"

''मम्मी, मैं तुम्हारी बेटी हूँ, दुश्मन नहीं। श्राप मत दो, आशीष दो। मेरा विश्वास करो, जिस तरह तुमने विपरीत परिस्थितियों में अपनी दुनिया तैयार की, शायद तुम्हारी बेटी भी कर दिखाए। भरोसा रखो अपने खून पर। मैं कुछ गलत क्यों करूँगी। दुनिया स्त्री-पुरुष की नहीं, इंसानों की है। मैं जब तक सभी इंसानों को एक नहीं कर लूँगी, संघर्ष करती रहूँगी। 'सबको सम्मानसहित जीने का अधिकार!' यही मेरा मकसद है, सिर्फ़ यही!''

कनक चुप रही।

''मम्मी, तुमने भी अपने सपने पूरे किए, अपने मन की दुनिया बसाई। फिर मेरे ऊपर रोक क्यों लगा रही हो? तुम दुनिया भर की औरतों की स्वतंत्रता के लिए, कल्याण के लिए काम करती हो और अपनी सगी बेटी के सपनों को कुचल देती हो! ऐसा क्यों? क्या तुम्हें अपने व्यक्तित्व का विरोधाभास नजर नहीं आता? नीरज मेरा प्यार है, मेरा चयन है। मेरे सपनों का पूरक है। मुझे उसके बिना ज़िंदगी की कल्पना भी बुरी लगती है।''

कनक सोचती रही। उसके चेहरे पर कई रंग आकर चले गए।

एक ठंडी साँस भरी, फिर मुँह से निकला, ''मैं तुझसे हार मानती हूँ, सारिका।

पुरानी कहावत है, बच्चे बड़े हो जाएँ तो उन्हें उनकी दुनिया बसाने का पूरा अवसर देना चाहिए। यह तो नहीं कहती कि मैं तेरी इस दुनिया को स्वीकारूँगी, पर भगवान से इतनी प्रार्थना करूँगी कि वह मेरे मन को यह सब झेलने की ताकत दें...या ...या मेरे मन को बदलने की कृपा करें।''

''यही ठीक रहेगा मम्मी। मन बदलने से दुनिया बदल जाती है। सच्चे और सही समाज के निर्माण के लिए तुम्हारे ही नहीं, दुनिया के हर प्राणी के मन से भेद-भाव का दूर होना जरूरी है। इस भेद-भाव ने ही हमारे अपनों को अपनों से जुदा कर दिया। जबकि ऐसी कोई जरूरत नहीं कि अपनी ट्रांसजेंडर संतान को माता-पिता नफ़रत की दृष्टि से देखें। ज्यादा कठिन नहीं है यह। जब तुम हर इंसान को एक-सा समझोगी, तो तुम्हारे मन से किन्नर-समाज के प्रति नफ़रत निकल जाएगी।''

''एक बात बता, क्या तू सच में किन्नर बन गई है? मैंने तुझे कितने जतन से...'' अचानक कनक का स्वर निरीह हो गया।

''नहीं मम्मी। मैं लड़की थी, लड़की हूँ, लड़की ही रहूँगी। इस जगह तुम निश्चिंत रहो। तुमने उस जमाने में अपनी सीमाओं से ज्यादा बड़ा कदम उठाया, मेरा ऑपरेशन कराया। मैं आज पूर्ण स्त्री हूँ, भावनाओं से भी, शरीर से भी।...''

''भगवान का शुक्र है।...''

''...पर इतना जानती हूँ कि प्यार का कोई जेंडर नहीं होता। प्यार सिर्फ प्यार होता है।''

''अच्छा, चलती हूँ। कहा-सुनी माफ़ कर। अब मैं तुझे लौटने के लिए कभी नहीं कहूँगी। तू बेखटके जीवन में आगे बढ़। मानकर चल, मैं तेरे साथ हूँ। जब आना हो, जैसे आना हो, जिस रूप में आना हो, मेरा दरवाजा बिना किसी शर्त के खुला मिलेगा।'' इतना कह कनक उठी और धीमे कदमों से बाहर निकल गई। तलाक के साइन किए हुए कागज उसके बैग में थे।

"मम्मी! मुझे आशीष दो कि मुझे कभी कदम लौटाने न पड़ें। मैं आगे बढ़ूँ और अपनी दुनिया पा जाऊँ।" सारिका बुदबुदाई।

सच का सामना!

कठिन है न?

फिर?

फिर भी करना पड़ता है सच का सामना।

यही जीवन है। यही जीवन की सजा है। और शायद यही जीवन का मजा भी। कनक से आमना-सामना मानो सच से सामना, मानो जीवन का मजा।

हाँ, शायद नहीं शर्तिया।

कनक वापस लौट गई। सारिका जानती थी कि माँ झुक गई। बेटी ने अपनी जिद से उसको दबा दिया। पर जीत जैसा कुछ हाथ नहीं आया। अब भी सब कुछ थका, ऊबा, खाली, बेजार-सा दिख रहा है। हेमा से भी दूरी आ गई, कनक से भी। सब कुछ अनिश्चित।

जो खुशी दे, वह जीत कहाँ है? मन को उजलापन दे, वह धूप कहाँ है? चारों ओर अजब सा अँधेरा।

'अब मैं यहाँ क्या करूँगी?' कनक के वापस जाते ही मन पर भय हावी हो गया।

सारिका अच्छी तरह जानती थी कि पार्लर की एकरस जिंदगी में सवेरे से शाम, शाम से रात हो जाती है। वह पार्लर में काम करते-करते थक जाती है। आठ बजे पार्लर बंद होता है। सभी अपने घर लौट जाते हैं। वह भी थककर बिस्तर पर लेट जाती है। पर फिर भी तो सो नहीं पाती। अँधेरे में आँखें न जाने क्या देखने लगती हैं।

नीरज की हथेली माथे को बार-बार सहलाती है। वह उस हथेली को कसकर पकड़ लेती है, अपने में समेट लेती है, उसके बाद ही पलकें मुँदतीं हैं, और वह सो पाती है।

पर यह नींद भी कैसी होती है? हथेली पकड़ से दूर हो जाती है और वह उसे पकड़ने के लिए नींद में ही भागती है। इतना भागती है, इतना भागती है कि थक जाती है।

काश! नींद न आई होती, तो इतनी थकान न चढ़ती। सोने से थकान और बढ़ गई न!

अब वह सोना भी नहीं चाहती।

पर करे तो क्या करे? जागते में चैन नहीं, सोते में आराम नहीं। जिंदगी

में कुछ तो होना चाहिए जिसके बल पर इंसान आगे बढ़े। दिल्ली से नाता टूट गया। डिग्गी से जान बचाकर भागी। और यहाँ कोटा में कोई नहीं अपना कहने को। जिंदगी भार हो रही है। इस भार से कैसे बचे? यह ईश्वर की देन है। वह जिंदगी हँसकर जीना चाहती है। कैसे जिये?

एक बार फिर बात करे नीरज से? पर वह तो उससे बात करता ही नहीं। अब वह कभी उसकी ओर नहीं देखेगा।

पर क्या वह उसे भूल पाएगी?

कभी नहीं। नीरज के विषय में सोचते ही दिल में जो मीठा-सा दर्द उठता है, वह इस बात का सूचक है कि यह रिश्ता दिमाग से नहीं, दिल से जुड़ा है। भूलने का काम दिमाग कर सकता है, पर जो बीच में आ गया है—दिल, उसका क्या करेगी? कैसे समझाएगी दिल को?

दिल—जिसके पास दिमाग नहीं, जो समझने को तैयार नहीं!

दस बजे लीना आकर खड़ी हुई, तो सारिका होश में आई।

"बड़ी थकी लग रही हो सारिका दी।"

"हाँ, रात देर तक जगती रही, तो नींद पूरी नहीं हुई। सुबह-सुबह मम्मी आ गईं तो उनके साथ बात करती रही। कोई बात नहीं, तुम पार्लर सँभालना। मैं दिन में किसी समय आराम कर लूँगी।" उसने अनमने ढंग से कहा।

पर आराम करने की नौबत ही नहीं आई। पार्लर में रोज की अपेक्षा ज्यादा भीड़ थी। साढ़े दस बजे से कस्टमर का जो ताँता लगा, दोपहर तक पानी पीने का समय भी नहीं मिला।

"आज बात क्या है?" सारिका ने चौंककर पूछा, "इतनी ज्यादा भीड़?"

"देवता जग रहे हैं, आज से शादियाँ चालू हैं। भूल गई क्या?" ज़ीनत बोली।

"अरे, ध्यान से उतर गया था।" सारिका मुस्कराई, "पहले याद होता, तो अपना खाना-पीना निपटा देती। आज तो मैंने नाश्ता भी नहीं किया।"

"क्या खाएगी? बता, बाजार से मँगाऊँ।" ज़ीनत सहानुभूति से भर गई, "हर समय पकाने के फेर में मत रहा कर। इतनी मेहनत करती है, रसोई करने के लिए एक लड़की लगा ले।"

"हद है ज़ीनत दीदी। मैं डॉली दी का पार्लर तुम लोगों के आदेश पर सँभाल

रही हूँ। अभी मेरी कमाई इतनी नहीं है कि अपने लिए काम वाले लगाना शुरू कर दूँ।"

"तेरे खर्चे ही क्या हैं?"

"खर्चे नहीं हैं, तो आगे बढ़ेंगे। पैसा बचाना नहीं है क्या? पैसा उड़ाना शुरू कर दूँगी, तो आगे दिक्कत आएगी। दीदी, मैंने अच्छे भविष्य के बहुत से सपने देखे हैं। भगवान ने चाहा तो सभी पूरे होंगे। बस एक बार मेरे काम में लय बनने दो। अभी तो बार-बार अड़ंगे पड़ते हैं।" सारिका ने ठंडी साँस लेते हुए कहा।

"कैसे अड़ंगे?" ज़ीनत ने पूछा, "ऐसी थकी-बहकी बातें मत कर। वह कमरिया वाला गाना डेक पर चला दे। मन बदल जाएगा।"

सारिका मुस्करा दी, पर उसने म्यूज़िक सिस्टम ऑन नहीं किया।

"दीदी, दूसरों का विश्वास जीतने के लिए क्या किया जाता है?" सारिका ने पूछा।

"किसका विश्वास?"

"किसी का भी। कोई कैसे मानेगा कि हम सच्चे हैं और हमारे लक्ष्य सच्चा है?''

"सच कहूँ सारिका, मैंने जिंदगी में कभी किसी का विश्वास जीतने की बात सोची ही नहीं। जिस पल मेरे माता-पिता ने मुझे त्याग दिया, उस पल मेरे मन से विश्वास जैसी बात निकल गई। भगवान ने यों तो शरीर में त्रुटि दी, पर पेट जरूर साथ बाँध दिया। पेट से जुड़ी है जुबान। खाने में सबसे तेज, बोलने में सबसे तेज। तीखे बोल मुँह से निकल जाते हैं, तो कोई हमारा विश्वास नहीं करता। सब समझते हैं कि किन्नर सिर्फ गाली बकने और लड़ने-झगड़ने के लिए बने हैं। हमारे अंदर भी एक छोटा सा मासूम दिल है, जो प्यार, सम्मान की चाह रखता है, लोग सोचते ही नहीं।"

"तो गाली थोड़ी कम दिया करो न। आप अपने ऊपर नियंत्रण करोगी, उसी के बाद दूसरों की सोच बदलेगी।"

"हमें पढ़ाने की जरूरत नहीं।" अपनी बारी का इंतजार करती हुई शारदा झल्लाकर बोली, "हमें भी अच्छा नहीं लगता, जब लोग हमसे डरते हैं, दूरी बनाए रखते हैं। पर हालात ऐसे बन जाते हैं कि हमें गुस्सा आ जाता है और हम गाली देने लगते हैं। मतलब..." उसने अपने आक्रोश को रोका, ''मतलब, जैसे अभी

तू गुस्सा दिला रही है।''

"इन्हीं परिस्थितियों को हमें जीतना होगा। अपने गुस्से पर काबू पाना होगा। तभी एक नयी शुरूआत होगी।"

"नयी शुरूआत! कैसी नयी शुरूआत? खून जलता है जमाने की हरकतों पर। कल वाली घटना पर क्या कहेगी तू? माता-पिता होंगे या कसाई?'' ज़ीनत बोली।

''कौन सी घटना?'' सारिका चौंकी।

''तुझे नहीं पता?..." ज़ीनत भी चौंक गई, "कल एक नवजात को उसके माता-पिता कूड़े में फेंक गए। जननांग का ठीक से न बना होना उसका कसूर है। सारिका, हम समाज को कितना भी बदलना चाहें, जब तक समाज अपने को नहीं बदलेगा, तब तक क्रांति नहीं आएगी, नयी शुरूआत नहीं होगी और हमारा आक्रोश खत्म नहीं होगा। हमारा कड़वापन बना रहेगा।"

"कौन कूड़े में फेंक गया है? किसको कूड़े में फेंक गया है?" सारिका ने हैरत से पूछा।

"कल शाम हमारे अहाते के कूड़ेदान के पास एक नवजात बच्ची को कोई छोड़ गया है। पुलिस में रपट लिखाने गए, तो वे कहने लगे, ''यों भी बड़े होकर किन्नर समाज में पहुँचनी थी। बेहतर हुआ, अभी पहुँच गई।''

''उनका कहना भी ठीक था। हम लौट आए। पर पता नहीं चला कि वह किसकी संतान है।" शारदा बोली।

"वह किधर है?" सारिका ने धड़कते हृदय से पूछा।

"हेमा दीदी के पास होगी, और कहाँ होगी? हेमा दीदी ही नये मेहमानों को कलेजे से लगाती हैं, उनका स्वागत करती हैं, उनके भविष्य के लिए योजना बनाती हैं। हम लोगों ने यह जिम्मेदारी उन्हीं पर डाली है।" शारदा ने बताया।

"शारदा दी, लीना पार्लर सँभाल रही है। आपको जो करवाना हो, इससे करवा लेना। मैं अभी आती हूँ।" कहती हुई सारिका पार्लर से बाहर भागी।

"अरी, कहाँ चली?" शारदा चिल्ला उठी, "ज़ीनत के फ़ेशियल के बाद मेरी बारी थी। तेरे हाथों से फ़ेशियल कराने के लिए तो मैं इतनी देर से यहाँ बैठी थी।"

"बाद में करूँगी, सौ बार करूँगी। दीदी, अभी जाने दो।" कहती हुई सारिका पार्लर से बाहर निकल गई।

शारदा पीछे से पुकारती रह गई।

घंटी बजाई, तो हेमा ने दरवाजा खोला। सारिका को देख चौंकी, "तू आज यहाँ? अचानक? इस समय? पार्लर नहीं खोला क्या?"

"खुला है माँ, अभी लौट जाऊँगी। वह कहाँ है?"

"कौन नीरज?...शांता?"

"नहीं वह... वह बच्ची, जो कल आई है।"

"उसके लिए आई है? तू जानती है उसे?" हेमा हैरान हुई।

"बताओ न माँ, कहाँ है बच्ची?"

"सो रही है पास के कमरे में।" हेमा ने अंदर आने का रास्ता छोड़ते हुए कहा।

सारिका पास वाले कमरे के दरवाजे पर खड़ी हो गई। एकटक देखती रही।

एक नन्ही-सी जान! अपने साथ हुए बर्ताव से अनजान! पालने में निश्चिंत सोती कितनी मासूम लग रही थी।

साफ-सुथरा रंग, तीखे नाक-नक्श, घने बाल। कहीं कोई नुक्स नहीं। गुलाबी झबला पहने उस नवजात के हाथ-पैर भी मानो साँचे में ढले थे।

कोई सपना देख रही थी, तो बंद आँखों में हल्की सी हलचल थी और होंठो पर मुस्कान।

सारिका के दिल से वात्सल्य का ज्वार उमड़ने लगा। 'कभी मैं भी ऐसी ही रही होऊँगी। यह तो मेरा रूप है, छोटी सारिका।'

हेमा पास आई, तो सारिका बुदबुदाई, "माँ, इसे मुझे दे दो।"

"सारिका, यह बच्चा है। इंसान का बच्चा, जिसे इंसानों ने छोड़ दिया है। कसूर जानती है इसका? सिर्फ इतना कि इसका निजी अंग ठीक नहीं बना है। अब क्या कहेगी तू समाज को?"

"माँ, इसे मुझे दे दो।" उसने अपने शब्द दोहराए।

"क्यों दे दूँ?" हेमा झल्ला उठी।

"माँ, मुझे दे दो। मैं इसे पालूँगी। इसका इलाज कराऊँगी। ऑपरेशन का

पूरा खर्चा मैं भरूँगी। यदि ठीक हो जाती है, तो यह मेरी बेटी।"

''जो न ठीक हुई तो? तो तू भी कूड़े में फेंक देगी?"

"नहीं माँ, जो न ठीक हुई, तो भी मेरी। सौ फ़ीसदी मेरी। आपने मेरे लिए इतना किया है, तो यह सबसे बड़ा एहसान और कर दो। इस बच्ची को मुझे दे दो।"

"क्यों जिद पर तुली है सारिका?" हेमा ने आजिज आकर पूछा, "तू किन्नर समाज की नहीं है। फिर क्यों अपनी जिंदगी तबाह कर रही है? जब तुझे ईश्वर ने स्त्री-जन्म दिया है, तो तू स्त्री ही रहेगी। माया-मोह-ममता से बँधी रहेगी। यहाँ से जा। अपने बच्चे पैदा कर और सुखी रह। बार-बार हमारे समाज में घुसने की कोशिश छोड़ दे।"

"माँ, मैं अपने समाज में ही खड़ी हूँ। मेरी नज़र में सारा समाज एक है। भेद मन के हैं, मन को बदलो। यों भी मैं उस समाज में घुल-मिल नहीं पाई। नमक या चीनी बालू में नहीं घुलते। घोलने के लिए पानी की जरूरत पड़ती है। उस समाज में तो प्यासी मरी ही, तुम्हारे इस संसार में भी मेरे हिस्से का पानी सूख चुका है।" आँसू भरी आँखों से हेमा की ओर देखते हुए सारिका बोली।

"क्या चाहती है, तेरी परेशानी क्या है?" उसकी भीगी आँखें देखते ही हेमा पिघल गई। आगे बढ़कर उसको बाँहों में भर लिया, उसके सिर पर हाथ फिराकर पूछा, "तुझे किसने दुःखी किया बेटी? मुझे बता। अपनी बच्ची को सताने वाले को मैं कभी माफ़ नहीं करूँगी। मुझे बता तो, तू क्यों दुःखी है? अपना दुःख अपनी माँ से नहीं कहेगी, तो किससे कहेगी। एक बार कहकर तो देख।"

सारिका कुछ न बोली। अधर को दाँतों से काटती रही।

"बेटी, मान जा। लौट जा। यदि मोहित के साथ नहीं रहना तुझे, तो किसी सुपात्र से शादी कर ले।" हेमा फिर बोली।

"मुझसे शादी कौन करेगा?"

"कोई भी भाग्यवान लड़का, जिसके नसीब में तू लिखी होगी, जिसके लिए इतनी बाधाएँ पार कर तू आज भी जिंदा है। जिंदगी बहुत लंबी है, अकेले नहीं कटेगी। तू कह, मैं अखबार में विज्ञापन निकालकर तेरा रिश्ता करवा दूँ। कोई भी नसीबवाला तुझसे जुड़कर अपने को धन्य मानेगा। या...या लौट जा उसके पास, जो तेरा इंतजार कर रहा है।"

''जो मैं किसी को चाहती हूँ, किसी का पल-पल इंतजार करती हूँ, मेरे

मन और मेरे इंतजार का क्या?''

''आहा!'' हेमा के मुँह से हर्ष भरी आवाज़ निकली, ''आज तूने बताया! अब मेरी समझ में आया।''

"माँ, जिसके लिए मैं आज तक जिंदा हूँ, वह तो मुझसे बोलता तक नहीं।" सारिका की आवाज फिर से भर्रा गयी।

"कौन है?" हेमा ने अधीरता से पूछा, "मुझे बता। क्या मैं तेरी ससुराल चलूँ? क्या मोहित? या वह तेरा पहले वाला...हाँ, कुणाल...उसे समझाऊँ? तेरी खुशी की खातिर मैं सब कुछ करने को तैयार हूँ। तेरे लिए मैं जमाने से लड़ सकती हूँ।''

कुछ पल चुप रही सारिका। फिर उसके गले से हिचकी निकली, "माँ, क्या मैं इस काबिल नहीं कि तुम्हारी बहू बन सकूँ।..."

हेमा अबूझ-सी खड़ी रह गई।

आँसू बहते रहे, सारिका कहती रही, "...माँ, तुम्हारा बेटा नीरज मुझे परेशान कर रहा है। बात तक नहीं करता। मुझसे नफ़रत करता है। मैं नारी-नर-किन्नर हूँ, या वह क्या-कौन है, इस बहस से परे हमने एक-दूसरे से प्यार किया। जो वादे जमीन-आसमान को साझा बनाकर किए जाते हैं, वे सारे वादे उसने मुझसे किये। उसके बाद नाराज़ होकर उसने मेरे साथ बात करनी बंद कर दी। मेरा कसूर क्या है?..."

हेमा हतप्रभ खड़ी रही।

सारिका फिर बोली, "...एक छोटी सी माँग है मेरी। हमारा अपना परिवार! तुम, मैं, नीरज और यह बच्ची। हमारी बेटी प्रेमा! बताओ, कैसे पूरी होगी मेरी इच्छा?"

हेमा चुप रही।

"... माँ, साँप सूँघ गया मेरी बातों से? तुम तो मेरे लिए जमाने से लड़ने को तैयार थीं। कहना आसान है, करना मुश्किल। दर-दर भटकती एक गरीब, अनजान, पहले से शादीशुदा स्त्री को तुम अपनी बहू भला क्यों बनाने लगीं? आ गया न अंतर! एक बार फिर दोनों समाज अलग हो गए न! जब तुम ही बाकी समाज को अपने में नहीं लेना चाहते, दूसरों की कमियों को नज़रअंदाज़ नहीं करते, तो कोई तुम्हारे संग कैसे जुड़ पाएगा?"

"ऐसी कोई बात नहीं!" हेमा बुदबुदाई, "शादी नीरज को करनी है। मैं

उसे कैसे बाध्य कर सकती हूँ?"

''फिर मान लो कि तुम्हारी परवरिश में दोष है। तुम्हारे बेटे को प्यार में धोखा देना आता है। प्यार के वादे के बाद, छोटी-सी घटना से नाराज़ होना आता है। मान लो कि तुम भी महान नहीं हो। दूसरे का दोष दिखता है, उसके लिए जोर-जोर से बोलते हो। अपना दोष छिपाने के लिए स्वयं को निर्दोष सिद्ध करते हो। प्यार करके छोड़ देना तुम्हीं ने नीरज को सिखाया होगा।'' सारिका चिल्ला पड़ी।

''ऐसा नहीं...।'' हेमा फिर बुदबुदाई।

"तो फिर क्या? कहो न माँ, हम एक परिवार क्यों नहीं बन सकते? क्या कमी है मुझमें? तुम्हारा बेटा मुझे अपनी जिंदगी में क्यों नहीं आने देता? मैंने पिछला सब कुछ छोड़कर उससे नाता जोड़ा, पिछला सब कुछ भुलाकर उसे अपना सर्वस्व माना। और वह मेरे अतीत की वजह से...।"

"तभी मैं कहूँ..." हेमा कुछ अचकचाई सी बोली, "नीरज, इधर आ।"

"क्या वह भी यहाँ हैं? इस समय घर पर? ऑफिस नहीं गए?" अब हैरान होने की बारी सारिका की थी। उसकी जुबान लड़खड़ाने लगी, "मैं चलती हूँ माँ।"

"नीरज!" हेमा इतनी तेज चिल्लाई कि सारिका काँप उठी।

पालने में लेटी छोटी बच्ची कुनमुनाने लगी।

नीरज अपने कमरे से निकल पास आकर खड़ा हो गया। उदास मुख, दबा-सा रंग, बिखरे बाल। वह बीमार दिख रहा था।

सारिका सकते में आ गई, मानो किसी ने बीच सभा में उसकी पोल खोल दी हो। उसकी बोलती बंद थी।

हेमा जोर से हँसती हुई ताली बजाने लगी। दोनों हाथ लहराकर झूमती हुई बोली, "सारी दुनिया में बधाई गाई! आज मेरा मन अपने घर में नाचने को कर रहा है। अब समझ में आया कि मेरा बेटा किस पारो के लिए देवदास बना घूम रहा है। कभी अपने मन की बात बताता भी तो नहीं। ले सारिका, तू ही इससे निपट। आज अपना बेटा तुझे सौंपती हूँ।"

"माँ, मैं चलती हूँ।" सारिका का स्वर बदल चुका था। उसने आँसू पोंछे।

पालने में लेटी बच्ची को हेमा ने गोद में उठा लिया। कमरे से बाहर जाते-जाते बोली, "नीरज, इसे जाने मत देना। दोनों अपना झगड़ा आज ही सुलझा लो। कमाल के बच्चे हो! माँ से छिपाते हो। और मैं भी कितनी पागल हूँ। सब कुछ

सामने घटता रहा, कुछ भी न समझी।"

उसके चले जाने के बाद सन्नाटा छा गया।

सारिका ने नज़रें उठा नीरज की ओर देखा। उसका उतरा चेहरा देख मन में आया कि उसे बाँहों में भर, उसके माथे पर हाथ फिरा, उसका दर्द मिटा दे। फिर स्वयं को रोका, 'नहीं, अब और अपमान नहीं।'

बाहरी दरवाजे की ओर बढ़ने लगी।

"सारिका! जरा रुको।" नीरज बोला।

"अगर आपने मेरी और माँ की बातें सुन ली हैं, तो मुझे माफ़ कर दीजिए। मैं इस बात को छिपा न सकी, इसके लिए शर्मिंदा हूँ।" कहती हुई दरवाजे की ओर चलती रही।

दरवाजे तक पहुँच चुकी थी कि नीरज ने आगे आकर उसका रास्ता रोक लिया, "तुम क्या चाहती हो?"

"मैंने आपसे कुछ नहीं कहा। जो कहा, माँ से कहा। मुझे जाने दीजिए।''

''क्या चाहती हो, यह बताओ। मैं घुट-घुटकर खत्म हो जाऊँ, तो तुम्हें खुशी मिलेगी?''

''प्लीज़, जाने दीजिए।'' मानो पत्थर से आवाज़ आई।

''क्या तुम मुझे माफ़ी माँगने का भी मौका नहीं दोगी?'' नीरज ने पूछा।

सारिका ने आँखें उठाईं। भावहीन थीं उसकी आँखें!

''सारिका, मैं गलत था, और मैं यह बात जानता भी था। पर तुम्हें चोट पहुँचाने के लिए बहुत-कुछ कहा। तुम चली गईं, तो मुझे महसूस हुआ कि मैं तुम्हारे बिना नहीं रह सकता। पर एक बार जाने के बाद तुम लौटी ही नहीं। तुमने एग्ज़ाम दिया। मुझे रिज़ल्ट तक नहीं बताया तो मैं समझा कि मेरी क्रूरता की वजह से तुम मुझसे नफ़रत करने लगी हो। मैं और ज्यादा पछतावे से भर गया। तुम्हारे प्रेम का निरादर कर मैं हर पल मौत का दर्द झेल रहा हूँ। मुझे माफ़ नहीं करोगी? क्या मेरे जीवन में खुशियाँ नहीं भरोगी?"

"मैं जानती हूँ कि मैं अभिशप्त हूँ। आपने ही तो कहा था कि मैं दो पुरुषों के जीवन को बर्बाद कर चुकी हूँ, आपके जीवन में जहर घोलने की हिम्मत न करूँ। कभी नहीं घोलूँगी आपके जीवन में जहर।" कहते हुए सारिका निर्विकार रही।

"माफ़ी! सिर्फ माफ़ी माँग रहा हूँ।" नीरज का कंठ भर आया, ''मेरे सीने

में दिल है। मैंने तुमसे सच्चा प्यार किया है, उस प्यार का वास्ता, पुराना सब भुला दो।''

सारिका ने मुँह उठाकर देखा।

कुछ कहती हुई नीरज की आँखें। क्या कह रही थीं?

प्रेम! प्रेम! और सिर्फ प्रेम! एक ही गुज़ारिश थी नीरज की नज़रों में।

आँखें बोलती हैं, हमेशा सुना था। देखा, तो चौंक गयी।

नीरज की आँखों को पढ़ते ही कौतूहल उतर आया सारिका की आँखों में, 'यह मैं कहाँ पहुँच गई? पहचानी-सी डगर!'

ऐसा लगा कि एक बार फिर प्रेम गली में पहुँच गई है। प्रेम गली ही फैलती चली जा रही है।

प्रेम गली का विस्तार। सँकरी नहीं है प्यार की गली। संपूर्ण विश्व में फैली हुई है।

नीरज के शरीर में हल्की सी जुंबिश हुई।

अगले ही पल सारिका उसकी बाँहों में थी।

एक अलग-सा एहसास, पर बहुत पहचाना हुआ। इसी स्पर्श का तो इंतजार कर रहे थे दोनों।

बूँद बराबर प्यार। सागर बराबर प्यार। प्यार ही प्यार।

प्रीति की जमीन! प्रीति का आसमान!

जमीन से आसमान तक लिखी प्यार की अकथनीय गाथा।

प्यार का सागर प्रेम की बूँद से मिलकर एक हो गया।

❊ ❊ ❊